ERNST SCHWARZ · DIE WEISHEIT DES ALTEN CHINA

ERNST SCHWARZ

DIE WEISHEIT DES ALTEN CHINA

Mythos – Religion
Philosophie – Politik

Kösel

Mit 13 Abbildungen, die alle dem Sammelwerk *Dschin-Schih-So* entnommen wurden und aus der Zeit der Han-Dynastie, 206 v.Chr.-220 n.Chr., stammen. S.9: Wagen des Meister Kung; S. 14: Dämonen; S. 50: Anbetung des Großen Wagens; S. 77: Huang-Di, der Gelbe Kaiser; S. 107: Der Urherrscher Yü; S. 130 Dämonenfürst; S. 172: Geisterszene; S. 223: Höfische Szene; S. 251: Feierlicher Umzug; S. 270: Dschin-Ko versucht vergeblich Tschin-Schih-Huang – den Ersten Kaiser – zu ermorden; S. 316: Berittene am Hof des Königs von Tschin; S. 364: Begegnung Lau Dse's mit Meister Kung; S. 396: Der Urherrscher Yau. (Zu den Personen siehe Glossar.)

ISBN 3-466-20384-8
(c) 1994 by Kösel-Verlag GmbH & Co., München
Printed in Germany. Alle Rechte vorbehalten
Druck und Bindung: Kösel, Kempten
Umschlag: Elisabeth Petersen, Glonn
Umschlagmotiv: Geschwisterpaar Fu-Hsi und Nü-Wa – Steinabreibung aus der Sammlung Dschin-Schih-So (siehe Glossar).
1 2 3 4 5 · 98 97 96 95 94
Gedruckt auf umweltfreundlich hergestelltem Werkdruckpapier
(säurefrei und chlorfrei gebleicht)

Inhalt

An Stelle einer Vorworts 7

1 Das klassische chinesische Weltbild 13
Grundbegriffe und Grundstrukturen

2 Von der Magie zur Utopie 47
Die Gestalt des Weisen im chinesischen Altertum

3 Mythos und Geschichte 75
Die Mythologie des chinesischen Altertums

4 Geschichte als Modell 105
Die erste Dynastie Chinas

5 Könige und Schamanen 131
Die Schang-Dynastie

Das Buch der Wandlungen: I-Dsching 161

6 Dichtung und Geschichte 173
Das Buch der Lieder und der Dschou-Staat

Das Buch der Lieder – seine Bedeutung und sein Schicksal 199

7 Dichtung und Mythologie 221
Der Tschu-Staat und die Tschu-Lieder

8 Die Prosa-Literatur der Dschou-Zeit 249
Allgemeiner Überblick

Inschriften auf Bronzegefäßen der Dschou-Zeit und das
Buch der Urkunden 256

9 Chronik und Historiographie 271
Die »Frühling- und Herbst-Annalen« und »Dsos-Kommentar«

Andere »Kommentare« zu den »Frühling- und Herbst-Annalen« 313

10 Politik zwischen Kampf und Diskurs 317
Die »Diskurse der Staaten« (Guo-Yü)

Die »Strategeme der kämpfenden Staaten«
(Dschan-Guo-Tse) 340

11 Geistiges Erbe in Chinas Gegenwart 363
Konfuzianismus, Dauismus, Legalismus und die »Große
Proletarische Kulturrevolution«

Die Konfuzianische Schule 374
Die Dauistische Schule 378
Die Legalistische Schule 382

Anhang

Zeittafel der Dynastien Chinas 397
Glossar 399
Bibliographie 426
Anmerkungen 429
Karte Chinas zur Zeit der Dschou-Dynastie 440

An Stelle eines Vorworts

In dem umfangreichen Sammelwerk »Frühling und Herbst des Lü Bu-we«, verfaßt um 240 v.Chr. fand ich den folgenden Text, den ich hier, wenn auch gekürzt, anstatt eines mehr oder minder trockenen Vorworts an den Anfang dieses Buches setze.

Der Himmel war es, der die Dinge zuerst entstehen ließ. Der Mensch ist es, der sie pflegen und reifen lassen soll. Den aber, der dazu befähigt ist, für das vom Himmel Geschaffene zu sorgen und es vor Störungen zu bewahren, nennt man Himmelssohn. Was immer der Himmelssohn tut, muß dem Himmel entsprechen. Dafür wurden auch Beamte eingesetzt, und eingesetzt wurden sie, um das Leben zu fördern.
Die verblendeten Herrscher von heute aber haben allzuviele Beamte; nur nützen sie nicht, im Gegenteil, sie schaden dem Leben. Vergleichbar wäre das an Sinnwidrigkeit dem Tun von Menschen, die Waffen verfertigen, um sich gegen Räuber zur Wehr setzen zu können, dann aber, wenn sie hergestellt sind, sie gegen sich selber wenden. Verloren wäre doch damit der Sinn, der sie zur Herstellung von Waffen bewog. Seinem ursprünglichen Wesen nach ist das Wasser klar. Doch wirbelt man ringsum das Erdreich auf, so wird es verlieren seine Klarheit. Seinem Wesen nach könnte der Mensch ein langes Leben genießen. Die Dinge der Außenwelt aber betören ihn, und darum kann sein Leben nicht lange währen. Die äußeren Dinge sind dazu da, seine Lebenskraft zu unterhalten, nicht dazu, daß er seine Lebenskraft für sie veräußere. Die Menschen unseres Zeitalters jedoch sind so wirrköpfig, daß sie ihre Lebenskraft für Dinge der Außenwelt hingeben. So wissen sie nicht mehr, was leicht und was schwer zu nehmen ist. Und weil sie das nicht wissen, halten sie Schweres für

leicht und Leichtes für schwer. Wer so denkt, dem wird mißlingen, was immer er tut ...
Der Weise nimmt von Wohlklang, Farbenschönheit und Wohlgeschmack nur das an, was seinem Wesen Nutzen bringt; was ihm schadet, weist er von sich. Das ist der Weg, um Vollkommenheit des eigenen Wesens zu erreichen. Die Vornehmen und Reichen dieser Welt aber lassen sich allzusehr von Wohlklang, Farbenlust und Wohlgeschmack betören. Tag und Nacht gieren sie danach. Und vermögen sie den Lüsten zu frönen, verlieren sie sich darin. Wie sollten sie da nicht ihr Wesen zerrütten? ...
Wunderbar fürwahr sind die zahllosen Geschöpfe dieser Welt. Wird einem Harm zugefügt, haben alle darunter zu leiden. Wird einem Gutes getan, bringt es allen Gedeihen. Darum müht sich der Weise in seiner Sorge um die zahllosen Geschöpfe dieser Welt, ihrem natürlichen Wesen zu entsprechen und es zu fördern ...

Was den Autor in diesen vor mehr als zweitausend Jahren niedergeschriebenen Zeilen bewegte, was er zu sagen bestrebt war, spricht uns, so denke ich, auch heute noch an. Das darin ausgedrückte Lebensgefühl mag uns fremd anmuten. Seine Sinnhaftigkeit aber können wir nicht leugnen.
Ich habe mich in diesem Buch bemüht, das alte China, soweit ich es selber zu erfassen vermag, dem Menschen unserer Zeit nahe zu bringen – so nahe wie möglich. Denn ich bin überzeugt, daß wir vom Geist des alten China so manches Wertvolle in uns aufnehmen könnten, dessen Abwesenheit in unserem Leben wir nicht einmal mehr zu ahnen vermögen ... Vielleicht wird bald in China selbst nicht mehr das zu finden sein, was in diesem Buch über das klassische chinesische Weltbild berichtet wird. Vielleicht wird die ruhige, bedächtige, ausgeglichen-gemessene und doch tiefinnige Glückhaftigkeit des chinesischen Menschen bald ebenso verflachen, wie die Freude an einem harmonischen Dasein als Nachklang unserer griechisch-jüdisch-christlichen Vergangenheit in unserer eigenen gegenwärtigen Welt, der kommerzialisierten Welt des Westens verklingt. Doch das wäre nur ein um so zwingenderer Grund kennenzulernen, was einmal einem so liebenswert naturnahen und liebevoll gesell-

schaftlich ausgerichteten Weltbild wie dem chinesischen zugrunde lag. Ein solches Wissen bietet Stoff zum Nachdenken, zum Überdenken – auch unserer eigenen gegenwärtigen Lage.
Der Zeitraum, den dieses Buch umfaßt, reicht von der mythischen Vorzeit – etwa 2300 v.Chr. – bis zur Errichtung der ersten kaiserlichen Dynastie Chinas im Jahr 221 v.Chr. Der Schwerpunkt liegt auf der geistigen Entwicklung Chinas. Leider konnten aus Platzmangel die großen philosophischen Schulen nicht mehr gründlich behandelt werden. Dafür ist ein zweiter Band vorgesehen. Im letzten Kapitel wird im Zusammenhang mit einer kurzen Darstellung der drei bedeutendsten philosophischen Schulen der späten Dschou-Zeit gezeigt, daß der Geist des alten China keineswegs tot und begraben ist. Er wirkt weiter bis in unsere Tage. Nicht immer verheißungsvoll. Das sollte uns nicht traurig stimmen. Wie viele große Gedanken in der Geschichte der Menschheit wurden mißverstanden und mißbraucht! Doch wie viel Gutes haben sie bewirkt! Um wie viel ärmer wären wir ohne sie!

Zu den chinesischen Namen – Umschrift und Aussprache

Bei chinesischen Eigennamen steht der Familienname an erster Stelle, wie z.B. Li, Wang, Lju, Kung etc. Er ist meist einsilbig, kann aber auch zweisilbig sein, wie Si-ma, Ou-yang u.a. Auf den Familiennamen folgt der persönliche Namen, der zum Unterschied von europäischen Namen in der Namenwahl keineswegs traditionell begrenzt ist. Jedes Schriftzeichen kann also zur Bildung eines persönlichen Namens herangezogen werden. Ein kürzlich verstorbener, prominenter chinesischer Ingenieur, Mau I-schen, z.B. nannte seine Kinder nach den Orten, an denen er sich zur Zeit ihrer Geburt aufhielt: die älteste Tochter erhielt den Namen »In-Amerika«, eine andere »In-Be-Dsching« usw. Für persönliche Namen werden verständlicherweise glückverheißende, bedeutungsvolle Schriftzeichen gewählt. Im Fall von Ingenieur Mau I-schen's Töchtern zum Beispiel »Yü-Me« – Me für Me-Guo (Amerika; das Schriftzeichen Me bedeutet aber zugleich auch »schön«) – und »Yü-Yän« (Yän: ein alter Namen für Be-

Dsching), der zugleich auch »Schwalbe« bedeutet). Der persönliche Namen – wir vermeiden hier absichtlich das Wort Vornamen, da er ja hinter den Familiennamen gesetzt wird – besteht in der Regel aus zwei Schriftzeichen, seltener aus nur einem. Einsilbige Familien- oder persönliche Namen werden groß geschrieben. Bei zweisilbigen Familien- oder persönlichen Namen wird nur das erste Schriftzeichen in der Umschrift groß geschrieben; das zweite – kleingeschriebene – wird mit dem ersten durch einen Bindestrich verbunden, um die Zusammengehörigkeit anzuzeigen: z.B. Si-ma Tschjän; Si-ma ist hier der doppelsilbige Familienname Tschjän, der einsilbige persönliche Name.

Könige, Kaiser oder Fürsten (Herzöge, Grafen) werden im allgemeinen mit ihrem dynastischen oder postumen Namen bezeichnet, wie *Wu Wang: Wu* bedeutet *kriegerisch, Wang* bedeutet *König*, also »Kriegerischer König«; *Wen Gung, Wen = der in den friedlichen Künsten Hervorragende, Gung = Herzog.* Der Titel steht hinter dem dynastischen oder postumen Namen.

Die Silben der Ortsnamen werden ausnahmslos groß geschrieben und durch einen Bindestrich getrennt, um zu betonen, daß jede Silbe einzeln ausgesprochen und nicht wie in unseren Wörtern mit anderen Silben verschliffen wird.

Die in China nun allgemein verwendete und bei Informationen über China auch bei uns bereits gebräuchlich gewordene Umschrift chinesischer Wörter hat zwar in Anbetracht der vielen Dialekte für die lautliche Vereinheitlichung und die Konsolidierung der Hochsprache in China selbst und in der internationalen Sinologie zweifellos großen Wert; für Publikationen im Ausland aber scheint sie kaum geeignet zu sein. Bei Berichten über China im Fernsehen oder Rundfunk wird von fast allen Sprechern *Beijing* eben so ausgesprochen, wie es in der in China gebräuchlichen Umschrift geschrieben wird, nämlich unnötig weit entfernt von der richtigen Aussprache. Der Chinese spricht den Namen dieser Stadt – früher als Peking transkribiert – wie Be-Dsching aus. Alle mit Q als Anlaut transkribierten chinesischen Wörter wie z.B. Qing werden von ausländischen Sprechern fast ausnahmslos wie Quing ausgesprochen. Doch Q sollte wie Tsch – Qing also Tsching gelesen werden.

Alle chinesischen Schriftzeichen werden einsilbig ausgesprochen, *Dao* in der in China (Han-Yü Pin-Yin-Tsi-Mu) oder in England gebräuchlichen Umschrift (dem Wade-Alphabet) wird vom europäischen Leser unfehlbar wie Da-o, also zweisilbig ausgesprochen. Der Chinese hingegen spricht das Schriftzeichen Dau, also einsilbig aus. Angesichts solcher doch bis zu einem gewissen Grad vermeidbaren, also unnötigen Verzerrungen bei der Aussprache chinesischer Wörter habe ich es in meinen Büchern vorgezogen, eine dem Chinesischen zumindest ein wenig näher kommende Umschrift zu verwenden. Die von den nun üblichen Transkriptionen abweichenden Schreibweisen werden im folgenden erläutert:

j – innerhalb eines Wortes – ersetzt das sonst gebräuchliche i, wie Lju anstatt Liu, um zu vermeiden, daß das Wort zweisilbig – also Li-u – ausgesprochen wird. Ebenso Dschjang statt Jiang, das in der gebräuchlichen Umschrift vom deutschen Leser in doppelter Hinsicht fehlerhaft gelesen wird: Ji-ang.

Tsch – steht für Q in der chinesischen Umschrift. Zum Beispiel wird die erste kaiserliche Dynastie in der in China gebräuchlichen Umschrift Qin-Dynastie geschrieben, Qin sollte aber Tschin ausgesprochen werden.

dsch – steht für J in der chinesischen Umschrift. Nanjing – Nanking – schreibe ich Nan-Dsching, Beijing wird Be-Dsching geschrieben.

hs – wird wie ein weiches, aspiriertes sch gelesen. Die chinesische Umschrift – nämlich x für hs – ist in diesem Fall für den deutschen Leser besonders irreführend. Xinjiang z.B, würde, mit einem anlautenden X ausgesprochen, von einem Chinesen auf keinen Fall verstanden werden, wohingegen Hsin-Dschjang, selbst mit einem harten, also nicht weich und aspiriert, also unrichtig ausgesprochenen anlautenden sch noch verstanden werden könnte. Die chinesische Umschrift würde also bei dem Provinznamen Xinjiang den deutschen Leser zu einer in zweifacher Hinsicht völlig verfehlten Aussprache verleiten: sowohl das X wie auch das j in diesem Namen weichen nach unserer Lesart sehr weit von der chinesischen Aussprache ab.

Der mit *Schih* transkribierte Laut kann in keiner europäischen Sprache auch nur annähernd wiedergegeben werden. Am nächsten kommt ihm vielleicht noch in der Aussprache der Anlaut des englischen Personalpronomens *she*.

Natürlich maße ich mir nicht an, durch diese kleinen Änderungen in der Umschrift den wirklichen Lautwert der chinesischen Schriftzeichen wiedergeben zu können. Es wäre schon viel erreicht, wenn dadurch im deutschen Sprachraum eine Korrektur unnötiger, also vermeidbarer Lautverzerrungen ermöglicht würde.

Daß dieses Buch zustande kommen konnte, verdanke ich der freundlichen Ermunterung und Unterstützung des Herrn Dr. Bogdan Snela vom Kösel-Verlag und dem Ehepaar Direktor Eduard und Frau Edda Harant, in deren Haus in Münichreith am Ostrong ich nach einem ruhelosen Leben die für eine solche Arbeit nötige Ruhe und Besinnlichkeit fand.

Münichreith am Ostrong   *Ernst Schwarz*
15. November 1993

1
Das klassische chinesische Weltbild
Grundbegriffe und Grundstrukturen

In der ältesten chinesischen Literatur würde man vergeblich nach einem Epos suchen, das in seiner dichterischen Gestaltung an die tragische Größe eines Gilgamesch von Uruk heranreichte. Die Literatur Chinas – zumindest das Schrifttum – läßt sich zwar auch weit zurückverfolgen – bis zur Mitte des zweiten Jahrtausends vor Christus –, doch was uns aus den ältesten Zeiten erhalten geblieben ist, beschränkt sich auf trockene Notizen von Hofwahrsagern, eingeritzt auf Knochen und Schildkrötenpanzern. Wenn es darüber hinaus eine Literatur anderer, weniger trockener Art gegeben haben sollte, so ist sie uns verlorengegangen. Man schrieb damals – und auch noch viel später – auf leicht vergänglichem Material, auf Bambustäfelchen, vielleicht auch schon auf Seidenrollen. Während jedoch die Literatur der vorderasiatischen Völker des Altertums – der Sumerer, Akkader, Babylonier, Assyrer und vieler anderer – schon zur Zeit des römischen Kaiserreichs der Vergangenheit angehörte, erhielt sich die chinesische Literatur nicht nur bis auf den heutigen Tag, sondern entfaltete in dem gewaltigen Zeitraum von mehr als dreitausend Jahren eine Lebenskraft, Größe und Ausdrucksfähigkeit, die ihr in der gesamten Weltliteratur einen einzigartigen Platz zumißt.

Was die älteste Literatur Chinas – von den kargen Aufzeichnungen der Priester und Wahrsager aus der zweiten Hälfte des zweiten Jahrtausends vor Christus bis zu den philosophischen Schriften und der Poesie der späten Dschou-, der Tschin- und Han-Zeit – für uns so interessant macht, ist der Einblick, den sie in die Entstehung und Entwicklung des klassischen chinesischen Weltbildes gewährt. Eine

Literaturgeschichte dieses Zeitraums muß daher weit über den Rahmen hinausgreifen, der sonst für die Darstellung des literarischen Schaffens eines Volkes vorgezeichnet ist. Geschichte, Religion, Philosophie wie auch Sitten und Gebräuche des alten China sind selbst dem gebildeten Europäer nicht allzu vertraut. Das gilt insbesondere für jene Zeiten, in denen sich aus uraltem volkstümlichem Geistesgut und der schöpferischen Arbeit sehr unterschiedlicher philosophischer Schulen allmählich eine geistige Haltung und damit ein sozio-politisches System herausbildete, das China seine unverkennbare Eigenständigkeit unter allen anderen Kulturen der Welt verlieh. Somit muß eine Literaturgeschichte des alten China zwangsläufig zugleich eine Geschichte und Geistesgeschichte sein, und zwar für einen Zeitraum von etwa zweitausend Jahren, von der mythischen Urzeit bis ins zweite Jahrhundert v.Chr. – die formative Epoche der klassischen chinesischen Weltsicht, die dann für weitere fast zweitausend Jahre bis in unser Jahrhundert in ihren Grundzügen bestimmend blieb.

In seinen »Vorlesungen über die Geschichte der Philosophie«, in welchen Hegel der chinesischen Philosophie als »auf der ersten Stufe stehend« nur einen sehr kümmerlichen Platz einräumt, bemerkt er gleich zu Anfang, daß »die Staatsverfassung von China mit einer europäischen … nur in Ansehung des Formellen« verglichen werden kann: denn »der Inhalt ist sehr verschieden«[1] Hegels ablehnende Haltung hinsichtlich dieses ihm »sehr verschieden« erscheinenden »Inhalts« mag eine Reaktion auf die Schwärmerei für das chinesische Staatswesen unter den philosophischen Geistern der Aufklärung und vielleicht auch auf die tändelnde Vorliebe für »Chinoiserien« des 18. Jahrhunderts gewesen sein. Aber zweifellos spricht aus den Worten Hegels auch ein Vorurteil: das Überlegenheitsgefühl der selbst für einen großen Geist wie ihn geradezu selbstverständlichen europazentristischen Denkweise. Es war und ist immer noch schwer, über den eigenen Kulturkreis hinaus den Wert und die Wertungen einer anderen Weltsicht anzuerkennen, ein sinnvolles Dasein auch Menschen zu konzedieren, deren Lebensinhalte eben »sehr verschieden« sind. Hegel tut Konfuzius mit ein paar schroffen und für einen Philosophen ungewöhnlich affektbetonten Worten ab: »Ciceros de officiis – ein moralisches Predigtbuch gibt uns mehr und Besseres als alle Bücher des Kon-fut-see. Aus seinen Originalwerken kann man das Urteil fällen, daß es für den Ruhm des Kon-fut-see besser gewesen wäre, wenn sie nicht übersetzt worden wären«.[2] Ebenso affektbetont und bezeichnend für die Voreingenommenheit, für den Ausschließlichkeitsanspruch eines europäischen Denkers hinsichtlich der Werte des eigenen Weltbilds ist die folgende Passage: »Bei den Rechtsinstitutionen, Staatsverfassungen usw. fühlt man sogleich, daß wenn sie auch noch so konsequent formell ausgebildet sind, sie doch bei uns nicht stattfinden können, daß wir sie uns nicht würden gefallen lassen, daß sie statt Recht vielmehr eine Unterdrückung des Rechtes sind. Dies ist zunächst eine allgemeine Bemerkung in Ansehung solcher Vergleichungen, insofern man sich durch die Form bestechen läßt, dergleichen dem unsrigen gleichzusetzen oder gar vorzuziehen«.[3] In anderen Worten: Hegel betrachtet die geistigen Errungenschaften Chinas im Vergleich mit jenen Europas als so minderwertig, daß es sich kaum lohnt, darüber zu sprechen. Dennoch rührt er in dieser Passage an ein Problem von grundsätzlicher Bedeutung für das Verständnis der wesentlichen Unterschiede im Geistesleben des mediterranen und des chinesischen Kulturkreises: Die Verschiedenheit in den Auffassungen vom Recht oder Rechten, vom Begriff Recht und Gesetz, ja vom Sinn des menschlichen Gemeinwesens überhaupt in der Weltsicht zweier »sehr verschiedener« Kulturkreise.

Prof. Joseph Needham hat im zweiten Band seines Monumentalwerkes »Science and Civilisation in China« mehrere Abschnitte einer vergleichenden Untersuchung der Begriffe Recht, Gesetz, Gesetzmäßigkeit (im naturwissenschaftlichen und gesellschaftlichen Sinn) sowie des Status des »Gesetzgebers« in diesen beiden Kulturkreisen gewidmet. Dabei kommt er zu dem Resultat, daß es im feudalistischen China »eine große Abscheu vor dem präzise formulierten, abstrakten, kodifizierten Gesetz« gab, was nach seiner – im übrigen nicht unbedingt richtigen – Ansicht eine Folge der »üblen Erfahrungen mit der Schule der Legalisten« war. »Zweitens«, schreibt Prof. Needham im Schlußwort zu diesem Kapitel,[4] »erwiesen sich die alten Vorstellungen von ›Li‹ (Riten: ein Begriff, der Kulthandlungen, Zeremoniell, Verhaltensnormen, Sitten, Umgangsformen etc. einschließt) für die chinesische Gesellschaft in ihrer typischen Gestalt besser geeignet

als irgendwelche andere«. Und »drittens«, schließt Prof. Needham, »verlor die autochthone Idee eines höchsten Wesens, obzwar sie sicherlich von den frühesten Zeiten an existierte, bald die Eigenschaften der Persönlichkeit und der Schöpfungsfähigkeit. Die Entwicklung der Vorstellung von präzise formulierten abstrakten Gesetzen, die sich aufgrund der Vernünftigkeit eines Schöpfers der Natur entziffern und beschreiben ließen, fand daher nicht statt.«
Prof. Needham geht es bei seinen Untersuchungen vornehmlich darum, das relative Desinteressement der Chinesen an der Erforschung der Natur, an den Naturwissenschaften und Naturgesetzen zu erklären, und so kommt er auf dem Umweg über ein grotesk anmutendes Beispiel zu einer sehr interessanten Fragestellung. »Im Jahre 1474«, schreibt Prof. Needham, »wurde in Basel ein Hahn für das ›entsetzliche und unnatürliche Verbrechen‹, ein Ei gelegt zu haben, zum Verbrennungstod bei lebendigem Leibe verurteilt; und es gab ein anderes Gerichtsverfahren ähnlicher Art noch 1730«. »Das Interessante an dieser Geschichte«, fährt Prof. Needham fort, »liegt darin, daß solche Prozesse in China absolut unmöglich gewesen wären. Die Chinesen waren nicht so anmaßend anzunehmen, daß sie die Gesetze, die Gott für nichtmenschliche Wesen aufgestellt hatte, so genau kannten, um berechtigt zu sein, ein Tier für deren Überschreitung anklagen zu können. Im Gegenteil: Die chinesische Reaktion wäre zweifellos gewesen, solche seltene und erschreckende Erscheinungen als *chhien kao* (als tadelnde Vorzeichen des Himmels) zu behandeln, und es wäre der Kaiser oder Provinzgouverneur gewesen, dessen Position dadurch gefährdet worden wäre, nicht der Hahn«.[5] So stellt Prof. Needham, dem es ja vor allem auf die Unterschiede in der Entwicklung der Naturwissenschaften in den von ihm untersuchten Kulturen ankommt, die scheinbar seltsam klingende Frage: »War der Geisteszustand, in dem ein eierlegender Hahn gerichtlich verfolgt werden konnte, notwendig in einer Kultur, welche später die Eignung haben sollte, einen Kepler hervorzubringen?«
In dem »Historischen Handbuch für Bürger und Bauern«,[6] verfaßt von einem unter dem Pseudonym Melissantes sich verbergenden Autor, der in einem besonderen Kapitel mit bestialischer Genüßlich-

keit die Folterungen und Hinrichtungen von Hexen und Hexenmeistern beschreibt, billigt und zu rechtfertigen sucht, lesen wir: »Man muß aber das Meisterstück des Teufels in die Physic und die Natur und nicht über die Natur setzen: denn Gott allein kann die Natur ändern und wider ihren Lauf würken, und nicht der Teufel.« Hier wird also aus einer anderen und verhältnismäßig rezenten Quelle deutlich, was Prof. Needham für den europäischen Kulturkreis als typische Grundeinstellung gegenüber der Natur ansieht. Gott ist als ihr Schöpfer Herr über die Natur und ihre Gesetze und Gesetzmäßigkeiten, die selbst der Teufel nicht zu brechen vermag. Verletzungen der natürlichen Gesetzmäßigkeiten sind daher nur scheinbare Verstöße gegen die Allmacht Gottes, zugelassen oder zumindest geduldet als eine Art Korrektiv, um durch das negative Exempel im gesellschaftlichen Sein die Frömmigkeit und die Tugenden überhaupt zu fördern. Das entspräche aus soziologischer Sicht ungefähr den Ansichten Emile Durkheims über die Notwendigkeit des Verbrechens,[7] das für ihn »eine unvermeidbare, wenn auch bedauerliche Erscheinung« und somit ein »integraler Bestandteil jeder gesunden Gesellschaft ist«. Was der Teufel in Melissantes' Buch durch das Medium menschlicher Komplizenschaft anrichtet, dient nach dieser Logik, wenn zur Abschreckung entsprechend grausam bestraft, quasi als »ein Faktor der Gesundheit in der menschlichen Gesellschaft«! Als oberster und alleiniger Gesetzgeber des gesamten Universums besitzt der Schöpfergott unseres Kulturkreises, ähnlich wie der Herrscher oder die Staatsmacht auf Erden, allein das Recht, die von ihm selbst geschaffenen Gesetze zu ändern oder außer Kraft zu setzen. In seiner Allmacht, die ihn über seine Schöpfung erhebt, ist er für den menschlichen Geist unfaßbar. Doch wohnt seiner Schöpfung eine von ihm verliehene Rationalität inne, die für den Menschen erschließbar ist. Die Suche nach den der Schöpfung inhärenten Gesetzen wurde bestimmend für den mediterranen Geist. Im Grundmotiv des klassischen chinesischen Weltbilds hingegen widerhallen kaum sphärische Klänge. Das hymnische Element ist selten »tonangebend«. Die Melodie klingt nüchterner, denn das Hauptanliegen ist nicht jenseits gerichtet. Es beschränkt sich auf das Bestreben, dem einzelnen das möglichst reibungslose Sich-Einfügen in eine Gemeinschaft zu ermöglichen, deren Normen in fernen Zeiten – in *illud tempus* – von Weisen geschaffen wurden, nicht von einem Gott oder einem in die Unendlichkeit entrückten Gesetzgeber göttlicher Natur. Die Weisen, deren ordnendem Geist das Gemeinwesen im alten China seine In-sich-Gefügtheit, seine menschliche Verbundenheit, seine Wärme und Familiarität verdankt, sind keineswegs der Welt enthoben. Sie leben als überragende, aber durchaus nicht außer- oder übermenschliche Gestalten weiter im Bewußtsein der Gemeinschaft – wie die Ahnen der Sippen oder Familien, die trotz aller zeitlichen Ferne eine spürbare menschliche Nähe bewahrt haben. Einheit und Sicherheit des Gemeinwesens beruhten auf der rationalen und emotionalen Eingliederung und Zugehörigkeit des einzelnen in diesen Verband, auf menschlichen Bindungen, auf Normen, Riten, nicht aber auf Gesetzen. Das führte zu einer ethisch-ästhetischen Auffassung vom Wert der menschlichen Existenz innerhalb einer dem Menschen noch vertrauten, heimischen, ihm noch nicht wesensfremden Natur.

Wie unterschiedlich die Auffassungen von Recht, Norm oder Gesetz im Geistesleben von Völkern sein können, deren Weltsicht durch verschiedene Blickwinkel bestimmt wird, mag das folgende Beispiel darlegen:

In China mußten für mehr als zweitausend Jahre Kinder oder Jünglinge, wenn sie Unterricht nahmen, Lehrsätze ethischen Inhalts auswendig lernen – »Das Buch der Kindesliebe«, »Die Gespräche des Konfuzius« und dergleichen mehr. Im alten Rom lernte Marcus Tullius Cicero, dessen »De officiis« Hegel hoch über die Lehren des Konfuzius stellte, in seiner Jugend das »Zwölftafelgesetz« auswendig. In dem einen Kulturkreis waren also ethische Grundsätze, Verhaltensregeln und -normen unabdingbarer Bestandteil des Elementarunterrichts; in dem anderen das Studium von Gesetzesvorschriften, Bestimmungen über Eigentumsfragen, Erbangelegenheiten, Strafverfügungen usw. Die Richtschnur für ihre künftigen Denk- und Verhaltensweisen waren demnach völlig anders vorgezeichnet für den Jüngling im alten Rom und im alten China, obgleich sie Zeitgenossen gewesen sein mögen. Für Konfuzius wäre der Lehrstoff eines römischen Jünglings völlig unannehmbar gewesen. Mit Händen und Füßen hätte er sich gegen eine derartige Deformierung des jugendlichen Geistes gewehrt. Denn das Festschreiben von Gesetzen war nach seiner Meinung der erste Schritt zur Entmenschlichung der menschlichen Beziehungen. Ein Urteil, das nach starren Regeln und ohne Einbeziehung der Bindungen und Verhältnisse der betroffenen Menschen untereinander gefällt worden wäre, hätte er als menschenunwürdig betrachtet. Die Weisheit, die Menschlichkeit und Tugendhaftigkeit des Richtenden sollte entscheiden, wie der Fall zu betrachten sei. Denn der Richtende hatte, wie alle Amtspersonen, wie jeder »edle Mensch« die Verpflichtung, seinen Geist in tugendhaftem Verhalten und Denken zu schulen. Ebenso war, ideell gesprochen, Sinn und Ziel seines Richteramts, den gegen die ethischen Normen der Gemeinschaft Verstoßenden zur Tugend zurückzuführen. »Wenn man das Volk mit Dekreten lenkt«, heißt es in den Gesprächen des Konfuzius, »und durch Strafmaßnahmen in Bann hält, so wird es den Strafen zu entgehen suchen und doch keine Scham kennen. Lenkt man es aber mit Tugend *(De)* und hält es in Zucht mit Riten *(Li)*, so wird es nicht nur Scham kennen, sondern auch Charakter haben«.[8]

Die bedeutungsreichen und kaum übersetzbaren Termini technici *De, Tschi, Dau, Li* und einige andere erfordern eine genauere Erklärung. Diese Termini waren jedoch im Prozeß der Entwicklung des chinesischen Weltbilds großen Schwankungen in ihrer Bedeutungsweite und -vielfalt unterworfen. Darum erscheint es sinnvoll, die Bedeutungserklärungen auf eine bestimmte Periode festzusetzen; und dazu eignet sich kaum eine andere besser als jene, da sie bereits zu mehr oder minder anerkannten Begriffen ausgeformt und ausgereift waren, nämlich die zweite Hälfte des ersten Jahrtausends vor Christus.

Wie bereits darzulegen versucht wurde, fehlt im chinesischen Weltbild der Schöpfergott und damit auch eine göttliche Offenbarung, wie sie die Bibel bietet. Die Entgegensetzung eines außerweltlichen Gottes mit der von ihm geschaffenen Natur ist daher kaum denkbar. So rückt die menschliche Sphäre viel enger an die natürliche heran, denn der Mensch betrachtet sich hier nicht als »Gottes Ebenbild«, als ein der Natur entgegengesetztes Wesen. Die Dreiteilung von Himmel, Erde und Mensch, die zu den Grundvorstellungen des chinesischen Denkens gehört, setzt diese drei Sphären nicht gegeneinander, sondern verflicht sie zu einem ganzheitlichen Konzept des Universums, in dem gleichsam familiäre Bindungen vorherrschen. Alle Dinge besitzen *De* – ein Begriff, der ursprünglich eine ähnliche Bedeutung wie der in der Anthropologie und Soziologie gebräuchlich gewordene Terminus *Mana* hatte; eine allen Dingen immanente Kraft – besser gesagt: Zauberkraft, später ethisiert zum Begriff Tugend im Sinne des lateinischen *virtus* und *vis* – Wesen, Wirksamkeit, Sittlichkeit. Das Besondere, Eigenartige schließt aber die Einheit, Gemeinsamkeit, Gemeinschaftlichkeit alles Seins nicht aus. Denn zugleich ist allen Dingen ohne Unterschied eine bestimmte und doch undefinierbare Kraft eigen, die sie in einer universalen Gemeinschaft verbindet. Sein *De* zu vervollkommnen, sein Maß an sittlichen Kräften zu erweitern und zu festigen, ist die wichtigste Aufgabe im Leben des »edlen Menschen«.

Während der Begriff *De* bei den Konfuzianern immer mehr ein Synonym für Tugend oder Sittlichkeit wurde, behielt er in der dauistischen Schule seine ursprüngliche Bedeutung als Wesen, Eigenart, Entelechie, als die in den Dingen und Stoffen gestaltend wirksame Kraft. Die Dauisten machten sich lustig über das Bemühen zur Selbstvervollkommnung des *De* bei den Konfuzianern. Durch die bewußte Anstrengung in diesem Sinn verstümmelten oder vernichteten die Konfuzianer in ihren Augen nur das, was sie zu wahren und fördern suchten. Das sagt Lau Dse sehr deutlich:

Das höchste De weiß nichts vom De.
So bleibt das De erhalten.
Das niedrige De will erhalten sein De.
So geht sein De verloren.[9]

Außer dem *De* besitzen alle Wesen und Dinge noch den »Krafthauch« oder das »Pneuma« – Tschi, eine mit dem *De* eng verwobene »Motiv-Substanz« – oder besser: Grundsubstanz mit dynamischen Qualitäten. Das Wort »Motiv-Substanz« ist zwar als Notbehelf für die Sinnwiedergabe des Begriffs *Tschi* höchst unbeholfen; aber welches andere Wort ließe sich dafür finden? Das *Tschi* als bewegende Kraft und zugleich Substanz ist ebenso wie das *De* in allen Dingen enthalten. Es kann sich verdichten oder verdünnen. Das geballte *Tschi* im Menschen oder in den Dingen vermag ungewöhnliche Wirkungen hervorzurufen. In den *Diskursen der Staaten* wird der Versuch gemacht, ein Erdbeben zu erklären:

Das Tschi des Himmels und der Erde geraten (normalerweise) nicht aus der Ordnung ... Doch wird das Yang-Tschi niedergehalten und findet keinen Ausweg, wird das Yin-Tschi unter Druck gesetzt und kann sich nicht verflüchtigen, so kommt es zu einem Beben der Erde ....[10]

Selbst Feuer und Wasser haben *Tschi*. Der Philosoph Hsün Dse schreibt:

Wasser und Feuer besitzen Tschi, aber kein Leben; Gras und Bäume besitzen Leben, aber keine Vernunft ... Nur der Mensch hat Tschi, hat Leben und Vernunft ... Daher nimmt er den höchsten Platz unter allen Wesen des Universums ein.[11]

Tschi, wörtlich übersetzt, bedeutet: Atem, Luft, Dampf, Pneuma, Wolkendunst. Doch reicht der Bedeutungsgehalt des Schriftzeichens für Tschi in älteren Texten meist über die Sphäre konkreter Erscheinungen oder Vorgänge hinaus. Auch in unserem Sprachgebrauch findet sich bis heute in gewissen Redewendungen wie »den Geist aushauchen« ein deutlicher Bezug des Atmungsvorgangs zur menschlichen Seele. In der Kirchensprache wird dem Atem in Ausdrücken wie *pneuma hagion*, dem Heiligen Geist, eine tiefe religiöse Bedeutung gegeben, und bei den Gnostikern galt der »Pneumatiker«, der »Atembeseelte«, der »Geistesmensch« als Erleuchteter. Auch das Schriftzeichen Tschi, das bei späteren Philosophen gelegentlich eine materialistische Färbung annahm, war vieldeutig, vielschichtig, nach verschiedenen Richtungen ausdeutbar.
Für den Philosophen Meng Dse (um 372-289 v.Chr.) war das Tschi »das, was den Körper auffüllt«, womit er die Gefühle wie auch die Funktionen des Körpers meinte. Zugleich aber überhöhte er dieses Tschi zu geradezu kosmischen Dimensionen. »Ich pflege wohl mein

erhabenes Tschi«, sagt er in demselben Kapitel.¹² Und auf die Frage, was sein »erhabenes Tschi« denn sei, erwiderte er:

Das ist schwer zu sagen. Es ist ein Tschi, das überaus groß und unbeugsam-stark ist. Pflegt man es geradsinnig und fügt ihm keinen Schaden zu, so füllt es alles zwischen Himmel und Erde ...

Im *Buch Dschuang Dse* wird das Tschi als materielles Substrat – eine Aussage, die sofort eingeschränkt werden muß: denn auch hier ist die Materie »beseelt« – des menschlichen Körpers und im weitesten Sinn aller Wesen dargestellt:

*Das Leben des Menschen kommt durch eine Ansammlung von Tschi zustande. Sammelt sich Tschi an, entsteht Leben; zerstreut es sich wieder, tritt der Tod ein. Da Leben und Tod Gefährten sind, warum sollte ich sie dann als Übel betrachten? So sind alle Wesen eins (im Kreislauf der Natur) ... Stinkendes und Faulendes verwandelt sich in wunderbar Belebtes; und wunderbar Belebtes verwandelt sich wieder in Stinkendes und Faulendes. So kann man sagen, daß alles unter dem Himmel (im Universum) von einem Tschi durchdrungen ist ...*¹³

In dem vorher bereits angeführten Zitat aus den »Diskursen der Staaten« über die Ursachen eines Erdbebens wird das Wort Tschi mit den Wörtern Yang und Yin zu Binomen verbunden. Das chinesische Weltbild ist trotz seiner besinnlich-maßvollen Grundhaltung durchaus dynamisch, dialektisch. Selbst sprachliche Einheiten des Chinesischen wie binomische Wortbildungen – Da-Hsjau = Groß-Klein für Größe, Dschü-San = Sammeln-Zerstreuen für Dichte, Tsching-Dschung = Leicht-Schwer für Gewicht etc. – und bestimmte viergliedrige Satzkonstruktionen zeigen deutlich eine dialektisch-antithetische Sicht und Auffassung im Weltbild Chinas. Eine Passage aus dem Werk des Philosophen Hsün Dse (etwa 298-238 v.Chr.) mag als Illustration für diese Eigenheit der klassischen chinesischen Sprache dienen: »*Der Himmel besitzt Beständigkeit* (d.h. die Natur bewegt sich nach den ihr eigenen »beständigen« Gesetzen). *Er bleibt nicht des* (guten Herrschers) *Yau wegen bestehen; er geht nicht des*

(bösen Herrschers) *Dschje wegen zugrunde. Begegnet man ihm* (d.h. der Natur und ihren Gesetzmäßigkeiten) *mit ordentlichen Maßnahmen, so erwächst Glück daraus; begegnet man ihm mit unordentlichen* (wirren) *Maßnahmen, so erwächst Unglück daraus«.*
In wörtlicher Übersetzung würde sich das folgende Bild bieten:

Himmel bewegen haben Beständigkeit.
Nicht wegen Yau bestehen.
Nicht wegen Dschje vergehen.
Begegnen ihm mit Ordnung, dann Glück.
Begegnen ihm mit Unordnung, dann Unglück.[14]

Die Antithesen sind hier scharf und deutlich herausgearbeitet. Sie gewinnen noch an Eindringlichkeit dadurch, daß im dritten bzw. im fünften Satz je zwei bzw. vier Schriftzeichen des vorhergehenden Satzes unverändert wiederkehren, die Antithese also in jedem der beiden Satzpaare durch diese parallelistische Anordnung in äußerster Spannung in lediglich zwei Schriftzeichen zusammengeballt ist.
Ein in der chinesischen Philosophie, Literatur, Heilkunde – mit einem Wort: im gesamten Geistesleben Chinas besonders wichtiges und immer wiederkehrendes Binom ist *Yin-Yang. Yin* steht für das Weibliche, Passive, Dunkle, Feuchte, Kalte usw.; *Yang* steht für das Männliche, Aktive, Helle, Trockene, Warme usw. Wie alt diese dichotome Sicht des Universums in all seinen Manifestationen ist, kann niemand sagen. Der *locus classicus* ist das schon erwähnte Zitat aus den *Diskursen der Staaten*, ein Werk, das theoretisch kaum Texte älter als 500 v.Chr. enthalten kann, wenn darin auch Ereignisse geschildert werden, die zwei bis drei Jahrhunderte weiter zurückreichen. Anzeichen eines dialektisch-antithetischen Denkens finden sich bereits auf Orakelinschriften aus der zweiten Hälfte des zweiten Jahrtausends v.Chr. in Satzkonstruktionen wie: »Wird Di (der Ahnherr) genügend Regen für die Ernte senden; wird Di nicht genügend Regen für die Ernte senden?« Im *Buch der Lieder* sind parallelistische und antithetische Satzkonstruktionen immer wieder anzutreffen, und ebenso in den Werken aller Philosophen der Zhou- und Qin-Zeit, bis schließlich in der Han-Zeit das parallelistisch-antithetische Modell

in der Schriftsprache allbeherrschend wurde und sich als *Piän-Wen* (Stil der Entgegensetzungen) für die nächsten fünfhundert Jahre unumschränkt und danach im »klassischen Stil« d.h. in nicht in der Umgangssprache, sondern in archaiisierenden Stilarten geschriebenen Texten bis in unser Jahrhundert behaupten konnte. Im Grunde genommen finden wir parallelistische und antithetische Elemente auch heute noch reichlich in der Schriftsprache Chinas.
Im Kapitel Hsi-Tse, einem Kommentar zum *Buch der Wandlungen*, der traditionell Konfuzius zugeschrieben wurde, aber wahrscheinlich erst zwei bis drei Jahrhunderte nach dessen Tod entstand, steht der oft zitierte Satz: »Ein *Yin* und ein *Yang* nennt man das *Dau*«. Über das *Dau*, das höchste Prinzip in nahezu allen philosophischen Schulen Chinas wird noch ausführlich gesprochen werden. In einem Kommentar zu dem eben erwähnten Kommentar zum *Buch der Wandlungen*, verfaßt von dem berühmten Neo-Konfuzianer der Sung-Zeit Dschu Hsi (1130-1200), steht als Erklärung:

Yin und Yang sind das sich wechselseitig Bewegende. Sie sind das Tschi.[15]

In einem Weltbild, das keinen Schöpfergott kennt und als einzige »Konstante« im Universum den ewigen Prozeß der »Wandlungen« sieht, kann auch das Tschi keine immobile Substanz sein. Im Tschi sind gegensätzliche Kräfte enthalten, die sich ergänzen, sich wechselweise bedingen, durch wechselweises Abnehmen und Zunehmen die Materie ebenso wie den Geist in Bewegung halten und ihnen dynamische Schöpferkraft verleihen. Das Tschi ist nur bei sehr wenigen Philosophen eine im europäischen Sinn gleichsam als Materie zu betrachtende Substanz; und selbst dann noch war es für den chinesischen Geist nahezu unmöglich, diese vermeintliche Substanz völlig ihrer inneren Bewegkraft zu berauben. Das Tschi wirkt demnach aus der inneren und sich komplementierenden Spannung des Yin und Yang. Das De ist sozusagen die Formvorgabe für diese aus sich heraus wirkende Motiv-Substanz Tschi.
Die höchste Entfaltung des De im Menschen macht ihn zu einem geradezu ebenbürtigen Partner des Himmels und der Erde. Denn im

Prozeß seiner Selbstvervollkommnung entwickelt er auch das ihm innewohnende Tschi und damit seine *Yin-* und *Yang-*Kräfte bis ins Unermeßliche. Der Himmel ist die höchste Manifestation des Yang, die Erde die höchste des *Yin.* So kann es nicht verwundern, wenn der »edle« oder »große« Mensch in der chinesischen Literatur gleichsam als *homoiosis Theo,* als »gottähnlich« wie der Kaiser im alten Byzanz erschien, nur daß eine solche Überhöhung der Persönlichkeit in China in der Konformität mit den Kräften des Himmels und der Erde und letztlich mit dem Urprinzip Dau, nicht aber mit einem göttlichen Wesen begründet war. Im *Buch der Wandlungen* wird der vollkommene Mensch so geschildert:

Der Große Mensch vereint sich in seinem De mit Himmel und Erde, in seiner Klarheit und Helle mit Sonne und Mond; in seinem Gefühl für die Ordnung der Dinge gleicht er dem Lauf der Jahreszeiten; in seiner Kenntnis des Glückverheißenden gleicht er den Geistern. Kommt er in seinen Handlungen der Natur zuvor, so verweigert sie sich ihm nicht; zögert er seine Handlungen hinaus, so folgt er damit dem Zeitgebot der Natur. Wenn sich ihm selbst die Natur nicht verweigert, um wieviel weniger verweigern sich ihm dann die Menschen, um wieviel weniger die Geister?![16]

In seinem *De* und seinem gesamten persönlichen Wirkungskreis ist der Große Mensch ein ebenbürtiger Partner der Natur geworden, deren Normen er nunmehr in seiner Wesensart verkörpert und deren Wirken er zum Wohl der Menschheit auf der menschlichen Sphäre der Triade vertritt. Mit der Angleichung seines *De* an die Natur – an Himmel und Erde – sind auch die dynamischen Wirkkräfte seines Wesens, das Tschi in seiner Dualität als *Yin* und *Yang,* mit der Natur in Übereinstimmung gebracht worden. In seiner geistigen Klarheit entspricht er dem Yin und Yang katexochen – der Sonne und dem Mond; in seinem Ordnungssinn den Vier Jahreszeiten; in seiner Einsicht in das Unsichtbare vermag er selbst das Wirken der Geister zu erkennen. Ist diese Auffassung vom Großen Menschen im *Buch der Wandlungen* auch verhältnismäßig spät aufgezeichnet worden, so enthält sie doch sicherlich in allen wesentlichen Zügen Gedanken und Gefühle, die aus viel älteren Zeiten stammten – aus Zeiten, da das Band zwischen Mensch und Natur noch eng, noch ungebrochen war. Im *Buch der Urkunden* wird diese Trennung von Himmel und Erde sogar »richterlich« im Auftrag des Herrschers, des »Himmelssohns« verfügt, offenbar um die sakralen Funktionen als Privilegium des Herrschers festzulegen: »So wurde dem Dschung anbefohlen, die Verbindung zwischen Himmel und Erde zu unterbrechen«.[17] In den *Diskursen der Staaten* wird dieser Trennungsakt des Menschen von der Natur so begründet:

Als die Macht des (legendären) Herrschers Schau-Hau schon sehr geschwächt war, verursachten die Dschju-Li-Stämme, daß das De im Lande in Wirrungen geriet. Das Volk und die Geister vermischten sich untereinander, so daß jede Familie selbst ihren Zauberpriester hatte ... Als dann Dschuan-Hsü die Herrschaft übernahm, beauftragte er den Richter des Südens Dschung mit den Himmelsopfern, um Sorge für die Geister zu tragen, und den Richter des Nordens Li mit den Erdopfern, um Sorge für das Volk zu tragen.[18]

Li – das allen zugängliche Stammesritual war zu einem Privilegium der Mächtigen geworden. Viel poetischer drückt der sprachgewaltige Philosoph Dschuang Dse (etwa 370-280 v.Chr.) diesen nostalgischen Rückblick auf das Goldene Zeitalter aus:

Zur Zeit des Höchsten De wandelten die Menschen zufrieden umher und sahen die Welt mit ungetrübtem Blick. Es gab weder Pfade, um über die Berge, noch Boote oder Brücken, um über die Gewässer zu kommen. Alle Wesen lebten in Eintracht miteinander ... Wie hätten so die Menschen den Unterschied zwischen edel und gemein wissen können!.[19]

Daraus wäre zu schließen, daß es zur »Zeit des Höchsten De« auch keine Weisen gegeben haben konnte. Man brauchte sie nicht. Ebenso waren Herrscher überflüssig. Das spricht am deutlichsten Lau Dse aus:

Zuerst wußten die Niederen kaum von den Herrschern.
Später drängten sie sich um sie.
Sie zu fürchten lernten sie später.
Dann zu verachten ...[20]

Das Tschi in seiner dualen Dynamik verkörpert sich nach altchinesischer Auffassung am reinsten im Yang katexochen: der Sonne und dem Himmel; und dem Yin katexochen: dem Mond und der Erde. Durch eine offenbar fluidal gedachte Verbindung von Himmel und Erde entstehen und gedeihen alle »zehntausend Ding«, d.h. die gesamte Natur und natürlich mit ihr der Mensch. »Himmel und Erde kommunizieren miteinander«, heißt es im Huang-Di Ne-Dsche.[21] Wie alles im Universum besitzt auch das Jahr Tschi, wie aus der folgenden Passage des *Inneren Buchs des Gelben Kaisers* zu ersehen ist:

Das Yin- und Yang-Tschi der Vier Jahreszeiten ist die Grundlage aller Dinge. Daher wahrt und pflegt der Weise sein Yang im Frühjahr und Sommer und sein Yin im Herbst und Winter. Weil er so der Grundlage des Lebens folgt, findet er Zugang zum Tor des Gedeihens und vermag mit allen Wesen gemeinsam im Prozeß der Wandlung auf- und niederzusteigen.

Aus allem, was bisher gesagt wurde, ist zu ersehen, daß der Begriff Tschi zusammen mit seinen beiden sich wechselseitig bedingenden und ergänzenden Wirkkräften, dem Yin und Yang, für das gesamte Universum und jedes Wesen oder Ding, jede Erscheinung gültig ist. Mit anderen Worten: Alles Seiende ist Tschi, besteht aus Tschi, bewegt sich oder handelt kraft dieses Tschi und der ihm innewohnenden Yin- und Yang-Kräfte. Eigenart, Wesenheit, Gattungszugehörigkeit und Wachstumsdimensionen aller Dinge im materiellen wie auch geistigen Sinn werden durch *De* bestimmt. Doch weder *De* noch Tschi gelten als höchste Kategorien im Weltbild des alten China.
In dem vorher angeführten Zitat aus dem *Buch der Wandlungen*: »Ein Yin und ein Yang nennt man Dau« begegneten wir bereits dem

höchsten Prinzip in den klassischen philosophischen Systemen Chinas. Die Schule der Dauisten (das chinesische Schriftzeichen wird nicht wie herkömmlich in Übersetzungen Tao, sondern mit D als Anlaut Dau ausgesprochen) nannte sich sogar nach diesem altehrwürdigen Wort. Ebenso wie De und Tschi kann auch der Begriff Dau nicht mit einem Wort übersetzt werden. Nur ausführliche und durch Zitate und Beispiele anschaulich gemachte Erläuterungen mögen Einsicht in die große Vielfalt der Haupt- und Nebenbedeutungen dieses zentralen Terminus der chinesischen Philosophie und damit des chinesischen Weltbilds überhaupt gewähren.

Der Begriff Dau im philosophischen Sinn erscheint erst verhältnismäßig spät in der chinesischen Literatur. Während in den »Gesprächen des Konfuzius« und manchen anderen Werken der zweiten Hälfte des ersten Jahrtausends vor Christus Dau ein verschwommener Begriff bleibt, der noch keine ontologische Bedeutung angenommen hat, stellt Lau Dse in seinem Werk *Daudedsching* (= Tao-Te-King in vielen Übersetzungen), was übersetzt *Buch vom Dau und De* bedeutet, das Dau in den Mittelpunkt aller seiner Betrachtungen.

In ältesten Zeiten war Tjän – Himmel – »das Höchste, über dem es nichts mehr gibt«.[22] Das Zeichen für Himmel in den Orakelinschriften ist das Ideogramm eines Menschen – vielleicht eines »erhabenen Menschen«; denn ein Bestandteil des Zeichens ist »groß«, und überdies wurde es offenbar auch in dieser Bedeutung gebraucht. Für das Schang-Volk war, wie aus einem kultischen Lied der Nachfahren der Schang-Könige im *Buch der Lieder*[23] zu ersehen, der Ahnherr oder die Gesamtheit der Urahnen der Schang-Könige das höchste, das »himmlische« Wesen schlechthin, dem man Verehrung und Opfer schuldete. So könnte der Begriff Himmel schon sehr früh in engem Zusammenhang mit dem Ahnherrn oder den Ahnen gestanden haben.

Im *Buch der Urkunden* erscheint der Himmel anthropomorph, zumindest ausgestattet mit menschlichen Emotionen, die sich natürlich auch auf den Urahn oder die Ahnherren des Königshauses beziehen könnten: »Nun zeigt der Schang-König Schou dem Himmel oben keinen Respekt ... Der erhabene Himmel ist erzürnt ...«.[24] Bei Konfuzius schwankt das Bild des Himmels zwischen der vorsichtig verhaltenen Verehrung einer, wenn auch nicht anthropomorphen, so doch übersinnlichen geistigen Kraft und einer eher skeptischen Haltung gegenüber den herkömmlichen Vorstellungen. Zwei Zitate mögen dies veranschaulichen. Als Konfuzius einmal im Fürstentum Sung nahe daran war, einem Anschlag zum Opfer zu fallen, sagte er: »Der Himmel schuf nicht diese Kraft *(De)* umsonst in mir. Was also soll ein Mann wie Huan Tue gegen mich!«[25] In einer anderen Passage in den *Gesprächen des Meisters Kung*[26] beklagt sich sein Schüler Dse-Gung – oder konstatiert nur, daß der Meister Aussagen über den Himmel in seiner Lehrtätigkeit aussparte: »Was der Meister über altehrwürdige Schriften und Vorschriften zu sagen hat, das kann man von ihm zu hören bekommen. Doch Worte des Meisters über die Wesenheit der Dinge und über den Weg (Dau) des Himmels, die bekommt man von ihm nicht zu hören.« Aber in den *Gesprächen des Meisters Kung* kommt das Schriftzeichen für Dau auch in einem Sinn vor, dessen numinoser Charakter kaum hinter dem des »Himmels« im Sprachgebrauch des Meisters zurückstehen konnte: »Wer morgens hat gehört vom Rechten Weg (Dau) und abends stirbt, starb nicht umsonst«.[27] Das Dau muß also auch für ihn eine über den Tod hinausgehende spirituelle Bedeutung gehabt haben.

Lau Dse sagt gleich in den ersten zwei Zeilen seines *Daudedsching*, des Buchs vom Dau und De:

Sagbar das Dau.
Doch nicht das ewige Dau ...[28]

Dennoch macht er einen Versuch, Worte zu finden, um das Dau zu beschreiben; aber was für Worte sind das? Worte eines Mystikers! eines Poeten!

Ein etwas gibt es, aus dem Chaos geworden.
Früher als Himmel und Erde entstanden.
Ein Einsam-Stilles, Endlos-Weites.
In sich allein, unwandelbar.
Kreisend, nie sich erschöpfend.
Des Alls Urmutter könnte man es nennen.

Ich kenne seinen Namen nicht.
Ich nenne es Dau.
Und da ich es bezeichnen muß,
nenn ich es groß ...[29]

Das Dau ist auch in diesen poetischen Umschreibungen immer noch unsagbar geblieben, doch wird es in ein bestimmtes Verhältnis zu Himmel und Erde gesetzt: Es war vor Himmel und Erde, ist urewig wie die ungeformte Substanz, die in ihrer Dynamik die Potentialität alles Seins in sich trägt. Daher die vorsichtig tastende Bezeichnung: Des Alls Urmutter. In demselben Kapitel gibt Lau Dse einen Einblick in seine Vorstellungen von der Entstehung des Universums:

Die Erde folgt dem Himmel.
Der Himmel folgt dem Dau.
Das Dau folgt sich selbst.

Die Triade Himmel, Erde und Mensch wird in Bewegung gehalten durch das Dau, das in sich selbst ruht, da es keiner anderen Kraft zu folgen hat. Alle Dinge entspringen dem Dau, wachsen und entfalten sich dann aber durch die in ihnen weiterwirkende Kraft des *De*, die Kraftquelle ihres Eigenseins.

Das Dau gebiert die Dinge.
Das De erhält sie,
läßt sie wachsen,
läßt sie gedeihen,
läßt sie reifen
und sich vollenden ...[30]

Der bedeutendste Dauist nach Lau Dse, der Philosoph Dschuang Dse, versucht in der Sprache des Mystikers die kosmogonischen und kosmologischen Aspekte des Dau anzudeuten:

Das Dau besitzt Wirklichkeit und Verläßlichkeit, es ist aber weder tätig noch hat es Gestalt. Es kann übertragen, aber nicht gesehen werden. Es entstammt sich selbst und wurzelt in sich selbst. So war es, ehe es Himmel und Erde gab, denn es war von jeher. Den Totengeistern und den Ahnen verleiht es Zauberkraft, und es gebar den Himmel und die Erde.[31]

Im *Buch der Wandlungen*[32] wird das Dau als das Unsichtbare »jenseits des Gestalteten« dem Sichtbaren »innerhalb des Gestalteten« entgegengesetzt. Diese Trennung zwischen Dau und der materiellen Welt wurde später von vielen Schulen aufgegriffen und in den Debatten der Neo-Konfuzianer der Sung-Zeit zum Hauptthema gelehrter Studien gemacht. Aber das tiefe mystische Empfinden, das aus den Worten Lau Dses und Dschuang Dses den Leser auch heute noch anzusprechen vermag, ist in den scholastischen Traktaten der Sung-, Ming- und Tsching-Philosophen nicht mehr zu finden. Meist wurden nur terminologische Finessen gegeneinander ausgespielt, die im Grunde genommen nicht mehr aussagen, als schon von den Philosophen seit Lau Dse gesagt worden war. Unter dem Einfluß buddhistischer Gedanken mystifizierten die Sung-Gelehrten das Dau immer mehr, bis es schließlich zu einem Mittelding zwischen heiliggesprochenen Symbolwerten konfuzianischer Morallehren und pseudo-buddhistischer Mystik degenerierte.

Das Schriftzeichen für Dau besteht aus einem Ideogramm für Kopf und einem Determinativum, das »gehen« ausdrückt. Daher die Bedeutung Weg, die sich in der Haupt- und Zeitwörter nicht scharf voneinander trennenden klassischen chinesischen Sprache zu Begriffen wie »leiten«, »lenken«, »regieren« und schließlich »Methode«, »Rechter Weg« in moralischer wie auch politischer Hinsicht usw. ausweitete. Zugleich hat dasselbe Schriftzeichen aber auch die Bedeutung von »sprechen«, »sagen« usw. In alten Zeiten wurde mit Dau auch ein Ahnenopfer und ein Opfer für die Geister der Wegkreuzungen, die in vielen Glaubensvorstellungen eine besondere magische Bedeutung haben, bezeichnet.

In den *Gesprächen des Konfuzius* kommt das Schriftzeichen Dau in einer Passage gleich in zwei der eben erwähnten Bedeutungen vor:

Der Meister sprach: ›Der Rechte Weg (Dau) des edlen Menschen fordert drei Dinge, die ich nicht vermag: ein Gütiger zu sein, der ohne Kummer; ein Wissender, der ohne Zweifel; ein Tapferer, der ohne Furcht.‹ Dsi-gung sagte: ›So sprach (Dau) der Meister selber über sich.‹[33]

Im Hinblick auf kultische Handlungen wie Ahnenopfer und Opfer für die Geister der Wege könnte Dau die Bedeutung von kultischer Rede, von »besprechen« gehabt haben. Erst das »richtige« Aussprechen der magischen Formel verleiht der Kulthandlung Wirksamkeit. So erklärt sich der tiefgründige magisch-mystische Gehalt des Dau, der sich später in den philosophischen und staatspolitischen Schulen und Systemen Chinas verdünnte oder entkräftete, bis er sich im Begriffsfeld der Legalisten zum »richtigen Weg des Regierens« einengte. »Was ist das Dau?« fragt Hsün Dse. »Die Antwort ist: der Richtige Weg des Herrschens ...«.[34] Dennoch verblieb dem Begriff Dau selbst in den nüchternsten Anwendungen immer noch ein spürbarer Rest des Numinosen, dem sich selbst die Pragmatiker unter den späteren Philosophen nicht ganz entziehen konnten.

Wie in der Geistesgeschichte der Menschheit allgemein so entwickelte sich auch das Weltbild im alten China in einem vieltausendjährigen Prozeß wachsender Erkenntnisse der Umwelt. Das Universum, das sich dem Menschen mählich offenbarte, konnte nach seinen menschlichen Vorstellungen trotz aller Andersartigkeit doch nur in einer Ordnung existieren, die der seiner eigenen Welt, seinen menschlichen Bindungen, seinem Stammesverband entsprach. Daraus entsprang der Glaube an die Allbeseeltheit der Natur, des Universums, eine animistische Sicht der Welt, und zugleich die geistige Tendenz, die Ordnung der menschlichen Gemeinschaft, des Stammes, in das Universum hinein-, hinauszuprojizieren. Eine solche Weltsicht, ein solches Lebensgefühl ist noch rückschauend in der Philosophie und Dichtung relativ später Autoren anzutreffen. »*Die Menschen lebten damals gemeinsam mit den Vögeln und Tieren und bildeten mit allen Dingen eine Sippe*«, schrieb Dschuang Dse, der etwa zwischen 370 und 280 v.Chr. lebte.

Die Triade Himmel, Erde, Mensch mit ihren gegenseitigen Entsprechungen und Einwirkungen ist ein Nachklang jener Weltsicht, die von den ersten Anfängen der chinesischen Kultur über die Jahrtausende hinweg im Bewußtsein der chinesischen Denker, des gesamten chinesischen Volkes weiterlebte. So entstand ein Weltbild, das wir ganzheitlich nennen würden, ein Weltbild, in dem einander wechselseitig bedingende, aufeinander einwirkende Kräfte das Schicksal des einzelnen wie auch die Existenz der Gesamtheit alles Seienden bestimmten, ein organisches Weltbild mit einem Wort!

Über wesentliche Aspekte dieses Weltbilds wurde bereits in den Erläuterungsversuchen über das De, Tschi und Dau gesprochen. Die Frage, die nun gestellt werden muß, ist, wie verhielt sich der Mensch in seinen makro-mikrokosmischen Beziehungen in diesem Universum zu seiner Umgebung, der natürlichen und der gesellschaftlichen, zu den Geistern und zu seinen Mitmenschen, zu all den Problemen, mit denen die Menschheit je nach geographischen und entwicklungsgeschichtlichen Bedingungen konfrontiert wird? Mit welchem geistigen Schutzsystem meinte er, seine Position in der Natur, im Universum zu sichern, Unheil abzuwenden und das Wirken segensspendender Kräfte anzuregen, sie sich dienstbar zu machen?

Über die »Versippung« des Menschen mit der Natur, den Tieren vor allem, gibt es in der von den Konfuzianern später »gesäuberten« Literatur des alten China nur bruchstückhafte Aufzeichnungen. Aber Reminiszenzen an eine Zeit, in der totemistische Vorstellungen noch eine große Rolle gespielt haben mußten, sind sowohl im »Buch der Berge und Meere« wie auch gelegentlich in historischen und philosophischen Werken erhalten geblieben. Viele legendäre Heroen der Vorzeit werden als Tiere mit menschlichem Gesicht oder als Zwitterwesen mit tierischem Gesicht und menschlichen Gliedmaßen beschrieben oder dargestellt. Selbst der Urherrscher Di-Ku erscheint in den Orakelinschriften in einem Ideogramm, das ein seltsames Wesen mit einem Vogelkopf (Schwalbe?) und menschlichem oder eher affenähnlichem Leib zeigt. Über die Geburt des von den Schang-Königen als Ahnherr verehrten Tschi berichtet Si-ma Tschjan in seinem berühmten Geschichtswerk *Historische Aufzeichnungen*:

Die Mutter des Tschi hieß Dschjan-Di ... Sie war die zweite Frau des Herrschers Di-Ku. Als sie einst mit zwei anderen Frauen baden ging, sah sie eine Schwalbe, die ein Ei fallen ließ. Dschjan-Di schluckte es und wurde schwanger. So gebar sie Tschi.[35]

Über das geistig-religiöse beziehungsweise ethische Verhalten des chinesischen Menschen im Altertum zu seiner natürlichen und gesellschaftlichen Umwelt sind uns seit der frühen Zhou-Zeit (etwa vom 11. Jh.v.Chr. an) schriftliche Quellen erhalten geblieben. Li – die Riten – das Ritualsystem entwickelte sich sehr bald zu einem geistigen Netz, das von einem Zentrum, dem Königs- oder Fürstenhof aus das ganze Reich umspannte. Der König war in noch viel höherem Maße als einst der Stammespriester oder Schamane nunmehr als »Sohn des Himmels« der höchste Exponent der sakralen Macht. Zugleich war er aber auch politisch und militärisch der höchste Exponent der weltlichen Herrschergewalt. Dazu kam noch, daß das Bildungsprivileg an den Hof gebunden war. Daraus erklärt sich, daß von frühen Zeiten an im chinesischen Staatswesen eine Trennung der sakralen und weltlichen Macht geradezu als widernatürlich empfunden werden mußte. Der »Sohn des Himmels« oder die von ihm belehnten Fürsten waren dazu verpflichtet, durch bestimmte Ritualhandlungen für den »normalen« Ablauf der Jahreszeiten, für die »Harmonie« in der Natur und Gesellschaft, für reiche, zumindest ausreichende Ernten zu sorgen. In anderen Worten: die natürlichen wie auch gesellschaftlichen Bedingungen für die Lebensgrundlage des Volkes, die »Normalität« oder »Harmonie« dieser Bedingungen war abhängig von dem richtigen Ritualverhalten, vom *De* des »Himmelssohns« und der Lehensherren. Ein eierlegender Hahn wäre, wie eingangs erwähnt, im alten China sicherlich nicht zum Feuertod verurteilt worden. Vielmehr wären der »Himmelssohn« oder die in seinem Auftrag das Land regierenden und Opfer darbringenden Fürsten oder Beamten die Schuldigen gewesen und hätten für eine solche Monstrosität Sühne leisten müssen. Denn nach den damaligen Auffassungen konnten nur Fehler im Ritualverhalten oder Mängel im *De*, in der sittlichen Haltung der für Staatsopfer Verantwortlichen eine solche Unnatürlichkeit hervorgerufen haben.

Die Opfer des »Himmelssohns« hatten nach Hsün Dse einen dreifachen Grundgehalt: sie »dienten Himmel und Erde... der Verehrung der Ahnen... der Verherrlichung des Herrschers und der Lehrer ...«.[36] Im enzyklopädischen Wörterbuch *Schuo-Wen* des Hsü Schen (etwa 58-147 n.Chr.) werden dem Begriff Li zwei Hauptbedeutungen zugemessen: »Li sind Handlungsweisen, dazu bestimmt, den Geistern zu dienen und damit Segen zu erlangen«. Der eben erwähnte Hsün Dse schreibt gleich im ersten Kapitel seines nach ihm benannten Werks: »Li steht für die Hauptunterschiede der Ränge nach dem Gesetz und für die Aufteilung der Pflichten.« Damit werden die Riten ihrer numinosen Bedeutung und Bedeutsamkeit beraubt: sie nehmen Gesetzescharakter an. Durch sie werden soziale Ränge und Stufungen unter den Herrschenden und ihren Untertanen festgelegt, ebenso auch die Verpflichtungen aller innerhalb des sozialen Gefüges, der Herrschenden wie auch der Beherrschten. Im *Buch der Riten*, das erst in der Han-Zeit aus älteren Quellen kompiliert wurde, wird den nichtadeligen Schichten der Bevölkerung der Zugang zu den Riten, mit Ausnahme der Verehrung der Sippen- und Familienahnen, de facto untersagt. Die betreffende Passage lautet:

Die Riten gelten nicht nach unten für das Volk; die Strafen gelten nicht nach oben von den Rängen des Beamtenadels aufwärts.[37]

Diese Meinung vertritt auch Hsün Dse, der, wie bereits erwähnt, andererseits doch wieder den religiösen Charakter der Riten anerkennt und in einer anderen Passage, die noch angeführt werden wird, in geradezu hymnischen Tönen besingt. Hier zunächst eine sehr diesseitige und nüchterne Einschätzung der Riten:

Die Riten setzen die Stufungen von edel und gemein fest, bestimmen die Unterschiede zwischen jung und alt, arm und reich, leichtwiegenden und gewichtigen Persönlichkeiten – all das findet seinen wägenden Ausdruck in den Riten.[38]

Die Ambivalenz in dem Begriff Riten zeigt sich am deutlichsten in der folgenden Passage aus Hsün Dses Werk:[39]

Himmel und Erde vereinigen sich durch sie (Li – die Riten); Sonne und Mond erstrahlen durch sie in hellem Glanz; die vier Jahreszeiten halten durch sie ihre Ordnung und die Gestirne ihre Bahnen ein; sie lassen Ströme und Flüsse dahinfließen und bringen alle Dinge der Welt zum Gedeihen; Liebe und Haß, Freude und Zorn werden durch sie in Maß gehalten; auf die Niederen angewendet, führen sie zu Gehorsam; auf die Höheren angewendet, verhelfen sie zu klarer Einsicht; im Wandel aller Dinge bewirken sie, daß keine Unordnung eintritt. Wer aber gegen sie verstößt, der geht zugrunde. Das Höchste fürwahr sind die Riten!

In diesen Sätzen ist alles enthalten, was seit ihrer Entstehung als kultischer Dienst für die Naturmächte und Ahnen hinzugekommen war. Hsün Dse räumt den Riten einerseits durchaus numinose Qualitäten ein. Er erhebt sie hoch über die menschliche Gesellschaft hinaus in die Sphären des Himmels, der Gestirne. Und doch führt er diesen Begriff von solchen Höhen wieder herab zu den Rängen der Noblen, den Stufungen innerhalb der Gesellschaft, deklariert die Riten als Zuchtmittel für die Herrschenden und als Strafandrohung für die Beherrschten. Keine Passage in seinem Werk könnte deutlicher zeigen, daß er sowohl dem spirituellen Gehalt der Riten wie auch ihrer höchst praktischen Anwendung für die Aufrechterhaltung der »Ruhe und Ordnung« in der Gesellschaft Respekt zollte. Der vieldeutige und nur sehr unzulänglich mit Riten wiedergegebene Begriff Li erweiterte in der Adelsgesellschaft des Dschou-Reichs in der ersten Hälfte des ersten Jahrtausends vor Christus seinen Bedeutungskreis noch in eine andere Richtung. Mit Li bezeichnete man nun auch eine Art ritterlichen Ehrenkodex. Was wir aus dem europäischen Mittelalter als Tugenden des höfischen Lebens kennen – maze, das Maßhalten; staete, Beständigkeit; milte, Großzügigkeit; ere, Ehrgefühl usw. – finden wir in der Feudalgesellschaft der frühen Dschou-Zeit fast zweitausend Jahre davor als Transmutation und Extension einer ursprünglich sakralen, kultischen Verhaltens- und Handlungsweise. Auch im alten China wurde »wunders vil geseit/ von helden lobebaeren«. Die ritterlichen Idealvorstellungen bezogen sich auf den gesamten adeligen Lebensraum – vom Königs- und Fürstenhof bis

zum Schlachtfeld. Eine Episode aus *Zou's Kommentar zu den Frühling- und Herbst-Annalen* mag einen Einblick in diese Geisteshaltung geben:
Die Armeen der Fürstentümer Tschu und Song standen vor der Entscheidungsschlacht.

Die Krieger von Sung waren bereits in Reih und Glied angetreten. Die Truppen von Tschu jedoch hatten noch nicht in voller Zahl über den Fluß Hung gesetzt. Der Kriegsminister von Sung sagte zu seinem Fürsten: ›Sie sind uns an Zahl weit überlegen. Wir sollten angreifen.‹ Der Fürst erwiderte: ›Das geht nicht.‹ Die feindliche Armee hatte den Fluß zwar bereits überquert, sich aber noch nicht in Schlachtreihe aufgestellt. Abermals riet der Kriegsminister, den Angriff zu beginnen. ›Noch nicht‹, entgegnete der Fürst. Erst als sich die Armee von Tschu in Schlachtordnung aufgestellt hatte, gab der Fürst von Sung das Zeichen zum Angriff. Sung erlitt eine Niederlage. Der Fürst wurde am Schenkel verwundet. Seine Leibgarde wurde vollständig aufgerieben. Die Noblen von Sung nahmen dem Fürsten sein Verhalten übel. Der Fürst jedoch sagte nur: ›Ein edler Mensch fügt einem bereits Verwundeten nicht noch eine Wunde zu. Er macht auch Männer mit ergrautem Haar nicht zu Gefangenen. Die Alten pflegten im Kriege nicht Vorteil aus der schwierigen Lage des Feindes zu ziehen …[40]

Diese Argumentation des Fürsten stieß zwar in Sung auf herbe Kritik, nicht aber in *Gung-Yang's Kommentar zu den Frühling- und Herbst-Annalen*, wo es heißt: »Ein edler Mensch vergißt die Großen Normen (Li) auch dann nicht, wenn er an gewichtige Unternehmungen (wie Schlachten, diplomatische Verhandlungen etc.) herangeht …« Nach der Meinung des Kommentators, die hier als den Ansichten des Konfuzius entsprechend ausgegeben wird, war an der Niederlage nicht der Edelmut des Fürsten schuld, sondern vielmehr die unedle Haltung seiner Ratgeber. Offensichtlich galt zumindest in der ersten Hälfte des ersten Jahrtausends vor Christus ein Festhalten an den Normen des Li, den numinosen wie auch den sittlichen und dem ritterlichen Ehrenkodex gemäßen als der Rechte Weg (Dau) für den »edlen Menschen«.

Die Vieldeutigkeit, die Ausweitungen und Schichtungen des Begriffs Li mögen aus den oben angeführten Zitaten erkenntlich geworden sein. Wenn wir die Literatur weiter verfolgen, so läßt sich unschwer nachweisen, daß im Prozeß der Wiedererrichtung einer Zentralmacht in dem nach dem 6. Jahrhundert v.Chr. allmählich zerfallenden Dschou-Reich der Bedeutungswandel des Begriffs Li eine deutlich merkbare Verringerung des numinosen Inhalts zugunsten eines legalistisch-pragmatischen erkennen läßt.

Im *Buch der Riten* steht der bedeutsame Satz: »*Riten* (Li), (Ritual-) *Musik, Strafen und Regierungsmaßnahmen – wenn diese vier Einrichtungen wirksam zur Geltung kommen, so ist der Rechte Weg* (Dau) *des Herrschers vollendet*«.[41] Li – die Riten, und Yüe – Ritualmusik – beides numinose Begriffe – stehen an erster Stelle; Strafen und Regierungsmaßnahmen scheinen in dieser Reihenfolge als dritt- und viertrangig weniger wichtig zu sein. Die sakralen Funktionen des Kaiserhofs und des gesamten Herrschaftsapparats überstrahlen die weltlichen mit dem nur einem »Himmelssohn« eigenen Glanz. Diese »Vier Einrichtungen« blieben – nach ihrer tatsächlichen Wichtigkeit gemessen allerdings in umgekehrter Reihenfolge – bis zum Ende des Kaiserreichs, bis in das erste Dezennium unseres Jahrhunderts das oberste Prinzip im Staatsgedanken des chinesischen Feudalstaats.

Vereinfachend zusammengefaßt bietet das klassische chinesische Weltbild die folgenden Eigenheiten:

Alle Wesen und Dinge bestehen aus dem »Krafthauch« Tschi, der Motiv-Substanz, womit eine alles Sein bedingende Grundsubstanz mit dynamischen Qualitäten gemeint ist. Das die Gattung oder das Einzelding beziehungsweise Einzelwesen formende Prinzip ist das *De*, das im Bereich der menschlichen Gemeinschaft ethische Qualitäten annimmt. Doch besitzen auch außermenschliche Dinge oder Erscheinungen wie die Gestirne, ja selbst die Jahreszeiten quasi-ethische Eigenschaften, wodurch eine makro-mikrokosmische Wechselwirksamkeit möglich erscheint, ja als selbstverständlich empfunden wird. Die dynamischen Qualitäten des »Krafthauchs«, der Motiv-Substanz Tschi, sind das *Yin*- und *Yang*-Prinzip, zwei einander entgegengesetzte, aber aufeinander angewiesene, sich gegenseitig bedingende und ergänzende Kräfte. Der ewig in sich ruhende und doch all-bewegende Urgrund Dau ist der Urquell alles Seins, »ein unerschöpfliches Gefäß... urgründig, dem Urahn aller Dinge vergleichbar, urtief und doch allgegenwärtig«.[42] Li – die Riten – ermöglichen es dem Menschen in der Triade Himmel, Erde, Mensch seinen Verpflichtungen der menschlichen Gemeinschaft wie auch dem Himmel und der Erde, dem ganzen Universum gegenüber nachzukommen. Ist die Haltung des »Himmelssohns« bei den Opferhandlungen »ehrerbietig« und »ernst«, so wird es zur rechten Zeit regnen; ist seine Haltung »unehrerbietig« so kommt es zu unzeitgemäßem Regen, zu Überschwemmungen usw.

Der dialektisch-zyklische Charakter des chinesischen Weltbilds sowie das Ineinandergreifen von materiellen und numinosen Eigenschaften in diesem Weltbild wird am deutlichsten sichtbar in den Vorstellungen von den »Fünf Elementen«, die oft in der folgenden, aber auch in anderer Reihung angegeben werden: Wasser, Feuer, Metall, Holz, Erde. Diese Fünf Elemente, die eigentlich als Wirkstoffe und zugleich Wirkkräfte bezeichnet werden sollten und mit unserem Begriff der Vier Elemente durchaus keine Übereinstimmung zeigen, stehen – offensichtlich nach analogischem Denken – mit einer Reihe von »Entsprechungen« in Zusammenhang. Im Jahresablauf entsprechen sie den Vier Jahreszeiten, wobei der Zeitraum zwischen Sommer und Herbst dem Element Erde zugeschrieben wird. In nahezu allen Sphären des Universums, den makrokosmischen wie auch den mikrokosmischen finden wir »Korrespondenzen« zu den »Fünf Elementen«: im Himmel die »Fünf Plancten«, im menschlichen Körper die »Fünf Eingeweide«; ferner die »Fünf Töne«, die »Fünf Farben« usw. Darüber hinaus wird den »Fünf Elementen« noch eine gleichsam historisch-politische Funktion zugeschrieben, die, hätten sie davon gewußt, für Kaiser Rudolf II. oder Wallenstein sicher höchst interessant gewesen wäre. In dem Sammelwerk *Frühling und Herbst des Lü Bu-we* (Lü Bu-we war Kanzler des Ersten Kaisers und beging 235 v.Chr. Selbstmord; sein Geburtsdatum ist unbekannt) findet sich die folgende Aufzeichnung über den Herrschafts- oder Dynastienwechsel bis zur Tschin-Zeit:

Wenn sich ein neues Herrscherhaus erhebt, so tut das der Himmel unfehlbar den Menschen hienieden durch Zeichen kund. Zur Zeit, als der Gelbe Kaiser [ein legendärer Herrscher der Urzeit] *die Regierung antrat, ließ der Himmel zuerst große Regenwürmer und große Ameisen erscheinen. Der Gelbe Kaiser sagte: ›Das Element Erde ist im Stadium des Überwindens* [des in der Sequenz der Fünf Elemente ihm vorangehenden Elements]. *Da das Erd-Element im Stadium des Überwindens ist, muß gelb als Farbe bevorzugt werden, und unsere Tätigkeit muß sich nach dem Element Erde richten. Ehe Kaiser Yü* [der legendäre Retter vor einer Sintflut; er soll gewaltige Regulierungsarbeiten durchgeführt haben] *den Thron bestieg, geschah es, daß der Himmel die Gräser und Bäume im Herbst und Winter nicht welken ließ. Kaiser Yü sprach: ›Das Element Holz ist im Stadium des Überwindens ... darum muß Grün die bevorzugte Farbe sein, und unsere Tätigkeit muß sich nach dem Holz-Element richten ...‹ Ehe Tang* [der Gründer der Schang-Dynastie] *den Thron bestieg, ließ der Himmel erst ein metallenes Schwert aus dem Wasser emporsteigen. Da sagte Tang: ›Das Element Metall ist im Stadium des Überwindens ... darum muß Weiß die bevorzugte Farbe sein, und unsere Tätigkeit muß sich nach dem Metall-Element richten.‹ Ehe König Wen* [der Vater des ersten Königs der Dschou- Dynastie] *den Thron bestieg, ließ der Himmel zuerst Feuer erscheinen; rote Vögel mit roten Schrifttäfelchen im Schnabel ließen sich auf dem Altar des Hauses der Dschou nieder. König Wen sagte: ›Das Element Feuer ist im Stadium des Überwindens ... darum muß Rot als Farbe bevorzugt werden, und unsere Tätigkeit muß sich nach dem Element Feuer richten.‹ Das Feuer-Element wird vom Wasser-Element abgelöst werden. Der Himmel wird deshalb vorher Zeichen erscheinen lassen, die kundtun, daß das Wasser-Element im Stadium des Überwindens ist ... darum muß dann Schwarz die bevorzugte Farbe sein, und alle Tätigkeit muß sich nach dem Wasser-Element richten. Nachdem das Wasser-Element zur Aszendenz gelangt ist, wird nach einer noch unbekannten Zeitspanne die Kraft des Überwindens wieder auf das Element Erde übertragen werden ....*[43]

Die Vorstellungen von den »Fünf Elementen« in all ihrer Vielfalt, in all ihren »Entsprechungen« stehen in engstem Zusammenhang mit der Lehre vom *Yin-* und *Yang*-Prinzip. In der Aszendenz der »Fünf Elemente« wird die Kraft des aktiven *Yang-Prinzips, in der Deszendenz die des Yin-* Prinzips vorherrschend. Um den Jahresablauf als Beispiel zu nehmen, in den Monaten des Wachsens und Reifens, im Frühjahr und im Sommer, ist das *Yang*-Prinzip, in den Monaten des Welkens und Vergehens, im Herbst und im Winter, das *Yin*-Prinzip die dominierende Kraft.

Das Verhältnis von Interrelationen all dieser Kräfte ist nicht stationär, ist dauernd in Bewegung, und zwar nach einem bestimmten Rhythmus des »Überwindens« und »Einander-Hervorbringens«. Jeder Fortschritt ist demnach ein Schritt zur Rückkehr. Der vom Element Erde ausgehende Elementarkreislauf mündet wieder im Element Erde, um von dort zyklisch weiterzuwirken.

Daraus ergibt sich nach einer anderen Textstelle in dem Werk *Frühling und Herbst des Lü Bu-we* ein Geschichtsbild, das für den Traditionalismus der chinesischen Historiographie, aber auch des Lebensgefühls allgemein für mehr als zwei Jahrtausende Gültigkeit besaß:

Die Gegenwart verhält sich zum Altertum wie das Altertum zu den danach folgenden Generationen. Zu den danach folgenden Generationen wiederum verhält sich die Gegenwart ebenso wie sie sich zum Altertum verhält. Darum vermag man das Altertum zu kennen, wenn man die Gegenwart kennt; und ebenso vermag die Zukunft zu kennen, wer das Altertum erkannt hat. Denn Altertum und Gegenwart, das Vorhergehende und das Danachfolgende sind eins. So kennt der Weise die Vergangenheit Tausende von Jahren zurück und die Zukunft Tausende von Jahren voraus....[44]

Eine Frage mag sich nach dieser Darstellung der Grundbegriffe und Grundvorstellungen im klassischen chinesischen Weltbild unwillkürlich aufdrängen: Wenn eine gedankliche Richtung wie die des *Buchs der Wandlungen* einen so hohen Stellenwert im Geistesleben Chinas einnahm, wenn die Dynamik des Yin- und Yang-Prinzips und der

»Fünf Elemente« so tief in das Bewußtsein des chinesischen Menschen eindrang, wie erklärt sich dann die im Verhältnis zu den mediterranen Kulturen relativ langsame, zwar kontinuierliche, aber doch oft stagnierend erscheinende Entwicklung der Kultur Chinas? Im *Daudedsching* Lau Dse's finden wir den wichtigen Satz: »*Des Daus Bewegung ist Rückkehr*[45]«. Warum spricht ein tiefsinniger Dialektiker wie Lau Dse einen solchen Satz aus? Ist seine – ist die hohe dialektische Begabung des chinesischen Volkes vorwärts gerichtet? Tendiert diese Dialektik wie Hegels Widerspruch zwischen These und Antithese zu einer neuen Synthese auf höherer Ebene oder bleibt sie befangen in einem zyklischen Denkmodell? Und wenn so, warum?
Max Weber schreibt in seiner »Wirtschaftsgeschichte«:[46] »Wenn die alte europäische Kultur eine Seekultur war und keine Stadt weiter als eine Tagesentfernung vom Meer lag, so war die Kultur der Reisländer, einbegriffen China, sozusagen eine Flußkultur.« China war freilich nicht immer ein »Reisland«. In vorchristlichen Zeiten, bis etwa in das zweite Jahrhundert nach Christus waren Hirse, Weizen, Sorghum und andere Feldfrüchte das Hauptnahrungsmittel der chinesischen Bevölkerung. Aber eine »Flußkultur« war China auch damals, eine binnenländische Kultur, was aus der Literatur Chinas zu ersehen ist, in der das Meer kaum eine Rolle spielt.
Das Mittelmeerbecken eröffnete der Seefahrt große Möglichkeiten. Der Inselreichtum des Ägäischen Meeres, die Nähe der anatolischen zur griechischen beziehungsweise der italischen zur illyrischen, afrikanischen und iberischen Küste regten zu Beutezügen, zum Warenaustausch, zu »internationalem« Handel an. Als Bauern mußten sich die Chinesen zwangsläufig an die für die Bewässerung ihrer Felder unentbehrlichen Flüsse halten. Fluß-, Flach-, Hügel- und Bergland bestimmten das Blickfeld des chinesischen Volkes. Die Küsten Chinas hatten nur wenige vorgelagerte Inseln, und von diesen aus die Fahrt über weite Meeresflächen ins Ungewisse zu wagen, dafür war bei der Größe des Landes keine Veranlassung gegeben.
Im Mittelmeerbecken bildeten sich schon früh Stadtkulturen heraus, die auf eine Sklavenhalterordnung gegründet waren. Im Mittelpunkt dieser Kulturzentren stand meist der wagemutige Seefahrer. Als

unbedingter Herr über Scharen von Sklaven, die für ihn nur ein Produktionsmittel, ein »instrumentum vocale«, ein »sprachbegabtes Werkzeug«, waren, als Herr über Waren und Reichtümer aus vielen Ländern drängte es ihn, seinem Überlegenheitsgefühl der Natur und dem schwerarbeitenden Freien und Sklaven gegenüber in individuellen Heldengestalten künstlerischen Ausdruck höchster menschlicher Kraft zu verleihen. Daher das Heldenepos, die Heldentragödie. In der Skulptur erscheint der Mensch nackt, geschmeidig, mit kraftvoll gespannten Muskeln; die Haltung zeigt Drang zur Tat, Selbstbewußtsein, eine Energie, die nach außen drängt. Wie anders erscheint der Mensch in der binnenländischen Kunst und Literatur, der Kultur des alten China! Hier bestimmt der Bauer – der Hörige oder halb-hörige Pächter den Lebensrhythmus; und seinen Lebensrhythmus bestimmt der Jahresablauf der Natur. Keiner, auch nicht der Feudalherr, der vom Produktionsprozeß befreite Beamte oder Literat, ja nicht einmal der Kaiser konnte die schweren, dröhnenden Rhythmen der Millionen säender, pflügender, erntender Bauern überhören.

Der Bauer Chinas, im Süden und Osten durch Meere, im Norden und Westen durch hohe Gebirgsketten, aride Hochebenen, Wüsten, Steppen und dem Ackerbauer als Barbaren erscheinende Nomaden und Reitervölker abgeschnitten, lebte zwischen Saat und Ernte, eng verwoben mit der Natur im Kreislauf der Jahreszeiten. Für ihn war der Mensch kein unternehmungslustiges Individuum, kein kühner Eroberer neuer Welten, sondern ein Bestandteil der Natur im Kreislauf der Jahreszeiten, ein Glied in der festgefügten Gemeinschaft aufeinander angewiesener Menschen. Das Grab des chinesischen Bauern stand dort, wo er sein Leben lang gearbeitet hatte: auf dem Feld. Er kehrte mit dem Tode nicht bildlich, sondern buchstäblich zur Natur »heim«, in deren zyklischen Ablauf sein ganzes Leben eingefügt war.

Der Rhythmus des Jahres fand seinen Widerhall im Rhythmus der Feste und der rituellen Handlungen, die ihn noch fester in den doppelten Kreislauf seiner naturgebundenen bäuerlichen Tätigkeit und – wie es ihm scheinen mußte – schicksalgebundenen gesellschaftlichen Verpflichtungen – Abgaben und Frondienst – einbezogen. Der Genius loci, die Seelen der Ahnen usw. mußten mit ebenderselben Regelmäßigkeit zufriedengestellt werden wie der Lehensherr, der Beamte und in letzter Instanz der König oder Kaiser. So verging ein Jahr wie das andere. Der Bauer war dem Lehensherrn, dem Beamten, den Geistern und zugleich dem Boden hörig. Die Außenwelt begann gleich hinter seinem Dorf; was jenseits lag, bestand für ihn nur aus den Vier Himmelsrichtungen. Den eintönigen Rhythmus der Arbeit konnten nur Kriege unterbrechen. Raum und Zeit waren einem vorausbestimmten rhythmischen Geschehen unterworfen; das Leben kreiste im beharrlichen Gleichschritt der Arbeit.

So kam es, daß in den philosophischen Konzeptionen der Gelehrten, in denen sich die in monotoner Mühsal geformte Mentalität der Bauern in ausgewogenen Abstraktionen widerspiegelte, die »Fünf Elemente«, die Jahreszeiten, die »Fünf Töne«, »Die Fünf Planeten«, die Stufungen der Beamtenhierarchie, das Yin- und Yang-Prinzip usw. in raum-zeitlichen Interrelationen zu einem zyklischen System kosmischer Harmonie verschmolzen.

Geographisch, wirtschaftlich, gesellschaftlich und geistig seit undenklichen Zeiten in bestimmten Grenzen festgehalten, mußte der chinesische Mensch auch ohne die »Große Mauer« das Leben als einen immer wiederkehrenden und in sich geschlossenen Zyklus empfinden, dessen Undurchbrechbarkeit noch durch die relativ langsame geschichtliche Entwicklung bestätigt zu werden schien.

2
Von der Magie zur Utopie
Die Gestalt des Weisen im chinesischen Altertum

Erfindung und Gebrauch von Werkzeugen hatten dem Menschen der Urzeit ein Gefühl der Macht über die Natur gegeben – einer Macht, die sich potentiell ins Grenzenlose ausdehnen ließ. Zugleich aber mußte er auf Schritt und Tritt empfinden, daß dieser potentiellen Macht über die Natur Grenzen gesetzt waren – Grenzen, die nur auf den Flügeln der Phantasie überwunden werden konnten. Aus diesem schmerzhaften Widerspruch von Macht- und zugleich Ohnmachtsgefühl, Selbstvertrauen und Angst entsprang die Zauberei – die Magie; und mit ihr als formaler Ausdruck dieses Grundgefühls das *Kunstwollen* – die Kunst, besser: die Künste.

Für den urzeitlichen Menschen, der zwischen dem imaginären und realen Sein noch nicht scharf unterscheiden konnte, war die Magie und damit auch die Kunst als Nachgestaltung des verehrten, weil begehrten und als beseelt, also ansprechbar empfundenen Objekts ein reales Machtmittel, mit dem er der Natur seine Nöte kundtat und ihr seinen Willen aufzuzwingen suchte. Magie und Kunst verliehen dem Menschen aber nicht nur scheinbare Macht über die Natur; sie schlugen auch ein gemeinsames Band um die Gens, den Stamm und stärkten die Gemeinschaft durch ein Gefühl unzertrennbarer Zusammengehörigkeit, das durch das magische Ritual und seine liturgische Formgebung immer wieder sinnlich sichtbar, empfindbar gemacht wurde. Die magischen Tänze vor der Jagd steigerten tatsächlich das Kraftgefühl des einzelnen und förderten das Zusammenspiel der Kräfte und Fähigkeiten aller Jäger im Bannkreis der rituellen Kommunikation untereinander und mit den zu erwartenden Beutetieren.

Die kultisch »richtige« Darstellung des Wilds erforderte intensive Beobachtung seiner Körperformen, Bewegungen und Lebensweise, ja mehr noch: die Identifizierung des Jägers mit dem Tier, das rückhaltlose Einleben des Menschen in eine außermenschliche Sphäre. Nur dadurch konnten auf einer niedrigen Stufe der kulturellen Entwicklung so ungewöhnlich schöne, lebensechte Werke wie die Tierbilder in den Höhlen von Lascaux geschaffen werden. Das kultische Abbild der Wirklichkeit blieb nicht nur auf eine realistische Darstellung beschränkt. Auch die Verdichtung des Wesentlichen im Symbol bedeutete unverminderte Wirklichkeit für den mit und in den Dingen der Natur lebenden Menschen der Urzeit. Je näher das Abbild dem Wesen der Dinge kam, desto mächtiger war seine magische Wirksamkeit.

Nach J.G. Frazers Ansicht beruht die Magie auf zwei Grundvorstellungen: Erstens, daß »like produces like«, daß die erwünschte Wirkung durch eine dieser gleichende magische Handlung erzielt werden kann; und zweitens, daß Dinge, die miteinander in Berührung gebracht wurden, auch weiterhin aufeinander einwirken, selbst wenn der Kontakt unterbrochen wird. Das erste Gesetz nennt er *Law of similarity* (Gesetz der Ähnlichkeit), das zweite *Law of contact or contagion* (Gesetz des Kontakts oder der Beeinflussung).

Im Kapitel »Alte Musik« des Sammelwerks *Frühling und Herbst des Lü-Bu-we* ist ein glaubwürdiges Beispiel der Verquickung von Magie und Kunst erhalten geblieben:

Vor alters, wenn die Melodien des Herrschers Ge-Tjän intoniert wurden, schwangen drei Männer Rinderschwänze und sangen, indem sie den Boden mit den Füßen stampften, die Acht Gesänge.[1]

Das Schwingen der Rinderschwänze und die stampfenden Schritte der Tänzer deuten darauf hin, daß das Rind eine wichtige Rolle für die Lebenshaltung des Stammes spielte; denn durch den Schwanz als pars pro toto und offensichtlich auch als totemistisches Symbol identifzierten sich die Tänzer mit dem Rind. Nachahmung – Ähnlichkeit – Kontakt mit dem Objekt der Nachahmung bildeten die Grundnote der kultischen Handlung, deren reale Grundlage der Ar-

beitsprozeß – Rinderjagd oder Rinderzucht – und der Wunsch, den Arbeitsprozeß zu beeinflussen – Jagderfolg und Vermehrung der Herden – waren. Die kultisch-künstlerische Ausdrucksform war nicht nur auf das Schwenken von Rinderschwänzen beschränkt und das Stampfen der Füße: Intonation von Sprüchen oder Zauberformeln erweiterten die magisch-kultische Handlung zu einer Kunstform, die in einer Synthese von Mimik, Tanz und Dichtung bestand. So primitiv diese Äußerungen vorgeschichtlichen Kunstwollens auch gewesen sein mögen, sie waren ebenso die Urform eines so überaus komplizierten Gebildes wie die chinesische Oper mehrere Jahrtausende später wie – nach George Thomson – stammesgeschichtlich bedeutsame Entwicklungsvorgänge magisch-mystischer Natur aus sehr alten Zeiten in das künstlerische Schaffen eines Aischylos eingingen.[2] Eine Ballettaufführung mag nichts mit kultischen Tänzen aus einem sehr fernen Zeitalter zu tun zu haben scheinen, und dennoch hätte die Menschheit eine so hohe Stufe der Tanzkunst niemals erreicht, wären ihre Kräfte nicht durch Erfahrungen des Magisch-Mystischen erweckt und gesteigert worden, wäre nicht der Drang, ja Zwang zur Erweiterung und Überwindung des existentiellen Umfelds und des rein instinktgebundenen eigenen Daseins bestimmend für das Schicksal des Menschengeschlechts gewesen. Bis heute sind sozusagen »Rückfälle auf höherer Ebene« – Negationen der Negation – durchaus möglich. Hat nicht das Ekstatische moderner Tänze eine Geisteshaltung zur Grundlage, die bewußt oder unbewußt ein unheimlich gewordenes, nicht mehr durchschaubares existentielles Umfeld zu überwinden sucht?
In dem eben erwähnten Kapitel »Alte Musik« lesen wir an einer anderen Stelle:

Der Herrscher Dschuan-Hsü entstammte dem Gebiet des Ruo-Flusses, nahm seinen Wohnsitz aber in Kung-Sang (Hohler Maulbeerbaum; ein geheimnisumwitterter Ort). Als er Herrscher wurde, widmete er sich der Harmonie der himmlischen Kräfte, so daß die Rechten Winde in Bewegung gerieten. Die Töne der Winde klangen wie Hsi-Hsi Tschi-Tschi Tschjang-Tschjang. Dem Herrscher Dschuan-Hsü gefielen diese Töne. Darum befahl er Fe-Lung (Fliegender

Drache), ein den Acht Winden entsprechendes Musikstück zu komponieren, das er »Die Wolken empfangend« nannte. Diese Melodie begleitete die Opfer für den Himmelsherrn. Sodann ernannte Dschuan-Hsü den Tuo (Alligator) zum Musikmeister. Tuo streckte sich auf die Erde hin und trommelte mit seinem Schwanz gegen den Bauch. Das klang wie Ying-Ying...

Vermutlich liegt sowohl der Einwirkung, die Dschuan-Hsü durch sein De – sein Mana – auf die Winde ausübte, wie auch dem schwanzschlagenden Tanz des Alligators – Tuo – kultisches Brauchtum eines Regenzaubers zugrunde. Dafür spricht die Bezeichnung, die Dschuan-Hsü für die Acht Winde fand: »Die Wolken empfangend«. Dafür spricht der Name des Schöpfers dieses Musikstücks: Fe-Lung – Fliegender Drache. Denn der Drache galt und gilt in China als Regenbringer. Und dafür spricht schließlich auch die Ernennung des Tuo – eines Alligators – wahrscheinlich eines sich als Alligator kostümierenden und gebärdenden Schamanen – zum Musikmeister. Denn der Alligator war dem Drachen ähnlich, und die trommelnden Schläge seines Schwanzes gegen den Bauch markierten oder symbolisierten Donnerschläge – das Heranrücken eines Gewitters und somit eines Regengusses.

Die geistige Grundlage jedes magischen Denkens ist die Vorstellung, man könne durch den festen Glauben an die Kraft des eigenen Willens die Wirklichkeit beeinflussen. Eine Verständigungsmöglichkeit des Menschen mit der Natur, seine Einflußnahme auf sie ist aber nur denkbar, wenn die Natur ihn auch verstehen, seine Willenäußerungen empfangen kann, also »beseelt« ist wie er selbst. In der Annahme gemeinsamer Beseeltheit eingebettet liegt ein Gefühl der Ebenbürtigkeit, des Aufeinander-Angewiesenseins.

Die Wirksamkeit dieser an sich illusionären Denkweise ist dennoch nicht zu bestreiten. Denn das Zusammenspiel der im Kampf mit der Natur ständig wachsenden Erfahrungen des Menschen und die subjektive Überzeugung, die Natur beeinflussen zu können, verleihen den kultischen Handlungen der Stammesgemeinschaft tatsächlich oft eine erstaunliche Wirkung, die an Wunder grenzt.

Mit der Entstehung der Vormachtstellung von Häuptlingen und

Schamanen innerhalb der Stammesgemeinschaft bekam das magische Wort zusätzlich die Bedeutung eines Befehls – ebenso wie die Befehlsgewalt der Stammesautoritäten durch ihr Mana, ihre Zauberkraft zusätzlich gestärkt und bekräftigt wurde. Die Wandlung im Stammesleben wandelte auch den Charakter der magischen Kulthandlung: in die Ebenbürtigkeit des Umgangs mit der Natur schlich sich ein neuer Ton ein: der Ton der Beschwörung.

Ein eindrucksvolles Beispiel einer Beschwörungsformel ist im »Buch der Riten« erhalten geblieben. Es handelt sich dabei um ein Dscha genanntes Winteropfer.

Das Dscha-Opfer wurde zuerst von dem (legendären) Herrscher I-Tschi dargebracht. Dscha hat die Bedeutung von »herbeibitten«. Es wurde im zwölften Monat (des Lunarkalenders) abgehalten. Alle Zehntausend Dinge wurden versammelt, indem man sie zur Opferhandlung herbeibat. Die Opfer galten vornehmlich dem Heiligen Ackermann, dann dem Fürsten Hirse und dem Geist der Hundert Getreidearten, um ihnen ihre Verdienste zu vergelten ... Auch die Katzen wurden willkommen geheißen, weil sie Feldmäuse fangen, und ebenso die Tiger, weil sie Wildschweine fressen. Und auch den Dämmen wurde geopfert und den Gräben. Die Beschwörung lautet:

Erde, kehr in dein Haus zurück!
Wasser, kehr in die Täler zurück!
Käfer, Gewürm, erhebt euch nicht!
Gräser, kehrt in die Marschen zurück![3]

Die Nähe des Menschen zur Natur ist immer noch fühlbar. Doch die Differenzierung innerhalb des Stammes oder Stammesverbands – zur Zeit der Niederschrift wahrscheinlich bereits des Staates – hat ihre Widerspiegelung in einem mählichen Auseinanderrücken von Mensch und Natur gefunden. Die in das natürliche Umfeld hineingetragene Projizierung der Umschichtung gesellschaftlicher Verhältnisse hat dem Machtwort der magischen Beschwörung eine an die Machtbedingungen innerhalb des Stammesverbands gemahnende Befehlsgewalt verliehen. Die »Zehntausend Dinge der Natur« wie auch der vom Menschen geschaffenen Umwelt – also auch Dämme und Kanäle – sind ihm zwar immer noch ähnlich, das heißt beseelt und daher ansprechbar, doch nicht mehr gleichrangig; sie müssen sich nun dem beschwörenden Wort des Befehlsgewaltigen ebenso fügen wie die Stammesmitglieder den Anordnungen der Häuptlinge, Fürsten oder Schamanen. Die Ebenbürtigkeit der Natur mit dem Menschen hat gemäß dieser neuen Rangordnung einer Art Vasallenbeziehung weichen müssen. Der Mensch wird zum Maß der Natur. Bisher hatte er sich eher an ihr gemessen.

Die Arbeitsteilung und Rangstufung der Stammesgemeinschaft zwang zu einer Neuordnung der Beziehungen der Stammesmitglieder untereinander. Das geschah durch die Übertragung magischen Brauchtums von der Funktion der Einflußnahme des Menschen auf die Natur in die gesellschaftliche Sphäre – auf die Regelung und Bestimmung gesellschaftlicher Beziehungen. Das Verhalten der Stammesmitglieder untereinander wurde je nach ihrem Rang durch entsprechend ritualisierte Bräuche und Umgangsformen festgelegt. In seiner ausgereiften Gestalt umfaßte dieses Ritualsystem den gesamten Lebensablauf des Menschen, insbesondere in den höheren Rängen, von der Geburt bis zum Tod. Daraus erwuchs das Hofzeremoniell, die Etikette bei Besuchen, Gelagen usw. Im Umgang mit anderen Stämmen und später Staaten erweiterte sich das System dieser *Li* genannten Riten zu komplizierten überregional geltenden Verhaltensnormen.

Trotz der Säkularisierung magischen Brauchtums blieb sein numinoser Wert weitgehend erhalten. Eben dadurch konnte das alte China ohne eigentliche Gesetzgebung auskommen. Der den Verhaltensnormen – den Li, den Riten innewohnende numinose, ja magische Charakter sorgte für ihre strikte Befolgung. Dafür war allerdings eine Verankerung der Riten in höheren Sphären, in außer- oder übermenschlichen Regionen vonnöten. Sie wurden quasi als platonische Ideen in den Himmel versetzt und zugleich durch ihre Bindung an die Taten großer und von allen verehrter weiser Herrscher und Kulturheroen, die der Überlieferung gemäß der Menschheit sowohl die Vorzüge der materiellen Zivilisation wie auch der Riten – Li – gebracht hatten, mit unumstößlicher Autorität versehen. Das erklärt, warum die magische Einflußnahme auf die Natur früherer Zeiten durch eine neue Beziehung des Menschen zu seiner gesellschaftlichen und natürlichen Umgebung überwuchert wurde. Der magische Kultakt machte zunächst der Beschwörung und schließlich dem Gebet Platz. Dafür war ja auch innerhalb des Stammes und in den Beziehungen der Stämme untereinander ein allen einsehbares Modell geschaffen worden: die Abhängigkeit der niederen Ränge und Gemeinen von den oberen Rängen, der Nobilität. Die niederen Ränge hatten den oberen mit Untertänigkeit zu begegnen, denn das Recht zu rügen oder strafen lag in deren Hand. Vom Großmut der Noblen, der Adeligen hing es ab, wieweit den Anforderungen oder Bitten der Niedriggeborenen nachgegeben wurde. Die Bitte, an einen höhergestellten Menschen gerichtet, führt, wenn auf übersinnliche Mächte übertragen, zum Gebet, das in Anbetracht der relativen Hilflosigkeit aller Menschen Schicksalsschlägen und Nöten aller Art gegenüber auch dem Adeligen die Möglichkeit bot, sich, so wie der Gemeine im realen Leben an ihn, nun seinerseits an die zugleich mit den Riten in himmlische Sphären enthobenen höheren Gewalten zu wenden: die Stammesahnen, Heroen der Vorzeit und Naturgeister. Das Kraftfeld des Magischen umspannte nun die Gesamtheit der Stammesahnen, vornehmlich die Urahnen der adeligen Geschlechter, ebenso die für Ackerbau und Viehzucht wichtigen Naturkräfte, einschließlich der Himmelskörper und Erdgeister. Entsprechend der irdischen Ordnung wurden Gebote für die Befähigung zur Darbringung bestimmter Opfer festgelegt. Dem Fürsten oder König war es vorbehalten, dem Himmel zu opfern. Erdopfer konnten von den Adeligen vollzogen werden, Ahnenopfer innerhalb der Familie oder Sippe auch von den Gemeinen.

Vielgerühmt und oft zitiert in der klassischen chinesischen Literatur ist ein Gebet, das dem Gründer der Schang-Dynastie, Tang, dem Vollender (etwa um 1700 v.Chr.), zugeschrieben wird, sicherlich aber in den erhalten gebliebenen Fassungen später anzusetzen ist. Im *Buch Hsün Dse* steht der folgende Text: »*Zur Zeit der großen Dürre sprach Tang dieses Gebet*:

Habe ich nicht maßvoll regiert?
Habe ich dem Volk Kummer bereitet?
Warum nur regnet es so lange nicht?
Sind die Paläste zu prächtig?
Wird zu sehr auf der Weiber Wort gehört?
Warum nur regnet es so lange nicht?
Werden Leute bestochen?
Erheben Verleumder ihr Haupt?
Warum nur regnet es so lange nicht?

Tang's Gebet wird in so vielen Quellen zitiert, daß seine Bedeutung im Geistesleben Chinas kaum bestritten werden kann. Im Kapitel »Dem Herzen des Volkes folgen« in *Frühling und Herbst des Lü-Buwe* finden wir die folgende Variante: »*In alten Zeiten besiegte Tang das Haus der Hsja und brachte allen unter dem Himmel Ordnung. Doch suchte eine große Dürre das Land heim. Fünf Jahre* (in anderen Quellen sind es sieben) *gab es keine Ernten. Da sprach Tang im Sang-Lin* (Maulbeerwald: ein offenbar geheiligter Ort) *dieses Gebet*:

Mir allein gebührt zu tragen die Schuld.
Nicht meinen Männern falle sie zur Last.
Ich trage sie allein.
Unfähig, wie ich bin, hab ich allein
den Himmelsherrn, die Geister und Dämonen
dazu gebracht, zu schaden meinem Volk.

Und Tang schnitt sich das Haar ab und rang die Hände.[4]

Im letzten (20.) Kapitel der *Gespräche des Meisters Kung* wird ebenfalls ein Gebet des Tang wiedergegeben, nur wird der Zusammenhang mit einer Dürre und einer Bitte um Regen nicht erwähnt:

Tang sprach: Ich, mit Namen Lü, der ich wie ein unmündiges Kind hier stehe, erlaube mir, einen schwarzen Stier zu opfern, erlaube mir, dem hohen Himmelsherrn ehrfürchtig kundzutun: Wer auf sich geladen hat Verbrechen, dem wage ich nicht zu verzeihen. Welcher Untertan sich auszeichnet, dessen Verdienste sollen nicht verborgen bleiben. Darüber möge wachen des Himmelsherrn Geist. Habe ich auf mich selbst Schuld geladen, soll nicht das Volk in den zahllosen Orten des Reichs büßen dafür. Doch hat das Volk in den zahllosen Orten des Reichs Schuld auf sich geladen, so falle seine Schuld auf mich allein zurück.

Tangs Gebet wird in unterschiedlichen Varianten im *Garten der Diskurse* (Schuo-Yüan: Dschün-Dau), im *Buch Schih Dse* (Dschün-Schih) wie auch im *Buch der Urkunden* (Schwur des Tang: Tang-Schih) zitiert. Der Grund, warum Schulen mit sehr verschiedenen Lehrmeinungen dieses Gebet, wenn auch verstümmelt oder in ihrem Sinn verändert, in ihre Schriften aufgenommen haben, liegt offenbar in der darin zutage tretenden Haltung eines Stammeshäuptlings oder Fürsten, der sich noch nicht wie die Herrschenden der Dschou-Zeit, insbesondere der Periode der Kämpfenden Staaten, von den Interessen des Volks weit entfernt hatte und rücksichtslos seine eigenen Ziele verfolgte. Zwischen den ethischen Idealen der Mohisten genannten Schüler des Philosophen Mo Dse, der Konfuzianer wie auch der Vertreter anderer Schulen und den in diesem Gebet hervortretenden Tugenden eines Stammesfürsten aus Zeiten, als die Stammesverfassung noch intakt war, bestand eine bemerkenswerte Übereinstimmung. Die Denker jener wirren Epoche vor der Reichseinigung, die im Jahr 221 v.Chr. der Periode der Kämpfenden Staaten ein Ende machte, blickten nostalgisch auf ein Zeitalter zurück, in dem persönliche Interessen, persönliche Macht und der Drang zur Bereicherung noch eine untergeordnete Rolle spielten. Was in jenem fernen Zeitalter ein natürliches Verhalten, geboren aus der Notwendigkeit gemeinsamer Anstrengungen zu Erhaltung und Sicherung der Existenz der Stammesgemeinschaft war, hatte in der gestuften Gesellschaft der Dschou-Zeit zu einer Ethisierung der gesellschaftlichen Normen geführt. Sie wurden philosophisch durchdacht und durchleuchtet, um dem Ritualsystem einen neuen Sinn geben zu können, es entweder zu verinnerlichen und mit dem Geist gegenseitigen Verstehens zu erfüllen, wie es Konfuzius beabsichtigte, oder es entsprechend seinem normativen Charakter in einen an Gesetze gemahnenden Sittenkodex umzugestalten. Mo Dse gab diesem Kodex

einen nahezu religiösen Inhalt, was bei ihm zu einer Reduzierung der Riten auf solche, die der gesamten Gesellschaft zugute kamen, führte. Kein Wunder, daß Mo Dse und seine Schule wenig Glück bei der Propagierung ihrer Ideale hatten. Das hierarchische Staatsgebäude war bereits fest etabliert: Es duldete keine Ein- und Übergriffe aus einer Idealwelt der Vergangenheit. Wenn dann später Fürsten, Könige und Kaiser bei den Staatszeremonien Gebete nach dem Muster Tangs, des Vollenders, sprachen, so hatten ihre sicher weitaus kunstvoller und pathetischer formulierten Anrufungen meist doch nur einen hohlen Klang.
Die Tendenz zur Historisierung des Numinosen und das Verfließen der Gestalten von erlauchten Herrschern des Altertums, Kulturheroen, Stammesahnen und Weisen in scheinbar jenseitigen, überirdischen Sphären sind auffallende Charakteristika der klassischen chinesischen Überlieferung. Die Grenzen dieses Personenkreises zu überirdischen und dennoch als natürlich empfundenen Mächten sind kaum zu erkennen. In den *Gesprächen* sagt Konfuzius über den Urherrscher Yau:

Wie groß war doch Yau als Herrscher! Von welch erhabener Würde war er! Wahrlich majestätisch ist nur der Himmel, und nur Yau vermochte ihm zu entsprechen. Unfaßbar war Yau's Größe. Keinen Namen fand das Volk, ihn zu benennen. Von welch erlauchter Würde war er in allem, was er vollbrachte! Wie glanzvoll waren die Normen, die er dem Volk gab![5]

Si-ma Tschjän's Loblied auf Yau ist nicht weniger dithyrambisch:

Yau glich in seiner Güte dem Himmel, in seinem Wissen den Geistern. Das Volk wandte sich ihm zu, wie es sich der Sonne zuwendet, und es blickte auf zu ihm wie zu den Wolken des Himmels.[6]

Im *Buch der Riten* wird der Weise oder Heilige als segen-, ja lebenspendendes magisch-mystisches Wesen dargestellt:

Erhaben ist der Weg der Weisen, gewaltig, unermeßlich! All die Zehntausend Dinge bringt der Weg der Weisen zu Wachstum und Gedeihen. In seiner Erhabenheit reicht der Weg der Weisen empor in den Himmel.

Was hier mit »Weg der Weisen« übersetzt wurde, heißt im Original *Dau*, womit das allumfassende Ordnungsprinzip des Universums gemeint ist, dessen geistige Wurzeln zu dem magischen Band zurückreichen, das alle Dinge in einer allbeseelten Gemeinsamkeit umschlang.
Die erlauchten Herrscher des Altertums, die Stammesahnen, Kulturheroen und Weisen sind einander in einem Wesenszug ähnlich: sie wirkten und wirken – auch nach ihrem Tode – in Übereinstimmung mit dem *Weg*, dem Dau, dem universalen Ordnungsprinzip, das Himmel und Erde umspannt. In ihnen hat sich jene allen Dingen innewohnende Geisteskraft gleichsam verdichtet, ihr Anteil an dem universalen Dau – ihr De, ihr Mana, ihre Tugenden – ist größer als bei anderen Menschen, so daß sie im Sinne der Kräfte des Himmels und der Erde zum Wohle der Menschen segensreich wirken können. Sie sind es, die der Menschheit aus dem Reich der Tiere den Weg zu wahrem Menschsein bahnten.
Der Philosoph Hsün Dse (um 286-238 v.Chr.) faßt diese Sicht von der Stellung des Weisen in der Gesellschaft und im Universum so zusammen:

Der Ursprung des Lebens sind Himmel und Erde. Der Ursprung der Ordnung sind Riten und Zeremonien. Riten und Zeremonien aber fanden ihren Ursprung im Werk des Edlen. Den Edlen haben Himmel und Erde geschaffen, und der Edle wirkt ordnend ein auf Himmel und Erde. Ohne den Edlen würden Himmel und Erde ungeordnet bleiben, für die Riten und Zeremonien gäbe es kein Richtmaß, und das Verhältnis von Herrscher und Lehrer oben und von Vater und Sohn unten im Volk würde nicht wahrgenommen werden. Das aber brächte die Welt in größte Unordnung.

Nach Hsün Dses Darstellung werden unter dem Begriff des Edlen sowohl die erlauchten Herrscher des Altertums wie auch die Kulturheroen, Stammesahnen und Weisen verstanden, die ja alle den Menschen das für ihre Existenz notwendige Wissen vermittelten und sie aus dem tierischen und barbarischen in ein menschliches, ein geordnetes, ein den kosmischen Kräften entsprechendes Dasein geleiteten.
Hsün Dse's eben zitierte Passage ist für uns deshalb besonders interessant, weil sie gleichsam den Werdegang des Edlen, des Weisen rekapituliert. Der Edle ist in seiner Vereinigung mit Himmel und Erde ursprünglich eine magisch-mystische Gestalt, die durch die Schaffung und Festlegung der Riten sowie ordnendes Eingreifen in das Naturgeschehen und das gesellschaftliche Leben schließlich dem Volk »Vater und Mutter« wird – Oberhaupt einer universalen Familie. So ist das Endziel der Tätigkeit der Weisen in den Augen der meisten Philosophen seit etwa dem 6. Jahrhundert v.Chr. und danach in der Han-Zeit und später die Errichtung und Ausgestaltung einer gesellschaftlichen Ordnung, die familiäre Beziehungen und Tugenden zur Ranghöhe des allerwichtigsten staatserhaltenden Moralprinzips erhöht.
Was nun waren die Verdienste der erlauchten Herrscher der Vorzeit, der Edlen und Weisen, der großen Kulturheroen Chinas? Wenn wir der aus mehreren Quellen schöpfenden und sie oft recht willkürlich zusammenfassenden Darstellung im *Kompendium des Spiegels historischer Ereignisse*[7] folgen, so ergibt sich in groben Zügen folgendes Bild:
Nach nur sehr vage angedeuteten drei Urherrschern – einem Kaiser des Himmels, einem Kaiser der Erde und einem Kaiser der Menschen – wird ein »Ahn Nestmacher« erwähnt, der, wie schon der Name sagt, die Menschen dazu anleitete, von ihren feuchten und ungesunden Höhlen in die Kronen der Bäume zu übersiedeln. Nach ihm lehrte »Ahn Feuerbringer« die Menschen Feuer zu machen und nicht mehr rohe, sondern gekochte Nahrung zu sich zu nehmen. Fu-Hsi, der nach anderen Quellen der Gemahl der Urmutter Nü-Wa gewesen sein soll, schuf nach eingehender Betrachtung der Natur die aus Kombinationen ungebrochener und gebrochener Linien zusammengesetzten *Acht Trigramme* – Ba-Gua – und aus weiteren Kombina-

tionen dieser Striche vierundsechzig Zeichen mit je sechs Strichen, also Hexagramme, die für Orakelbefragungen verwendet wurden. Denn mittels dieser Zeichen konnte man »mit den Kräften der Geister kommunizieren«. In Si-ma Tschjän's *Historischen Aufzeichnungen* allerdings steht, daß der Gründer der Dschou-Dynastie, Wen Wang, König Wen, als er im Kerker des letzten Schang-Herrschers schmachtete, die Acht Trigramme zu vierundsechzig Hexagrammen erweitert haben soll.[8] Fu-Hsis Lebenszeit entschwindet in legendären Zeiträumen – etwa im vierten oder dritten Jahrtausend v.Chr.; König Wen hingegen lebte wahrscheinlich zu Anfang und Mitte des 11. Jahrhunderts v.Chr. Fu-Hsi wird auch die Erfindung der chinesischen Schrift zugeschrieben – in anderen Quellen wieder dem Gelben Kaiser. Ferner soll Fu-Hsi sein Volk den Gebrauch von Fischernetzen gelehrt haben. Mit einem anderen Namen wird Fu-Hsi »Metzger der Opfertiere« genannt, denn er gilt als der Vater der Viehzucht in China. Seinen Beamten gab er die Namen von Drachen. Und den wirren Beziehungen zwischen den Geschlechtern machte er durch die Einführung einer Heiratsordnung ein Ende. Die nächste herausragende Gestalt ist Yän-Di, der Flammende Kaiser, der auch unter dem Namen »Heiliger Ackermann« bekannt ist. Bis zu seiner Zeit

verzehrte das Volk die Samen von Gräsern und wildwachsende Früchte sowie das Fleisch von Vögeln und Tieren, wußte aber noch nichts vom Ackerbau. Der Flammende Kaiser hielt die rechten Zeiten (für Aussaat und Ernte) ein und kannte die Eigenschaften des Akkerbodens, hackte Holz für Pflugscharen zurecht und krümmte es für Pflüge. Denn er war es, der das Volk zuerst den Anbau der Fünf Getreidearten lehrte.

Der Name Flammender Kaiser könnte sich von der dereinst üblichen Methode der Brandrodung herleiten. Auch als Urvater der chinesischen Medizin gilt der Flammende Kaiser. Er soll als erster Kräuter und Pflanzen aller Art auf ihre Heilkraft überprüft haben. Ferner soll er das Abhalten von Märkten zur Mittagsstunde eingeführt haben, um den Austausch von Erzeugnissen zu fördern. Somit gilt er auch als Begründer des Handels in China. Keiner der erlauchten Urherrscher und Kulturheroen Chinas aber hat sich so viele Verdienste um das Volk erworben wie der Gelbe Kaiser – Huang-Di. Abgesehen von glorreichen Siegen über zwei gefährliche Feinde soll er sein Reich durch ein Verwaltungssystem konsolidiert haben. Seine Beamten benannte er nach den Farben der Wolken. Einer der vielen Weisen, die er an seinen Hof zog, Tsang Hsie, der »die Spuren von Vögeln und Tieren untersuchte«, soll – offenbar zum zweiten Mal – Schriftzeichen erfunden haben. Auch die Beobachtung der Himmelskörper wurde von ihm angeordnet und das Sexagesimalsystem der Jahreszählung festgelegt, das auf der Verbindung von je einem der Zehn Himmlischen Stämme mit einem der Zwölf Irdischen Zweige beruht. Ferner wurden von ihm Musikinstrumente angefertigt, die Töne bestimmt, ein Himmelsglobus konstruiert, Boote und Wagen gebaut; und mit seiner Gemahlin Le-Dsu gemeinsam soll der Gelbe Kaiser auch die Seidenraupenzucht und damit die für China so wichtige Seidenerzeugung eingeführt haben. So wird der Gelbe Kaiser bis heute als Ahnherr der chinesischen Kultur, als Urahn des chinesischen Volkes betrachtet.

Die von den Konfuzianern, aber auch von Vertretern anderer Schulen immer wieder hervorgehobenen weisen Herrscher Yau, Schun und Yü wurden vor allem ihrer einzigartigen Tugenden und ihrer erfolgreichen Bemühungen um die Rettung des chinesischen Volkes vor einer großen Dürre und sintflutartigen Überschwemmungen wegen als Musterbeispiele idealen Herrschertums gepriesen. Yau und Schun genossen aber auch deshalb uneingeschränkte Verehrung aller Literaten und Weisen späterer Zeiten, weil sie bei der Wahl ihres Nachfolgers dem Tüchtigsten und Tugendhaftesten im Reich uneigennützig den Vorzug vor ihrem eigenen Sohn gaben. Von den Königen der Schang-Dynastie werden besonders zwei gerühmt: Tang, der Vollender, und Pan-Geng. Tang stürzte, wie es heißt, im Auftrag der himmlischen Mächte den verderbten und grausamen letzten König der Hsia-Dynastie, Dschje, der von seinem Volk bitter gehaßt wurde. Von dem Tyrannen Dschje wird überliefert, daß das Volk in seiner Empörung gerufen haben soll: »Wenn du nur, Sonne, untergehst, gern gehen wir mit dir zugrunde.« Mit der Sonne war Dschje gemeint. Im Gegensatz zu diesem Ausbund von Schlechtigkeit erscheint Tang, der Vollender, der von dem Weisen I-Yin beraten wurde, im Strahlenglanz sämtlicher Herrschertugenden, wovon das bereits zitierte Gebet Tangs um Regen zeugt. Pan-Geng wiederum wird deshalb gewürdigt, weil er in einer Zeit des Verfalls unter großen Mühen und sehr zum Vorteil seines Volks die Hauptstadt der Schang-Dynastie nach Yin verlegte und in seinen Regierungsmaßnahmen den Herrschaftsgrundsätzen des Gründers der Dynastie, Tang, neues Leben verlieh.

Ebenso wie Tang den grausamen letzten König der Hsja-Dynastie stürzte, so brachten die ersten Herrscher der Dschou-Dynastie, König Wen und König Wu, den letzten König der Schang-Dynastie, Dschou oder Di-Hsin, zu Fall, dessen Greueltaten noch ärger als die des Dschje gewesen sein sollen. So gelten sie wie Tang als Befreier vom Tyrannenjoch. Ähnlich wie der Gelbe Kaiser, wie Yau, Schun und Yü und danach Tang, der Vollender, der auf den Rat des weisen I-Yin hörte, sammelten auch die ersten Könige des Hauses Dschou weise und tüchtige Männer um sich, was bei den chinesischen Historiographen als untrügliches Zeichen einer weisen und guten Regierung gilt. Zu diesen zählte der greise Tai-Gung Wang (Großvater Hoffnung), der Herzog Schih von Schau, vor allem aber der Herzog Dan von Dschou, ein Bruder des Königs Wu, der nach Wu's Tod als Reichsverweser für dessen Sohn, König Tscheng, in zahlreichen Feldzügen Aufstände niederschlug und die Herrschaft des Hauses Dschou konsolidierte. Den größten Ruhm aber erwarb sich der Herzog von Dschou als Begründer des Ritualsystems einschließlich der Ritualmusik der Dschou-Dynastie. Konfuzius empfand eine so ungewöhnliche Verehrung für Herzog Dan von Dschou, daß er einst ausgerufen haben soll:

Ach, wie sehr versagt doch meine Kraft! Wie lange ist mir im Traum nicht mehr der Herzog Dan von Dschou erschienen!

Mit dem Herzog von Dschou endet die Reihe der in magischen oder numinosen Sphären verhafteten Weisen und Kulturheroen des Altertums. Herausragende Gestalten aus späteren Zeiten wie Herzog Huan von Tschi oder Herzog Wen von Dschin, Hegemoniarchen der *Frühling- und Herbst-Periode*,[9] entbehren offensichtlich jener in die

Idealwelt des Magisch-Mystischen hineinreichenden Qualitäten. Sie mögen als Vorbilder in rein praktischen Fragen der Herrschaftssicherung gedient haben, aber ein höherer Wert als geistige Führer wurde ihnen nur in beschränktem Maße zuerkannt.

Aus der Reihe der weisen Herrscher des Altertums – so unvollständig sie auch sein mag –, die hier in groben Zügen nachzuzeichnen versucht wurde, lassen sich bei näherer Betrachtung einige für das Verständnis des Geisteslebens im alten China wesentliche Eigenheiten entnehmen. Allen diesen Gestalten ist eine auffallende Nähe zu unsichtbaren Mächten gemeinsam. Sie handeln im Auftrag des Himmels, der Ahnen, des Dau. Selbst ein so irdisch anmutendes Ereignis wie das Feuerbohren klingt in der Sprache der Alten wie ein erhabener Akt. Ein Zitat mag dies erläutern: Ahn Feuerbohrer

betrachtete die Gestirne des Himmels und beobachtete den Gang der Fünf Elemente. So wußte er, daß es in der Luft Feuer gab und daß dem Holz Helligkeit innewohnte. Daraufhin bohrte er ein Loch in ein Stück Holz und gewann Feuer ... Er hielt sich an die Vier Jahreszeiten (indem er für jede Jahreszeit die ihr gemäße Holzsorte gebrauchte) *und folgte dem Sinn des Himmels.*

Die Bindung der Kulturheroen an überirdische Mächte läßt gelegentlich totemistische Züge vermuten, so die Benennung von »Beamten« mit den Namen von Drachen oder nach den Farben der Wolken. Jede Handlung der erlauchten Herrscher und Kulturheroen des Altertums ist auf diese ohne jene Weise als Erfüllung oder Verwirklichung eines Auftrags höherer Mächte zu verstehen. Sie folgen der Natur der Dinge, sind also Vollführende oder Vollstreckende, nicht eigentlich Schöpfer. Nur ihre Nähe zu den Kräften der Natur, die das gesamte erkennbare Universum einschließt, ermöglicht es ihnen, die natürlichen Potenzen zum Wohl der Menschen zu bündeln und wirksam zu machen. Ihnen gebührt nicht die Anerkennung des Genies, des eigenständig Denkenden und Handelnden, sondern die Achtung vor dem Tugendhaften, der mit den Kräften des Universums zu kommunizieren imstande ist, dessen Mana ihn in magisch-mystischer Weise befähigt, die Geheimnisse der Natur zu erspüren und zu verwerten, sie den Menschen zuzuführen und diese im Sinn des natürlichen Geschehens zu leiten, zu beeinflussen, zu überzeugen. Ebenso besitzen sie die Fähigkeit, dem Unnatürlichen entgegenzutreten. Ihr Gegenpol ist das Chaos, die Barbarei, ihre Kraft die Kraft der natürlichen Ordnung, das Ineinanderspiel eines organischen Ganzen, das ebenso wie die menschliche Sippe, der Stamm aus vielen Einzelwesen besteht, aber nur als Ganzes kraftvoll und lebensfähig ist.

Im *Buch der Urkunden* wird der Untergang der Hsja-Dynastie als mahnendes Beispiel angeführt:

Vor alters mühten sich die Fürsten von Hsja, ihre Tugend zu vervollkommnen. Es gab keine Naturkatastrophen, und die Berge und Ströme, die Geister und Dämonen fanden allesamt Frieden, ebenso die Vögel und Tiere, die Fische und Schildkröten. Doch die Nachkommen hielten sich nicht daran. Der erhabene Himmel sandte Unheil herab und bedient sich nun unserer Hand (damit ist der König von Schang gemeint), *um das Schicksal zu vollstrecken.* (Der letzte König der Hsja-Dynastie Dschje) *gab in seiner Stadt Ming-Tjau Anlaß, ihn anzugreifen ...*

In Kriegserklärungen späterer Zeiten, so in den Manifesten der Dschou-Herrscher im Kampf gegen den letzten Schang-König, wird immer wieder darauf hingewiesen, daß die zu bekämpfende Person oder Partei das Mandat des Himmels verloren hat, indem sie durch Vernachlässigung der geistigen Kräfte, der Tugenden, des Mana, Unordnung in die Welt, das Universum brachte. Das Ziel des Kampfes also ist, die Unordnung, die Barbarei zu beseitigen und die natürliche Ordnung der Dinge wiederherzustellen. Daß sich hinter solchen Formulierungen politische Ziele verbergen, ist durchaus anzunehmen. Doch wäre es sicher falsch, nur solche Motive darin zu erblicken. Das numinose Element, als weltanschauliches Substrat besaß zweifellos immer noch eine beachtliche Wirkkraft. Kommt es nicht auch noch in unseren Tagen vor, daß Staatsmänner, die im wesentlichen nur politische und ökonomische Ziele verfolgen, offenbar aus propagandistischen Erwägungen heraus zum Gebet für den Sieg ihrer Armeen aufrufen? Die alten chinesischen Könige waren im Vergleich dazu vermutlich aufrichtiger in ihrer Hinneigung zum Magisch-Mystischen bei der Bewältigung von Staatsgeschäften.

Aus den vorhergegangenen Bemerkungen könnte leicht der Eindruck entstehen, die weisen Herrscher und Kulturheroen wären so sehr in verschwommenen Regionen des Numinosen verfangen, daß sie als gleichsam Entrückte dem chinesischen Menschen nicht mehr faßbar gewesen seien. Auf die Frage, ob »jeder Mensch ein Yau oder Schun werden könne« erklärte der Philosoph Meng-Dse mit Bestimmtheit, daß dies durchaus möglich sei. Es mangle den Menschen meist nur an der Intention, die Nachfolge der Weisen des Altertums anzutreten.

Meng Dse sagte: Alle Dinge gleicher Art gleichen einander. Warum sollte dies allein für den Menschen nicht zutreffen? Die Weisen und ich gehören derselben Gattung an.[10]

Der Weise des chinesischen Altertums ist kein Gott-Mensch. Er unterscheidet sich nur darin von seinen Mitmenschen, daß er – um hier behelfsmäßig einen nicht sehr passenden Ausdruck zu gebrauchen – ein stärkeres Kommunikationsvermögen mit den Naturkräften, mit Himmel und Erde, und mit den Stammesahnen hat. Das verlieh den weisen Herrschern und Kulturheroen den Nimbus des Magiers, des Schamanen, des Heiligen und führte folglich auch dazu, daß in der Entwicklung des Königtums in China weltliche und sakrale Macht zusammenfielen und in einer Person vereinigt werden konnten. Die Beschränkung des Sakralen auf ein seinem Wesen nach magisches Ritualverhältnis der menschlichen Gemeinschaft, repräsentiert durch den »Himmelssohn«, durch Fürsten und Staatsbeamte, zu den Naturkräften und den Ahnen ließ keine organisierte, selbständige geistliche Institution wie die Kirche in Europa aufkommen. Die sakrale war an die weltliche Macht gebunden: die höchsten weltlichen Exponenten waren zugleich Träger und Vermittler der sakralen Bindungen der Gesellschaft zu den Naturkräften und Ahnen. In Wirklichkeit konnte jedes Mitglied der Gesellschaft nur ein Yau oder Schun auf geistiger oder moralischer Ebene werden. Die magische Kraft, die dem »edlen Menschen«, dem Tugendhaften, dem in der Kunst der Selbstvervollkommnung im schamanischen, konfuzianischen oder dauistischen Sinn weit Fortgeschrittenen zugeschrieben wurde, konnte zumindest theoretisch jeder erwerben. Auf der politisch-sakralen Ebene ein Yau oder Schun zu werden hingegen war dem gewöhnlichen Sterblichen nur auf einem Weg möglich, nämlich als hoher Beamter, der das Vertrauen des Herrschers und Hofes genoß, also selbst zu den Herrschenden zählte. Auch dann besaß er lediglich die Machtbefugnisse, die ihm von den sich als Nachfolger der erhabenen Urherrscher Yau und Schun gerierenden Königen und Kaisern zugebilligt wurden. Die höchste weltliche wie auch sakrale Macht wurde eifersüchtig vom jeweiligen »Himmelssohn« gehütet. Der Beamte aber war als Befehlsempfänger und Exekutivinstrument oft gezwungen, Handlungen auszuführen, die den Grundsätzen eines Yau und Schun in beschämender Weise widersprachen. Das Postulat, daß »jeder Mensch ein Yau und Schun werden könne«, war somit nur in sehr begrenztem Maße gültig. Sehr früh schon tritt im chinesischen Schrifttum ein pessimistischer Zug hervor: das schmerzliche Bewußtsein eines moralischen Abstiegs, eines Wertverfalls der menschlichen Gesellschaft in ihrer Entwicklung von der Stammesgemeinschaft zum Staat. Am pointiertesten drückt dies Lau Dse aus:

Verloren ging das große Dau –
Güte und Rechtschaffenheit entstand.
Hervortrat die Klugheit –
die große Heuchelei entstand.
Zerrissen war die Sippe –
der Familiensinn entstand.
In Wirrnissen zerfiel der Staat –
der treue Minister entstand.[11]

Zu ähnlichen Erkenntnissen kam in einem anderen Teil der Welt der arabische Philosoph Ibn Chaldun (1332-1406). Zu Anfang einer Dynastie erringt eine bestimmte Gruppe – wir würden heute sagen *in-group* – durch ihr starkes Zusammengehörigkeitsgefühl, getragen von gemeinsamen Wünschen, Werten und Nöten, den Sieg über eine die noch herrschende Ordnung repräsentierende, aber bereits geschwächte Gruppe – im Verhältnis zu ersteren: out-group. Dieses komplexe, alle Kräfte einer Gruppe ballende Zusammengehörigkeitsgefühl, das militant und zugleich religiös motiviert ist, nennt Ibn Chaldu Asabijja. Nach dem Sieg folgt eine Zeit des Aufstiegs, des Aufblühens, die allmählich durch das immer rücksichtsloser werdende Verlangen nach Selbstbehauptung der Dynastie zu Selbstüberschätzung der eigenen Kräfte und Möglichkeiten und folglich zu Selbstzerstörung – zu Prunk, Verschwendung, Verweichlichung, Verfall, Zerfall und schließlich Vernichtung führt.

In der ältesten chinesischen Literatur gibt es zahlreiche Beispiele einer ähnlichen Anschauung historischer Prozesse, so im *Buch der Urkunden* im Kapitel »Schwur des Tang«:

König Tang sprach: Kommt, ihr Scharen und hört, was ich euch zu sagen habe. Es ist nicht, daß ich, ein unbedeutender Mensch, Wirrnisse hervorrufen möchte, doch das Haus der Hsja hat viele Verbrechen auf sich geladen. Darum hat der Himmel verfügt, es zu vernichten ... Helft mir, des Himmels Strafe zu vollstrecken, und ich werde euch reichlich belohnen ...[12]

Im ersten der drei Kapitel »Großer Schwur« in demselben Buch spricht König Wu von Dschou folgendermaßen zu den zu einer Heerschau bei Meng-Dschin Versammelten:

Ach, ihr Fürsten befreundeter Stämme und ihr Würdenträger hoher und niederer Ränge, hört genau zu, was ich euch zu sagen habe. Himmel und Erde allein sind Vater und Mutter aller Dinge, und der Mensch allein ist das klügste aller Wesen unter ihnen. Wahrlich weise waren die Herrscher des Altertums, und sie waren Vater und Mutter dem Volk. Heute aber ehrt König Dschou von Schang nicht den erlauchten Himmel, und so beschwört er Heimsuchungen herab auf das Volk. Darum sehe ich mit euch (die ihr dem Schang-König den Rücken kehrt), wie es um die Herrschaft der Schang-Dynastie steht. Doch König Dschou bereut nicht. Ja, er lebt unbekümmert in den Tag hinein, dient nicht dem erlauchten Himmel und den Geistern, vernachlässigt die Ahnenopfer und verschenkt die Opfertiere und das Opfergetreide an Schurken und Räuber. Von sich selbst aber sagt er: Ich habe mein Volk und besitze das Mandat des Himmels. Doch seine Verfehlungen zu korrigieren ist er nicht bereit ... Die Sünden des Hauses Schang haben das volle Maß erreicht. So hat der Himmel anbefohlen, es zu bestrafen. Gehorchte ich da nicht dem Befehl des Himmels, würde ich die gleiche Schuld zu tragen haben wie das Haus der Schang ... Der Himmel erbarmt sich des Volkes und folgt seinen Wünschen. Steht mir bei, auf daß alles innerhalb der Vier Meere gesäubert werde. Die Zeit ist reif. Sie darf nicht ungenützt verstreichen.[13]

In Si-ma Tschjän's Historischen Aufzeichnungen wird die Darstellung der Taten des Gelben Kaisers mit den folgenden Worten eingeleitet:

Zur Zeit Hsüan-Yüan's (ein anderer Name für den Gelben Kaiser) ging das Haus des Heiligen Ackermanns (Schen-Lung) dem Verfall entgegen. Die Stammesfürsten bekriegten einander und peinigten das Volk. Das Haus des Heiligen Ackermanns aber vermochte nicht, sie zu zügeln. So übte Hsüan-Yüan die Seinen im Gebrauch von Waffen, um jene zu bestrafen, die nicht Tribut brachten ...[14]

Hier zeichnet sich eine Sicht historischer Prozesse ab, die für die Geschichtsauffassung und Geschichtsschreibung Chinas die Regel blieb. Ähnlich dem Wechsel der Jahreszeiten findet auch im Ablauf geschichtlicher Ereignisse eine Ablösung bestimmter Perioden statt: Wachstum, Reife, Ernte, Absterben. Ibn Chaldun gründete sein Geschichtsbild auf seine reichen politischen Erfahrungen im arabischen Raum zwischen Granada, Tunis, Kairo und Damaskus. Seine Betrachtungsweise ist wissenschaftlich nüchtern. Die traditionelle chinesische Sicht historischer Begebnisse hingegen war a priori vom binnenländisch agraren Charakter der chinesischen Lebensbedingungen geprägt, die zu einer zyklischen Weltsicht führten. In Parenthese sei hier darauf hingewiesen, daß die chinesische Geschichtsauffassung nur scheinbar pessimistisch ist, das heißt, daß nur für bestimmte Perioden eine pessimistische Sicht oder Voraussicht bekundet, für den Gesamtablauf des historischen Geschehens dagegen eine im wesentlichen optimistische Haltung gewahrt wird. Denn wie im Wechsel der Jahreszeiten folgt auf eine Zeit des Verfalls, des Scheintods der Natur wieder eine Periode des Neuentstehens, des Aufblühens, des Erntesegens. Das Absterben, der Verfall ist in diesem natürlichen Kreislauf unvermeidbar und muß demnach mit Gleichmut hingenommen werden, um den Menschen nicht der freudigen Hingabe an das Leben zu berauben, ihn nicht an der Erfüllung des tieferen Sinns seines Daseins zu hindern, der eben nur in diesem zyklischen Wechsel zu finden ist. Übereinstimmung, Gleichschritt mit dem Natürlich-Notwendigen und dem Unvermeidbaren ist die Grundhaltung des Weisen, der nur innerhalb dieser das gesamte Universum bedingenden Voraussetzung im Sinn des Dau, der kosmischen Ordnung zum Wohl der Menschen erfolgreich wirken kann.

In der Darstellung der Taten berühmter weiser Herrscher und Kulturheroen sahen wir, daß die Errichtung oder Wiederherstellung der Ordnung unter den Menschen und sogar in kosmischen Bereichen ihre vornehmste Aufgabe ist. Der Gelbe Kaiser beseitigte die Feinde der Ordnung seiner Zeit, also auch das durch seine Schwäche die Ordnung gefährdende Haus des Heiligen Ackermanns. Tang, der Vollender, stürzte den gegen die Ordnung verstoßenden letzten König der Hsja-Dynastie, und ebenso erfüllte König Wu von Dschou, wie in den klassischen Schriften immer wieder betont wird, den Auftrag des Himmels, als er den als Inbegriff des Bösen dargestellten letzten Herrscher der Schang-Dynastie vernichtete. In dieser Abfolge von Aufstieg, Verfall und Vernichtung der Dynastien spiegelt sich ein Geschichtsbewußtsein wieder, das einerseits die große Bedeutung der Verdienste der Weisen unterstreicht, andererseits aber zugleich im Gesamtprozeß der Geschichte als kreisende Bewegung wieder relativiert, also sowohl ihre Einmaligkeit wie auch ihre Wiederholbarkeit aufzeigt. Aus diesem Grundgefühl mag Lau Dse sein Idealbild der Gestalt des Weisen geschaffen haben:

Der Weise kennt die eigene Kraft
und wird sie doch nie prahlend zeigen,
kennt den eigenen Wert
und wird sich doch nie selbst erhöhen.
Darum weist er Macht von sich
und wählt Demut.[15]

So unerreichbar dieses Ideal des Weisen auch sein mochte, es blieb das Musterbild, an dem sich zahllose Generationen von »Weisen« aller Art – meist nicht ohne reichliche Zugabe von Selbsttäuschung – heimlich zu messen pflegten.
Der Rückblick in die Vergangenheit ist spätestens seit dem 6. Jahrhundert v.Chr. ein wichtiger Topos im chinesischen Schrifttum. Es mag in Aufzeichnungen dieses Inhalts ein gewisser Stolz mitklingen, aus äußerst kargen und lebensbedrohenden Verhältnissen mit Hilfe der Weisen den Weg zu einer weniger mühseligen und sichereren Existenz gefunden zu haben. Doch der Grundton ist meist nostalgisch. Im *Buch Dschuang Dse* wird ein Bild jenes noch unverdorbenen Zeitalters gezeichnet:

In alten Zeiten gab es viele Vögel und Tiere, aber nur wenige Menschen. Darum wohnten damals die Menschen in Nestern. Tagsüber suchten sie Eicheln und Weichkastanien, nachts nisteten sie in den Bäumen, um sich vor den Tieren zu schützen. Darum wurden sie Volk des Ahn Nestmachers genannt. In jenen fernen Zeiten wußten die Menschen nichts von Kleidern. Im Sommer häuften sie Brennholz auf, um sich im Winter daran zu wärmen. Darum hießen sie Volk der Lebenskenner: Im Zeitalter des Heiligen Ackermanns fanden die Menschen selige Ruhe, wenn sie schliefen, und sie fühlten sich wohl und zufrieden, wenn sie erwachten. Sie kannten damals zwar ihre Mütter, nicht aber ihre Väter. So lebten sie in Gemeinschaft mit den Elchen und Rehen, pflügten, um genug zu essen, und webten, um genug für ihre Kleidung zu haben. Und keiner hatte den Gedanken, einem anderen schaden zu wollen. Das war die Zeit der Tugend.[16]

Rückschauend erscheinen selbst die Herrscher der Vorzeit bar jeden Prunks. Sie lebten in gleicher Armut wie alle Stammesmitglieder, von denen sie nur ihre durch Tugend erworbene ehrenhafte Stellung unterschied. Im *Buch der Riten* wird das so dargestellt:

Vor alters besaßen die Könige keine Paläste. Im Winter wohnten sie in Höhlen, im Sommer in Nestern auf den Bäumen. Noch wurde das Essen nicht gekocht. Man lebte von Samen der Gräser und Früchten.

Das Fleisch der Vögel und Tiere wurde roh und mitsamt den Haaren und Federn verschlungen, und man trank ihr Blut. Es gab weder Hanf noch Seide. Die Menschen waren in Gewänder aus Federn und Fellen gekleidet ...[17]«

Wieviel in diesen Zeilen ist Nostalgie, wieviel Stolz auf die Errungenschaften des Menschen, belehrt und geleitet von Weisen? Die bekannteste Schilderung eines verlorenen Paradieses bietet eine Passage im *Buch der Riten*. Inhaltlich erinnert vieles darin an Ideale der mohistischen und dauistischen Schule, wenngleich diese durchaus nicht orthodox konfuzianische Passage im Kontext ausgerechnet Meister Konfuzius in den Mund gelegt wird.

Als das Große Dau noch wirkte, war alles unter dem Himmel Sache der Allgemeinheit. Die Weisesten und Tüchtigsten wurden auserkoren. Man pflegte Redlichkeit und Gemeinsinn. So sah man nicht nur in den eigenen Eltern seine Eltern, nicht nur in den eigenen Kindern seine Kinder. Die Alten fanden ein Ende in Frieden, die Kräftigsten angemessene Verwendung, die Jungen ungehindertes Wachstum, die Verwitweten, die Waisen, die kinderlosen Alten und die Verkrüppelten fürsorgliche Pflege. Die Männer erhielten ihren Anteil am Gemeindeland, die Frauen ein Heim. Brauchbare Dinge wegzuwerfen, verabscheute man; doch darum hob man sie nicht etwa für sich auf. Seine Kräfte zu schonen, verabscheute man; doch darum gebrauchte man sie nicht etwa zum eigenen Vorteil. So erübrigten sich Ränke und Hinterlist; Raub, Diebstahl und Gewalttätigkeit gab es nicht. Man brauchte auch nicht die Tore zu verschließen. Das nannte man Große Gemeinsamkeit. Heutzutage aber ist das Große Dau in Vergessenheit geraten, alles unter dem Himmel ist zum Alleinbesitz vornehmer Familien geworden, jeder sieht nur in den eigenen Eltern seine Eltern, in den eigenen Kindern seine Kinder, und jeder trachtet nur danach, brauchbare Dinge und seine Kräfte zum eigenen Vorteil zu verwenden ...[18]

Verlockend für Menschen in einer Epoche, in der große und kleine Lehensfürsten einander eines Stück Landes wegen blutige Schlachten lieferten, wie es in der Dschou-Zeit für Jahrhunderte geschah, war der Gedanke, daß es einmal Gleichheit unter den Menschen gab, daß einst im Zeitalter der Urherrscher keiner daran dachte, dem anderen Schaden zuzufügen. Hier ergab sich der Ansatz zu einem rückblickenden utopischen Denken, was in Anbetracht eines zyklischen Weltbilds nur natürlich war. Wenn die menschliche Geschichte in ihrer Fortbewegung doch wieder zu ihrem Ausgangspunkt zurückkehren mußte, so war die Rückkehr zu dem ursprünglichen Zustand einer besseren Welt durchaus denkbar. Die radikalsten Schlüsse aus dieser nostalgischen Rückbesinnung zog der Philosoph Dschuang Dse:

Zur Zeit des höchsten De (der höchsten Tugend) *bewegten sich die Menschen schwerfällig und ihr Blick war gesammelt und aufmerksam. Damals gab es keine Pfade über die Berge noch Boote oder Brücken, um die Gewässer zu überqueren. All die Zehntausend Dinge gediehen, aber sie standen sich nicht im Wege und kamen nur mit ihren Nachbarn in Berührung. Scharen von Vögeln und Tieren gab es damals, und die Gräser und Bäume wuchsen ungehindert. So konnten die Menschen die wilden Tiere und Vögel anfassen und mit ihnen umherschweifen. Ins Nest schauten sie den Vögeln, ohne sie zu stören. Zur Zeit des höchsten De lebten die Menschen mit den Vögeln und Tieren gemeinsam und waren mit allen Zehntausend Dingen versippt. Wo sollte es da einen Unterschied zwischen Herrscher und Gemeinen gegeben haben! ... Die unverdorbene Natur zu zerstören, um daraus Gebrauchsgegenstände zu machen, das ist das Verbrechen des Handwerkers! Die Ursprünglichkeit der Tugend zu vernichten, um den Menschen künstlich Güte und Rechtschaffenheit anzuziehen, das ist das Vergehen der Weisen!...*[19]

Hier hat eine Reversion stattgefunden. Der Weise, gerühmt von allen Schulen, wird bei den frühen Dauisten zu einer negativen, ja destruktiven Figur in der Entwicklung der Menschheit umgewandelt. Lau Dse und Dschuang Dse kehren im Geiste nicht nur zu den Anfängen der überlieferten Geschichte zurück, sondern darüber hinaus in die Ur- und Vorgeschichte, in eine Urzeit vor den Weisen. Damit wurde die von anderen philosophischen Schulen mitgetragene utopische

Richtung der Dschou-Zeit, der trotz aller pragmatischen Absichten auch Konfuzius verpflichtet war, zu extremen sozio-politischen Schlußfolgerungen geführt. In den frühen dauistischen und, wenn auch mit anderen Intentionen, legalistischen Schriften merken wir deutlich, wie das Gefühl der Hoffnungslosigkeit in einem Zeitalter sich bitter bekämpfender Interessengruppen – der Kämpfenden Staaten – zu einer generellen Bestandaufnahme und zu einer scharfen und klaren Analyse der bestehenden Ordnung – besser: Unordnung – zwang. Lau Dse's dialektisches Verständnis natürlicher und gesellschaftlicher Prozesse zeigt einen hohen Grad von analytischem Denkvermögen. Dennoch sahen Lau Dse und ebenso Dschuang Dse einen Ausweg aus der Misere ihrer Zeit nur in der Rückkehr zu urgesellschaftlichen Verhältnissen. Wo immer Interessen am Werke sind, gibt es Streit, Kampf, Krieg, Blutvergießen und damit Verlust an Menschlichkeit, Menschenwürde und Menschenglück. So kehren die Dauisten letztlich in die magische Welt der Vorzeit zurück, in der der Mensch mit der Natur noch eins, »mit allen Zehntausend Dingen versippt« und in magisch-mystischer Gemeinsamkeit verbunden war.

Es mag verwunderlich erscheinen, wenn hier unvermittelt eine bedeutende Persönlichkeit des europäischen Mittelalters zum Vergleich herangezogen wird: Joachim von Fiore (etwa 1135-1202). Dennoch denke ich, daß die Gegenüberstellung eines religiös-utopischen Weltbilds aus einem anderen Kulturkreis den Unterschied und die Eigenart der klassischen chinesischen Weltsicht in ihren utopischen Tendenzen deutlicher machen kann als lange theoretische Ausführungen.

Joachim von Fiore sah die Geschichte der Menschheit als einen schmerzhaften, aber doch zur Erlösung, zu ewigem Heil führenden Prozeß an – als Heilsgeschichte im allgemein christlichen Sinn. Offenbar als Reaktion auf die extreme Verweltlichung und Politisierung der Kirche seiner Zeit erschien ihm in seinen Visionen der Geschichtsprozeß als in drei Zeitaltern ablaufend erschien: das Zeitalter des Vaters, in dem die Furcht herrscht, das Zeitalter des Sohnes, von Glauben getragen, und das Zeitalter des Heiligen Geistes, in dem der Mensch im Ewigen Evangelium, im Reich der Liebe Erlösung findet. Wie in China und auch im europäischen Mittelalter ist bei Joachim von Fiore die Tendenz, bildliche oder symbolische Entsprechungen für die Grundgedanken seiner Welt zu finden, natürlich, ja zwingend. Dem Zeitalter des Vaters entsprechen bei ihm Sterne und Winter, dem Zeitalter des Sohnes Morgenröte und Frühling, dem Zeitalter des Heiligen Geistes Tageshelle und Sommer. Statt der Dreizahl würde in China allerdings, wo das Denkmodell des Jahreszyklus allbeherrschend war, wahrscheinlich die Vierzahl stehen. Für uns wichtig aber ist der lineare Charakter der Heilsgeschichte, wie er in Joachim von Fiores drei Zeitaltern entwickelt wird. Wenn auch das letzte Zeitalter, das des Heiligen Geistes, in dem die Menschheit für immer und ewig Erlösung findet, dem Wunschbild einer streitlos-seligen Idealwelt, wie es den Denkern der Dschou-Zeit vorschwebte, ähnlich zu sein scheint, so unterscheidet sich die christliche Vorstellung doch grundsätzlich vom utopischen Denken Chinas. Bei Joachim von Fiore liegt das Endziel des Heilswegs nicht in einer Rückkehr, sondern in einer in gerader Linie aus dem Reich der »Furcht«, der »Knechte« über das Reich der »Söhne und Töchter« (Gottes) in das dritte, höchste und endgültige Weltstadium der »Freunde« führenden Bewegung, die damit auch ihren Abschluß findet. Wie im europäischen christlichen Denken allgemein ist eine teleologische und eschatologische Orientierung, Zielgerichtetheit und endzeitliche Schicksalserfüllung des einzelnen und der Welt auch in Joachim von Fiores Denken ausschlaggebend.

Die Dynamik des zyklischen Weltbilds, das aus allen Wirrnissen immer noch eine sozusagen zukunftsgerichtete Rückkehr in eine ideale Vergangenheit verspricht, was allerdings künftige Wirrnisse als natürlich, ja selbstverständlich einschließt, ist im europäischen Geist durch ein unbezähmbares Fortschrittsbedürfnis, durch das Verlangen nach endgültigem Übertreffen und Überwinden des Gewesenen und Seienden zugunsten eines Noch-nicht-Seienden ersetzt. Hier schieden sich die Geister Europas und Chinas – zumindest bis vor kurzem.

3

Mythos und Geschichte
Die Mythologie des chinesischen Altertums

Wer sich ernsthaft mit den mythischen Überlieferungen Chinas beschäftigt, wird sehr bald von dem Gefühl überrascht, sich in einen Irrgarten begeben zu haben. Die Überraschung stammt hauptsächlich daher, daß für den die mythologische Landschaft aus der Ferne Betrachtenden zwar ein dichter Wald sichtbar war, doch darin oder dahinter fesselte ihn der Anblick offenbar klar erkennbarer imposanter Berge, hoch in den Himmel ragend und bunt schillernd im Abendglanz einer großen Vergangenheit; und nun merkt er erst, sobald er den Wald betreten, daß er sich in einem unentwirrbaren Gestrüpp verfangen hat: Der Weg zu jenen hochragenden Gipfeln wird immer unsicherer, unwegsamer, verwirrender.
Um ein Beispiel zu nennen: der legendäre Herrscher Di-Ku wird in einer Quelle als Vater des großen Ur-Kaisers Yau[1], in einer anderen als Schwiegersohn eben dieses Ur-Kaisers angegeben. Oder: der Ahnherr der Schang-Dynastie Hsje erscheint in einigen Quellen als sozusagen in unbefleckter Empfängnis (durch das Verschlucken eines Schwalbeneis) gezeugter Sohn der zweiten Nebengemahlin des bereits erwähnten Di-Ku[2], nach anderen Quellen wiederum ließe er sich unschwer als Großvater des Gemahls seiner angeblichen Mutter identifizieren. Eine mehr oder minder einleuchtende Genealogie der mythischen Gestalten Chinas, wie wir sie in der Götterwelt der griechisch-römischen Mythologie kennen, ließ sich in China nur dann herstellen, wenn die Macht späterer Kaiser im Sinne der staatsdoktrinären konfuzianischen Ethik die Pinsel der Historiographen lenkte wie in den Sammelwerken *Kompendium des Spiegels historischer*

Ereignisse (Gang-Dschjan Yi-Dschih-Lu) oder *Von Ihro Majestät (Kaiser Tschian-Lung 1736-1795) durchgesehener Überblick über die gesamte Geschichte* (Yü-Ping Li-Dai Tung-Dschjän Dschi-Lan). Wären es nur Widersprüchlichkeiten in den Familienbeziehungen mythischer Persönlichkeiten, könnten die einzelnen Gestalten immer noch in bestimmten Konturen erkennbar sein. Aber auch hier gibt es erstaunliche Schwierigkeiten. So erscheint die in der chinesischen Literatur oft erwähnte Königliche Mutter des Westens – Hsi-Wang-Mu – in älteren Quellen als ein Ungeheuer mit »Pantherschwanz und Tigerzähnen«, mit »wild flatternder Mähne und Federbusch«[3]; in der Geschichte vom Besuch des Königs Mu bei ihr als eine gesittete Dame, die sich mit dem König in poetischer Sprache verständigt; in dem Sammelwerk Huai-Nan-Dse aus dem 2. Jahrhundert v.Chr. als eine Art Gnadenmutter, die dem Helden I das Elixier des Ewigen Lebens spendet; und schließlich in den *Vertraulichen Nachrichten über Kaiser Wu der Han- Dynastie*[4] als eine Frau von »etwa dreißig Jahren« von »unübertrefflicher Schönheit«. Nicht nur in ihrem Aussehen, sondern auch in ihrem ganzen Wesen hatte sich die Königliche Mutter des Westens geändert. In ihrer Gestalt als Ungeheuer mit Pantherschwanz und Tigerzähnen war sie eine häßliche Zauberin, die die Menschen mit Seuchen und anderen tödlichen Gefahren plagte, allmählich aber entwickelte sie sich zu einer gütigen Fee, menschenfreundlich und lebensbejahend. Wenn es auch sehr schwer, ja nahezu unmöglich scheint, sich in dem Gestrüpp der chinesischen Mythologie zurechtzufinden, sich einen Weg zu bahnen, so bietet uns immerhin die Einsicht Trost, daß die Gründe für diese scheinbare Unentwirrbarkeit entwirrbar sind.

Der berühmte chinesische Schriftsteller und Gelehrte Lu Hsün (1881-1936) führte in seiner *Kurzen Geschichte der chinesischen Prosadichtung* drei Gründe an, um die Kargheit, Zersplitterung und Unübersichtlichkeit der mythologischen Überlieferungen Chinas zu erklären:

Die Kultur Chinas nahm nach Lu Hsün ihren Ursprung in dem von der Natur kärglich bedachten Gebiet des Gelben Flusses. Das Leben der Urbewohner war zu hart, um viel Raum für phantastisch-imaginäres Denken zu lassen. Das erklärt das nüchterne Gebundensein an

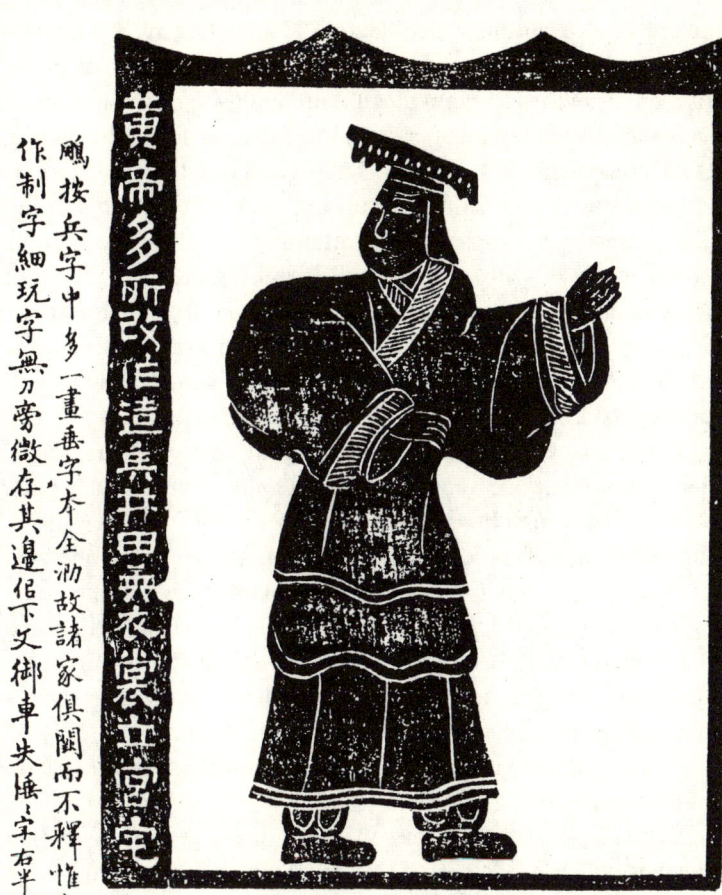

黃帝多所改作造兵井田乘衣裳立宮宅

鵬按兵字中多一畫垂字本全沙故諸家俱闕而不釋惟金石記釋作制字細玩字無刀旁徵存其邊但下文御車失傳字右半故定為垂

象畫冕服衣裳兩手上下若指畫狀左題云黃帝多所改作造兵井田垂衣裳立宮宅

die Erfordernisse des Alltags und das Desinteresse, mythische Stoffe zu einem Epos zu verarbeiten. Als zweiten Grund gibt Lu Hsün den Einfluß der konfuzianischen Schule an, die alles Übernatürliche aus ihrem Gesichtskreis verbannte und ihr Augenmerk auf den von moralischen Grundsätzen getragenen Aufbau des Staatswesens richtete. Den wichtigsten Grund aber sieht Lu Hsün »in dem Fehlen einer strengen Unterscheidung zwischen Göttern und Geistern«.»Da Menschen und Götter miteinander vermischt wurden, kam die frühe Religion niemals zu einer vollen Entfaltung …«[5]. Dagegen wäre einzuwenden, daß das Stromland des Gelben Flusses in jenen Zeiten, als die Mythen entstanden, sicher nicht weniger fruchtbar war als die Urwälder Germaniens und anderer Gebiete unserer Erde, die einen reichen Mythenschatz und Epen hervorbrachten. Richtig jedoch ist, daß die Konfuzianer seit der Han-Dynastie (206 v.Chr. – 220 n.Chr.) durch ihre vorherrschende Stellung im Geistesleben Chinas, die Macht besaßen, jede ihnen nicht genehme Überlieferung nach ihren Grundsätzen zurechtzustutzen oder überhaupt aus dem Schrifttum auszuschließen. Das Vermischen von Menschen und Göttern in mythologischen Bereichen war nicht nur auf China beschränkt. Auch in der griechisch-römischen und babylonisch-assyrischen Mythologie sind die Grenzen zwischen Götter- und Menschenwelt oft fließend. Lu Hsün hatte übrigens nicht so sehr das ältere Mythengut Chinas im Auge, als er diese Feststellung traf, was aus den im weiteren Text seines Buches angegebenen Beispielen ersichtlich ist, die in spätere Zeiten hineinreichen.

Nach dem *Buch der Urkunden*[6] besaß in der zweiten Hälfte des ersten Jahrtausends v.Chr. die Schang-Dynastie Archive, von denen wegen des leicht verderblichen Materials – Bambustäfelchen oder vielleicht auch Seidenrollen – uns zwar nichts erhalten geblieben ist, die aber den im Text verwendeten zwei Schriftzeichen *Tse* und *Dian* zufolge Annalen oder Chroniken sowie rituelle Aufzeichnungen umfaßt haben müßten. In allen späteren dynastischen Geschichtswerken werden Fragen des jeweiligen Rituals mit größter Sorgfalt verzeichnet. Das erste Anzeichen für eine solche Haltung dem Ritual des Herrscherhauses gegenüber mag diese karge Aufzeichnung im »Buch der Urkunden« andeuten. Die Mythen des Volkes lebten ihr Eigenleben.

Sie wurden nur insoweit in das offizielle Ritual einbezogen, als sie für die Verehrung des Herrscherhauses und seiner Ahnen von Bedeutung waren, was für die Königsgeschlechter der Schang und Dschou wie auch viele der großen Fürstenhäuser der Zhou-Zeit zutrifft. Das magische Brauchtum des Volkes mit seinem Grundgewebe mythischer Vorstellungen verdichtete sich offenbar schon sehr früh zu einem höfischen Ritual, dessen kultischen Mittelpunkt die Ahnen und Urahnen des Herrscherhauses bildeten. Eine systematische Bewahrung volkstümlicher Mythen, die nicht in diesen Rahmen paßten, hätte nur von der zentralen Stellung des Hofes abgelenkt. Mit dem Sieg der konfuzianischen Schule über alle anderen Lehrmeinungen im letzten Drittel des zweiten Jahrhunderts vor Christus begann der nicht von orthodoxer Seite genehmigte Teil der Mythen aus dem offiziellen Schrifttum zu verschwinden. Für den Literaten war das mythische Volksgut, mit Ausnahme des von ihm und seinesgleichen ins feenhaft Verklärten, nicht weniger vulgär und verachtenswert als der volkstümliche »Aberglaube« für den christlichen Gelehrten im europäischen Mittelalter.

Die Widersprüchlichkeit in den mythischen Überlieferungen erklärt sich nach meiner Meinung aus der Größe des chinesischen Kulturkreises und der Vielfalt seiner ethnischen Zusammensetzung. Im Prozeß der Reichseinigung glichen sich oder näherten sich in ihren Grundvorstellungen ähnliche oder verwandte Mythen einander an, wobei bestimmte Topoi besonders hervortraten, nämlich solche, die der Stärkung des Zusammengehörigkeitsgefühls der von den Randgebieten her mit Trägern der alten Kulturen zwischen dem Stromland des Gelben Flusses (Huang-Ho) und dem Yang Dse verschmelzenden Bevölkerung dienlich waren. Die Berge, die in unserem eingangs verwendeten Vergleich aus dem wirren Gestrüpp verstreuter und fragmentarischer mythologischer Überlieferung emporragen, bauten sich eben aus jenen Topoi auf, die überregionale Bedeutung erlangten. Eben dieses mythische Geistesgut ist bis heute im Bewußtsein des chinesischen Volkes lebendig. Der Gelbe Kaiser, die weisen Herrscher der Vorzeit Yau, Shun und Yü, Pan-Gu und Nü-Wa, die Urmutter des Menschengeschlechts, sind vermutlich sogar tiefer verwurzelt im Geiste des chinesischen Volkes als die

Propheten des Alten Testaments oder irgendein Heroe der Vorzeit unseres Kulturerbes im Bewußtsein des Durchschnittseuropäers unseres Zeitalters. Die ältesten, zumeist aus der zweiten Hälfte des ersten Jahrtausends vor Christi Geburt stammenden Aufzeichnungen mythischen Inhalts finden sich gleichsam als illustrative Gelegenheitseintragungen in historischen Werken wie *Zo's Kommentar zu den ›Frühling- und Herbst- Annalen‹*, in den *Diskursen der Staaten* oder in philosophischen Werken wie *Frühling- und Herbst des Lü Bu-we*, im Buch *Dschuang Dse* und in dem Sammelwerk *Huai-Nan-Dse*. Eine weitere wichtige Quelle sind die Gedichte des berühmten Poeten aus dem südlichen Staat Tschu, Tschü Yüan (etwa 340-278 v.Chr.). Nur das *Buch der Berge und Meere*, das ebenfalls in jenem Zeitraum kompiliert wurde, enthält ausschließlich Aufzeichnungen mythischen Inhalts. Die achtzehn Kapitel dieses Bandes sind nach unbestimmbaren Regionen gegliedert, wie »Große Wildnis des Westens« oder »Nordland innerhalb der Meere«. Die einzelnen Aufzeichnungen zeigen kaum einen inneren Zusammenhang. Sie bieten nicht viel mehr als Fragmente mythischer Überlieferungen von seltsamen Wesen, halb Mensch halb Tier, von Monstern und Fabeltieren aller Art, von wunderlichen Ländern mit noch wunderlicheren Bewohnern – feuerspeienden Affen, Riesen und Däumlingen, Menschen mit drei Köpfen und einem Körper oder mit drei Körpern und nur einem Kopf. Der Stil ist schmucklos lapidar. Nehmen wir die folgende Aufzeichnung als Beispiel:

Hsing-Tjän kämpfte mit dem Himmelsherrn um die Zaubermacht. Der Himmelsherr schnitt ihm den Kopf ab und begrub ihn am Yang-Tschang-Berg. Daraufhin machte Hsing-Tjän seine Brüste zu Augen, seinen Nabel zum Mund und tanzte, Schild und Hellebarde schwingend.

Das klingt wie der nüchterne Bericht eines Chronisten; und vielleicht waren es auch höfische Chronisten, die neben ihren amtlichen Aufzeichnungen über Ereignisse politischer oder ritueller Art solche »halbamtliche« aus dem mythischen Reich des Wunderbaren für eventuelle Referenzzwecke schriftlich niederlegten. Bemerkenswert

ist, daß seit dem zweiten Jahrhundert nach Christi Geburt, der Verfallszeit der Östlichen Han-Dynastie, bis etwa ins sechste Jahrhundert hinein eine Reihe von Werken verfaßt wurden, die ausschließlich und mit offensichtlichem Interesse mythische Stoffe behandelten. Ein Grund hierfür mag das Aufkommen dauistischer Heilslehren, in welchen altes mythisches Gedankengut mehr oder minder systematisch zu einem neuen Pantheon umgebaut wurde, gewesen sein. Die Mythen wurden sozusagen wieder modern, wenn auch willkürlich verzerrt und verfälscht. Ein nicht minder wichtiger Grund war der Einstrom buddhistischer Lehren, die sich durch ihren Reichtum an imaginativen und transzendenten Vorstellungen sehr wesentlich von der eher nüchternen Geisteswelt der konfuzianischen Doktrinen unterschieden. Die Literaten des dritten und vierten Jahrhunderts hatten sich von den »reinen Diskussionen« über politische Mißstände, die nicht selten mit ihrer physischen Liquidierung endeten, zu »reinen Gesprächen« über scheinbar nur akademische Fragen der Übereinstimmungsmöglichkeiten dauistischer und konfuzianischer Lehren und dergleichen mehr zurückgezogen. Die Tyrannei der Dschin-Kaiser, die Unsicherheit der Existenz des Beamten- und Gelehrtenstands und die allgemein sichtbaren und geradezu hoffnungslos erscheinenden Mißstände im Reich, das auch sehr bald zu einem Großteil für nahezu drei Jahrhunderte fremdstämmigen Invasoren in die Hände fiel, förderten sowohl ein Wiederaufleben dauistischer Lebensgrundsätze, eine Hinneigung zu der neuen Heilslehre der Buddhisten wie auch eine Rückbesinnung auf das eigene mythische Gedankengut. In diesem Zeitraum entstanden die wichtigsten Sammelwerke mythischer Überlieferungen: Dschang Hua's (232-300) *Zeugnisse wunderbarer Dinge*, Gan Bau's (um 317) *Erkundungen über Geister*, Wang Dschja's (starb 390) *Notizen über verschollene Geschichten* u.a.[7]
Schöpfungsmythen mit einem Schöpfergott, einem Schöpfungsakt und göttlichen Offenbarungen, wie wir sie aus dem mediterranen und vorderasiatischen Kulturkreis kennen, lassen sich in China nicht einmal in Andeutungen finden. Es scheint, als hätten die Chinesen wenig Interesse an Spekulationen über den Ursprung der Welt, des Universums gehabt und sich in ihren Gedanken und Emotionen vielmehr mit dem Ursprung ihrer Kultur, den Segnungen ihres

Gemeinwesens und den Erfordernissen ihrer Erhaltung, Wiederherstellung oder Förderung beschäftigt. Im Vordergrund stehen die Ahnen, die Urahnen – weise Herrscher, die dem Stamm, dem Volk seine Identität verliehen, die Menschen lehrten, wie sie in Übereinstimmung mit den Kräften der Natur ihre Existenz sichern und im Kampf mit dämonischen Einflüssen verteidigen konnten. Daß die Ahnen und Urahnen in eine jenseitige Welt eingegangen sind, macht sie zwar unsichtbar; aber dennoch bleiben sie, wenn mit den magischen Mitteln des Rituals richtig angesprochen, menschennahe, verläßliche, väterliche Gestalten, die Trost und Hoffnung spendend, aber auch warnend, drohend und strafend allgegenwärtig sind.
Erst mit dem Entstehen philosophischer Schulen im zerfallenden Dschou-Reich des siebenten und sechsten Jahrhunderts vor Christus begannen die Gelehrten auch über den Ursprung des Universums nachzudenken. Doch alle Spekulationen dieser Art beschränkten sich im wesentlichen auf die Annahme, daß es ursprünglich eine ungeformte Welt, das Chaos, gegeben habe, aus der sich durch Trennung des weiblichen, dunklen Yin-Prinzips vom männlich-aktiven hellen Yang-Prinzip Erde und Himmel bildeten. In dem unter dem Patronat des Han-Prinzen Lju An (178-122 v.Chr.) kompilierten Werk *Huai-Nan-Dse*[8] wird dieser nüchternen Kosmogonie ein spirituell gefärbter Anstrich gegeben:

»In Urzeiten, als es noch nicht Himmel und Erde gab, war alles gestaltlos und ungeformt in dunkeltiefer Unergründlichkeit. Dann aber entstanden aus dem Ungestalteten zwei Geisteskräfte, der Yin-Geist und der Yang-Geist, die sich mühten, Himmel und Erde einzurichten ... So trennte sich das Yin- vom Yang-Prinzip und es formten sich die Acht Himmelsrichtungen.«

Texte dieser Art vermitteln keinen Eindruck von der Gestaltungskraft, die das mythische Denken einstmals in China besessen haben mußte. Die Hinzufügung des Wortes »Geist« zu abstrakten Spekulationen verbirgt keineswegs ihre Herkunft aus der entsinnlichten Atmosphäre von Gelehrtenstuben. Mythisches Denken ist bildhafter. Im »Buch der Berge und Meere« werden in verschiedenen Kapiteln ein »Erheller des Dunkels« (Yin) und ein »Erhellender Drache« – Dschu-Yin und Dschu-Lung – beschrieben, deren Aussehen und Wirken sich kaum voneinander unterscheiden. Beide haben ein menschliches Antlitz, aber den Körper einer Schlange, benötigen weder Speise noch Schlaf, atmen auch nicht, können aber durch ein Auspusten oder Atemeinholen Winterkälte oder Sommerwärme bewirken beziehungsweise Wind oder Regen herbeirufen. Halten sie die Augen offen, so erhellt Tageslicht die Welt, schließen sie die Augen, so ist die Welt in Dunkel gehüllt[9]. Eine solche Erklärung natürlicher Erscheinungen entspricht schon eher der Vorstellungswelt eines Zeitalters, in dem mythisches Denken und magische Handlungen für das gesellschaftliche Subjekt unbedingte Voraussetzungen seiner Existenz waren. Eine unerklärbare Natur hätte den Menschen unerträglich belastet. Der Mythos als »Arbeitshypothese« für alle seine Tätigkeiten verlieh ihm den Glauben an die Beeinflußbarkeit der Natur mittels magischer Praktiken. Die Kräfte der Natur waren voller Gefahren für die menschliche Existenz. Ein menschliches Antlitz auf einem Schlangenleib war immerhin noch etwas Menschliches, und auch die Schlange war, zum Unterschied von einem abstrakten »Yin-Geist« ein bekanntes, faßbares Wesen.

Die zwei am nächsten an Schöpfungsmythen heranreichenden Überlieferungen Chinas finden sich erst in relativ späten Quellen, die Eingriffe und Umgestaltungen durch Literatenhand vermuten lassen. Doch beide Mythen zählen bis heute zum lebenden Kulturerbe Chinas. Selbst Ungebildeten sind die Namen Pan-Gu und Nü-Wa mehr oder minder vertraut.

Etwa um 330 n.Chr. wird in einem Werk, das nur in Bruchstücken erhalten geblieben ist, Pan-Gu an den Anbeginn der Weltentstehung gestellt:

Himmel und Erde waren dereinst chaotisch vermengt in der Gestalt eines Eis. In dessen Mitte ward Pan-Gu geboren. Achtzehntausend Jahre vergingen, da spaltete sich der Himmel von der Erde ab. Aus den hellen und reinen Teilen entstand der Himmel, aus den trüben und unreinen die Erde. Dazwischen befand sich Pan-Gu, der sich täglich neunmal wandelte, indem das, was geistig an ihm war, in den Himmel einging, und was, heilig, in die Erde. Der Himmel gewann täglich zehn Fuß an Höhe und die Erde zehn Fuß an Dicke, und mit ihnen wuchs auch Pang-Gu täglich zehn Fuß. Und wieder vergingen achtzehntausend Jahre, da hatte der Himmel gewaltige Höhe, die Erde gewaltige Tiefe und Pan-Gu gewaltige Größe erreicht. Danach kamen die Drei Erlauchten. So entstand die Zahl mit Eins, entfaltete sich mit Drei, reifte mit Fünf, gedieh mit Sieben und fand ihren Abschluß mit Neun. Daher ist der Himmel neunzigtausend Li von der Erde entfernt[10].

Eine gewisse Namensähnlichkeit dieses Pan-Gu mit einem Pan-Hu aus dem südwestchinesischen Mythenkreis der Tschüan-Rung (Hunde-Krieger) legte manchen chinesischen Gelehrten die Vermutung nahe, der Mythos von Pan-Gu als erstem Menschen könnte eine Nachgestaltung oder reine Erfindung gewesen sein. Doch sehen wir uns an, wie Pan-Hu's Geschichte geschildert wird. Wir entnehmen die Aufzeichnungen den »Erkundigungen über Geister«, die übrigens etwa zur gleichen Zeit wie der Mythos von Pan-Gu niedergeschrieben wurden – etwa um 230 n.Chr.:

In der Zeit des Ur-Herrschers Gau-Hsin stiftete König Fang Wirren im Reich an. Besorgt, daß dem Reich die Gefahr des Untergangs drohe, ließ der Herrscher überall unter dem Himmel nach Männern suchen, die ihm den Kopf des Königs Fang bringen könnten. Als Preis dafür setzte er tausend Unzen Gold aus und versprach dem Helden die Hand seiner Tochter. Die Minister wußten jedoch sehr wohl, welche Kriegsmacht König Fang besaß und daß sie die Trophäe seines Kopfes niemals erbeuten würden. Gau-Hsin hatte einen gescheckten Hund, den er Pan-Hu nannte und der ihm auf Schritt und Tritt folgte. Plötzlich aber war der Hund verschwunden. Drei Tage waren bereits vergangen, und niemand wußte, wo der Hund sein könnte. Gau-Hsin war höchst verwundert darüber.
Der Hund aber war inzwischen dem König Fang zugelaufen, der sich mächtig darüber freute. ›Seht nur‹, sagte er zu seinen Gefolgsleuten, ›Gau-Hsin ist seinem Ende nahe. Selbst sein Hund hat ihn verlassen und sich mir angeschlossen. Der Aufstieg ist mir gewiß!‹

König Fang gab daraufhin ein großes Gelage, um den Hund zu erfreuen. Des Nachts aber, als König Fang betrunken auf sein Lager hinsank, biß ihm Pan-Hu den Kopf ab und brachte ihn seinem Herrn. Als Gau-Hsin den Hund mit König Fang's Haupt im Maul kommen sah, war er hocherfreut. Er gab ihm reichlich gehacktes Fleisch zu fressen. Doch Pan-Hu rührte es nicht an. Als er am nächsten Tag seinen Hund rief, erhob sich dieser nicht einmal. Gau-Hsin sagte: ›Warum frißt du nicht und kommst nicht, wenn ich dich rufe? Wahrscheinlich nimmst du mir es übel, daß ich dich nicht richtig belohnt habe. Soll ich dir also den Lohn zuteil werden lassen, den ich ursprünglich versprochen hatte.‹ Als Pan-Hu dies hörte, sprang er jäh auf und hüpfte freudig herum. So ernannte ihn Gao-Hsin zum Fürsten von Kuai-Dschi und gab ihm fünf schöne Mädchen als Gemahlinnen. Der Fürst von Kuai-Dschi bezog seine Einnahmen von tausend Familien in seinem Lehensgebiet. Pan-Hu zeugte drei Söhne und drei Töchter. Die Knaben sahen zwar bei ihrer Geburt wie Menschen aus, nur war ihnen ein Hundeschweif gewachsen. Pan-Hu's Nachkommenschaft war sehr zahlreich. Ihr Herrschaftsgebiet nannten sie Land der Tschüan-Rung – Hunde-Krieger.[11]

Ein Vergleich zwischen den Aufzeichnungen über Pan-Gu und Pan-Hu zeigt, daß außer einer Namensähnlichkeit keinerlei Gemeinsamkeiten bestehen. Pan-Hu ist vermutlich der mythische Urahn eines südchinesischen Stammes mit einem Hund als Stammestotem. In dem Mythos von Pan-Gu sind offenbar numerologische Vorstellungen aus relativ später Zeit eingeflossen, doch die Entstehung des Universums, die darin enthalten ist, scheint altem mythischem Erbgut zu entstammen und weist, wie wir gleich sehen werden, auch archetypische Momente auf. In dem Werk *Nachforschungen über die Anfänge der Geschichte* des Tsching-Gelehrten Ma Su ist ein Zitat aus einer älteren Quelle enthalten, das den Mythos von Pan-Gu weiter fortsetzt:

Am Anfang wurde Pan-Gu geboren. Als er starb, verwandelte sich sein Leib. Aus seinem Atem bildeten sich Wolken, seine Stimme wurde zum Donner, aus seinem linken Auge entstand die Sonne, aus seinem rechten der Mond, aus seinen vier Gliedmaßen und seinen fünf

Leibesteilen formten sich die vier Pole und die fünf Gebirgszüge, aus seinem Blut entstanden die Flüsse und Ströme, aus seinen Sehnen das Aderngefüge der Erde, sein Haupthaar und die Härchen seines Körpers wurden zu den Gestirnen des Himmels, seiner Haut entwuchsen die Bäume und Gräser, aus seinen Zähnen bildeten sich Metalle und Steine, aus seinem Mark Perlen und Jade, seinem Schweiß entsprang der Regen, und all das Ungeziefer auf seinem Körper verwandelte sich durch Einwirkung des Windes in die Völker der Welt[12].

Mag die verunglimpfende Behauptung über die Entstehung des Menschengeschlechts auch die boshafte Zutat eines Literaten späterer Zeiten gewesen sein, was überdies durchaus nicht zutreffen muß, da unsere Einstellung gegenüber Läusen, Flöhen und dergleichen eben die eines betont hygienischen Zeitalters ist, das Werden des Kosmos aus dem Leib Pan-Gus ist ein geradezu archetypisches Mythenmotiv.

Im babylonischen Schöpfungsepos Enuma Elisch tötet in einer gewaltigen Theogonie Marduk das Urgeschöpf Tiamat. Aus dem geteilten Ungeheuer beschloß Marduk, eine Welt zu schaffen: »Er schnitt es entzwei wie einen getrockneten Fisch« und machte eine Hälfte fest, um den Himmel auszuspannen. Aus der anderen Hälfte des Leichnams der Tiamat formt Marduk die Erde:

Auf ihrem Haupt erhebt sich ein Berg, aus ihren Augen entspringen und fließen Euphrat und Tigris, auf ihrem Busen stehen üppige Hügel. Aus einer Locke ihres Schwanzes machte Marduk das Band zwischen Himmel und Erde, ihr Hinterleib trägt den Himmel[13].

In der Edda wird aus dem Fleisch des Helden Ymir die Erde und aus seinem Blut das Meer geschaffen[14]. Doch in einem, wie mir scheint, sehr wichtigen Punkt unterscheidet sich der Mythos von Pan-Gu grundsätzlich von den semitischen und indogermanischen Überlieferungen. Pan-Gu stirbt eines »natürlichen Todes«. Die Transformation seines Leibes geschieht »natürlich«, nicht als Folge eines Todschlags, einer blutigen Opferhandlung, eines göttlichen Racheakts. Pan-Gu wird auch nicht als Kreatur eines Schöpfergottes geschildert wie Adam in der alttestamentarischen Überlieferung. Er ist daher auch keinem Schöpfer zu Dank und Lobpreisungen verpflichtet. Zusammen mit den Grundstoffen des Himmels und der Erde wächst er als Teil der großen Triade aus dem noch Ungeformten so natürlich wie das Küken aus dem Ei. Er hat mit keinem Widerpart zu kämpfen, und wenn er auf Widersprüchliches stößt, dann nur in seinem eigenen Wesen. Denn er ist sowohl dem »Hellen« des Himmels wie auch dem »Trüben« der Erde verbunden. In dem harmonischen Zusammenspiel dieser Gegensätze liegt seine – die menschliche Größe. So hat er Anteil an kosmischen Energien und verkörpert sie in sich selbst. Ihre Auflösung im Tode wird daher zu einem schöpferischen Rückstrom in ewiges zyklisches Geschehen.

Schwer zu enträtseln ist die Verflechtung zweier herausragender Gestalten in den mythischen Überlieferungen Chinas – des Ur-Herrschers Fu-Hsi und der Urmutter und Weltretterin Nü-Wa. In manchen Quellen erscheinen die beiden Gestalten einzeln und in keiner Weise miteinander verbunden, in anderen wieder ist Nü-Wa Fu-Hsi's jüngere Schwester, ja sogar seine Frau. Auf Han-Reliefs werden die beiden mit feierlich gewandetem menschlichem Oberkörper, mit einander zugewandtem menschlichem Antlitz und eng verflochtenem schlangenartigen Unterleib dargestellt. Fu-Hsi hält ein Winkelmaß in der Hand, Nü-Wa einen Zirkel. Das Paar verkörpert hier offensichtlich die kosmische Ordnung, das Zusammenwirken himmlischer und irdischer Kräfte, das Maßwerk einer wohlgefügten menschlichen Gemeinschaft, wie den Noblen der Han-Dynastie in ihrer Glanzzeit ihr Staatswesen erscheinen mußte.

Fu-Hsi oder Pan-Hsi zählt zu den großen Kulturheroen der chinesischen Mythologie. Er soll durch die Betrachtung der Natur von den Himmelskörpern bis zu den Tieren und Vögeln sowie seiner selbst zu einer symbolschriftlichen Zusammenfassung aller Erscheinungen in acht Zeichen gelangt sein, die aus je drei ungebrochenen beziehungsweise gebrochenen Strichen bestehen. Diese Acht Trigramme bildeten die Grundlage für das weltbekannte und in viele Sprachen übersetzte Orakelbuch, das *Buch der Wandlungen*. Auch soll er das Fischernetz erfunden und die Menschen gelehrt haben, gekochte Nahrung zu sich zu nehmen.

Viel bunter und rührender ist die Gestalt der Nü-Wa. Wie verwirrend die familiären Beziehungen der mythischen Gestalten Chinas sind, mag die folgende Aufzeichnung aus dem Werk des Tang-Autors Li Rung *Besondere Merkwürdigkeiten*[15] verständlich machen. Wir erwähnten bereits, daß Nü-Wa in manchen Quellen als jüngere Schwester beziehungsweise Gattin Fu-Hsi's angegeben wird. In den *Besonderen Merkwürdigkeiten* aber lesen wir:

Als sich das Weltall eben erst gestaltet hatte, gab es nur Nü-Wa und ihren Bruder, die in den Tälern des Kun-Tsang-Berges lebten. Da unter dem Himmel sonst keine Menschen waren, beschlossen die beiden, Mann und Frau zu werden. Darob schämten sie sich aber, und so banden sie Gräser zu Fächern zusammen und verdeckten damit ihr Antlitz. Daß man heute bei der Eheschließung Fächer in Händen hält, erinnert noch symbolisch daran.

Natürlich ist in dieser Geschichte nur noch der Name Nü-Wa wirklich mythischen Ursprungs; alles übrige kann nur als volkstümlich mythologisierender Versuch der Erklärung eines Volksbrauchs angesehen werden oder als späte Rechtfertigung für die Promiskuität in den geschlechtlichen Beziehungen der Urgesellschaft.

Bis heute lebt Nü-Wa weiter im Herzen des chinesischen Volkes als Urmutter und Retterin aus großer Not. In der *Kaiserlichen Enzyklopädie aus der Regierungsperiode Tai-Ping (976-984)*[16] ist die folgende anthropogenetische Mythe als Zitat aus einem Werk der Han-Zeit erhalten geblieben:

Vor der Spaltung von Himmel und Erde, sagt man im Volk, soll es noch keine Menschen gegeben haben. So knetete Nü-Wa Menschen aus Lehm. In der Hitze der Arbeit merkte sie, daß ihre Kräfte nicht ausreichen würden. Darauf nahm sie einen Strick und zog ihn über den schlammigen Grund; und schwang sie ihn empor, so bildeten sich (aus den herabfallenden Klumpen) *Menschen. Daher kommt es, daß die aus Lehm geformten Menschen reich und vornehm sind, die als Klumpen vom Strick Herabgefallenen hingegen sind arm und von niederem Rang.*

Die Erklärung der sozialen Unterschiede als Folge der größeren beziehungsweise geringeren Sorgfalt bei der Formung des Menschen mag eine spätere Hinzufügung sein, doch die Erschaffung des Menschen aus Lehm ist ein archetypischer Gedanke, dessen Ursprung zu einer bestimmten Entwicklungsstufe der menschlichen Kultur zurückreicht. In der altägyptischen Mythologie gestaltet der Gott Chnum Menschen auf der Töpferscheibe. In der babylonischen Überlieferung bedient sich Marduk bei der Erschaffung des Menschen der Kräfte des Ea, der auch »Töpfergott« genannt wird. Daß der Kern des chinesischen Mythos von Nü-Wa als Urmutter des Menschengeschlechts sehr weit zurückreichen könnte, scheint eben das Vollbringen dieser Tat durch eine Frau anzudeuten. Denn in der Urgemeinschaft war das Töpferhandwerk zumeist Sache der Frauen. Der ägyptische und babylonische Mythos entstammt einer patriarchalischen Gesellschaft, der chinesische Mythos von der Erschaffung des Menschen hingegen trägt noch Züge des Matriarchats. Die Formung eines nutzbaren Gefäßes aus einer an sich nutzlosen und formlosen Masse war eine schöpferische Leistung, die in der Vorstellungswelt des primitiven Menschen ein erhebendes Gefühl der Macht über die Materie erwecken mußte. Wie der Mensch ein Gefäß, so müßte ein Übermensch in analoger Weise auch Menschen aus Lehm gestalten können. Die Geburt des Kindes aus dem Mutterschoß, die Vorzugsstellung der Frau in der matriarchalischen Gesellschaft und die Assoziation zwischen Töpferhandwerk und Frau legten den Gedanken nahe, daß eine Urmutter einst den Menschen schuf.

Nach alten Quellen kam es, »als Nü-Wa schon betagt war«, zu einer Art Gigantomachie zwischen dem Fürsten Gung-Gung, dem das Element Wasser gehorchte, und Dschu-Rung, dem Herrn über das Feuer-Element. Gung-Gung wurde besiegt und rannte in seiner Wut über die Niederlage mit dem Schädel gegen den Berg Bu-Dschou, der dem Himmel als Stütze diente.

Die Vier Pfeiler der Welt stürzten ein und die Neun Regionen wurden auseinandergerissen. Der Himmel konnte nicht mehr alles bedecken und auch die Erde vermochte nicht mehr alles zu tragen. Brände brachen aus, die nicht mehr zu löschen waren, und gewaltige Fluten wälzten sich unaufhörlich heran. Wilde Tiere zerfleischten das friedliche Volk und Raubvögel ergriffen Greise und Kinder. *Da schmolz Nü-Wa buntfarbene Steine und füllte damit die Löcher in der Himmelsdecke. Einer Riesenschildkröte schnitt sie die Füße ab und stellte sie als die Vier Himmelspfeiler auf. Sie tötete den Schwarzen Drachen und rettete so die Region von Dschi-Dschou. Sodann verbrannte sie viel Schilf, häufte die Asche auf und brachte damit die Fluten zum Versiegen ...*[17].

Während im Mythos von Pan-Gu noch volle Harmonie zwischen dem Urbild des Menschen Pan-Gu und Himmel und Erde herrscht, wird zu Nü-Wa's Zeiten das gesamte Universum von einer apokalyptischen Katastrophe betroffen – nicht auf Befehl einer Himmelsmacht allerdings, sondern durch irdische Machtgelüste. Daß Gung-Gung und Dschu-Rung zugleich einen sozusagen elementaren Widerspruch verkörpern, nämlich den zwischen Wasser und Feuer, gehört aller Wahrscheinlichkeit nach nicht zum ursprünglichen Mythos. Damit wurde dem Mythos, vielleicht von Gelehrtenhand, ein philosophischer Anstrich verliehen: der Gedanke der Widersprüchlichkeit der Fünf Elemente – Feuer, Wasser, Holz, Metall und Erde –, die einander ablösen und ergänzen sollen, nicht aber bekämpfen, da sie damit die Welt in einen Zustand der Unordnung stürzen würden. Daß aber auch die Rettung der Welt in einer Situation des nahenden Untergangs einer Frau zugeschrieben wird, die schon als Urmutter höchster Verehrung würdig ist, scheint die Vermutung zu bestätigen, der Mythos von Nü-Wa könnte in seinen Grundzügen bis ins späte Neolithikum zurückreichen.

Appelle an den Patriotismus oder das Zusammengehörigkeitsgefühl des chinesischen Volkes, einschließlich der Auslandschinesen, werden oft und bis in unsere Tage durch den Gebrauch von vier Schriftzeichen: Yän Huang Dse-Di – Nachkommen des Flammenden Kaisers und des Gelben Kaisers – emotional aufgeladen. Das würde in unserem Kulturkreis etwa den Wert und die Wucht der zwei Wörter »Kinder Abrahams« haben, wenn Angehörige des jüdischen Volkes ihre Gemeinsamkeit durch einen Urvater betonen wollen. Für den

Chinesen sind es zwei Urväter – und dazu noch eigentlich miteinander verfeindete.
Nach der offiziellen Darstellung in Werken wie *Kompendium des Spiegels historischer Ereignisse* kann China eine dem Ordnungssinn eines geordneten Staatswesens entsprechende chronologisch, genealogisch und dynastisch fast lückenlose Abfolge der Regierungsepochen mythischer Herrschergestalten vorweisen. Die konfuzianisch-autoritär verfügte Zusammenstellung und Historisierung mythischer Stoffe zu einem Ganzen gab dem Fiktiven darin den Anschein historischer Zuverlässigkeit. Die vor allem von den Konfuzianern hochgeehrten Gestalten mythischer Herrscher der Vorzeit wie Yau, Schun und Yü waren dem chinesischen Menschen ebenso wahrhaftig und allgegenwärtig – ich meine damit aus der Vergangenheit in die Gegenwart hineinragend – wie alt- oder neutestamentarische Gestalten für den Menschen des europäischen Mittelalters. Bei einer solchen und so lange währenden Vermengung von Mythischem mit Historischem ist jeder Versuch der Rekonstruktion des originalen mythischen Gehalts auf hypothetische Annahmen angewiesen.
Yän Di – der Flammende Kaiser – scheint, wie schon sein Name andeutet, eine das Licht, die Wärme und die wachstumfördernde Kraft der Sonne verkörpernde Gottheit gewesen zu sein. Er soll die Menschen gelehrt haben, die Fünf Getreidearten auszusäen, denn bisher hatten sie nur von Früchten, Knollen und Fleisch gelebt. Daher wird der Flammende Kaiser auch Schen Lung – Heiliger Ackersmann – genannt. Um den Menschen, die an Krankheiten litten, helfen zu können, machte er sich vertraut mit den heilenden Eigenschaften verschiedener Beeren und Kräuter. Darum gilt der Flammende Kaiser auch als der erste Heilkundige Chinas. Er hatte eine Tochter namens Nü-Wa (mit anderen Schriftzeichen als die Urmutter Nü-Wa geschrieben), deren tragisches Schicksal und selbstlose Unverzagtheit immer wieder von chinesischen Dichtern besungen wurde und bis heute die Herzen rührt. Als sie einstmals am Ufer des Ostmeers lustwandelte, wurde sie von einer Woge erfaßt und ertrank. Ihre Seele aber verwandelte sich in ein Vögelchen, das Dsching-We – Sorgsame Hüterin – hieß. Tieftraurig über ihren frühen Tod und besorgt, daß andere Menschen ihr Schicksal teilen könnten, entschloß

sie sich, das Meer aufzufüllen. Seitdem trägt sie in ihrem Schnäbelchen unermüdlich kleine Steine und Zweige zusammen und wirft sie ins Meer in der Hoffnung, seiner wogenden Macht Einhalt gebieten zu können[18]. Das Haus des Flammenden Kaisers soll nach den konfuzianischen Exegeten noch acht Generationen lang regiert haben. Danach ging die Herrschaft auf den Gelben Kaiser über, der Fürst im »Bärenland« gewesen sein soll.

Der Verfasser des ersten systematischen Geschichtswerks in China, der *Historischen Aufzeichnungen*, Si-ma Tschjän, beginnt sein Werk mit der »Biographie« des Gelben Kaisers. Es ist den vorsichtigen Formulierungen des Textes anzumerken, daß dieser gewissenhafte Historiker den ihm zugänglichen Überlieferungen nicht recht Glauben schenken konnte. Nur durch eine Hilfskonstruktion vermochte er dem Dilemma zu entgehen, in das er durch andere Quellen hineingezogen wurde, nämlich eine direkte militärische Konfrontation zwischen dem Gelben Kaiser und dem Flammenden Kaiser zu erklären. So machte er aus dem Flammenden Kaiser eine Geschlechterreihe:

Zur Zeit des Hsuän-Yüan (ein anderer Name für den Gelben Kaiser) war das Haus des Flammenden Kaisers bereits so geschwächt, daß es den Kämpfen der Fürsten untereinander und der grausamen Unterdrückung des Volkes durch sie nicht entgegenzutreten vermochte... So stärkte der Gelbe Kaiser die Kraft seiner Tugend und rüstete sich für den Kampf...[19].

Unter den Kriegern, die er nun in die Schlacht führt, finden wir Bären, Füchse, Bergkatzen und Tiger. Der Gelbe Kaiser war ja auch »Fürst des Bärenlands«. Der Kommentator Si-ma Dschen findet für diese Stelle in den *Historischen Aufzeichnungen* eine rationale Erklärung: Diese Tiere seien zwar wild, ließen sich aber für den Kampf abrichten[20]. Aus unserer heutigen Sicht liegt die Annahme näher, der Gelbe Kaiser habe als Fürst des »Bärenlands« einen Stammesbund gegen den Stamm des Flammenden Kaisers zusammengebracht. Die Tiernamen wären dann Stammesnamen, die sich von dem Stammestotem herleiteten. Der Gelbe Kaiser »kämpfte mit ihnen gegen den Flammenden Kaiser auf den Gefilden von Ban-Tschuän. Nach drei Schlachten errang er den Sieg«.

Auch noch mit einem anderen Gegner mußte sich der Gelbe Kaiser messen – mit dem zaubermächtigen Tschih-You und dessen zweiundsiebzig Brüdern. Tschih-You wird als ein veritables Ungeheuer geschildert, dessen Aussehen und Eigenheiten in den verschiedenen Quellen auch unterschiedliche Merkmale annehmen. Er soll einen Kopf aus Kupfer mit einer Stirn aus Eisen gehabt haben[21]. Seine Gestalt sei zwar die eines Menschen gewesen – allerdings mit Hufen an den Füßen, mit sechs Armen und vier Augen im Kopf[22]. Als Nahrung habe er Steine und Erzklumpen verspeist. Auf dem Schlachtfeld von Dschu-Lu geriet der Gelbe Kaiser in größte Gefahr. Tschih-You zauberte nämlich einen so dichten Nebel herbei, daß die Krieger des Gelben Kaisers drei Tage lang blind umherirrten. Sie waren schon von Tschih-Yous Leuten eingekreist, als der Gelbe Kaiser durch eine Erfindung des Fürsten Wind, nämlich den vielgerühmten Kompaß-Wagen, gerettet wurde. An der Vorderseite dieses Wagens war eine erzene Figur angebracht, deren ausgestreckte Arme immer nach Süden zeigten. So gelang es dem Gelben Kaiser, aus dem Nebel herauszufinden und Tschih-You zu schlagen. Auf seinen Befehl wurde Tschih-You gefesselt und hingerichtet. Sein Blut soll in einen See in Schan-Hsi geflossen sein, dessen Wasser fortan eine rötliche Färbung annahmen und salzig schmeckten[23].
Nach einer anderen Überlieferung soll der Gelbe Kaiser vier Gesichter gehabt haben. In drei wichtigen Werken des ausgehenden zweiten Jahrtausends v.Chr. wird der Gelbe Kaiser über die Menschenwelt hinaus in die Geistersphäre enthoben. Hier nimmt er in einem nach den Himmelsrichtungen bestimmten Pantheon den Mittelpunkt ein. Der Osten, Süden, Westen und Norden haben ihre eigenen Herrscher mit ihren Ko-regenten. Als Herrscher des Südens, der über die Sommerzeit wacht, finden wir merkwürdigerweise eben jenen großen Widersacher des Gelben Kaisers – Yän-Di, den Flammenden Kaiser.
Nach dem Sieg des Gelben Kaisers über seine beiden Gegner »ehrten ihn alle Fürsten als Himmelssohn«[24]. Kaum eine andere Gestalt in der Mythenwelt Chinas scheint die Phantasie des Volkes so bewegt und angeregt zu haben wie der Gelbe Kaiser. Insbesondere in dem Kampf zwischen dem Gelben Kaiser und dem rebellischen Tschih-

You werden von beiden Seiten kosmische Kräfte zur Hilfe gerufen.
Im *Buch der Berge und Meere* wird berichtet:

Tschih-You fertigte Waffen an und zog gegen Huang-Di – den Gelben Kaiser – zu Felde. Auf Huang-Di's Befehl trat (der geflügelte Drache) Ying-Lung dem feindlichen Heer in der Wildnis von Dschi-Dschou entgegen. Ying-Lung hatte große Wassermassen für den Kampf aufgespeichert. Tschih-You rief Onkel Wind und Meister Regen zur Hilfe, die ein gewaltiges Unwetter niedergehen ließen. Da sandte Huang-Di eine Himmelsfee, genannt Ba (Dürre), herab. Der Regen hörte auf, und Tschih-You wurde getötet.

Es wäre denkbar, daß diesen Mythen ein historischer Kern zugrunde liegt, und zwar ein Ereignis, das für die gesamte Entwicklung Chinas von weittragender Bedeutung war. Von Westen her kommend waren die Hsja-Stämme, die später China ihren Namen gaben – Hua-Hsja oder Dschu-Hsja[25] – im Stromland des Gelben Flusses auf die von Überschwemmungen geplagten, westwärts rückenden Schang-Stämme gestoßen. In dem Mythos vom Kampf des Gelben Kaisers gegen Tschih-You tritt dem eher anheimelnden, den Ordnungssinn eines ackerbautreibenden Volkes verkörpernden Gelben Kaiser die unheimliche, zaubermächtige Gestalt des Tschih-You entgegen, der nicht nur ein »Haupt aus Kupfer und eine Stirn aus Erz« besaß, sondern auch ein kunstfertiger Waffenschmied gewesen zu sein scheint. Der Zusammenstoß von zwei oder mehr verschiedenen Kulturen und deren Einigung durch kriegerische Handlungen könnte den Grundstein für das spätere Reich der Hsja, der Schang und schließlich der Dschou gelegt haben.

Die Bedeutung des Gelben Kaisers wird noch dadurch weiter hervorgehoben, daß er nach dem *Buch der Berge und Meere* auch der Urvater einer Reihe von Völkern gewesen sein soll, die später in den zentralen chinesischen Kulturkreis mit einbezogen wurden wie die Di-Stämme des Nordens, die Mjau-Stämme des Südens, ja sogar die »Hunde-Krieger« – Tschüan-Rung. Somit ist der Gelbe Kaiser unbestritten die wichtigste Integrationsgestalt in der gesamten Mythenwelt Chinas.

Von den Enkeln und Urenkeln, die nach dem Tode des Gelben Kaisers den Thron bestiegen, sind zwei besonders berühmt geworden: Di-Ku, der mit der Person des Urahnen der Schang-Herrscher, Di-Dschün, zu verschmelzen scheint, und der von den Konfuzianern besonders gepriesene Urkaiser Yau.

Di-Ku hatte nach einer Überlieferung vier Gemahlinnen, die ihm ungewöhnliche Söhne gebaren. Seine Hauptfrau Dschjang-Yüan sah eines Tages, als sie durch die Felder wanderte, die Fußspur eines Riesen. Sie verspürte ein freudiges Klopfen in ihrem Herzen und bekam Lust, in die Fußspur zu treten. Kaum aber hatte sie ihren Fuß hineingesetzt, zuckte es in ihrem Leib, als ob sie schwanger wäre. Als ihre Stunde gekommen war, genas sie eines Sohnes. Doch wurde seine Geburt als unglückverheißend betrachtet. Darum setzte man den Säugling in einer engen Gasse aus. Aber die Pferde und Ochsen, die hier durchgetrieben wurden, vermieden es, auf das Kind zu treten. So wollte man es im Walde aussetzen, nur waren dort gerade zu viele Leute beisammen. Man trug es weiter zu einem zugefrorenen Kanal und ließ es auf dem Eise liegen. Da kamen Vögel herbeigeflogen und bedeckten und wärmten es mit ihrem Gefieder. Dschjang-Yüan erkannte nun, daß dem Kind Zauberkräfte innewohnten. Sie nahm es wieder zu sich und zog es auf. Da es anfangs verstoßen worden war, erhielt es den Namen Tschi – »Verstoßener«[26]. Dieser »Verstoßene« wurde der Ahnherr des Königshauses der Dschou.

Die zweite Gemahlin des Di-Ku hieß Dschjan-Di. Als sie einmal mit zwei Gefährtinnen im Freien ein Bad nahm, bemerkte sie, daß eine Schwalbe ein Ei fallen ließ. Sie schluckte es und wurde schwanger. Der Sohn, den sie gebar, wurde Hsje genannt[27]. Dieser Hsje wurde der Ahnherr des Königshauses der Schang.

Die Geburt des dritten und vierten Sohnes verlief weniger mysteriös. Ihre Namen sind Yau, der berühmte Urkaiser, über den wir noch sprechen werden, und Di-Dschih, der zwar seinem Vater auf dem Thron folgte, aber seines ausschweifenden Lebens wegen nach neun Jahren abgesetzt wurde.

Daß das Königshaus der Dschou seine Abstammung auf Tschi, den »Verstoßenen«, den Sohn der Hauptfrau Di-Ku's zurückführte, hatte wohl politische Gründe. Das Dschou-Volk stürzte das Königshaus der Schang. Als Sieger legten die Dschou-Könige sicher Wert auf Priorität – auf eine »vornehmere« Herkunft als die des Königshauses der Besiegten.

Di-Ku soll sich gleich nach seiner Geburt in wunderbarer Weise selbst bei seinem Namen genannt haben, nämlich Dschün. Die Verschmelzung der beiden Gestalten Di-Ku und Di-Dschün läßt sich auch aus der häufigen Nennung des Namens Di-Dschün in den Orakelinschriften der Schang-Dynastie entnehmen, die ihn als Urahn verehrte. Dieser Di-Dschün aber hatte zwei noch seltsamere Gattinnen, die Sonnengöttin Hsi-Ho, die ihm zehn Sonnen, und die Mondgöttin Tschang-Hsi, die ihm zehn Monde als Kinder gebar[28]. Die zehn Sonnen-Kinder des Di-Dschün und der Hsi-Ho spielen in einer anderen chinesischen Mythe, wie wir noch sehen werden, eine böse Rolle.

Seit der Errichtung des Dschou-Reichs im 11. Jahrhundert v.Chr., insbesondere aber seit Konfuzius und der Verbreitung seiner Lehren nach der Mitte des ersten Jahrtausends vor Christus wurden die Gestalten des Yau, Schun und Yü aus ihrem Mythenkreis herausgehoben und als unübertreffliche Musterbeispiele segensreichen Herrschertums, menschlicher Güte, Gerechtigkeit und Weisheit – kurzum sämtlicher Tugenden – auf ein scheinbar historisch fundiertes Postament gestellt. Die »Biographie« des Urkaisers Yau in den *Historischen Aufzeichnungen* des für seine Zeit eher kritischen Si-ma Tschjän beginnt mit den folgenden geradezu hymnischen Worten:

Kaiser Yau glich in seiner Güte dem Himmel, in seiner Weisheit den Göttern; das Volk strebte ihm zu wie der wärmenden Sonne und blickte zu ihm auf wie zu den regenspendenden Wolken …[29].

Der historisierte Yau ließ die Himmelskörper beobachten, um den Kalender zu ordnen und die Zeiten für Aussaat und Ernte festzulegen, wurde aber dann von einem schweren Unglück für sich und sein Volk heimgesucht: einer Sintflut. Widerwillig und zögernd billigte er den Vorschlag der Fürsten, einen Urenkel des Gelben Kaisers namens Gun mit dem Ableiten der Wassermassen zu beauftragen. Gun jedoch konnte den Auftrag nicht erfüllen. Er versuchte die Fluten zuzuschütten oder einzudämmen, was gegen die »Natur des Wassers« war. Dafür wurde er von Kaiser Yau – nach einer anderen Quelle von Kaiser Schun – hingerichtet. An Guns Stelle erhielt unter Kaiser Schun dessen Sohn Yü den Auftrag, und ihm gelang es auch, einen »der Natur des Wassers entsprechenden Weg« zu finden. Er öffnete den Fluten die Bahn zu den großen Strömen und leitete sie ins Meer ab. Yau überließ den Thron nicht seinem Sohn, sondern dem offenbar Tüchtigsten und Tugendsamsten im Lande – Schun, den er vorher langjährigen Prüfungen unterzogen hatte.

Yau gab ihm seine beiden Töchter als Gemahlinnen, um sein Betragen im Hause zu beobachten, und ließ seine neun Söhne ständig um ihn sein, damit sie sein Verhalten außerhalb des Hauses beobachten konnten[30].

Diese Vorsichtsmaßnahmen muten merkwürdig an, weil Schun nämlich durch sein geradezu übermenschliches familiäres Pflichtbewußtsein überall im Lande bekannt war. Sein Vater Gu-Sou – der »Blinde Alte« – hatte noch einmal geheiratet und mit Schun's Stiefmutter einen Sohn namens Hsjang gezeugt. Vater und Stiefbruder trachteten, von der Stiefmutter aufgehetzt, Schun immer wieder nach dem Leben, suchten ihn beim Reinigen eines Brunnenschachts zu verschütten und legten Feuer an einen Getreidespeicher, in dem Schun gerade arbeitete. Nur durch Vorkehrungen aller Art konnte sich Schun vor den Mordanschlägen retten. Trotzdem diente er seinem Vater mit äußerster Kindesliebe und bedachte später als Kaiser seinen heimtückischen Stiefbruder sogar mit einem Fürstentum.
Auch Schun überließ den Thron nicht seinem Sohn, sondern dem bei der Bändigung der Fluten erprobten Yü. Vom konfuzianischen Standpunkt, nach dem ein guter Sohn selbst Verbrechen seines Vaters zu verbergen hat, ist Yü's Übernahme des Amtes seines Vaters nach dessen Hinrichtung durch Yau oder Schun schwer zu verstehen. Die offiziellen Historiographen scheinen dieser Schwierigkeit dadurch aus dem Wege gegangen zu sein, daß sie durch das übermenschlich liebevolle Verhalten Schuns seinem mordlustigen Vater und Stiefbruder gegenüber Schun zum Inbegriff kindlicher Pietät und familiärer

Liebe machten. Nur einem Mann von so überragenden Tugenden konnte Yü dienen, ohne gegen das Gebot der Pietät in seinem Herzen zu verstoßen. Die Hinrichtung seines Vaters mußte in Anbetracht der ungeheuren moralischen Höhe eines Yau und vor allem eines Schun demnach gerecht gewesen sein.

Das Auseinanderklaffen der pseudo-historischen Darstellung der drei Urkaiser und der leider nur in Bruchstücken erhalten gebliebenen ursprünglichen mythischen Überlieferungen läßt gerade bei diesen drei als Illustrationen der späteren kaiserlichen Staatsdoktrin konfuzianischer Prägung wichtigen Gestalten das Ausmaß tendiziöser Verfälschung gelegentlich recht deutlich erkennen. Der Widerspruch im Verhalten des Yü erklärt sich aus der Widersprüchlichkeit des tendenziös staatspolitischen und des viel älteren mythischen Denkens. Yü's Vater Gun war der mythischen Überlieferung zufolge nicht einer technischen Fehlkonzeption bei der Eindämmung der Flut und des daraus entstandenen Schadens wegen von Yau oder Schun hingerichtet worden – was auch keineswegs als »gerecht« zu bezeichnen wäre –, sondern aus einem ganz anderen Grund und auf Befehl einer noch höheren Autorität. Im *Buch der Berge und Meere* lesen wir:

In gewaltigen Wogen schlug die Große Flut gen Himmel. Ohne auf die Billigung des Himmelsherrn zu warten, bemächtigte sich Gun der magischen (sich selbst erneuernden und vermehrenden) *Erde des Himmelsherrn. Darauf befahl der Himmelsherr dem Feuergott Dschu-Rung Gun auf dem Federberg zu erschlagen. Aus Gun's Leichnam ward Yü geboren. Diesen beauftragte nun der Himmelsherr, Erde aufzudämmen, damit die Neun Regionen feste Gestalt erhielten*[31].

Was wir hier als »Himmelsherr« übersetzen heißt im Original Di und bedeutet etwa »göttlicher Ahnherr«. Das Zeichen Di findet sich in den Orakelinschriften auch vor dem persönlichen Namen von Yin-Königen. Nach dem Tode des Herrschers lebte dieser weiter in einer höheren Sphäre und waltete dort helfend und richtend über das Schicksal seines Stammes. Di wurde auch das Opferritual für die Ahnen der Könige und Fürsten genannt. Was der Himmelsherr Di

hier so streng richtet, ist die Eigenmächtigkeit Gun's, nicht die Verwendung der magischen Erde, die »selbst wächst und daher die Fluten zuzuschütten vermag«[32]. Nach der Hinrichtung Gun's beauftragt der Himmelsherr Gun's Sohn Yü, die Arbeit fortzusetzen – offensichtlich mit demselben Mittel, der magischen Erde. Gun verstieß durch seine Handlungsweise gegen die Gebote der Stammesmoral, die zu Gehorsam gegenüber den Beschlüssen des Stammesrates und den durch Magie erfahrbaren Willensäußerungen der Ahnen verpflichtet. Sein Motiv aber war selbstlos – im Interesse der Gemeinschaft. So erklären sich die Wunder, die nach dem Tod Gun's geschehen. Sein Leichnam verwest drei Jahre lang nicht[33]. Als der Himmelsherr den Leichnam aufschneiden läßt, zeigt es sich, daß Gun gewissermaßen in Parthenogenese einen Sohn, nämlich Yü in seinem unverwesten Leib geboren und genährt hat. Gun springt, in einen gelben Bären verwandelt, in die Tiefen des Sees am Federberg. Und »der Himmelsherr befiehlt Yü, das Aufschütten der Erde zu Ende zu bringen und die Neun Regionen festzulegen«[34]. Yü werden auch noch zwei wundersame Helfer bei seinem großen Werk zugeteilt: eine Schildkröte, die auf ihrem Rücken die magische Erde hinter ihm herträgt; und der Drachen Ying-Lung, der bei der Ableitung der Flüsse vor ihm herkriecht und durch Wedeln des Schwanzes den günstigsten Verlauf beim Anlegen eines neuen Flußbettes anzeigt. Die großen Ströme, die China durchziehen, hat das chinesische Volk somit den Mühen Yü's und seiner beiden Helfer zu verdanken.
Die Bändigung der großen Flüsse Chinas war und ist noch heute eine Aufgabe, die einen ungeheuren Kraftaufwand erfordert: »Die Tatsache, daß der Gelbe Fluß nur dreimal im letzten Jahrtausend seinen Lauf wesentlich änderte, zeigt daß ein beachtliches Maß von Kontrollen über diesen schwierigen Strom erreicht wurde«[35]. Solchen Naturkatastrophen stand der urzeitliche Mensch nahezu machtlos gegenüber. Nur die »magische Erde« und das magische Wirken ungewöhnlicher Persönlichkeiten konnten die Menschen vor einer Sintflut retten. Interessant ist, daß die Sintflut augenscheinlich nicht als Strafe oder Racheakt einer göttlichen Macht, sondern als eine »natürlich« entstandene verheerende Katastrophe aufgefaßt wurde,

gegen die außer kollektiven Anstrengungen vor allem Vertrauen auf die Wirksamkeit magischer Mittel Hilfe versprach.
Auf ebenso merkwürdige Weise wie die Geburt Yü's verlief auch die seines Sohnes Tschi. Als Yü sich mühte, die Fluten abzuleiten, mußte er den Berg Huan-Yüan durchstechen, wozu er eben »Bärenkräfte benötigte«. So verwandelte er sich in einen Bären.

»Zu seiner Frau aus der Tu-Schan-Sippe sprach er: Wenn du mir Essen bringen willst, warte, bis du die Trommel schlagen hörst. Als Yü einmal über die Steine sprang, brachte er durch Zufall die Trommel zum Tönen. Seine Frau kam sogleich herbeigeeilt. Da sah sie, daß Yü ein Bär geworden war. Sie schämte sich seiner und lief davon. Am Fuß des Sung-Gipfels verwandelte sie sich in einen Felsblock. In dem Stein aber harrte Tschi seiner Geburt. Yü rief: Gib mir meinen Sohn zurück. Der Fels sprang an der Nordseite auf, und so ward Tschi geboren«[35]. Das Schriftzeichen Tschi bedeutet *»öffnen«*.

Steingeborene Söhne gibt es auch in anderen Mythenkreisen. Sie sind hart und heldenhaft, nehmen aber selten ein gutes Ende. Im hurritschen Epos von Kumarbi schläft dieser mit einem Stein. Er zeugt so eine erschreckende Gestalt, Ullikummi, den er gegen seinen Widersacher, den Gewittergott, zu Felde ziehen läßt[37]. Auch Tschi trägt die Züge eines Helden. Er reitet auf einem Drachen zum Himmel empor und bemächtigt sich himmlischer Melodien. Doch nachdem er sie zur Erde zurückgebracht und nach seiner Weise umgeformt hat, lebt er nur mehr dem Vergnügen. Das Wohl und Weh seiner Untertanen kümmert ihn nicht mehr.
Mit Tschi beginnt nach der offiziellen Geschichtsschreibung Chinas eine neue Ära. Er gilt nach seinem Vater Yü als erster Herrscher der ersten Dynastie Chinas, der Hsja-Dynastie, die etwa vom 21. bis zum 16. Jahrhundert v.Chr. geherrscht haben soll, aber immer noch zumindest halb-legendären Charakter trägt. Die Herrschaft wird von nun an vom Vater auf den Sohn oder auf den jüngeren Bruder vererbt. Ob Tschi seiner Tüchtigkeit und seines Ansehens wegen oder durch Beseitigung seiner Rivalen zur Herrschaft gelangte, ist aus den Quellen nicht eindeutig zu ersehen.

Zur Zeit des Urkaisers Yau soll es nicht nur eine Sintflut gegeben haben, sondern auch eine große Dürre. Denn zehn Sonnen standen damals am Himmel. Den Vater und die Mutter dieser zehn Sonnen kennen wir bereits: Di-Ku oder Di-Dschün, ein Urenkel des Gelben Kaisers, und seine Gemahlin Hsi-Ho. Die zehn Sonnen wohnten im Gezweig eines viele Tausend Fuß hohen Baums, genannt Fu-Sang, der inmitten des Meeres im Norden des Landes der Schwarzen Zähne, He-Tschih-Guo, steht. Anfangs leuchtete nur eine der Sonnen, nämlich nur die in der Krone des Baums Auslug haltende. Die anderen Sonnen blieben im dichten Laub der unteren Zweige verborgen. Stieg die Sonne aus der Baumkrone herab, setzte sich eine andere an ihre Stelle[38]. Nun geschah es aber, daß alle zehn Sonnen auf einmal im Wipfel des Fu-Sang-Baumes sitzen wollten. Die Hitze auf Erden wurde unerträglich. Dazu kam noch, daß auf einmal allerlei furchterregende Tiere hervorkrochen und die Menschen heimsuchten. In höchster Not sandte Di-Dschün den himmlischen Bogenschützen I herab und gab ihm auch noch einen magischen roten Bogen mit einem Köcher voller weißer Pfeile mit. So rettete I den Urkaiser Yau und sein Volk, indem er neun der zehn Sonnen herabschoß und der Reihe nach den wilden Drachen Ya-Yü, den Säbelzahn Dsau-Tschih und andere Ungeheuer tötete. Als die Sonnen, von den weißen Pfeilen Yi's getroffen, zur Erde herabfielen, regnete es Federn. Denn die Sonnen waren dreifüßige Vögel mit schwarzem Gefieder.

Der reiche Mythenkreis um die Gestalt des Bogenschützen I läßt sich nur mit großer Mühe aus weitzerstreuten und meist sehr kargen Textstellen zusammenstücken. Eine Zeitlang scheint er als Jäger unstet im Lande umhergeschweift zu sein. Während seines Wanderlebens hatte er eine romantische Begegnung mit der schönen Göttin des Lo-Flusses, Lo-Bin oder Mi-Fe genannt. Ob nun aus Eifersucht oder anderen Gründen, Mi-Fe's Gatte, der mächtige Flußgott Ho-Bo, was Graf Fluß heißt, verwandelte sich in einen Drachen und verursachte durch eine Überschwemmung den Tod vieler Menschen. Als I das sah, richtete er einen Pfeil auf ihn und blendete Graf Fluß auf dem linken Auge[39]. Graf Fluß beklagte sich darüber beim Himmelsherrn und verlangte, daß I getötet werde. Der Himmelsherr aber erwiderte:

Ich habe dich geheißen, ungeschmälert deine Zauberkräfte zu wahren. Womit soll sich I gegen dich versündigt haben? Du hast dich in ein tierisches Wesen verwandelt, so ist es nur recht und billig, daß man auf dich schießt. Welches Vergehen willst du da I anlasten![40]

Danach machte sich I auf die Suche nach dem Elixier des Ewigen Lebens für sich und seine Gemahlin Heng-E oder Tschang-E. Auf seinem Weg zum Kun-Lun-Gebirge im fernen Westen, wo die Königliche Mutter des Westen residierte, bestand er gefährliche Abenteuer. Er mußte den Ruo-Fluß überqueren, in dessen Wasser alles, selbst eine Flaumfeder, versinkt. Der Palast der Königlichen Mutter des Westens war von Ungeheuern behütet und umgeben von flammenden Bergen, die an die Waberlohe germanischer Sagen erinnern[41]. Dennoch gelang es ihm, das Elixier der Unsterblichkeit von der Königlichen Mutter des Westens zu erhalten. Seine Gemahlin aber entwendete es ihm nach seiner Rückkehr, und da sie die ganze für beide bestimmte Dosis verschluckte, flog sie mit einemmal empor und schwebte immer höher hinauf, bis sie den Mond erreichte. Dort lebt sie nun in großer Einsamkeit und Ödnis[42]. Denn außer ihr gibt es im Monde nur noch ein menschliches Wesen, Wu Gang, der einer Verfehlung wegen nicht ins Geisterreich eingehen konnte und dazu verdammt wurde, für alle Ewigkeit den Riesenzimtbaum im Mond zu fällen. Dieser jedoch trotzt jedem Axtschlag. Die Kerbe wächst sofort wieder zusammen. Wu Gang ist somit eine Art chinesischer Sisyphus[43].
I, der auf der Erde zurückbleiben mußte, fand einen Schüler namens Feng-Meng, dem er die Kunst des Bogenschießens beibrachte. Allmählich erlangte Feng-Meng eine solche Fertigkeit in dieser Kunst, daß er kaum noch hinter seinem Meister zurückstand. »Da dachte Feng-Meng im stillen, daß es überall unter dem Himmel nur noch I gab, der ihn übertraf.«[44] So bereitete er heimlich einen Mordanschlag auf I vor. Als I eines Tages von der Jagd zurückkehrte, wurde er von seinen Knechten, die Feng-Meng dazu angestiftet hatte, erschlagen und in siedendem Wasser gekocht[45].
Der hier mühsam zusammengestoppelte Stoff hätte leicht ein großartiges Epos ergeben können; leider aber blieb nichts davon erhalten

als gelegentliche und meist auch inkohärente Aufzeichnungen dieser oder jener Episode in den verschiedensten Werken, manchmal sogar nur in Kommentaren oder Fußnoten.

Im 19. Jahrhundert, dem Jahrhundert der schnell voranschreitenden Technisierung der menschlichen Existenzbedingungen schrieb N.G. Tschernyschewski den folgenden inhaltsschweren Satz: »Sobald auch nur eine einigermaßen zufriedenstellende Wirklichkeit vorhanden ist, sind der Phantasie die Flügel gebunden. Die Phantasie beherrscht uns überhaupt nur dann, wenn wir in der Wirklichkeit zu armselig sind«[46]. Erklärt das vielleicht den Mangel an einem wahrhaften, einem echten »Mythos des 20. Jahrhunderts«?

In den Mythen überschneiden sich Wirklichkeit und Wunsch, Beobachtung und Vorstellung. Ein aus dem Ei geborenes »Fittichvolk, dem gefiederte Schwingen wachsen«[47] ist nach heutigen Begriffen eine Ausgeburt kindlicher Phantasie. Aber das Ausschlüpfen des Vogels aus dem Ei, Flügelschlag und Vogelflug wurden durch Beobachtung aus der Wirklichkeit ausgesondert und in der wunschgetragenen Vorstellung eines geflügelten – eines fliegenden Menschen synthetisch überhöht. Und der Wunsch des von undurchdringlichen Wäldern umgebenen, von reißenden Flüssen behinderten Menschen, sich frei wie die Vögel über alle Hindernisse und Begrenzungen hinwegzusetzen, ist nicht nur verständlich, sondern erwies sich entwicklungsgeschichtlich auch als Ansporn, ja als gesellschaftliche Notwendigkeit. Das kausale und dialektische Verhältnis zwischen Wunschvorstellung und Wirkung, zwischen Möglichkeit und Wirklichkeit bot das Spannungsfeld, das der späteren Entwicklung der Technik ungeahnte Perspektiven eröffnete. So mancher Wunschtraum wurde Realität; sein erster Ausdruck – der Mythos glitt hinab ins Reich des Irrealen.

Und dennoch entstehen immer wieder neue »Mythen« – magisch-mythische Gestalten und Vorstellungen. Nur erkennen wir sie meist nicht als solche, da sie unbewußt aus verkümmernden oder verdrängten Bereichen auftauchen oder, bewußt manipuliert, von bestimmten Interessengruppen erzeugt oder aufgefrischt, ausgeformt, neu verbrämt und mit modernsten Mitteln ins Leben eingeschleust werden.

103

4
Geschichte als Modell
Die erste Dynastie Chinas

Von der ersten Dynastie Chinas, der Hsja-Dynastie (etwa 21.-16. Jahrhundert v.Chr.), die in schriftlichen Quellen viel späterer Zeiten in offenbar ähnlich empfundener Zeitnähe beschrieben wird wie das biblische Geschehen nach dem mittelalterlichen Zeitempfinden in Europa, hat uns die Archäologie bisher keine eindeutigen Zeugnisse ihrer Existenz geliefert. Trotzdem sind zumindest einige Gestalten und Begebnisse jener in geheimnisvolle Urzeitlichkeit gehüllten Dynastie tief in das Fühlen und Denken des chinesischen Volkes eingedrungen – und darin geblieben bis in die jüngste Vergangenheit. Die ehrfurchtgebietende und zugleich rührende Gestalt des Gründers der Dynastie, des Großen Yü, blieb ebenso ein leuchtendes Beispiel des idealen Herrschers wie der letzte König der Dynastie, Dschje, als Ausbund der Verworfenheit und Antipode seines Urahnen allen künftigen Geschlechtern als abschreckendes negatives Exempel entgegengehalten wurde.

Nach einem archäologischen Bericht aus dem Jahr 1965[1] wurden in der Nähe der Stadt Dscheng-Dschou in der Provinz Ho-Nan unmittelbar unterhalb einer der Schang-Dynastie zugerechneten Kulturschicht irdene Dreifüße und Gefäße mit schnurkeramischen Mustern sowie Sicheln und Spaten aus Stein gefunden, ja sogar kleinere Werkzeuge aus Bronze. Nach anfänglichen Vermutungen, man sei hier auf eine stadtähnliche Siedlung der Hsja-Zeit gestoßen, erwies es sich jedoch, daß alle Indizien eher auf eine Ansiedlung aus der frühen Schang-Zeit, etwa 18. Jahrhundert v.Chr., hindeuten. 1976 stieß man bei Grabungen im Kreis Hsja der Provinz Schan-Hsi – das

Schriftzeichen für die Ortsbezeichnung Hsja ist das gleiche wie für den Namen der Dynastie! – auf eine uralte befestigte Anlage, in der keramische Funde und auch einige Werkzeuge aus Bronze geborgen werden konnten. Nach dem Radium-Karbon-Test müßten diese Gegenstände ein Alter von etwa 4000 Jahren haben, was etwa der Hsja-Zeit entspräche. Aber auch in diesem Fall berechtigte nur die ungefähre zeitliche Übereinstimmung zu der Annahme, es könnte sich um Relikte der Hsja-Zeit handeln.

Nichtsdestoweniger wissen wir so viel – oder vermeinen wir zumindest so viel über die Geschichte dieser Dynastie zu wissen, daß sie uns nicht ferner zu sein scheint als so mancher eindeutig als historisch verifizierbare Abschnitt viel jüngerer Epochen der chinesischen Geschichte. Ob es sich dabei um glaubwürdige oder eher in mythischen Bereichen anzusiedelnde Überlieferungen handelt, ist insofern von sekundärer Bedeutung, als die Geschichte oder Geschichten der Hsja-Dynastie als lebender Bestandteil der Literatur und des Volksbewußtseins eine bleibende Heimstatt in China gefunden haben, die erst seit der extrem traditionsfeindlichen Bilderstürmerei von 1966 bis zu Mau Dse-dungs Tod im Jahr 1976 und infolge der hastigen Industrialisierung ihren Nährboden zu verlieren beginnt. Aber wachsende Beziehungsarmut im Verhältnis zur eigenen Geschichte und Tradition ist nicht nur auf China beschränkt, sondern vielmehr eine offenbar unausweichliche Folge des drängenden und verdrängenden Einstroms neuer Wissens- und Existenzerfordernisse. Immerhin: der Große Yü und der Bösewicht Dschje sind bis heute zumindest jedem einigermaßen Gebildeten, jedem Leser oder Hörer alter Romane und Geschichten in China wohlbekannte Gestalten.

Über die von den Konfuzianern und vermutlich bereits vor ihnen in der Volkstradition idealisierte Persönlichkeit des Großen Yü, der das chinesische Volk von einer Sintflut errettet haben soll, gibt es, wie wir noch sehen werden, auch eine weitaus weniger schmeichelhafte Überlieferung.

Der Große Yü war der dritte in der Reihenfolge der großen Urherrscher Chinas: Yau, Schun, Yü. Yau soll die Herrschaft nicht seinem Sohn, sondern dem nach allgemeiner Meinung Tüchtigsten, nämlich Schun, überlassen haben, ebenso wie sie dann Schun dem Retter vor

一之九

夏禹長於地理脈泉知陰隨時設防退爲肉刑

朱竹垞云禹冠即禮所謂毋追是也

禹冠銳上衣如常服執鍤罟蓋隨葢之具題云夏禹長於地理脈泉知陰隨時設防退爲肉刑

der Sintflut, Yü überließ. Diese freiwillige Übergabe der Herrschaft, die als Indiz für die einst freie Wahl des Stammesführers interpetiert wurde, nahm mit Yü ein Ende. Die Herrschaft fiel entweder aufgrund des gewaltigen Prestiges seines Vaters und seiner eigenen Fähigkeiten dem Sohn Yü's, Tschi zu, oder es gab andere Gründe für den Übergang zu einer erblichen Thronfolgeordnung. Nach der konfuzianischen und damit der offiziellen und allgemein anerkannten Version soll auch Yü die Herrschaft dem Tüchtigsten, dem Berater des Throns in Fragen der Ethik und Rechtssprechung, Gau-Yau, übertragen haben, nur sei eben jener Gau-Yau schon vor Yü's Hinscheiden verstorben. Danach übertrug Yü die Herrschaft einem anderen tüchtigen Mann, dem Grafen I, der als Erfinder des Brunnengrabens in China gilt. In Si-ma Tschjän's *Historischen Aufzeichnungen* wird der Übergang von der Übertragung der Macht an den Tüchtigsten zur erblichen Thronfolge so geschildert:

Der Herrscher Yü unternahm eine Inspektionsreise nach Osten, die ihn nach Kuai-Dschi führte. Dort ereilte ihn der Tod. Das Reich wurde I übergeben. Nachdem die drei Jahre der Trauer um den verblichenen Herrscher vergangen waren, überließ I das Reich dem Sohn Yü's, Tschi, und zog sich an den Südhang des Berges Dschi zurück. Yü's Sohn Tschi galt als ein tüchtiger Mann und war daher überall im Reich beliebt. Obgleich nach Yü's Ableben das Reich I übertragen worden war, so war doch die Zeitspanne, da I Yü in der Regierung zur Seite stand, nur kurz, und im Reiche herrschte noch nicht Eintracht. Darum wandten sich die Fürsten von I ab und huldigten Tschi. Er ist der Sohn unseres Herrschers Yü, sagten sie. So bestieg Tschi den Thron des Himmelssohns und wurde als Fürst der Hsja Herrscher Tschi (der Hsia-Dynastie)[2].

Soweit die offizielle und allgemein akzeptierte Darstellung des Übergangs von der glorreichen Periode der Drei Urherrscher, Yau, Schun und Yü, die das Wohl des Volkes höher achteten als familiäre Interessen, zur »Familiarisierung« der Erbfolge in den kommenden Dynastien. Daß diese nostalgische Rückschau aus einer Zeit stammt, als das patriarchalische System bereits eher Familienzwist als Verlust

der Macht bei den herrschenden Familien in Kauf nahm, ist mit ziemlicher Sicherheit anzunehmen.
Aber nun zu einer völlig anderen Darstellung. In den *Stratagemen der Kämpfenden Staaten* lesen wir:

Yü übertrug die Herrschaft I ... Doch Tschi griff mit seinen Gefolgsleuten I an und riß das Reich an sich[3].

Im Buch *Han Fe-dse* verlieren die gesamte glorreiche Periode der Drei Urherrscher wie auch die idealisierten Gründer der nachfolgenden Dynastien sehr an Glanz. Han Fe-dse schreibt:

Schun bezwang Yau, Yü bezwang Schun, Tang (der erste Herrscher der Schang-Dynastie) beseitigte Dschje und König Wu von Dschou zog gegen (den letzten Schang-König) Dschou zu Felde. Diese vier Könige ermordeten als Vasallen ihre Monarchen und dafür werden sie noch überall unter dem Himmel gerühmt[4].

Han Fe-dse (etwa 280-233 v.Chr.) war der wohl bedeutendste Vertreter der Schule der Legalisten und als solcher ein geschworener Feind der konfuzianischen Geschichtsinterpretation, da er das Prinzip der »Güte« als Regierungs- und Lebensgrundlage der Konfuzianer nicht gelten ließ und ein strengstens nach dem »Gesetz«, nämlich nach einem System von Belohnungen und Bestrafungen, wirkendes Herrschaftssystem als Rettung aus der Zerrissenheit seines Zeitalters empfahl. Demnach konnte er die Idealisierung einer nicht mehr überprüfbaren Vorzeit als seinem Konzept zuwiderlaufend nicht billigen. War diese negative Einschätzung Yü's und der anderen Idealgestalten der Urzeit nur das Resultat eines ideologischen Vorurteils?
Es ist erstaunlich, wie widersprüchlich die Großen der Vorzeit in den Augen der Nachfahren erscheinen können. Und doch ist eine solche Widersprüchlichkeit nicht nur auf ferne Zeitalter beschränkt. Wurde nicht der zu seinen Lebzeiten oft verspottete Konfuzius, der seit der Han-Zeit für mehr als zwei Jahrtausende absolute Inbegriff höchster Weisheit und Moral, nach dem Fall der Mandschu-Dynastie

1911 von den jungen Intellektuellen verdammt, hernach wieder in allen Ehren von Dschjang Dschje-schih's Guo-min-Dang in das chinesische Pantheon rückversetzt, von den Kommunisten nach der Machtübernahme zunächst geduldet, sodann abermals verdammt und als Erzfeind allen Fortschritts gebrandmarkt, um nach Mau Dse-dongs Tod nun wieder eine schüchtern zugestandene Ehrenposition als weltweit bekannter Repräsentant der chinesischen Kultur einzunehmen! 1988 wurde sogar eine große Konferenz zu Ehren des Meisters Konfuzius in Be-Dsching und dem Geburtsort des Meisters, Tschü-Fu, veranstaltet. Selbst in unserer unmittelbaren Umwelt mangelt es nicht an seltsamen Erscheinungen der Verdammung, Neueinschätzung, Rehabilitierung und abermaligen Desavouierung dieser oder jener prominenten Persönlichkeit. Daß sowohl in alten Zeiten wie auch in der Gegenwart ein bestimmtes Maß an Opportunismus und Vorurteilsbesessenheit solche Pendelschwingungen in der Beurteilung von Menschen und Geschehnissen bedingt, ist eine leider nicht gerne eingestandene Binsenwahrheit.

Kehren wir zurück zum Ahnherrn der Hsja-Dynastie, dem Großen Yü, wie er nachmals genannt wurde. In den *Historischen Aufzeichnungen*, die um das Jahr 100 v.Chr. verfaßt wurden, malt der Hofhistoriograph Si-ma Tschjän ein rührendes Bild vom aufopferungsvollen Wirken Yü's bei der Bewältigung der Überschwemmungskatastrophe jener Zeit:

Yü schmerzte es, daß es seinem Vater Gun nicht gelungen war, der Fluten Herr zu werden, und daß er dafür mit dem Tode bestraft wurde. So gönnte er seinem Leib keine Ruhe und strengte seinen Geist bis zum Äußersten an. Dreizehn Jahre verbrachte er draußen bei der Arbeit, und selbst wenn er an seinem Heim vorbei kam, so wagte er nicht einzutreten. Er trug ärmliche Kleidung und zeigte tiefe Ehrfurcht bei den Opfern für die Dämonen und Geister. Sein Wohnstatt war armselig, doch spendete er viel für Bewässerungsgräben ... Er trug dem I auf, die Bauern mit Reissamen zu versorgen, um die feuchten Niederungen damit zu bepflanzen. Fehlte es an schwer erlangbaren Getreidesorten, befahl er dem Hou-Dschi, diese unter das Volk zu verteilen. Wo es an Nahrung mangelte, wurde von

Orten, wo es Überschuß gab, Getreide herbeigeschafft, um einen Ausgleich unter den Fürstentümern zu erwirken. Yü führte Tributleistungen entsprechend der Qualität des Bodens ein und berücksichtigte ebenso die Gegebenheiten der Berg- und Flußgebiete[5].

Der hier geschilderte Yü war in den Augen der Konfuzianer der wahrlich ideale Herrscher. In den Augen der Legalisten hingegen ein für die straffe Organisation eines Landes und für eine effektive Kriegsführung unbrauchbarer Schwärmer. Soweit auseinander können Betrachtungsweisen verschiedener Schulmeinungen geraten, was für eine objektive Geschichtsschreibung oder auch nur Geschichtsauffassung höchst unzuträglich ist!

In dem Abschnitt über die Geschichte der Hsja-Dynastie in den »Historischen Aufzeichnungen« räumt Si-ma Tschjän der Person und dem Wirken des Großen Yü etwa drei Viertel des gesamten Textes ein. Die übrigen sechzehn Herrscher kommen offensichtlich zu kurz, obgleich in anderen Werken, auf die wir uns im folgenden stützen werden und die zum Teil vermutlich auch Si-ma Tschjän zur Verfügung standen, so manche interessante Begebenheiten erhalten geblieben sind. Si-ma Tschjän verwendete in seinem Text vor allem Material aus dem *Buch der Urkunden*, so aus dem Kapitel »Tributbestimmungen des Yü«. Neben Fragen von ethischer und politischer Bedeutung widmet er seine Aufmerksamkeit vornehmlich der Yü zugeschriebenen Einrichtung von neun großen Verwaltungsgebieten des Reichs und der diesen zugemessenen Tributleistungen. Wenn man diesen Angaben glauben dürfte, so wäre das Territorium des chinesischen Reichs vor viertausend Jahren kaum viel kleiner gewesen, als es zur Zeit der Han-Dynastie (206 v.Chr. – 220 n.Chr.) war. Was könnte der Grund für eine solche offenkundig unhistorische Einschätzung gewesen sein? Auch hier finden wir Parallelen bis in unsere Zeiten.

Möglichst weitgesteckte, historisch vor- oder sogar nachweisbare Gebietsangaben sind ein nützliches Mittel der Selbstbehauptung bei gegenwärtigen oder künftigen Gebietsansprüchen beziehungsweise sehr geeignet zur Rechtfertigung bei der Inbesitznahme oder Verteidigung umstrittenen Territoriums. In extremen Fällen wurden auch schon Münz- oder andere Funde des eigenen Landes auf strittigem Gebiet als historische Rechtfertigung gebraucht. Um wieviel glaubhafter müssen dann Ansprüche gewertet werden, die sich auf ein sehr hohes Alter gründen. Große Teile der Weltbevölkerung bestehen aus Ausgewanderten oder Vertriebenen, die, wenn die Stunde herangereift ist, meist auch nicht zögern, Ansprüche zu stellen. Das Aufflammen chauvinistischer oder separatistischer Bestrebungen in den letzten Jahren hat nicht nur emotionale, politische und wirtschaftliche Gründe. Dahinter steckt auch ein Gutteil »Geschichtsbewußtsein«, ein immer irgendwie dokumentierbares Gefüge aus nationalen, kulturellen und territorialen Eigenheitsansprüchen, die sich historisch begründen lassen. Dem mächtigen Großreich dient die Historizität seiner territorialen Existenz zur Integration und Stabilisierung seines Reichsgebietes. Im Stadium seiner Schwächung aber dient die Historizität des mählichen Wachstums eines Großstaates durch Gebietserwerbungen wiederum den separatistischen Bestrebungen der von ihm einst absorbierten Teilgebiete.

Die Ausdehnung des Reichs, nach dem Kapitel »Tributbestimmungen des Yü« wiedergegeben in Si-ma Tschjän's *Historischen Aufzeichnungen*, spiegelt die »idealen« Dimensionen des Dschou-Reichs zur Zeit der Kämpfenden Staaten (475-221 v.Chr.) wider. Alles, was damals geographisch erfaßbar war, wurde mit einbezogen; politisch und militärisch bestanden die einzelnen Gebiete jedoch meist unabhängig für sich. Tribute wurden den Dschou-Königen kaum mehr geleistet. Zur Han-Zeit erstreckte sich die politische Macht der Zentralregierung über nahezu alle in den »Tributbestimmungen Yü's« angeführten Gebiete, einschließlich der als Seidenstraße bekannten Verbindungswege nach Zentral- und Vorderasien. Zu Si-ma Tschjän's Zeiten konnte der chinesische Kaiser, Kaiser Wu der Han-Dynastie (140-86 v.Chr.), tatsächlich die einstmals angeblich von Yü verfügten Tribute – und auch noch in viel reichlicherem Maß – für sich beanspruchen. Der Chronist oder Historiograph bürgte, gestützt auf ältere Überlieferungen, für des Reichs historisch begründetes Recht.

In der Hierarchie der Urherrscher Chinas steht zwar Huang-Di, der Gelbe Kaiser, als Urahn des chinesischen Volkes – besser: der chinesischen Kultur – an erster Stelle. Aber die ersten drei Dynastien Chinas, die Hsja-, die Schang- und die Dschou-Dynastie, verehrten als Urahnen des Königsgeschlechts nicht so fern entrückte Gestalten wie den Gelben Kaiser und seine Getreuen, sondern Heroen aus dem Umkreis der Herrscher Yau, Shun und Yü. Im ausgehenden ersten Jahrtausend vor unserer Zeitrechnung wurde der Gelbe Kaiser eher als eine Kultfigur denn als historische Gestalt aufgefaßt. Der Herzog Ling von Tschin (Qin; 423-414 v.Chr.) errichtete ihm und dem Flammenden Kaiser einen Altar, und schon in der späten Dschou-Zeit rückte der Gelbe Kaiser in den Mittelpunkt des Kults der Fünf Kaiser, nämlich der Kaiser der Vier Himmelsrichtungen als ihr zentrales Kraftfeld, als Zentrum des Universums, des Reichs der Mitte, als Verkörperung der Gelben Erde[6]. Seine zentrale Funktion im Universum entrückte ihn schon früh in himmlische Höhen. Donner und Blitz stehen in seiner Macht[7]. Schließlich wird er gänzlich in den Himmel enthoben. Si-ma Tschjän schreibt:

Huang-Di (der Gelbe Kaiser) schürfte Kupfer am Berg Schou und goß Dreifüße (wahrscheinlich drei, wie aus einer anderen Stelle hervorgeht: je einen für Himmel, Erde und die Menschenwelt) daraus am Fuße des Dsching-Bergs. Als er die Dreifüße fertiggestellt hatte, erschien ein Drache mit herabhängendem Bart, um den Gelben Kaiser zu holen. Der Gelbe Kaiser setzte sich rittlings auf den Drachen. In seinem Gefolge befanden sich seine Minister und die Damen des Harems, insgesamt über siebzig Personen. Als der Drache aufflog, klammerten sich die Gefolgsleute, die ihn nicht hatten besteigen können, an seine Barthaare. Die Haare rissen und fielen herab, und ebenso jene, die sich daran geklammert hatten. Auch der Bogen des Gelben Kaisers fiel zur Erde. Das Volk, das den Gelben Kaiser in den Himmel entschwinden sah, hob den Bogen auf und sammelte die Barthaare des Drachens. Die Nachwelt gab jenem Ort den Namen ›Drachensee‹, der Bogen wurde Wu-Hau genannt.

Der »Himmelssohn« war so entzückt von dieser Geschichte, daß er mit einem Seufzer sagte:

Wenn es mir wahrlich ergehen könnte wie dem Gelben Kaiser, so würde ich den Verlust meiner Frauen und Kinder wie den eines abgetragenen Stiefels betrachten. Der Kaiser verlieh dem Erzähler der Geschichte einen hohen Rang am Hof[8].

Der Gelbe Kaiser war also bereits fern entrückt und mit dem Himmelsherrn, einer verschwommenen Urahnengestalt, verwoben worden. Die Drei Urherrscher, Yau, Schun und Yü hingegen behielten oder erwarben neben ihrer numinosen eine historische Bedeutung und konnten theoretisch dadurch im Gegensatz zu unsterblich erklärten und ins Jenseits entrückten Gestalten wie dem Gelben Kaiser als Musterbeispiele vortrefflichen Herrschertums den Mächtigen jedes Zeitalters vor Augen gehalten werden. Dem Gelben Kaiser konnte man nur Opfer darbringen und ihn um Schutz anflehen. Als Kaiser Wu der Han-Dynastie einmal am Grabe des Gelben Kaisers opferte, überraschte er, von plötzlichen Zweifeln befallen, seine weisen Ratgeber. »Ich habe gehört, daß der Gelbe Kaiser nicht gestorben sei«, sagte er. »Wie kommt es dann, daß er nun ein Grab hat?« Die Höflinge wußten freilich sofort eine passende Antwort:

Der Gelbe Kaiser ist längst schon als Unsterblicher zum Himmel emporgestiegen. Seine Minister haben hier nur sein Gewand und seinen Hut bestattet[9].

Viel näher den Menschen schienen die Drei Urherrscher Yau, Schun und Yü gewesen zu sein. Auch sie trugen zwar numinosen Charakter, waren aber dennoch der Erde verhaftet geblieben. Ihre Gräber bargen mehr als nur ein leeres Gewand und einen Hut. Ihre Taten und ihr Verhalten in verschiedenen Situationen und verschiedenen Menschen gegenüber blieben beispielhaft und nachahmenswürdig. Interessanterweise aber bestanden offensichtlich in der »Mustergültigkeit« dieser Drei Urherrscher gewisse Unterschiede im Verhältnis zur sozialen Position des sie als Muster Betrachtenden. Immer wieder erklärten beamtete Literaten oder Literaten, die Beamte werden wollten, im feudalen China, daß sie keine größere Ambition hätten, als ihren Herrn und Kaiser zu einem neuen Yau oder Schun zu machen. Hingegen wurde kaum je die Absicht geäußert, einem Kaiser zuzumuten, daß er ein neuer Yü werden möge. Und doch genoß Yü im Volk, bei den Konfuzianern, aber auch bei den Vertretern anderer Schulen, so vor allem den Mohisten, ein sehr hohes, vielleicht sogar das höchste Ansehen unter den Drei Urkaisern. Vergleichen wir die feinen Unterschiede in den Lobpreisungen für Yau und Yü in den *Gesprächen des Meisters Kung*, d.h. die persönlichen Aussagen des Konfuzius zu diesen beiden Gestalten:

Der Meister sprach: Wie groß war doch Yau als Herrscher! Von welch erhabener Würde war er! Wahrlich groß ist nur der Himmel, und nur Yau konnte seinem Beispiel gleichen. Unfaßbar war seine Größe, keinen Namen fand das Volk, ihn zu benennen. Von welch erhabener Würde war er in allem, was er vollbrachte! Wie glanzvoll waren die Normen, die er dem Volk gab!

Yau trägt durchaus all jene Züge, die ein »Himmelssohn« gerne für sich beanspruchen würde. Welche Majestät könnte Einwände dagegen erheben, mit Yau verglichen zu werden oder sich mit Hilfe dienstbeflissener Beamter zu solchen Höhen erheben zu lassen!

Das Bild, das Konfuzius von den Verdiensten Yü's entwirft, zeigt deutliche Unterschiede:

Der Meister sprach: An dem weisen Herrscher Yü kann ich nichts auszusetzen finden. Für sich selbst achtete er nicht auf Trank und Speise, den Geistern aber brachte er ehrfürchtig Trank- und Speiseopfer dar. Er selbst verabscheute gute Kleidung; Schürze und Kappe der Zeremonialgewänder aber ließ er prächtig ausstatten. Um seine eigene Behausung kümmerte er sich nicht, für den Bau von Bewässerungsgräben und Kanälen aber setzte er all seine Kräfte ein. Wahrlich an Yü wüßte ich nichts auszusetzen.[10]

Ein Herrscher, der in Armut und Bescheidenheit nur dem Wohl des Volkes dient, mag zwar höchste Verehrung genießen, aber ihn als »Musterbeispiel« einem absoluten Monarchen entgegenzuhalten, wäre ein gewagtes Unternehmen gewesen. Die Gestalt des Yü eignete sich wohl als Leitbild für einen aufopferungsvollen Beamten, kaum aber für einen »Himmelssohn«.

Die Gestalt des Yü trägt nach der herkömmlichen Überlieferung tragische Züge. Er, der in selbstloser Hingabe, in Armut und

Bescheidenheit wirkende Asket auf dem Thron wird, so berichten die alten Quellen, gleichsam gegen seinen Willen zum Stammvater einer neuen, zu Eigeninteressen, zur Selbstsucht überleitenden Herrschaftsform, in der nicht mehr die freie Wahl des Tüchtigsten im Stamm oder Stammesbund, sondern die familiäre Beziehung von Vater und Sohn, also ein erbliches Verhältnis die Macht und damit das Reich dem Willen und Wollen der Gemeinschaft entzieht. Mit Yü's Sohn Tschi beginnt ein Kapitel in der Geschichte Chinas, das als »Dschja Tjän-Hsja« – Alles unter dem Himmel zur (eigenen) Familie machen – d.h. das ganze Reich als Besitz der eigenen Familie zu betrachten – bezeichnet wird. In der Geschichtsauffassung der chinesischen Gelehrten war das ein Schritt zum »Niedergang«, was allerdings im zyklischen Weltbild des chinesischen Altertums eine Rückkehr zu jenem idealen oder idealisierten Urzustand der Freiheit und Gleichheit aller, der freien Wahl des Herrschers durch die Gesamtheit der Stammesfreien, der freiwilligen Hingabe für das allgemeine Wohl, des gemeinsamen Kampfes gegen die Naturgewalten und gegen Fremdvölker, nicht aber für Eigeninteressen innerhalb der Gemeinschaft – mit einem Wort zu jenem Zustand der im *Buch der Riten* als Zeit der »Großen Gemeinsamkeit«[11] geschildert wird, einschließt.

Das geschichtliche Modell, das in der Überlieferung von den Drei Urherrschern die große inspirative Kraft für alle Philosophen Chinas blieb, lebte durch die Jahrhunderte, die Jahrtausende fort und fand als quasi archetypisches Erbgut aus uralten Zeiten, immer wieder genährt durch die Widrigkeit der Zeitumstände und eben dadurch dynamisch lebendig erhalten, zuletzt Ausdruck in den gewaltigen Bauernbewegungen der Taiping in der Mitte des vorigen Jahrhunderts und der kommunistischen Revolution unter Mau Dse-dung.

Abgesehen von den ausführlichen Aussagen Si-ma Tschjän's über Yü's Leben und Taten im Kapitel über die Hsja-Dynastie in den »Historischen Aufzeichnungen« finden wir darin sonst nur dürftige Angaben hinsichtlich der restlichen sechzehn Könige dieser ersten Dynastie Chinas. Andererseits aber können wir uns aus dem *Buch der Urkunden*, *Dso's Kommentar zu den Frühling- und Herbst-Annalen*, der *Genealogie der alten Herrscher*, den *Bambusannalen*, und anderen alten Quellen[12] ein unerwartet lebhaftes Bild jener so fernen Zeit machen – ein Bild, das viele dramatische Episoden enthält und, zusammengestückt zu einem Ganzen, eine nicht uninteressante Lektüre ergibt. Darüber hinaus bietet bereits dieser Abschnitt der chinesischen Geschichte, so vage er auch dem strengen Wissenschaftler erscheinen mag, Stoff für jenes Phänomen, das wir als »Geschichte als Modell« – vorstellen wollen. Wesentlich bereichert wird dieses Bild noch durch die Geschichte der nächsten, der Schang-Dynastie, die uns nicht nur aus schriftlichen Quellen, sondern auch durch zahlreiche Bodenfunde bekannt ist. Natürlich wäre es unsinnig zu behaupten, alles wäre schon einmal da gewesen, es gäbe nichts, das die Welt noch nicht gesehen hätte. Und dennoch zeigt das Studium der Geschichte immer wieder, daß gewisse Verhaltensmuster, trotz aller zeitlichen und kulturellen Unterschiede und allen Fortschritts, dem menschlichen Wesen immanent sind und sich geschichtlich sowohl zurück- wie auch weiter-, ja vor-verfolgen lassen. Eben darum ist das Studium der Geschichte so bedeutsam, ja lebensnotwendig, selbst wenn es sich auf sehr ferne, sehr weit zurückliegende Epochen erstreckt – oder vielleicht gerade deshalb? Daß Geschichte nicht als etwas gleichsam Abgetanes, sondern als ein uns selbst dann noch Nahestehendes aufgefaßt werden sollte, auch wenn die Ereignisse und Persönlichkeiten zeitlich sehr fern zurückliegen, drückt Jacob Burckhardt prägnant in dem folgenden Satz aus: »Die Geschichtsphilosophen betrachten das *Vergangene* als Gegensatz und Vorstufe zu uns als Entwickelten; – wir betrachten das *sich Wiederholende, Konstante, Typische* als ein in uns Anklingendes und Verständliches[13].«

Als Tschi angeblich auf Wunsch der Stammesfreien und Großen, die in ihm den Sohn und Erben ihres geliebten Herrschers Yü sahen, seinem Vater als Herrscher über das Reich – wie groß oder klein es auch immer damals gewesen sein mag – folgte, soll er alsbald auf den Widerstand eines Verwandten, des Fürsten Yo-Hu, gestoßen sein. Die Übergabe der Herrschaft an einen nicht frei Gewählten erschien Yo-Hu als ein Verstoß gegen die Stammesordnung, der nicht zugelassen werden konnte. Hier prallten zwei verschiedene Rechtsnormen oder Auffassungen aufeinander: Das unbedingte Festhalten an der gewohnheitsmäßigen Wahl des Stammesführers durch allgemeinen Konsens der Stammesfreien und die Übertragung der Macht auf erblicher Grundlage an eine bestimmte Familie, deren Herrschaftsberechtigung sich von besonderen Verdiensten um das Gemeinwohl herleitete. Die Konfrontation von Yü's Sohn mit diesem Verteidiger der althergebrachten Rechtsnormen des Stammes oder Stammesbundes deutet offenbar in symbolhaft personifizierter Verkürzung einen langen historischen Prozeß an, der sich sicher weniger infolge der besonderen »Beliebtheit« einer bestimmten Person als vielmehr aufgrund der wachsenden Konzentration von Beutegut und anderem Besitz in der Hand bestimmter, eben dadurch an Macht und Einfluß gewinnender Sippen oder Familien vollzog. Im *Buch der Urkunden* ist eine Rede enthalten, die König Tschi vor der Entscheidungsschlacht von Gan mit seinem Opponenten Yo-Hu an seine Gefolgschaft gehalten haben soll. Zweifellos ist diese Rede, »Schwur von Gan« genannt – Gan war der Name des Ortes, wo die Schlacht stattgefunden haben soll –, eine Interpolation späterer Zeiten. Aber selbst wenn dieser Text vermutlich erst Jahrhunderte oder ein Jahrtausend später verfaßt wurde, so ist er immerhin alt genug, um unser Interesse zu erwecken.

Vor der Schlacht von Gan rief (König Tschi) *die Anführer der Sechs Gaue zusammen. Der König sprach: Ach, ihr Männer, die ihr in den sechs Gauen tätig seid, ich verkünde euch mit diesem Schwur: Der Fürst Yo-Hu hat dem Wirken der Fünf Elemente Gewalt angetan und die Drei Rechten Wege* (des Himmels, der Erde und der Menschen) *verworfen. Der Himmel will ihn daher vernichten und sein Leben beenden. Ich führe nun ehrerbietig die Bestrafung des Himmels aus ... Setzt ihr eure Kräfte voll ein, so wird euch vor der Tafel meiner Ahnen Belohnung zuteil werden. Setzt ihr eure Kräfte aber nicht ein, so sollt ihr vor dem Altar der Feldfrüchte den Tod erleiden, und auch eure Kinder werde ich mit dem Tod bestrafen.*

Diese Rede des ersten dynastischen Monarchen der chinesischen Geschichte ist sozusagen das Urmodell aller »Schwüre« späterer Kronprätendenten, Verteidiger des Herrscherhauses oder Usurpatoren. Die Verantwortung für den sehr irdischen Akt der Durchsetzung oder Verteidigung eines Machtanspruchs wird über das Irdische hinaus in kosmische Regionen verlagert und gewinnt dadurch den Charakter einer »heiligen Handlung«, wie er offenbar auch dem Gedanken der Kreuzzüge und aller für »heilig« erachteten Kriege zugrunde lag und liegt. Ein heiliges Erbe, hier das von den Urherrschern Yau, Schun und Yü geschaffene Reich, sollte von Kräften befreit und gereinigt werden, die sich gegen die kosmischen Normen – hier die geregelte Wechselwirkung der Fünf Elemente und die Drei Rechten Wege – vergangen haben und so die Welt, das Universum gefährden. Ihre Vernichtung gewinnt damit die Bedeutung einer Wiederherstellung der universalen Ordnung. Der Gründer der auf die Hsja-Dynastie folgenden Schang-Dynastie, Tang, klagte den letzten König der Hsja, Dschje, in ganz ähnlicher Weise an – und ebenso der Gründer der auf die Schang-Dynastie folgenden Dschou-Dynastie, Wu, als er die Vergehen des letzten Schang-Königs anprangerte. Das Muster der Verbindung von Anschuldigungen auf der irdischen Sphäre, Grausamkeit, Unterdrückung der Gerechten, Mißwirtschaft usw., mit Vergehen gegen überirdische Mächte, den Himmel, die Ahnen, die kosmischen Kräfte und heiligen Normen usw. blieb im allgemeinen eine Konstante in den Proklamationen, die dem Sturz einer herrschenden Dynastie vorausgingen oder propagandistisch die Rechtfertigung eines geplanten gewaltsamen Umsturzes vorbereiteten. Der Unterschied zwischen dem »Schwur von Gan« des Hsja-Königs Tschi und den Proklamationen späterer Herrscher liegt nicht so sehr darin, daß Tschi bereits König war und Yo-Hu nur ein Rebell. Denn zu Anfang der Hsja-Dynastie war die Frage, wer zurecht herrschen sollte, ja noch in der Schwebe. Doch wann und von wem immer der »Schwur von Gan« verfaßt worden sein sollte, die besondere Betonung der Vergehen des Kontrahenten gegen überirdische Kräfte war sicherlich in diesem Fall das effektivste Mittel, Eindruck zu machen. Nicht nur der Herrschaftsanspruch war noch unsicher, der neue König hatte ja im Unterschied zu seinem hochgeachteten Vater, dessen Prestige ihm den Thron verschafft hatte, noch nichts geleistet. Das Herbeirufen des Himmels als eigentlicher Bestrafender, war in einer Zeit des Überganges zur erblichen Weitergabe der Macht offensichtlich das zugkräftigste Mittel zur Rechtfertigung des eigenen Machtanspruches.

Jede spätere Dynastie Chinas rechtfertigte den Sturz der vorhergehenden mit solchen Mitteln. Ebenso auch jede Rebellion gegen jede dynastische Macht. Die Unterschiede lagen meist nur darin, daß später die irdischen Vergehen ausführlicher dargestellt wurden. Dennoch vergaß man nie, überirdische Kräfte ins Spiel zu bringen und der Rechtmäßigkeit der eigenen Sache im Himmel Rückhalt zu verleihen.

Auch unsere Geschichte ist reich an Proklamationen dieser Art. Und im Grunde genommen ist die Existenz von Militärgeistlichen aller Religionen und Denominationen in den verschiedenen Armeen in Kriegszeiten ein, selbst wenn nicht explizite ausgesprochen, Anzeichen dafür, daß man die eigene Sache als einzig gerechte betrachtet, als dem Himmel genehm und von den himmlischen Mächten begünstigt.

Über König Tschi wird berichtet[14], daß er »dreimal den Himmel besuchte«. Dort »erhielt (oder stahl) er (die zwei Musikstücke) »Dschju-Bjän« und »Dschju-Ge«, die er zu zwei offenbar weniger himmlischen Musikstücken, nämlich »Dschju-Dschau« und »Dschju-Dai« umarbeitete. Denn danach soll er sich den Freuden des Weines und des Tanzes ergeben und kaum noch Interesse am Wohlergehen seines Volkes gezeigt haben[15]. Ob König Tschi's jüngerer Bruder Wu Guan daran Anstoß nahm, oder ob es nur Neid war, ist unklar; jedenfalls kam es zu einem ernsten Konflikt zwischen den Brüdern. Wu Guan wurde zunächst nach Hsi-Ho (West-Fluß) verbannt, und nachdem er dort Bewaffnete um sich zu sammeln begonnen hatte, auf königlichen Befehl durch den Grafen Schou von Peng zur Botmäßigkeit gezwungen.

Unter der Herrschaft von Tschi's Sohn Tai-Kang verlor das Königshaus weiter an Prestige. Tai-Kang erregte Unmut unter seinen Gefolgsleuten durch seine ungezügelte Jagdleidenschaft und Verschwendungssucht. Als er sich einst hundert Tage lang fern der Hauptstadt am Fluß Lo den Vergnügungen der Jagd hingegeben hatte, verwehrte ihm Fürst I von Yo-Tschung die Rückkehr. Dieses Recht maßte er sich an, weil zur Zeit des Herrschers Yau einer seiner Vorfahren mit dem Roten Bogen und Weißem Pfeil ausgezeichnet worden war, ein Privilegium, das den Besitzer dazu berechtigte, Straffeldzüge gegen Fürsten zu unternehmen, die sich der Herrschaft unwürdig erwiesen hatten. Tai-Kang mußte sich eine neue Residenz suchen – Yang-Hsja –, wo er im Exil starb.

Im *Klagelied der fünf Brüder* im *Buch der Urkunden* beklagen diese die Verfehlungen Tai-Kangs gegen die Grundsätze ihres erlauchten Urgroßvaters Yü. In der zweiten der insgesamt fünf Klagen wird ein in der politisch-ethischen Literatur Chinas schier unerschöpfliches Thema vorgebracht: Warnung vor Verschwendung und damit Ermahnung zur Sparsamkeit:

Unser Ahnherr Yü lehrte: Liebeslust daheim, Jagdlust draußen, Trunksucht und Musik, hohe Hallen mit verzierten Wänden – dem Untergang ist keiner noch entgangen, der einem dieser Übel je gefrönt!

Nach Tai-Kang's Tod fiel die Königswürde seinem jüngeren Bruder Dschung-Kang zu. Bald nach seiner Thronbesteigung geschah es, daß Hsi und He, die beiden Hofastronomen und -Astrologen, oft so betrunken waren, daß sie die Himmelskörper nicht mehr beachteten und falsche Angaben machten. Ein so ernstes Vergehen gegen die Pflichten dieses in alten Zeiten als besonders wichtig betrachteten Amtes erforderte strenge Bestrafung. Nun waren Hsi und He zwar mit dem mächtigen Fürsten I von Yo-Tschung befreundet, nur konnte I in Anbetracht ihrer schweren Schuld kaum den König daran hindern, den Fürsten von Yin, der dem Königshaus treu geblieben war, mit ihrer Bestrafung zu beauftragen. Doch damit hatte sich Dschung-Kang nur noch mehr den Zorn I's zugezogen.

I gilt in der chinesischen Mythologie als ein unübertroffener Meister im Bogenschießen, der an Kriegstaten und an der Jagd großen Gefallen fand. Zu jener Zeit hatte der Fürst von Yo-Ren eine wunderschöne Tochter namens Hsüan-Tschi, die vor allem durch ihr herrlich glänzendes Haar berühmt war. Ihr Vater hatte sie dem Musikmeister Ho-Kue zur Frau gegeben. Der Sohn, Bo-Feng, der dieser Ehe entsprang und nach seines Vaters frühen Tod dessen Amt übernahm, war allerdings mißraten und vernachlässigte seine Pflichten. Man sagte von ihm, daß er das Herz eines Schweines habe; denn er war von einer unersättlichen Gier. I war von der Schönheit Hsüan-Tschi's so eingenommen, daß er sich entschloß, sie mit Gewalt in seine Hand zu bekommen. Die Unfähigkeit und Unbeliebtheit ihres Sohnes diente ihm als Vorwand, um als Träger des Roten Bogens und Weißen Pfeiles sein Recht auf Bestrafung in Anspruch zu nehmen. Er tötete Bo-Feng mit einem Pfeilschuß und nahm gewaltsam dessen Mutter zur Frau. Um an König Dschung-Kang für die Bestrafung seiner Kumpanen Hsi und He Rache zu nehmen, ließ er den Leichnam Bo-Fengs in Stücke hacken und zu einem Ragout kochen, das er Dschung-Kang als »Siegesgeschenk« in einem Dreifuß zusandte. Bald nach diesem tödlichen Affront scheint Dschung-Kang gestorben zu sein. Die Königswürde ging auf seinen Sohn Hsjang über, der sich vor dem bedrohlichen Gebaren I's nach Schang-Tschju zurückzog und sich schließlich unter den Schutz der zwei Fürsten von Dschen-Guan und Dschen-Hsün stellte.

I war mittlerweile immer mehr unter den Einfluß eines Günstlings namens Han-Dschuo geraten, der als Urbild des höfischen Schmeichlers in die chinesische Literatur eingegangen ist. Mit List verstand es Han-Dschuo, das Vertrauen der schönen Gattin I's zu erringen, die I's Grausamkeit am eigenen Leib zu spüren bekommen hatte. I war ja der Mörder ihres Sohns, dessen Leichnam er geschändet hatte; und sie selbst war mit Gewalt in sein Haus geschleppt worden. So konspirierte sie willig mit Han-Dschuo, der die Macht an sich zu reißen gedachte. Um den mächtigen Bogenschützen I zu beseitigen, schien ihnen niemand geeigneter als I's erfolgreichster Schüler und Leibwächter Feng-Meng, der als seinem Meister I nunmehr nahezu ebenbürtiger Schütze nicht zu Ruhm gelangen konnte, solange I noch am Leben war. Von Ehrgeiz gepackt, willigte er in das Komplott ein und erschlug I, als dieser, von der Jagd zurückgekehrt, sich einen Rausch angetrunken hatte.

In Parenthese sei hier erwähnt, daß den meisten hier – nach im allgemeinen verläßlichen Quellen – als »historisch« geschilderten Ereignissen und Personen auf einer anderen Ebene – im Reich des Mythischen ein – nennen wir es: sublimiertes Dasein beschert ist. So z.B. ist im Mythos I ein Volksheld, der neun der zehn die Erde versengenden Sonnen mit seinen Wunderpfeilen abschoß, um die Menschen vor der Feuerglut des Himmels zu retten[16]. Die Tötung des Bo-Feng, der das »Herz eines Schweins« besessen haben soll, erscheint im *Buch Huai-Nan-Dse*[17] in mythischer Form so:

Zur Zeit des Herrschers Yau ... brachten der Wilde Eber Feng (Bo-Feng) und die Große Schlange Unheil über das Volk ... Yau sandte darauf I aus ... der den Eber Feng im Maulbeer-Wald (ein legendenumwobener Ort: Sang-Lin) zur Strecke brachte.

Über viele dieser mythischen Gestalten und Geschehnisse haben wir schon früher einiges gesagt. Im allgemeinen haben die »historischen« Mythen einen viel deutlicher spürbaren didaktischen Charakter. Eben hier wird durch den Vergleich der durch den Historisierungsprozeß glaubwürdig gemachten Form mythischen Erbguts mit der leider meist nur bruchstückhaft erhaltenen, mehr oder minder unverdorbenen mythischen Tradition der intendierte Modellcharakter der chinesischen Geschichtsschreibung am deutlichsten sichtbar. Die Chinesen waren offenbar bewußt nicht objektiv in ihrer Darstellung und Verarbeitung historischen Materials. Die Frage, die man sich hier stellen müßte, ist, ob Geschichte, wo auch immer in der Welt und in der Zeit, jemals wirklich »objektiv« geschrieben wurde beziehungsweise überhaupt objektiv geschrieben werden kann.

Das Komplott war also geglückt. I war erschlagen, und für Han-Dschuo stand der Weg zur Herrschaft im Hsja-Reich offen. I's gewaltsam zur Ehe gezwungene Gattin Hsüan-Tschi aber rächte sich bitter für die ihr und ihrem Sohn Bo-Feng angetane Schmach. Wie I es einst mit Bo-Feng getan hatte, so ließ auch sie nun I's Leichnam in Stücke hacken und zu einem Ragout kochen, das sie I's Sohn zu verspeisen zwingen wollte. Dieser versuchte zu entkommen und wurde auf der Flucht erschlagen. Han-Dschuo übernahm nun offiziell die Herrschaft, die ja schon vor I's Ermordung in seine Hand übergegangen war. Hsüan-Tschi wurde seine Frau und gebar ihm zwei Söhne, Au und Hsi.

Der Hsja-König Hsjang fürchtete Han-Dschuo fast mehr noch, als er I gefürchtet hatte. Er zog sich von Schang-Tschju, wo er zeitweilig Unterkunft gefunden hatte, in das Gebiet des Fürsten von Dschen-

Guan zurück, der ihm Schutz gewährte. In Schang-Tschju aber siedelte sich nun der Fürst Hsjang-Tu von Schang an, ein illustrer Vorfahr der Dynastie, die später die Hsja-Dynastie ablösen sollte.

Als Han-Dschuo's Söhne Au und Hsi Mannesalter erreicht hatten, wurden sie von ihrem Vater mit den Fürstentümern Guo und Ge belehnt. Um die Möglichkeit eines Wiedererstarkens der Macht des Hauses Hsja auszuschließen, sandte Han-Dschuo seinen Sohn Au mit einer Armee gegen Dschen-Guan, wo sich damals König Hsjang aufhielt. Dieses Fürstentum und auch ein zweites noch königstreues Fürstentum, Dschen Hsün, wurden vernichtet. König Hsjang war es noch rechtzeitig gelungen, nach Di-Tschju zu entfliehen und sich unter den Schutz des mächtigen Fürsten von Kun-Wu zu begeben. Doch auch in Di-Tschju war König Hsjang keineswegs sicher. Denn Au unternahm alsbald einen Überraschungsangriff und überrumpelte des Königs Mannen. König Hsjang gab sich selbst den Tod. Seine schwangere Gattin Ho-Min, eine Tochter des Fürsten von Yo-Ren, entkam durch ein Loch in der Stadtmauer und floh ins Lehensgebiet ihres Vaters. Dort gebar sie Schau-Kang, der als letzter Königssproß nun rechtmäßiger Erbe des Hsja-Thrones war.

Nach König Hsjangs Selbstmord wiegte sich Han-Dschuo lange Zeit in Sicherheit, bis er eines Tages erfuhr, daß es doch noch einen legitimen Erben des Hsja-Thrones gab. Der Fürst von Yo-Ren war zwar nicht gewillt, ihn auszuliefern, doch war er auch nicht mächtig genug, ihn zu schützen. So verließ Schau-Kang heimlich den Hof von Yo-Ren und flüchtete ins Lehensgebiet des Fürsten von Yo-Yü, der als Nachkomme des Urherrschers Schun besondere Privilegien genoß, die auch Han-Dschuo nicht so leicht antasten konnte. Der Fürst von Yo-Yü fand großen Gefallen an Schau-Kang und ernannte ihn nicht nur zum Küchenmeister, sondern gab ihm auch zwei seiner Töchter als Gattinnen. Als Lehen erhielt er das Gebiet von Lun, das »ein Tscheng Äcker mit einem Lü Bevölkerung« umfaßte. Ein Tscheng sind zehn Li – ein Li entspricht etwa einer Länge von dreihundertdreißig Metern; mit einem Lü ist ein Kontingent von fünfhundert Kriegs- oder Arbeitstauglichen gemeint. Schau-Kangs Besitz war also recht unbedeutend. Bedeutsam aber in der Geschichtsschreibung Chinas war sein tugendhaftes Wesen, das ihm alsbald hohes Ansehen und den Schutz himmlischer und irdischer Mächte verschaffte. Ein ehemaliger Minister des Hauses Hsja namens Mi, der zum Fürsten von Yo-Li geflohen war, sammelte die versprengten Soldaten der von Au vernichteten Fürstentümer Dschen-Guan und Dschen-Hsün und andere mit dem Gewaltregime Han-Dschuo's Unzufriedene um sich. Gemeinsam mit den Truppen seines Gastlandes Yo-Li zog er vor die Residenzstadt des alternden und von seinem ausschweifenden Leben geschwächten Tyrannen. Hier standen sich Tugend und Laster, der Wille des Himmels und himmelschreiendes Unrecht gegenüber. Die Stadt ergab sich und das Volk strömte freudig dem tugendhaften König Schau-Kang zu. Han-Dschuo aber ereilte die gerechte Strafe. Er und seine übelsten Kumpane wurden hingerichtet; alle übrigen blieben verschont. Das Haus der Hsja hatte das Mandat des Himmels zurückgewonnen. Schau-Kang gilt daher als Herrscher des »Wiedererstarkens«, als Erneuerer einer durch eigene Schuld, durch Mißachtung der Pflichten, die der Himmel von einem Herrscher verlangt, durch Mangel an Tugend geschwächten, vom Untergang bedrohten Dynastie. »Wiedererstarken« wurde zu einem Modellbegriff in der chinesischen Geschichte, deren dynastischer Verlauf in der Regel mit einer Überfülle an »Tugend«, an Mana, an menschlichen, ethischen und auch nahezu übermenschlichen Werten und Kräften bei ihrem Gründer beginnt, dann durch Versäumnisse und Versagen, durch Schwund der für die Herrschaft erforderlichen Tugenden vorübergehend in Verfall gerät, durch einen Herrscher des »Wiedererstarkens« für einige Zeit gerettet wird, um schließlich mit dem gewaltsamen Verlust der Herrschaft infolge der Verfehlungen und der Unfähigkeit eines sehr schwachen und aller Tugenden baren Herrscher zu enden. Schau-Kang ist in der geschichtlichen Überlieferung Chinas der erste Herrscher des »Wiedererstarkens« und somit das Urbild einer Modellgestalt.

Die Herrschaft Han-Dschuos war beseitigt, die Macht seines kriegerischen Sohnes Au, des Fürsten von Guo, aber noch nicht gebrochen. Schau-Kang entsandte einen Kundschafter namens Nü-Ai, um Au's schwache Stellen herauszufinden. So gelang es Nü-Ai mit List, Au zu vernichten. Au's Bruder Hsi wurde von König Schau-Kang's Sohn Dschi-Dschu ebenfalls durch eine Kriegslist überwunden. Die beiden

Fürstentümer Guo und Ge, mit denen Han-Dschuo seine Söhne belehnt hatte, gelangten wieder in die Hand der Hsja. In den *Historischen Aufzeichnungen* und auch in anderen Quellen finden sich nach Schau-Kang's Sohn Dschi-Dschu für die nächsten vier Könige, außer ihren Namen und der Thronfolge kaum weitere Angaben. Nur eben in dieser letzteren Angelegenheit, nämlich der Thronfolge, gibt es eine interessante Überlieferung aus der Zeit des fünften Königs, Bu-Hsjang. Dieser soll Zweifel an den menschlichen Qualitäten seines Sohnes Kung-Dschja gehegt und deshalb die übliche Thronfolge vom Vater auf den Sohn zugunsten seines jüngeren Bruders Dschjung geändert haben. Auf Dschjung folgte dann dessen Sohn Tschin, bis schließlich nach dessen offenbar frühem Tod der vorher übergangene Sohn Bu-Hsjangs, Kung-Dschja, die Macht an sich riß. Hier stoßen wir auf einen anderen Typus der Modellgestalten in der chinesischen Geschichtsschreibung. Kung-Dschja stellt das Gegenteil des Schau-Kang, eines Herrschers des »Wiedererstarkens« dar. Mit Kung-Dschja schwindet das Mana der Königssippe; die Dynastie büßt ihre *virtus*, ihren von überirdischen Mächten sowie von der Zuneigung des Volkes bestimmten Herrschaftsanspruch ein. Fortan kann es kein »Wiedererstarken« geben. Ihr Untergang ist unvermeidbar geworden. Si-ma Tschjän schreibt über Kung-Dschja: »Er hatte eine übermäßige Verehrung für die Dämonen und Geister; in seinem Gebaren war er verderbt und ausschweifend. Die Tugend des Königshauses der Hsja schwand dahin, und die Fürsten verweigerten den Gehorsam«[18]. In den *Diskursen der Staaten* findet sich eine ähnliche Einschätzung: »Kung-Dschja brachte Wirrnisse in das Reich der Hsja. Nach vier weiteren Generationen brach es zusammen«[19]. Zur Zeit der vergnügungssüchtigen und leichtsinnigen Könige Tai-Kang und Dschung-Kang wurde die Dynastie zwar zur Strafe von Unheil heimgesucht, aber die Tugend, die virtus, das Mana des Großen Yü war noch stark genug, ein »Wiedererstarken« zu ermöglichen. Nun war dieses Erbgut an Tugend aufgebraucht, wie die Wachstumskraft des Menschen, wenn er alt wird, oder die des Jahres, wenn es den Herbst erreicht hat und das Absterben der Natur den Winter vorausfühlen läßt. Das zyklische Weltbild Chinas hat selbstverständlich auch den Historiographen in seiner Sicht irdischen und überirdischen Geschehens beeinflußt. Von Kung-Dschja wird berichtet, daß zu seiner Zeit der Himmel zwei Drachen herabsandte, ein Weibchen und ein Männchen. Da Kung-Dschja nicht wußte, wie man Drachen zu pflegen und zu füttern habe, suchte er nach einem geeigneten Mann dafür. Den fand er in der Person des Lju Le, der die Kunst des Drachenpflegens von einem Mann erlernt hatte, in dessen Familie dieses Geheimnis seit den Zeiten des Urherrschers Schun bewahrt worden war. Kung-Dschja nahm ihn in seine Dienste und lohnte ihm seine Mühen mit einem Ehrentitel und einem Lehen. Das Drachenweibchen verendete jedoch bald. Lju Le kochte ein Gericht aus dem Drachenfleisch und setzte es Kung-Dschja vor, dem es vorzüglich mundete. Lju Le aber fürchtete, der König könnte noch mehr davon verlangen, und ergriff die Flucht.

Der Drachen, ein uraltes Stammestotem, galt als Symbol der Stammeskraft und -Macht, später der kaiserlichen Macht. Kung-Dschja erhielt nach der Überlieferung auf seine Bitte die Drachen als Geschenk vom Himmel. Doch wußte er offensichtlich nichts mit ihnen anzufangen. Damit war auch die letzte Chance vertan, die ihm und der Dynastie noch offenstand. So könnte man diese Episode deuten. Kung-Dschja war der vierzehnte König der Dynastie. Die nächsten zwei Könige werden, wie schon die sechs Könige nach Schau-Kang, in den Quellen kärglich bedacht; in den »Historischen Aufzeichnungen« erscheinen sie nur mit ihrem Namen. Hingegen finden wir bei dem siebzehnten und letzten Herrscher der Dynastie eine längere Eintragung. Wir geben den Text von Kung-Dschjas Tod an wieder:

Als Kung-Dschja starb, folgte ihm sein Sohn Di-Gau auf dem Thron. Als Di-Gau starb, folgte ihm sein Sohn Di-Fa auf dem Thron. Als Di-Fa starb, folgte ihm sein Sohn Di-Lü-Gue auf dem Thron. Sein Name war Dschje. Seit Kung-Dschja's Zeiten lehnten sich die Fürsten wiederholt gegen den König auf. Dschje aber mühte sich nicht um die Pflege der Tugenden, sondern plagte vielmehr sein Volk mit den Härten seiner Kriegszüge, bis es die Bürde nicht mehr zu tragen vermochte. Dann ließ er Tang (den Fürsten von Schang) zu sich kommen und kerkerte ihn im Verlies von Hsja-Tai ein. Schließlich aber entließ er ihn wieder. Tang vervollkommnete seine Tugendkräfte.

Die Fürsten wandten sich allesamt ihm zu. Daraufhin führte Tang eine Armee gegen Dschje zu Felde. Dschje floh nach Ming-Tjau. Dort starb er im Exil. Dschje soll zu jemandem gesagt haben: Ich bedaure, daß ich nicht damals Tang im Verlies von Hsja-Tai töten ließ. Deshalb ist es soweit mit mir gekommen. Tang bestieg den Thron des Himmelssohns und herrschte fürderhin an Stelle der Hsja über alles unter dem Himmel. Die Nachkommen der Hsja erhielten ein Lehen. Bis in die Zeiten der Dschou-Dynastie blieben sie mit Tschi belehnt[20].

Soweit die nüchterne Darstellung des Falls der Hsja-Dynastie und des Sieges einer neuen, an Tugend reichen dynastischen Macht in der kritischen Sicht des großen Historiographen Si-ma Tschjän. Dschje's weitere Übeltaten, die in der klassischen Literatur Chinas bis in unsere Tage nie in Vergessenheit gerieten, werden von Si-ma Tschjän nicht erwähnt. Da manche dieser Geschichten um Dschje jedoch lebendiges Überlieferungsgut geblieben sind und in der Literatur oft in recht grellen Farben dargestellt wurden, wollen wir hier zumindest die bekanntesten Episoden wiedergeben.

Dschje soll ein sehr kräftiger und kluger Mann gewesen sein, was ihn jedoch nicht abhielt, sich jeder menschlichen Würde zu begeben. Si-ma Tschjän betont zwar, wie wir bereits sahen, seine das Volk schwer belastenden kriegerischen Unternehmungen in einer Zeit des Zerfalls als unmittelbaren Anlaß für die Niederlage Dschje's und den schnellen Sieg Tang's, vergißt aber dabei nicht, Dschje's Aversion gegen die »Tugend«, eben jene ethische und zugleich numinose Voraussetzung für eine vom »Himmel« sanktionierte Regierung zu betonen. Dieser bei Dschje bis ins Ungeheuerliche gesteigerte Mangel an Tugend, ja an den Grundelementen menschlichen Empfindens wird in dem Legendenkreis, der sich um die Person Dschje's gebildet hat, in krassesten Farben ausgemalt. Bei einem Feldzug gegen den Fürsten von Yo-Schih soll Dschje eine Schönheit namens Mo-Hsi erbeutet haben, die sehr bald entscheidenden Einfluß über ihn gewann. Weil sie Freude an dem Geräusch zerreißender Seide empfand, wurden ihr zuliebe zahllose Ballen Seide als Tribut von den Lehensstaaten angefordert und vor ihr zerrissen. In seinem Palastgarten ließ Dschje einen Teich ausschachten, der mit Wein gefüllt wurde. Seine Hofdamen und Tänzerinnen – dreitausend an der Zahl! – mußten auf ein Trommelzeichen hin am Ufer des Teiches wie Tiere an der Tränke Wein schlürfen, und wenn einige dabei in voller Trunkenheit ertranken, so diente das nur als zusätzliches Amüsement. Für seine Favoritin Mo-Hsi und später für zwei weitere Schöne, die er während eines Feldzuges gegen den Fürsten von Min-Schan als Geschenk erhalten hatte, ließ er weitläufige Paläste bauen, die die Kräfte des Volks aufzehrten. Wer immer von seinen Würdenträgern ein Wort gegen seine Verschwendungssucht, seine Grausamkeit und Vernachlässigung der Herrscherpflichten zu sagen wagte, wurde von Dschje dem Henker übergeben[21]. Mit einem Wort: das Bild, das von Dschje gemalt wurde, ist abschreckend genug, um als ernste Warnung für spätere Himmelssöhne und hohe Würdenträger zu dienen. Zugleich bezeugt der absolute Verfall der Tugend in der Person des letzten Hsja-Königs, daß ein Einschreiten des »Himmels« vonnöten war, um der Tyrannei ein Ende zu bereiten und das Reich auf den Weg der Tugend zurückzuführen. Eben das geschah durch das Erscheinen des Fürsten Tang von Schang, der in seiner eigenen Person wie auch durch das normgerechte Verhalten vieler Generationen seiner Vorfahren soviel an Tugend, an Mana gesammelt hatte, daß ihm der Himmel die Aufgabe, das Reich vom Übel einer verderbten, aller Tugend baren Dynastie zu befreien, anvertrauen konnte. Somit wurde Dschje zum Inbegriff des Bösen, des Bösewichts auf dem Thron, Tang – später Tang, der Vollender, genannt – hingegen zum Inbegriff eines Ritters Georg auf Staatsebene, zur Modellgestalt des idealen Dynastiegründers, dem jeder Herrscher nacheifern sollte. Aber jenseits dieser extrem negativen und positiven Modellgestalten im Geschichtsbewußtsein des klassischen chinesischen Historiographen blieb immer noch der Gedanke allbeherrschend, daß selbst die stärkste Ballung an Tugend, an Macht dem mählichen Verfall preisgegeben ist und daß sich insgeheim irgendwo bereits die Kräfte heranbilden, die die jetzt Mächtigen dereinst ihrer Macht berauben werden. Auch die Kraft der »Tugend« ist dem zyklischen Weltgeschehen unterworfen, auch sie altert, schwindet und kehrt wieder wie die Jahreszeiten, wie alles, das wird, wächst und gedeiht, um dahinzugehen, nicht aber zu vergehen.

5
Könige und Schamanen
Die Schang-Dynastie

Die Entdeckung der sogenannten Orakelschriften im Jahr 1899 – ein längst fälliges Zufallsereignis – erbrachte sehr bald Beweise dafür, daß die bisher oft als legendär oder zumindest fragwürdig betrachtete Schang-Dynastie zweifellos dem Reich der Geschichte angehört. Die Angaben in Si-ma Tschjän's *Historischen Aufzeichnungen*, verfaßt etwa 100 v.Chr., über die Schang-Dynastie, die so mancher kritische Geist bislang als unglaubwürdig abgetan hatte, erwiesen sich nach und nach als durchaus ernstzunehmende Geschichtsquelle. Si-ma Tschjän hatte in seinem Werk die Namen von einunddreißig Schang-Königen angegeben, und eben diese Namen fanden sich nun, von geringen Abweichungen in der Schreibweise abgesehen, auf Orakelinschriften, ausgegraben in der Königsstadt der Schang-Dynastie. Damit war die Zuverlässigkeit der Angaben Si-ma Tschjän's kaum noch anzweifelbar. Daß die Zufallsentdeckung der Orakelinschriften eigentlich längst fällig gewesen wäre, mag die folgende Geschichte illustrieren: Im Jahr 1899 erlitt der Rektor der Kaiserlichen Akademie in Be-Dsching (Peking), Wang-I-rung, einen Malaria-Anfall. Unter den Ingredienzen der chinesischen Arzneien, die er einnehmen sollte, waren auch sogenannte Drachenknochen. Ein Blick des in der Entzifferung alter chinesischer Inschriften geschulten Gelehrten genügte, um in den Einritzungen auf den »Drachenknochen« eine Ähnlichkeit mit ihm bekannten altertümlichen Schriftzeichen zu erkennen. Sogleich ließ er den gesamten Bestand der Apotheke an »Drachenknochen« aufkaufen. Sehr bald hatte er über tausend Stück beisammen. Doch schon im nächsten

Jahr, dem Jahr des Boxeraufstandes – 1900, beging der Gelehrte, den der Hof inzwischen zum Kommandanten der Lokalmiliz von Peking ernannt hatte, Selbstmord. Nach dem Einmarsch der alliierten Truppen in Be-Dsching stürzte er sich in einen Brunnen.[1] In den nächsten zwei, drei Jahren setzte eine so eifrige Sammeltätigkeit unter chinesischen und ausländischen Gelehrten ein, daß die Zahl der in Privatbesitz gelangten Orakelknochen bald in die Tausende, ja Zehntausende ging. Die Bauern des Hauptfundortes, An-Yang in der Provinz Ho-Nan, hatten vorher die Schriftzeichen auf den Orakelknochen meist abgekratzt, da die Apotheker Knochen mit Bildeinritzungen nicht gut als echte »Drachenknochen« verkaufen konnten. Jetzt schwenkte der Trend in die umgekehrte Richtung: Knochen, die unbeschriftet waren, wurden mit mehr oder minder echt anmutenden Einritzungen versehen. Manche Fälschungen waren so geschickt gemacht, daß die Sammler oft nur sehr spät oder gar nicht daraufkamen, ihre Echtheit anzuzweifeln. Schon 1903 erschien das erste Werk mit Faksimile-Drucken von Orakelschriften: *Tje-Yün Tsang-Gue, Tje-Yün's Sammlung von Schildkrötenplatten*; Tje-Yün war der Gelehrtenname von Lju E, alias Lju Tje-Yün. Inzwischen ist die Literatur über Orakelinschriften ins Unermeßliche angewachsen. Doch wissenschaftlich gesicherte Ausgrabungen in der alten Königsstadt der Schang wurden erst in den Zwanziger- und Dreißigerjahren unseres Jahrhunderts unternommen. Bis jetzt wurden über viertausend Schriftzeichen festgestellt, von welchen allerdings kaum mehr als tausend mit Sicherheit gedeutet werden konnten.
Das Schang-Volk – zumindest die Könige oder der Königshof der Schang – waren in ihrer Vorstellungswelt in einem für uns fast unglaublichen Maße an die Stimmen ihrer Ahnen gebunden. Das Bestellen der Äcker, Krieg, Jagd, Krankheit – kurzum alles in ihrer Lebenssphäre Wesentliche verlangte nach einer Befragung des Orakels. Dafür waren der König und eine Priesterkaste verantwortlich. Außerhalb des Schang-Hofs wurde vermutlich auch das Orakel befragt, aber in einem so bescheidenen Maße, daß bislang kaum aufschlußreiche Funde gemacht werden konnten. Die Schang-Herrscher glaubten die weissagende Stimme ihrer in den Himmel entrückten Ahnen aus der Konfiguration von Rissen auf Schildkröten-

panzern oder Schulterblättern, manchmal auch anderen Knochen von Rindern entnehmen zu können. Gelegentlich wurden auch zu Orakelzwecken benützte Knochen von Schafen, Rotwild und sogar Schweinen gefunden. Die Vorbereitungen für die Orakelbefragung müssen unter genau befolgten rituellen Vorschriften in großer Feierlichkeit durchgeführt worden sein. Die Schildkrötenpanzer oder Knochen wurden sorgfältig geglättet und poliert. Vor der Befragung bohrte man eine kleine runde Delle hinein und kerbte daneben eine Rinne parallel zum Seitenrand des Schildkrötenpanzers oder des Knochens. Mit einem erhitzten Stäbchen wurde sodann an der eingebohrten Delle oder, wo diese fehlte, in der gekerbten Rinne Hitze zugeführt. So entstanden Risse oder Sprünge, die etwa die Gestalt eines gekippten T hatten. Das chinesische Schriftzeichen für Orakelbefragung, heute noch im Sinne von *vorhersagen* gebraucht, wird Bu gelesen und ähnelt in seiner Gestalt einem gekippten T: ⺊. Aus der Richtung und Länge sowie den Verästelungen der Sprünge meinte man, die Antwort des Himmels herauslesen zu können. Das Springen der Panzerschalen war von einem knackenden Geräusch begleitet, das dem Schriftzeichen Bu seinen Lautwert gab. Bu wurde damals wahrscheinlich P'o ausgesprochen. Diese Sprünge auf Panzerschalen oder auf den Schulterblättern von Rindern wären für uns nicht von so großem Interesse gewesen, wenn nicht bei der Orakelbefragung die Frage, oft auch die Antwort, neben der gesprungenen Stelle eingeritzt worden wäre. Gelegentlich fügte man dann später noch Angaben über die Erfüllung des Orakels hinzu, allerdings manchmal erst reichlich spät. Guo mo-ro erwähnt in seinem Buch *Das Bronze-Zeitalter* einen Fall, wo sich der Orakelspruch erst nach 179 Tagen erfüllte. Die beschrifteten Platten wurden durchlocht, dann mittels eines Lederstreifens aufgereiht und mit einer Katalognummer versehen. In seinem Artikel *Mutmaßungen über die Orakelbefragung der Schang-Zeit*[2] wies der berühmte Gelehrte Dung Dso-bin nach, daß das noch immer gebräuchliche Zeichen für Band (Tse: noch in der heutigen Schriftform als Piktograph aufgereihter Platten vage erkennbar) in seiner ursprünglichen Gestalt mittels eines Riemens zusammengehaltene Platten von Schildkrötenpanzern darstellte. Auch in dem Schriftzeichen für einreihen oder kompilieren, *Bjän*, vermutet er ein alternatives Zeichen für Band oder Bündel vor der Nummer von »Orakelakten«, wie zum Beispiel in *Bjän Lju*: »Aktenband sechs«, gefunden zu haben. Im Kapitel *Duo-Si* des *Buchs der Urkunden*[3] wird erwähnt, daß die Vorfahren der Schang »Bände und Archive« besaßen. Ob es sich hier nur um solche »Orakelakten« handelte oder um Holztäfelchen (vielleicht Bambustäfelchen, wie wir sie aus späteren Zeiten kennen) mit literarischen, historischen oder anderen Aufzeichnungen wird wahrscheinlich für immer ein Geheimnis bleiben, denn solche Täfelchen müßten ja längst in der feuchten Erde der Königsstadt der Schang vermodert sein.

Zusätzlich zu den Angaben in Si-ma Tschjän's *Historischen Aufzeichnungen* und anderen Werken verfügen wir für die Geschichte der Schang-Dynastie über eine beachtliche Menge von Bodenfunden, unter welchen die Orakelinschriften freilich für das Verständnis jener Epoche eine ganz besondere Rolle spielen: sie lassen uns unmittelbar Einblick nehmen in das geistige und materielle Leben einer Epoche, die für lange Zeit der Vorgeschichte Chinas, der Legende zugerechnet wurde. Die Orakeltexte umfassen nahezu alle Bereiche des damaligen Lebens: Ackerbau und Viehzucht, Staats- und Familienrituale, Krankheiten, das Kalendersystem, die Beziehungen der Menschen untereinander und ihr Verhältnis zu den übernatürlichen Mächten, das Freund- und Feindverhältnis zu fremden Völkern und Stämmen, das Staatsgefüge usw. Überdies erweitern sie unsere Kenntnisse über Frühformen in der Entwicklungsgeschichte der chinesischen Schrift. Auf den ersten Blick könnte man meinen, daß es bei einer solchen Fülle schriftlichen Materials ein leichtes sein müßte, aus den Orakelknochen ein geschlossenes Bild der Schang-Gesellschaft zu gewinnen. Dem aber ist leider nicht so. Die Orakeltexte künden zwar von nahezu allen Lebensbereichen der Schang-Zeit, aber doch nur in einer dürftigen Formelsprache, die sich schwer enträtseln läßt. Die kargen Sätze der Orakeltexte bestehen lediglich aus telegrammartig kurz gehaltenen Anfragen an übersinnliche Mächte, meist die Stammesahnen des Königsgeschlechts, und gelegentlichen einsilbigen Aufzeichnungen über die Erfüllung des Orakels. Stereotype Texte solcher Art vermögen nur sehr beschränkte Aussagen zu machen. Dazu kommt, daß die Deutung vieler bereits als bekannt ausgegebener

Zeichen fragwürdig ist und daß sie von manchen Gelehrten nach offenbar vorgefaßten ideologischen Ausgangspositionen eher willkürlich interpretiert werden. So zum Beispiel neigen die Befürworter der Annahme, im Schang-Reich habe es eine Sklavenhalter-Gesellschaft gegeben und der Klassenwiderspruch zwischen den Sklavenhaltern und den ausgebeuteten Massen der Sklaven und verarmten Stammesfreien sei daher bestimmend für die Entwicklung der damaligen Gesellschaft gewesen, dazu, so manches Zeichen eben im Sinne dieser historischen Auffassung zu deuten. Das Zeichen *Dschung*, das später und noch bis heute die Bedeutung von Menge, Schar, Masse hat, wird von den Vertretern dieser Schule beharrlich als Sklaven, und zwar als für die Arbeit auf den Feldern benutzte Sklaven gedeutet, was nicht unbedingt zutreffen muß. Es könnte ebensogut Hörige, ja sogar Stammesfreie bedeuten. Auch das Schriftzeichen Tschen, das Untertan oder Minister bedeutet, wurde als Sklave, und zwar als ein der Braut als Teil der Aussteuer mitgegebener Sklave oder als Zofe, als sie begleitendes Sklavenmädchen interpretiert. Solche nicht unbedingt richtigen Auslegungen führen zu Aussagen über die Struktur des gesellschaftlichen Seins jener Zeit, die sehr leicht ein grundlegend falsches Bild der Daseinsweise und Kultur der Schang-Zeit vermitteln können. Das Hauptargument für die Annahme, während der Schang-Zeit sei in China eine Sklavenhalter-Ordnung vorherrschend gewesen, leitet sich offensichtlich von dem Modell der gesellschaftlichen Entwicklung nach Karl Marx her, demzufolge im Verlauf der historischen Entwicklung feudalgesellschaftlichen Formationen eine Sklavenhaltergesellschaft vorausgehen sollte. Marx hatte bei seinen Untersuchungen vornehmlich die Geschichte im mediterranen und nahöstlichen Raum im Blickfeld; und vermutlich wäre er auch kaum so engstirnig gewesen, andere Entwicklungsmöglichkeiten absolut auszuschließen. Da nun aber die auf die Schang-Dynastie folgende Dschou-Dynastie anerkanntermaßen eine feudalgesellschaftliche Ordnung herausbildete, mußte nach streng orthodoxer marxistischer Interpretation die Schang-Zeit naturgemäß als Sklavenhaltergesellschaft eingestuft werden. Als Bestätigung dieser Annahme wird immer wieder angeführt, daß die Schang-Könige und der Adel bei Begräbnissen und Staatsopfern Menschen rituell töteten, ja daß in nicht wenigen Fällen sogar Hekatomben von Menschenopfern nachweisbar sind. Die Frage ist nur, ob die Nachweisbarkeit von Menschenopfern, und dazu noch von Menschenopfern in großer Zahl, als gültiges Indiz für das Bestehen einer Sklavenhalterordnung zu betrachten sei oder nicht gerade das Gegenteil vermuten ließe. Für den Sklavenhalter ist der Besitz von Sklaven die wichtigste Grundlage seiner Existenz. Ohne die unentgeltlich ausnutzbare Arbeitskraft des Sklaven als *instrumentum vocale*, als stimmbegabtes Arbeitsinstrument, wäre in einer solchen Gesellschaftsformation die Anhäufung von Mehrwert, von Wohlstand für die Besitzenden nicht möglich gewesen. Würden unter solchen Umständen die Eigentümer des *stimmbegabten Arbeitsinstruments* diese wichtigste Grundlage ihres Besitztums leichtfertig hinopfern, sich ihrer willentlich selbst berauben?

Die Geschichte des Schang-Volks läßt sich in zwei Epochen teilen, die jeweils ihre besonderen Merkmale aufweisen: In die der *Hsjän-Gung*, wörtlich der *Frühen Fürsten*, der Fürsten des Stammesbunds oder Lehensgebietes von Schang; und die der Schang-Dynastie, der Herrschaft der Schang-Fürsten als Könige über das gesamte Reich. Der Urahn der Schang-Fürsten ist quasi göttlichen Ursprungs. Eine Hymne der Fürsten von Schang, die allerdings aus viel späteren Zeiten stammt, beginnt mit dem Satz:

Vom Himmel ward befohlen der Schwalbe herabzukommen und zu zeugen das Haus von Schang.[4]

In Si-ma Tschjäns *Historischen Aufzeichnungen* werden nähere Angaben über die mythische Geburt des Ahnherrn der Schang gemacht[5]. Der Urahn der Schang, Hsje, wird hier als Hsje von Yin bezeichnet. Das rührt daher, daß, wie wir noch sehen werden, ein späterer Schang-König die Hauptstadt nach Yin verlegte und danach die Schang-Dynastie auch Yin-Dynastie oder Schang-Yin-Dynastie genannt wurde. Dieser auf wundersame Weise gezeugte Hsje soll sich auf vielfältige Weise ausgezeichnet haben: Unter dem Urherrscher Schun kämpfte er erfolgreich gegen eine gewaltige Überschwemmung und wirkte bei der nachfolgenden Regulierung der großen Flüsse des Reiches mit: er war auch ein weiser Erzieher des Volkes. Dafür wurde er mit dem Fürstentum Schang belehnt. Hier sei die Bemerkung eingeflochten, daß Überschwemmungen in der Geschichte des Schang-Volks eine sehr wesentliche Rolle gespielt haben müssen. Denn als die Schang-Herrscher noch Fürsten waren, verlegten sie innerhalb von etwa zweihundert Jahren achtmal ihre Residenz, nachdem sie die Königswürde erlangt hatten, noch weitere fünf Mal.

Unter Hsjes fürstlichen Nachfahren zeigen drei in den historischen Quellen und im Ritual der Schang-Könige deutlichere Konturen. Sie tragen auch unverkennbare Züge von Kulturheroen. In der zweiten Generation nach Hsje wird ein Fürst Hsjang-Tu genannt, der sein Volk im Gebrauch des Pferdes als Reit- und Zugtier unterwiesen haben soll. In der sechsten Generation zeichnete sich Fürst Ming im Dienste des Hsja-Königs, wie dereinst sein Vorfahr Hsje unter dem Urherrscher Schun, im Kampf gegen eine Hochwasserkatastrophe aus. Da er den Tod in den Fluten fand, ging er in die chinesische Mythologie ein und wurde als eine Art Wassergott verehrt. Ming's Sohn Wang Hai lehrte sein Volk den Gebrauch des Ochsen als Last- und Zugtier. Er scheint ein großer Viehzüchter gewesen zu sein, denn von ihm wird berichtet, daß er mit einer Rinderherde am Hof des Mjän-Tschen, Stammesfürst von You-I, erschienen sei, offenbar um ein Tauschgeschäft mit ihm zu machen. Ob es nun die Habgier des Fürsten Mjän-Tschen oder, wie es in einer anderen Überlieferung heißt, des Fürsten Unwille über eine Romanze Hsjang-Tus mit dessen Tochter gewesen sei, Wang-Hai und seine Gefolgsleute wurden umgebracht und ihre Herde dem Besitz des Fürsten einverleibt. Doch Mjän-Tschen konnte sich seiner kostbaren Beute nicht lange erfreuen. Wang-Hai's Sohn Schang-Dschja-We und sein Bruder Hsjang-Heng, verbündeten sich mit Fürst Ho-Bo gegen Mjän-Tschen. Sie drangen in sein Stammesgebiet ein, töteten ihn und brachten die Herde wieder in ihren Besitz.[6] In dieser Geschichte läßt der Name des Verbündeten der Rächer Wang-Hais, Fürst Ho-Bo, was wörtlich übersetzt Fluß-Graf heißt, aufhorchen. Denn dieser Fluß-Graf verkörpert in der Mythologie Chinas den Huang-Ho, den Gelben Fluß, dessen Überschwemmungen in der Geschichte des Schang-Volks eine bedeutsame Rolle spielten. Ihm wurden, wie aus mehreren Quellen hervorgeht, Menschenopfer dargebracht, indem man ihm zu bestimmten Zeiten eine Braut zuführte, das heißt: ein junges Mädchen in seinen Fluten ertränkte. Fürst Wang-Hai taucht immer wieder in Orakelinschriften auf, und zwar gelegentlich auch in einer Schreibweise, die einen Zusammenhang mit der mythischen Schwalbe in der Stammesgeschichte des Schang-Volks erkennen läßt. Über dem Schriftzeichen seines Namens, Hai, wird zusätzlich das Piktograph eines Vogels hinzugefügt. Wang-Hai und sein Sohn und Rächer Schang-Dschja-We wurden, wie aus Orakeltexten zu entnehmen ist, mit Opfergaben von drei bis dreihundert Rindern, also sehr beachtlichen Opfern bedacht. Die Orakel-Fragen, die man an sie stellte, haben nicht selten etwas mit Flüssen zu tun. Hsjang-Tu wird in Orakelinschriften auch als *Hoher Ahn* angeredet, wie in dem Text: *Befragung: mit (dem Opfer von) drei Rindern gerichtet an den Hohen Ahn Wang-Hai.* In dem Mythos, der sich um Wang-Hai's Tod bildete, lassen sich verschiedene Elemente nachweisen, doch der Grund ihres Zusammenfließens und ihr tieferer Sinn lassen sich nicht mehr enträtseln. Außer der ihm zugeschriebenen Einführung des Ochsen als Zugtier, also außer seinem Rang als Kulturheroe, mag es die geheimnisvolle indirekte Verbindung mit dem Fluß-Grafen gewesen sein, die Wang-Hai eine so große Bedeutung in den Ritualen der Schang-Könige zukommen ließ. Die Geschichte der *Hsjän Gung*, der Frühen Fürsten, der Fürsten des Stammesbundes oder Lehensgebiets von Schang wird in späteren Hymnen des Schang-Volks als eine Epoche kontinuierlicher Anhäufung von spirituellen Kräften, von Tugend oder Mana beschrieben, die in der Person des Tscheng-Tang, was Tang, der Vollender, bedeutet, ihren Höhepunkt, ihre Erfüllung fand. Eben diese Übermacht an Tugend, an Mana auf seiten der Schang-Fürsten ermächtigte nach chinesischer Auffassung Tang, den Vollender, den Kampf mit seinem Lehensherrn, dem König Dschje der Hsja-Dynastie aufzunehmen, befähigte ihn, diesen letzten König einer vom Himmel verstoßenen Dynastie zu besiegen und an seiner Stelle die Königswürde zu erwerben.

Mit Tangs Übernahme der Herrschaft im Reiche der Hsja, die etwa vier Jahrhunderte, etwa vom 20. bis 17. Jahrhundert v.Chr. die Königswürde innehatten, beginnt eine Epoche in der Geschichte Chinas, deren formative Kräfte die Entwicklung der chinesischen

Kultur tiefgreifend beeinflußten und in gewissem Sinne bis in unser Jahrhundert weiterwirken. Gemeint damit sind vor allem die Schrift Chinas, der Ahnenkult, die Zeitrechnung und die Vereinigung der säkularen und sakralen Macht in einer Hand, der Hand des Herrschers – des Königs, später des Kaisers. Denn vermutlich war es erst die Machtfülle, welche den Schang-Fürsten nun als Königen des ehemaligen Hsja-Reichs zufiel, die sie ihr kulturelles Erbgut mit dem anderer Regionen des Reiches verschmelzen und zu voller Entfaltung bringen ließ.

Die Gestalt Tang's, des Vollenders, wurde von den Konfuzianern um die Mitte des ersten Jahrtausends v.Chr. ihrem Weltbild angeglichen und in ihre Reihe mustergültiger Herrscher von der Urzeit bis in die frühe Dschou-Zeit aufgenommen. Tang agierte in dieser adaptierten Gestalt nach einem stereotypen Muster entsprechend den Riten und dem idealisierten Geschichtsbild eines ritterlichen Herrschers der Dschou-Dynastie.

Aus den Geschichtsquellen ist mit einiger Sicherheit zu erkennen, daß Tang sich in der militärischen Auseinandersetzung mit dem Hsja-König Dschje auf die wachsende wirtschaftliche und politische Macht des Lehensgebiets der Schang-Fürsten stützen konnte, das seit Fürst Wang-Hai territorial an Umfang beträchtlich zugenommen hatte. Tang selbst erweiterte, bevor er den Kampf mit der Armee des Hsja-Königs aufnahm, sein Lehensgebiet in mehreren Feldzügen gegen kleinere und größere Fürstentümer und Stammesgebiete an den Grenzen seines Territoriums. Im Buch *Meng Dse* finden sich Angaben zu Tang's kriegerischen Unternehmungen, die die Verzerrung historischen Geschehens im konfuzianischen Sinn klar erkennen lassen, so die folgende Darstellung:

Im Buch der Urkunden heißt es: Als Tang seine Straffeldzüge unternahm, begann er mit dem Fürstentum Go, und alle unter dem Himmel setzten ihre Hoffnungen in ihn. Wenn er sich ostwärts wandte, so grollten ihm die I-Völker des Westens; und zog er nach Süden, grollten ihm die Di-Völker des Nordens. Warum stellt er uns zurück, klagten sie. Das Volk ersehnte sein Kommen, wie es während einer Dürre das Erscheinen von Regenwolken ersehnt.

An einer anderen Stelle heißt es:

[Tang] »unternahm elf Feldzüge, und danach gab es keinen unter dem Himmel, der es mit ihm hätte aufnehmen können.[7]

Tang soll versucht haben, den ruchlosen letzten Hsja-König zur Umkehr zu ermahnen, worauf er von diesem in den Kerker geworfen wurde und nur durch Bestechung eines Würdenträgers am Hsja-Hof seine Freiheit wieder erlangte. Auch diese Episode zeigt die retouchierende Hand konfuzianischer Geschichtsauslegung. Ähnliches trug sich nämlich später zu Ende der dem Untergang entgegengehenden Schang-Dynastie zu, deren letzte zwei Könige ihre vom Himmel auserwählten Vernichter ebenso behandelten. Die Entthronung eines Königs durch einen Vasallen war nach den Vorstellungen des Feudalzeitalters ein unverzeihliches Verbrechen, weshalb der Philosoph Meng Dse auch ruchlose Könige wie den letzten Hsja- und den letzten Schang-König nicht mehr als oberste Lehensherren anzuerkennen gewillt war und sich mit der degradierenden Bemerkung, es handle sich bei solchen Herrschern lediglich um Du-Fu, um »bloße Gemeine« aus dem Dilemma eines Widerspruchs zur Feudalethik zog.

Im *Buch der Urkunden* wird im Kapitel *Gelöbnis des Tang* der vom Himmel verfügte und somit a priori gerechtfertigte Anspruch Tang's auf den Thron der Hsja in propagandistisch höchst eindrucksvoller Weise auch menschlich einleuchtend gemacht. Das Volk sei nämlich, so heißt es darin, über die Untugenden des letzten Hsja-Herrschers so erbittert gewesen, daß allerorts der Aufschrei gehört wurde: *Wenn du nur, Sonne, untergehst, gern gehen wir mit dir zugrunde.*[8] Mit der Sonne war König Dschje gemeint.

Das Kapitel *Gelöbnis des Tang* wird mit dem Satz eingeleitet: *I-Yin half Tang bei dem Straffeldzug gegen Dschje*[9], womit in das historische Ereignis des Siegs des Schang-Fürsten Tang über das Haus der Hsja eine andere Persönlichkeit als wesentlich, ja geradezu in gleichem Maße bedeutsam eingefügt wird. Wie wichtig diese Persönlichkeit, nämlich I-Yin, ist, geht auch anschaulich aus einer anderen Passage in den *Historischen Aufzeichnungen* Si-ma Tschjäns hervor: *Dschje wurde auf dem Feld von You-Yüe vernichtend geschlagen und flüchtete nach Ming-Tjau ... Nach seinem Sieg wollte Tang den Stammesaltar der Hsja verlegen, was nicht gelang. So wurde ein Widerruf der Verlegung des Stammesaltars der Hsja verfaßt, den I-Yin* (dem Himmel) *kundtat. Danach unterwarfen sich die Fürsten allesamt Tang, der den Thron des Himmelssohns bestieg und allen innerhalb der Vier Meere Frieden und Ordnung brachte*[10]. Tang's Sieg auf dem Schlachtfeld und darauffolgende Thronbesteigung wären also ohne I-Yins Beistand kaum möglich gewesen. Was wissen wir über diesen offenbar außergewöhnlichen Kampfgefährten Tang's, des Vollenders? Sehr Seltsames und sehr Widersprüchliches. In *Wang I's Kommentar* zu den Werken des berühmten Dichters *Tschü Yuan* lesen wir:

Als I-Yin's Mutter schwanger war, sagte ihr ein Geist im Traum: Wenn am Grunde deines Mörsers ein Frosch entsteht, verlaß sofort dein Haus und blick nicht zurück. Nicht lange danach rührte sich tatsächlich ein Frosch im Mörser. Sie flüchtete sogleich in östlicher Richtung. Als sie nach ihrem Heimatort zurückblickte, sah sie, daß er vollends unter Wasser stand. So ertrank sie in den Fluten und verwandelte sich in einen hohlen Maulbeerbaum. Nachdem sich die Wassermassen zurückgezogen hatten, hörte man die Stimme eines Säuglings aus dem hohlen Baum. Jemand nahm ihn an sich und zog ihn groß. Als er erwachsen war, zeigte es sich, daß er ungewöhnliches Talent besaß[11].

I-Yin's wundersame Beziehung zu einem hohlen Maulbeerbaum findet sich auch in anderen Quellen. Nun wissen wir aus alten Texten, daß bestimmte Maulbeer-Bäume oder -Haine und insbesondere der *Hohle Maulbeerbaum* in der chinesischen Mythologie als geheiligte Orte betrachtet wurden. Von einem als Hohlen Maulbeerbaum genannten Ort aus, heißt es, nimmt die Sonne ihren täglichen Lauf. Bemerkenswert ist auch, daß Tang, der Vollender, als dereinst eine Dürre das Reich sieben Jahre heimsuchte, in einem Maulbeerhain sein in der klassischen Literatur Chinas oft rühmend erwähntes Gebet um Regen an die Himmelsahnen richtete. Sein Gebet ward erhört, die Wolken zogen sich von allen Vier Meeren her zusammen, und über Tausende von Meilen fiel Regen. In den *Historischen Aufzeichnungen* wird I-Yin's Verbindung mit Tang so dargestellt:

I-Yin hieß mit seinem persönlichen Namen A-Heng. Er beabsichtigte, Tang's Aufmerksamkeit zu gewinnen, fand aber keinen geeigneten Weg dazu. Darauf verdingte er sich als Hausknecht bei dem Fürsten von You-Hsing und schulterte Kochtopf und Hackbrett, um Tang mit seiner Kochkunst zu erfreuen. So brachte er ihn dazu, den wahrhaft Königlichen Weg zu beschreiten.[12]

Nach einer anderen Überlieferung soll I-Yin ein Einsiedler gewesen sein, den Tang zu sich einladen ließ. Doch erst nachdem er fünfmal vergeblich Boten zu ihm gesandt hatte, folgte I-Yin Tang's Einladung.
Der chinesische Historiker Lü Dschen-yü nimmt an, daß in der hohen Wertung, ja geradezu gleichrangigen Einstufung der Bedeutsamkeit Tang's, des Vollenders, und I-Yin's in alten Quellen eine Koalition von weltlicher und geistlicher Macht zu ersehen sei. Aus dieser Gleichrangigkeit entwickelte sich alsbald eine Gegnerschaft, ein Machtkampf zwischen der geistlichen und der weltlichen Aristokratie des Schang-Volks. Die Priesterschaft, vor allem der A-Heng, der Pontifex maximus am Hof, geriet in Konflikt mit dem *Himmelssohn*, dem König, der auf die spirituelle Macht seiner Ahnen im Himmel pochte. A-Heng nämlich ist kaum, wie von chinesischen Kommentatoren vermutet wurde, als der persönliche Name I-Yin's anzusehen, sondern vielmehr als Amtsbezeichnung, als Rang pontifikaler Art.
I-Yin erscheint in den Geschichtsquellen als Berater, als Kanzler und in gewissem Sinn als Mentor Tang's. Vor seinem Feldzug gegen den Fürsten von Go, schreibt Si-ma Tschjän in den *Historischen Aufzeichnungen*, soll Tang gesagt haben:

Ich halte mich an mein Wort: Blickt man ins Wasser, so nimmt man seine Gestalt wahr, und blickt man auf das Volk, so weiß man, ob die Regierung gut ist oder nicht. Darauf habe I-Yin bemerkt: Einsichtig fürwahr sind diese Worte. Wenn man in dem, was man sagt auf andere hört, so macht man Fortschritte auf dem Pfad der Tugend.

Dem Staat soll man ein gerechter König sein und das Volk wie seine Kinder behandeln. Was an Gutem getan wird, liegt allesamt in der Hand der königlichen Würdenträger. Fahrt fort so auf diesem Weg, fahrt nur so fort.[13]

Der Ton, in dem I-Yin zu seinem König spricht, ist der einer Autoritätsperson, die den König in seinen Handlungen und Ansichten beurteilen, anleiten, ja sogar zurechtweisen darf. Welche Macht aber I-Yin in Wirklichkeit besessen haben muß, zeigte sich erst nach König Tang's Tod.

Tang's ältester Sohn war vor seinem Vater gestorben. So wurden von I-Yin nacheinander zwei jüngere Brüder des Kronprinzen auf den Thron gesetzt, die jedoch beide nach nur kurzer Regierungsdauer starben. Darauf wurde von I-Yin der inzwischen herangewachsene Sohn des verstorbenen Kronprinzen, Tai-Dschja, auf den Thron gehoben. Gleich in seinem ersten Regierungsjahr soll ihn I-Yin mit drei Erbauungsschriften zu tugendhaftem Gebaren angehalten haben; eine davon hieß bezeichnenderweise *I-Yin's Unterweisungen*. Doch nach drei Jahren Regierung seines Zöglings war I-Yin offensichtlich zur Überzeugung gelangt, daß seine Ermahnungen nutzlos gewesen waren. In den *Historischen Aufzeichnungen* lesen wir:

Tai-Dschja erwies sich als uneinsichtig, heftig und gewalttätig. Er befolgte nicht die Lehren Tang's, des Vollenders, und verstieß gegen die Gebote der Tugenden. Daraufhin verbannte ihn I-Yin nach Tung-Gung. I-Yin führte nun selbst drei Jahre lang die Regierungsgeschäfte, und die Fürsten respektierten den Königshof.[14]

Im weiteren Verlauf der Ereignisse zeigen sich zwei erstaunlicherweise durchaus gegensätzliche Überlieferungen. In den *Historischen Aufzeichnungen* bleibt I-Yin nach dem Idealbild der Konfuzianer eine zweifellos positive Gestalt:

Nachdem Di Tai-Dschja (Di heißt Himmelsherrscher, eine Bezeichnung, die sowohl Himmlischer Urahn wie auch in späterem Gebrauch regierender König bedeuten kann) *drei Jahre in* (seinem Verbannungsort) *Tung-Gung verbracht hatte, bereute er seine Verfehlungen, machte sich Vorwürfe und fand den Weg zum Guten zurück. Daraufhin* holte ihn *I-Yin* wieder an den Hof und übertrug ihm aufs neue die Regierungsgeschäfte. Di Tai-Dschja vervollkommnete sich in den Tugenden. Die Fürsten erwiesen dem Königshaus wieder den gebührenden Respekt, und das Volk lebte in Frieden. I-Yin belobigte ihn dafür und schrieb drei Abhandlungen unter dem Titel »Unterweisungen für Tai-Dschja«.[15]

Im Gegensatz zu diesem gefälligen Bild eines loyalen königlichen Würdenträgers erscheint in einem als Quellenmaterial ernstzunehmenden Werk, den sogenannten *Bambus-Annalen*, das uns leider nur bruchstückweise in mehreren anderen authentischen Geschichtsquellen erhalten geblieben ist, I-Yin in einem ganz anderen Licht. In den *Bambus-Annalen* finden wir in allen wesentlichen Punkten nahezu wortwörtlich übereinstimmende Zitate aus zumindest acht Werken, von welchen wir eine Passage aus dem Kommentar zum Kapitel *Hsjän-Yo I-De* des *Buchs der Urkunden* wiedergeben:

...*Als Dschung-Ren* (der zweitälteste jüngere Bruder des Kronprinzen und dritte König der Schang-Dynastie) *gestorben war, verbannte I-Yin Tai Dschja nach Tung und bestieg selbst den Königsthron. Nachdem I-Yin sieben Jahre lang den Thron des* (rechtmäßigen) *Königs Tai-Dschja innegehabt hatte, gelang es Tai-Dschja heimlich, aus Tung zu entkommen. Er ließ I-Yin töten und setzte dessen Söhne I-Dschih und I-Fen an seine Stelle. Auf sein Geheiß sollten die beiden ihres Vaters Äcker und Anwesen untereinander aufteilen.*[16]

Hinsichtlich der Beseitigung oder Hinrichtung I-Yin's stimmen die Zitate in allen acht Quellen vollständig überein, und auch in den übrigen Aussagen finden wir in fünf von acht Zitaten völlige Übereinstimmung.

Nicht genug damit, daß I-Yin's Biographie hinsichtlich seines Aufstiegs große Divergenzen aufweist, finden wir nun auch, daß die Überlieferungen hinsichtlich seines Endes weit auseinandergehen. Eben sahen wir ihn als Usurpator hingerichtet, und nun lesen wir in den *Historischen Aufzeichnungen*, daß er nicht nur Tai-Dschja, den König, der ihn nach den *Bambus-Annalen* hinrichten ließ, überlebte, sondern auch noch die Inthronisation von dessen Sohn, Wo-Ding, miterlebt haben soll. Nach dem Werk *Di-Wang Schih-Dschi, Aufzeichnungen über die Herrscher des Altertums*, geschahen nach seinem Tod sogar noch Zeichen und Wunder. Wir lesen dort:

Als I-Yin mit hundert Jahren starb, breitete sich drei Tage ein dichter Nebel über die Erde. König Wo-Ding ließ ihn mit den einem Himmelssohn gebührenden Ehren begraben.

Bei so gewaltigen Unterschieden in der Darstellung einer Persönlichkeit ist anzunehmen, daß die Gestalt des I-Yin für bestimmte politische Zwecke willkürlich benutzt und umgedeutet wurde. Vermutlich hatten vor allem die Konfuzianer mit ihrer Verherrlichung des Altertums als Ideal für die Gegenwart und für alle Zukunft ein besonderes Interesse daran, eine bestimmte Reihenfolge von Idealgestalten von Herrschern und loyalen und tüchtigen Kanzlern und Ministern zu schaffen. Die Umdeutung oder Umgestaltung von für diese Zwecke geeigneten Persönlichkeiten fiel ihnen um so leichter je weiter deren Erdenleben zeitlich zurücklag. Die zyklische Geschichtsauffassung, die für das klassische Zeitalter Chinas maßgebend war, verlangte nach im Sinne der Feudalethik mustergültig positiven Persönlichkeiten für die ideale Anfangsperiode einer neuen Epoche, ebenso wie sie nach mustergültig negativen Gestalten für die Niedergangs- und Endphase verlangte. So mußte zwangsläufig der Kanzler und Kampfgefährte des ersten Herrschers der Schang-Dynastie in dieses Schema eingepaßt werden. Viel wahrscheinlicher als die konfuzianische Auslegung ist jedoch, daß I-Yin als Pontifex maximus, was ja wörtlich höchster Brückenbauer im Sinne von Über-Brücker oder Vermittler zwischen der irdischen und der überirdischen Sphäre bedeutet, zumindest das gleiche Quantum an Macht beanspruchte wie sein weltlicher Ko-regent und daß sich daraus Konflikte anhäuften, die gleichsam vorgezeichnet waren. Konflikte dieser Art sollten uns nicht fremd sein. Schließlich prägten sie in sehr hohem Maße das Geschichtsbild des europäischen Mittelalters, nur daß die Tarnung weltlicher Streitigkeiten unter dem Deckmantel theologischer Argumentation in Europa offenbar noch diffiziler gehandhabt wurde. Die weitere Geschichte der Schang-Dynastie zeigt, daß die Annahme von

Auseinandersetzungen zwischen Königsmacht und Priesterschaft gerechtfertigt ist.

Nach den *Historischen Aufzeichnungen* machten sich drei Generationen nach Wo-Ding unter König Yung-Dschi Verfallserscheinungen im Schang-Reich bemerkbar. Als ihm sein jüngerer Bruder Tai-Wu auf dem Thron folgte, wurde wieder ein Priester Kanzler. Sein Name war I-Dschih. Er soll ein Sohn I-Yin's gewesen sein, was aufgrund der beachtlichen Zeitspanne zwischen I-Yin's Tod und der Regierungszeit Tai-Wu's eher unwahrscheinlich ist. In den *Historischen Aufzeichnungen* wird von einem Wunder berichtet, das sich damals in der Hauptstadt Bo zutrug. Über Nacht wuchsen im Königsgarten ein von niemandem gepflanztes Maulbeerbäumchen und ein Papiermaulbeerbäumchen zusammen zu stattlicher Höhe empor. König Tai-Wu erschrak darüber und wandte sich an I-Dschih um Rat. I-Dschih gab ihm zur Antwort: *Euer Untertan hat gehört, daß Unheildrohendes dem Wirken der Tugend nicht zu widerstehen vermag. Hat Majestät vielleicht Fehler in der Regierung begangen? So möge Majestät sich um die Pflege der Tugend bemühen.* König Tai-Wu folgte diesem Rat, und alsbald vertrockneten die unheilvollen Bäume und gingen ein. I-Dschih empfahl König Tai-Wu auch noch einen anderen Priester zu seinem Ratgeber zu machen, Wu-Hsjän, der sich, nach Si-ma Tschjän's Angaben alsbald Verdienste um das Königshaus erwarb. Wu in dem Namen Wu-Hsjän ist das Schriftzeichen für Schamane. Während der Regierungszeit Tai-Wu's scheint also die Priesterschaft sehr an Macht zugenommen, ja vielleicht sogar die Oberhand gewonnen zu haben. Das zeigt recht deutlich die folgende Passage in Si-ma Tschjän's *Historischen Aufzeichnungen*:

Di Tai-Wu empfahl I-Dschih seinen Ahnen im königlichen Ahnentempel und verkündete, daß I-Dschih ihm nicht mehr untertan sei.[17]

Die Aufhebung des Status eines Untertans durch den König selbst machte I-Dschih quasi zum Ko-regenten. Genau das hatte offensichtlich auch I-Yin nach Tang's Tod angestrebt. Si-ma Tschjän fügt hinzu, daß offenbar durch den günstigen Einfluß der Priester, das Reich der Schang wieder zu Macht und Wohlstand gelangte. Die Fürsten, die sich lässig in ihren Pflichten erwiesen hatten, wandten

sich wieder dem König zu. Tai-Wu wurde deshalb *Herrscher des Wiederstarkens* genannt.
Unter dem dritten Herrscher nach Tai-Wu, Ho-Dan-Dschja, verfiel das Reich abermals. Doch schon unter seinem Nachfolger, Dsu-I, stellt sich wieder ein Aufschwung ein. Si-ma Tschjän deutet unmißverständlich an, daß diese Wendung zum Besseren wieder das Werk eines Priesters war. Denn er fügt eigens hinzu, daß König Dsu-I einen Schamanen namens Wu-Hsjän in seine Dienste nahm. Die mehrmalige, stereotyp anmutende Wiederholung im Text der *Historischen Aufzeichnungen* von Verfall und Wiedererstehen des Schang-Reichs, wobei der neue Aufschwung meist mit dem Namen eines Priesters verbunden wird, ist auffällig, doch durchaus erklärbar. Si-ma Tschjän, der zu seiner Zeit von Kaiser Wu der Han-Dynastie schmählich und grausam behandelt wurde, war selbst ein Schih, was zwar später Hofhistoriograph bedeutete, aber ehemals ein dem Hofpriestertum zugehörender Rang war. In seiner Autobiographie erklärte Si-ma Tschjän recht deutlich, daß er sein Geschichtswerk vornehmlich deshalb schreibe, um sich vor der Nachwelt zu rechtfertigen. Kein Wunder daher, daß er Sympathie für Leute seines Standes zeigt.
Als Yang-Dschja, der neunte Herrscher nach Tai-Wu, den Thron bestieg, war das Schang-Reich wiederum in Verfall geraten. Si-ma Tschjän gibt als Grund dafür Unklarheiten in der Thronfolge an, die zu Zwistigkeiten zwischen Angehörigen des Königshauses führten. Seit König Dschung-Ding wurde im wesentlichen die Erbfolge nach der Primogenitur eingehalten; vorher waren dem ältesten Sohn des Königs meist dessen jüngere Brüder auf dem Thron gefolgt. Mit dem Nachfolger König Yang-Dschja's, dem König Pan-geng aber verbindet sich ein für die weitere Geschichte sowie für unsere Kenntnisse der Schang-Dynastie ungemein wichtiges Ereignis.
Wir haben bereits gesehen, daß die Schang-Fürsten, ehe sie die Königswürde erlangten, achtmal die Residenz wechselten, was von den Historikern verschiedentlich erklärt wird: als Folge von Überschwemmungen, als Anzeichen dafür, daß das Schang-Volk sich noch im Zustand des Nomadendaseins befand oder als Zurückweichen vor dem Druck äußerer Feinde. Auch nach Tang, des Vollenders,

Aufstieg zur Königsmacht fanden bis zu Pan-Geng's Zeiten fünf Verlegungen der Residenz statt. Erst mit Pan-Geng wurde die Hauptstadt endgültig an einem Ort festgelegt: Yin, weshalb die Schang-Dynastie fortan auch Yin-Dynastie genannt wird. Doch dieser letzten Übersiedlung gingen heftige Auseinandersetzungen innerhalb der Mächtigen des Landes voraus.

Der hartnäckige Kampf um die Vormachtstellung zwischen Königshaus und Priesterschaft muß eine zersetzende Wirkung auf den Zusammenhalt der tragenden Schichten innerhalb der Bevölkerung im Schang-Reich ausgeübt haben. Dazu kam noch, daß mit der schwindenden Macht der Priester auch der Glaube an ihre spirituelle Unfehlbarkeit ins Wanken geriet, was noch zusätzlich zu Spannungen, wenn nicht Feindseligkeiten dieser traditionell privilegierten Klasse und dem Königshaus geführt haben muß. Vor allem aber scheinen sich mit dem steigenden Wohlstand der Aristokraten oder Eupatriden die Gefolgschaftsverhältnisse innerhalb des Schang-Reichs wie auch die der tributpflichtigen Stammesfürstentümer zu ihm gelockert zu haben. In dieser Situation kam offensichtlich König Pan-Geng die drohende Gefahr einer Überschwemmung im alten Siedlungsgebiet von Wen-Hsjän sehr gelegen, eine politisch wirksame Maßnahme zu ergreifen. Ein zentrale Führung erfordernder Exodus von der Hauptstadt Yän südlich des Huang-Ho, des Gelben Flusses, in das alte Siedlungsgebiet von Yin, nördlich dieses Flusses versprach nicht nur die Königsmacht zu stärken, sondern sollte gleichzeitig auch dazu dienen, die auseinanderstrebenden sozialen Kräfte in dem gemeinsamen Unternehmen wieder zusammenzuführen. Diesem Ereignis verdanken wir ein wichtiges literarisches Dokument, die *Drei Ansprachen Pan-Geng's* im *Buch der Urkunden*. Daß es sich hier allerdings nicht um authentische zeitgenössische Texte handeln kann, geht schon aus der folgenden Passage in den *Historischen Aufzeichnungen* hervor:

Nach Pan-Geng's Tod bestieg dessen jüngerer Bruder Hsjau-Hsin den Thron ... Das Yin-Reich verfiel wieder. Das Volk gedachte der (guten) Zeiten unter König Pan-Geng. So wurden die Drei Ansprachen Pan-Geng's aufgezeichnet.[18]

Dem Stil nach müßte die uns erhalten gebliebene Fassung der *Drei Ansprachen Pan-Geng's* erst zu Anfang der Dschou-Zeit (etwa um das Jahr 1000 v.Chr.) niedergeschrieben oder redigiert worden sein. Inhaltlich aber lagen dieser Niederschrift bestimmt Überlieferungen aus der Schang-Zeit zugrunde. Wir geben hier Auszüge aus der ersten und der zweiten Ansprache Pan-Geng's in Übersetzung wieder:

Pan-Geng verlegte die Hauptstadt nach Yin. Das Volk wollte sich nicht zu dem (neuen Wohnsitz) begeben. Darauf versammelte er die Menge und beteuerte unter Klagen. ›Als sich meine königlichen Vorfahren hier niederließen, taten sie es aus Vorsorge für das Volk, damit es (von den Naturgewalten) *nicht vollends vernichtet werde. Und doch konnten sie damit seinen Lebensunterhalt nicht für immer sicherstellen. Ich befragte das Orakel. Die Antwort war: Was kann es schon nützen* (hier zu bleiben)? *In allen Dingen befolgten meine königlichen Vorfahren getreulich die Gebote des Himmels. Sie gönnten sich keine Ruhe und wagten nicht, dauernd an einem Ort zu verharren. Fünfmal schon haben sie bisher ihren Wohnsitz gewechselt. Und wenn ich mich nun nicht an die alten Gepflogenheiten halte, die Gefahr, das Mandat des Himmels zu verlieren außer acht lasse, kann ich dann noch sagen, daß ich den hehren Taten meiner königlichen Ahnen würdig folge? ... Auch meinen königlichen Vorvätern lag früher nur daran, mit ihren alten Getreuen gemeinsam die Regierungsgeschäfte zu besorgen ... Ihr aber murrt in einem fort und wollt, daß das Volk euren gefährlichen und nichtigen Worten Glauben schenkt. Ich weiß fürwahr nicht, wogegen ihr lästert? Ich will ja nicht damit* (gemeint ist die Verlegung der Hauptstadt) *meine Tugend preisgeben. Ihr aber verschweigt alles Tugendhafte und bezeugt mir keine Ehrfurcht. Ich sehe eure Gedanken so deutlich, wie man ein Feuer sieht. Sollte ich denn auch nach einem törichten Plan handeln und eure Fehler begehen? Wenn Netze an einem Strick aufgereiht sind, so gibt es keine Verwirrung der Maschen. Wenn der Landmann emsig sein Feld bestellt, so bringt er auch eine Ernte herein. Reinigt euch von allen Gedanken an persönliche Vorteile. Wahre Tugend sollt ihr unter das Volk und zu euren Verwandten und Freunden tragen. Aber ihr wagt es noch, große Worte zu machen und euch mit den lange aufgespeicherten Tugenden* (eurer Geschlechter) *zu brüsten ...*[19]

In der zweiten Ansprache schlägt Pan-Geng einen noch schärferen Ton an:

... Nun möchte ich, daß ihr (in die neue Hauptstadt) *übersiedelt. Dem Lande will ich Ruhe und Frieden bringen. Aber nicht nur, daß ihr nicht den Kummer und die Sorgen meines Herzens teilt, geht ihr noch eurem Unverstand nach, denkt nicht an Aufrichtigkeit, sondern wollt mich noch von meinem Vorhaben abbringen. Damit aber stößt ihr euch selbst ins Unglück. Ihr benehmt euch wie Leute, die ein Boot besteigen und die Überfahrt nicht wagen wollen und warten, bis das Boot verfault. Nicht nur, daß ihr selbst untergehen werdet, wollt ihr noch, daß ich mit euch untergehe. Ihr untersucht auch nicht, worum es geht. So bringt ihr euch selbst in Wut und wißt nicht, daß euch dies wenig frommt ... Habe ich denn je daran gedacht, euch mit Gewalt dazu zu bringen? Ich will ja nur euren Scharen zu Wohlergehen verhelfen ... Wenn ihr nicht selbst euer Leben lebenswert machen wollt und mit dem gleichen Wunsch im Herzen wie ich mit mir in die neue Stadt übersiedelt, dann werden die Seelen meiner Ahnen euch mit schweren Strafen heimsuchen ... Und was solche Leute unter euch betrifft, die Ämter innehaben und Verwirrung in die Regierungsgeschäfte bringen, die für sich Reichtümer an Kaurimuscheln und Jade anhäufen, so werden eure Ahnen zu meinen erhabenen Vorvätern sagen: ›Bestraft strenge unsere Nachkommen‹. Und meine Vorväter werden großes Unglück über euch herabbringen ... Wenn ihr euch lästerlich gebaren solltet, die euch gesetzten Schranken nicht wahrnehmen und nicht ehrfürchtig den Befehlen folgen wollt, wenn ihr böswillig oder räuberisch handelt, so werde ich euch vernichten, und nicht ein Sproß von eurem Samen soll in der neuen Stadt geduldet sein ...*[20]

Diesen Ansprachen müssen, wie bereits erwähnt, unverfälschte Überlieferungen aus der späteren Schang-Zeit zugrunde gelegen haben: denn die Schlüsse, die wir daraus ziehen können, stimmen mit den Erkenntnissen, die wir aus den Orakelinschriften und anderen Bodenfunden gewinnen konnten, im wesentlichen überein.

Aus Pan-Geng's Ansprachen geht hervor, daß der Schang-König zwar sowohl im politischen wie auch religiösen Bereich die Personifikation der höchsten Macht im Staat darstellte, den Oberhäuptern der Gentes aber de facto ein Mitspracherecht, eine nicht zu unterschätzende politische Bedeutung zukam. Sie scheinen dem Schang-König als Inhaber erblicher Staatsämter in beratender, administrativer, exekutiver und last not least militärischer Funktion zur Seite gestanden zu haben. Daß sich diese gesellschaftliche Struktur auch im Schattenreich der Ahnen widerspiegelte, ist in doppeltem Sinn aufschlußreich. Denn die Projektion gesellschaftlicher Verhältnisse in eine jenseitige Welt basiert im allgemeinen auf tief ins Bewußtsein eingedrungenen Begriffsformen einer diesseitigen Realität. Eine solche Bewußtseinstiefe ist aber nur möglich, wenn die darin widergespiegelten Verhältnisse für eine entsprechend lange Zeit real existent waren.

Der Schang-König erscheint als einziger rechtmäßiger Mittler zwischen der diesseitigen Welt und den überirdischen Mächten. Dazu autorisiert ihn das Vater-Sohn-Verhältnis innerhalb des Königsgeschlechts, das über die irdische Sphäre hinausreicht. Doch die himmlische Macht, mit der zu kommunizieren er als König ausersehen ist, darf nicht als simple Vaterfigur verstanden werden, sondern eher als eine Gemeinschaft der Ahnen, als gebündelter Kraftstrom aller seiner Ahnen, unter welchen bestimmte besonders verdienstvolle und mit Stammestugenden ausgestattete eine Vorzugsstellung genießen. Dieser Kraftstrom kann nur durch seine Person seinen Stammesgenossen vermittelt, zugänglich gemacht werden, ebenso wie die Anliegen des Stammes nur durch ihn Gehör bei den Ahnen im Himmel finden können. Die Ahnenreihe führt zurück zu einer nicht mehr faßbaren Ahnengestalt, die Di genannt wird. Und eben diese nicht mehr faßbare Gestalt verkörpert sich in jeder Generation immer wieder in der Person des jeweiligen Königs. So werden der höchstrangige und fernste Ahn mit dem gleichen Namen – Di – benannt wie der regierende König. Aus dieser Sicht betrachtet, steht quasi nur dem König der Himmel offen: nur er als *Himmelssohn* vermag die Sprachlosigkeit des Volkes zu überwinden und sich und sein Volk mit allen Nöten, Sorgen und Freuden den unsichtbaren, aber allmächtigen Ahnen im Himmel verständlich zu machen. Aber wie auf Erden so waren auch im Himmel die nicht-königlichen Familien keineswegs machtlos. Auch ihre Ahnen verfügten über Kräfte, die sich für die irdische Welt als Segen oder Fluch auswirken konnten, nur mußten sie ihre Kräfte dem Willen der höherrangigen, also der königlichen Ahnen unterstellen. Sicher war dieser Glaube nicht nur auf Königshaus und Adel beschränkt. Ebenso wie es Ungleichheiten auf Erden gab, richteten sich auch Rang und Macht im Jenseits nach gesellschaftlichen Werten.

Der Ahnenkult, insbesondere der Kult der königlichen Ahnen besaß demnach im Schang-Reich eine wichtige staatstragende Funktion, die Funktion eines Bindeglieds politisch-religiöser Art, das die Beziehungen zwischen den Gentes und dem Königshaus und im weitesten Sinn zwischen dem Königshaus und dem gesamten Schang-Volk regelte. Das zeigt sich in Pan-Geng's *Ansprachen* in dem einschüchternden Hervorheben der Abhängigkeit der Ahnen der Gentes von den Ahnen des Königshauses. Wie ungeheuer wichtig der Ahnenkult gewesen sein muß, beweist am deutlichsten die wiederholt betonte Abhängigkeit der Lebenden von der Gunst beziehungsweise Mißgunst der abgeschiedenen Vorväter auf ungleicher Ebene. Die Seelen der toten Könige bestimmten im Jenseits unmittelbar über Gunstbeweise oder die Verhängung von Strafen innerhalb aller Gentes und für das ganze Volk, indes die Seelen der Gentiloberhäupter nur indirekt (mit Billigung der königlichen Ahnen) ihre Macht gebrauchen konnten.

Ob Pan-Geng selbst das Orakel befragte, geht aus dem Text nicht hervor. Der allgemeine Tenor der Ansprachen jedoch zeigt keinerlei Gebundenheit an eine priesterliche Autorität. Der Machtkampf zwischen Königshaus und Priesterschaft scheint sich also bereits zugunsten des ersteren entschieden zu haben. Darauf deuten auch zahlreiche Orakeltexte der Spätzeit hin: als Befragende bei den Orakeln erscheinen immer seltener Namen von Priestern und immer häufiger die Namen von Königen. Auch das weist darauf hin, daß die sakrale Funktion bei den Orakelbefragungen Monopol des Königs wurde, indes die Aufgabe der Priesterkaste sich immer mehr auf das rein Handwerkliche beschränkte.

Zwei weitere Momente in Pan-Geng's Ansprachen verdienen besondere Beachtung: die »Verwirrung in den Regierungsgeschäften«, das Anhäufen von »Reichtümern an Kaurimuscheln und Jade« und »räuberische Handlungen«, die er den erblichen Inhabern höherer Staatsämter zur Last legt; und andererseits die Anstrengungen der Gentiloberhäupter, das Volk (mutmaßlich die Stammesfreien – die Nicht-Hörigen) für ihre Absichten, die denen des Königs zuwiderlaufen, zu gewinnen. Die Konzentration von Produktionsmitteln und Besitztümern in den Händen einer relativ kleinen Gruppe wohlhabender Gentes muß also bereits zu staatsgefährdenden Übergriffen und damit zu einer Verschärfung der inneren Widersprüche geführt haben. Pan-Geng's Plan eines Exodus war daher offenbar mit Reformplänen verbunden, die er im Verlauf dieses alle Kräfte einbeziehenden gemeinsamen Unternehmens durchzuführen gedachte. Die Bodenfunde im Bereich der von Pan-Geng gegründeten ehemaligen Hauptstadt Yin, heute An-Yang im Norden der Provinz Ho-Nan, beweisen zur Genüge, daß erst mit und nach Pan-Geng das Schang-Volk den Höhepunkt seiner kulturellen Entwicklung erreichte.

Daß zumindest in der späteren Schang-Zeit große Unterschiede in den Eigentumsverhältnissen bestanden haben müssen, läßt sich auch anhand von archäologischem Material mit Sicherheit nachweisen. In den großen Begräbnisstätten im Bezirk der Gräber von Königen und Edelleuten wurden Gegenstände aus Gold, Jade und Bronze in beachtlichen Mengen gefunden, in den kleinen Gräbern anderer Bezirke hingegen nur irdene Gefäße und einzelne aus Knochen verfertigte Grabbeigaben.

Erstaunlich ist die Anzahl von Menschenopfern, die entweder vorher geköpft oder lebend mit den Toten mitbestattet wurden. Im ersteren Fall handelte es sich vermutlich um Kriegsgefangene, im letzteren um Familienangehörige oder Diener des Verstorbenen. Fälle von Mitbestattungen von Gefangenen und treuen Dienern oder Gefährten ihres Herrn werden noch aus viel späteren Zeiten berichtet. So wurden 621 v.Chr. dem Fürsten von Tschin 177 Menschen mit ins Grab gegeben, darunter drei aus edlem Geschlecht[21]. Allerdings ist erwiesen, daß die Anzahl von Menschenopfern bei Bestattungen

153

weitaus geringer war als bei Opfern für die Stammesahnen und anderen Staatsritualen. Die Zahl von geopferten Menschen und Tieren, meist Rinder und Schafe, ist in manchen Fällen erschreckend hoch: sie reicht von mehreren hundert bis zu eintausend. Doch die überwiegende Mehrzahl von Menschen- und Tieropfern ist weitaus geringer: meist finden wir ein bis drei Opfer in den Gräbern, selten über zehn, vereinzelt jedoch bis zu vierhundert. Eine solche »Verschwendung von Arbeitskräften« müßte allerdings die Schlußfolgerung nahelegen, daß die Schang-Gesellschaft keine Sklavenhalterordnung gewesen sein kann. Auch die dem Schang-Volk tributpflichtigen Stämme und Fürstentümer hätten nur schwerlich ihre Gentilgenossen zur Schlachtung ausgeliefert. Wahrscheinlich handelte es sich bei diesen Hekatomben von Menschen also um Gefangene, die im Kampf mit nicht-tributpflichtigen oder rebellierenden Stämmen gemacht wurden.

Die Bedeutung, die das Schang-Volk seinen vielfältigen Staats- und Ahnenopfern beimaß, erklärt einige Besonderheiten in der Gerichtetheit seiner kulturellen Kreativität. Nichts könnte die Bedeutung der Opfer im Leben dieses Volkes eindrucksvoller bezeugen als die Tatsache, daß in der Spätzeit des Schang-Staates das Wort Jahr oft durch das Wort Opfer ersetzt wurde, daß also ein Zeitbegriff einen religiösen Bewußtseinsinhalt gewann. Der ungeheure Aufwand an Opfern, die rituelle Tötung von Hekatomben von Menschen und Tieren könnten der Ausdruck einer Art religiösen Wahnsinns gewesen sein, wie wir ihn in der Spätphase der Geschichte der Azteken finden, die kurz vor Cortez' Erscheinen 40.000 Menschen im Jahr das Herz herausschnitten und es der Sonne opferten. Zu solchen Extremen kam es freilich nicht in der Endphase der Geschichte des Schang-Volks. Aber daß gegen Ende der Dynastie eine Art Opferwut einsetzte, die früher nicht nachweisbar ist, kann kaum angezweifelt werden. Kein Wunder daher, daß das Eindrucksvollste in der kulturellen Hinterlassenschaft des Schang-Volks seine in der Kunstgeschichte der Menschheit einzigartigen bronzenen Opfergeräte sind, die in ihren Tier- und Menschendarstellungen, ihrer Ornamentik, in der Kühnheit und Originalität der Gestaltung und in der technischen Feinheit der Herstellung zu den Spitzenleistungen menschlichen Schöpfertums zählen.

Die Bodenfunde in der »Öde von Yin«, dem heutigen An-Yang, beweisen, daß es das Schang-Volk im Bronzeguß zu einer nie übertroffenen Technik und Finesse gebracht hat. Sicher war es der religiöse Ernst, der die anonym gebliebenen Künstler jener Zeit so wunderbare Kunstwerke aus Bronze, Jade und Stein schaffen ließ. Verglichen damit fällt das künstlerische Schaffen – besser: das Kunstwollen – der folgenden Dynastie, der Dschou-Dynastie hinter das der Schang-Dynastie weit zurück. Waren es nicht auch Ernst und Tiefe des religiösen Bewußtseins, die die anonymen Baumeister und Bildhauer der romanischen und gotischen Epoche in unserem Kulturkreis unübertroffene Meisterwerke schaffen ließen? Das größte bisher aufgefundene bronzene Opfergefäß der Schang-Zeit, der nach der Inschrift darauf Si-Mu-Wu benannte Dreifuß, ist 875 Kilo schwer und 1,10 m lang. Doch während Opfergeräte mit größter Sorgfalt aus Bronze hergestellt wurden – ebenso allerdings auch Waffen –, blieb man merkwürdigerweise bei der Herstellung von Ackergerät bei Stein, Knochen, Holz und Muscheln. Sicheln aus Bronze wurden bisher selten gefunden, hingegen solche aus Stein oder Muscheln in großer Zahl. Die fast ausschließliche Verwendung des kostspiligeren Stoffes Bronze für Opfergerät und Waffen zeigt deutlich, daß religiöse Handlungen und das Kriegshandwerk zur Schang-Zeit in höchsten Ehren standen. Daß dennoch genügend Getreide und andere Lebensmittel beschaffen werden konnten, ist nach den Erkenntnissen, die uns die Orakelinschriften gewähren, hauptsächlich auf die gute Organisation in der Feldbestellung und Viehzucht zurückzuführen. Das sogenannte *Brunnenfeldsystem*, die Aufteilung des Ackerlands in quadratische Flächen mit neun Parzellen, die von acht Haushalten gemeinsam bearbeitet wurden; das zentrale Feld lieferte die Abgaben an den Staat – ein solches System der Bewirtschaftung war in dieser oder ähnlicher Form, nach dem entsprechenden Schriftzeichen zu schließen, eine Erfindung der Schang-Zeit und nicht der Dschou-Zeit, wie später behauptet wurde.

In enger Verbindung mit der Organisation der Feldwirtschaft stand gewiß auch das Interesse, daß zur Schang-Zeit dem Kalender und der Astronomie gewidmet wurde. Das Schang-Volk besaß einen Lunarkalender. Das Jahr wurde in zwölf Monate eingeteilt. Das

Schaltjahr hatte dreizehn Monate. Den Monat unterteilte man in drei *Hsün* – Wochen. Die Woche hatte zehn Tage. Zeitangaben machte man mittels eines Systems der Korrelation von einer Reihe von zehn Zeichen – den *Tiän-Gan*, den »Zehn Himmlischen Stämmen« – und einer Reihe von zwölf Zeichen – den *Di-Dschih*, den »*Zwölf Irdischen Zweigen*«. Stellt man diese Zeichenreihen nebeneinander, so ergibt sich, wenn man bei zehn angelangt ist, daß zwei Zeichen der »Zwölf Irdischen Stämme« übrigbleiben. Verbindet man nun das erste Zeichen der »Zehn Himmlischen Stämme« wieder mit dem elften der »Zwölf Irdischen Zweige« und setzt diese Aneinanderreihung von je einem Zeichen der beiden Reihen fort, so ergibt sich nach der sechzigsten Aneinanderreihung, daß man wieder bei den ersten Zeichen der beiden Reihen angekommen ist. Auf diese Weise erhielt man ein Zeichensystem für einen Zyklus von sechzig Jahren oder Tagen, also einen sexagesimalen Zyklus, der für die Kalenderrechnung und für Zeitangaben bei Orakelbefragungen und rituellen Opferhandlungen angewendet wurde. Das sexagesimale System der Zeitrechnung, das für die gesamte Feudalperiode Chinas bis in unser Jahrhundert maßgebend blieb, ist im kulturellen Leben der Chinesen auch noch heute in Gebrauch.

Kehren wir zu der letzten und offenbar glänzendsten Epoche in der Geschichte der Schang-Dynastie zurück – der Epoche nach der von Pan-Geng erzwungenen Verlegung der Hauptstadt nach Yin. Das Schang-Reich hatte nunmehr ein ständiges politisches und kulturelles Zentrum erhalten, eine Metropole, die bis zum Ende der Dynastie die Residenz der Könige blieb. Nach den ausgegrabenen Fundamenten von Palästen und den Resten der Befestigungsanlagen sowie den ausgedehnten Nekropolen zu schließen, war Yin eine Stadt von beträchtlicher Größe. Der Königspalast bestand aus nicht weniger als dreiundfünfzig Gebäuden. Allein eine zu Ende der Fünfzigerjahre ausgegrabene Werkstatt der Bronzegießer in der Hauptstadt nahm eine Fläche von etwa 10.000 m^2 ein. Das Schang-Reich umfaßte damals vermutlich das Territorium der heutigen Provinzen Ho-Nan, Ho-Be, Schang-Dung, Schen-Hsi und Schan-Hsi, doch sein politischer und insbesonders kultureller Einfluß erstreckte sich bis in die heutigen Provinzen Hu-Nan, An-Hue, Si-Tschuan, Ljau-Ning und südlich bis in das Yang-Dse-Gebiet. Von Grenzen und Territorium im Sinne eines festgefügten Staatswesens zu reden, ist offensichtlich nicht angebracht. Denn manche dem Schang-Reich zugerechneten Gebiete waren mit diesem kaum mehr als in einer losen Föderation verbunden. Nur die Einflußnahme der zweifellos allen Anrainergebieten überlegenen Kultur des Schang-Volks sollte nicht unterschätzt werden. Das bezeugen immer wieder unerwartete Funde mit deutlichen Anzeichen des kulturellen Einflusses der Schang in weit entlegenen Gebieten.

Nach Pan-Gengs Tod soll wieder eine Periode des Verfalls eingetreten sein. Doch der dritte König nach ihm, Wu-Ding, brachte eine Wende herbei. Er scheint eine ungewöhnliche Persönlichkeit gewesen zu sein. In den *Historischen Aufzeichnungen* finden wir die folgende seltsame Geschichte:

Nachdem Di Wu-Ding den Thron bestiegen hatte, nahm er sich vor, das Yin-Reich zu neuer Blüte zu bringen. Doch fehlte ihm ein geeigneter Helfer bei diesem Vorhaben. Drei Jahre sprach der König kein Wort. Es wurde beschlossen, die Staatsgeschäfte einem Reichsverweser zu übergeben, so daß (der König inzwischen) *die Zustände im Reich beachten konnte. Da erschien eines Nachts Wu-Ding im Traum ein Weiser namens Yüe. Der König verglich alle seine Beamten mit dem ihm erschienenen Mann, aber keiner glich ihm. Daraufhin entsandte er Leute, die ihn außerhalb suchen sollten. Yüe befand sich zu dieser Zeit in Fu-Hsjän, wo er als Strafgefangener mit anderen einen vom Wildbach zerstörten Weg ausbesserte. Als er vor König Wu-Ding erschien, sah dieser sogleich, daß er den Gesuchten vor sich hatte. Im Gespräch mit dem König erwies sich Yüe* (der später nach dem Ort, wo man ihn entdeckte, den Familiennamen Fu erhielt) *als ein wahrer Weiser. Der König ernannte ihn zum Kanzler, und das Reich kam zu großer Blüte.*[22]

Wie immer diese Geschichte entstanden sein mag, ihr Sinngehalt scheint zu besagen, daß König Wu-Ding mehr Wert auf Fähigkeiten bei seinen höchsten Würdenträgern als auf edle Abstammung legte. Das wäre auch bei einem Herrscher wie ihm, der den Machtbereich der Schang durch mehrere Feldzüge wesentlich vergrößerte, eine verständliche Haltung gewesen. Er soll zuerst westwärts gegen die Tschjang-Stämme (wahrscheinlich im Gebiet der heutigen Provinz Gan-Su) zu Felde gezogen, dann in Tu-Fang (vermutlich im Süden des Schang-Reichs) eingedrungen sein, und schließlich drei Jahre lang erfolgreich Krieg gegen das mächtige Fürstentum Gue-Fang im Norden geführt haben. Die Erhöhung des Fu-yüe, eines Nicht-Adeligen, ja eines Sträflings zum höchsten Rang in der Hierarchie der Schang-Gesellschaft ist so ungewöhnlich, daß wir dieser Überlieferung Bedeutung zumessen müssen.

Die starre Schang-Ordnung war offenbar ins Wanken geraten. Das Einsetzen einer Lockerung in den alten Loyalitätsverhältnissen und Ansätze zu einer neuen Denkrichtung lassen sich schon in den *Ansprachen Pan-Geng's* erkennen. Die Eroberungsfeldzüge hatten indessen den Machtbereich bereits so erweitert, daß die herkömmlichen Institutionen und ihre gesellschaftliche Verankerung für die neuen Aufgaben nicht mehr ausreichten. So waren auch die Schang, wie so viele andere Völker in der Weltgeschichte, im Begriff sich zu Tode zu siegen. Daß in den Auseinandersetzungen zwischen der königlichen und der priesterlichen Macht auch die alten Wertvorstellungen an Kraft verloren hatten, zeigt im Extrem und bis ins Groteske verfremdet die folgende Passage in den *Historischen Aufzeichnungen*:

König Di Wu-I (der viertletzte der Schang-Könige) ließ eine Puppe anfertigen, die er Himmelsgott nannte. Er spielte ein Glücksspiel mit dieser Puppe, indem er eine andere Person für sie spielen ließ. Der Himmelsgott konnte nie gewinnen und wurde von Wu-I dafür geschmäht. Der König ließ auch einen Beutel aus Leder anfertigen, den er mit Blut füllte und als Zielscheibe aufhängen ließ. Auf diesen Beutel schoß er Pfeile ab und nannte das: Himmelbeschießen.[23]

Als König Wu-I auf der Jagd von einem Donnerschlag so erschreckt wurde, daß er starb, lachten sich die Priester freilich ins Fäustchen und erklärten dies als gerechte Strafe des Himmels. Aber ihr Anspruch auf eine Art Ko-regentschaft, der zu Beginn der Dynastie noch durchsetzbar schien, war endgültig verfallen.

Unter dem vorletzten König, Di-I, wurde die Hauptstoßrichtung der militärischen Expeditionen der Schang nach Süden und Südosten verlegt. Die im Gebiet des Huai-Flusses ansässigen Dung-I waren hartnäckige Gegner. Die Kämpfe zogen sich, wie es scheint, über Jahre hin und dehnten sich bis in Regionen südlich des Yang-Dse aus. Sie wurden unter der Regierung des jüngeren Sohnes und Nachfolgers von Di-I, Di-Hsin, offenbar mit voller Intensität weiter fortgeführt. Die Lasten des Schang-Volks und seiner Verbündeten und Tributarvölker erhöhten sich dementsprechend. Die Konzentration der Militärmacht der Schang auf den Südosten legte für das erstarkende Dschou-Volk im Nordwesten den Weg frei, zusammen mit ihren Konföderierten, das heißt mit der Mehrzahl der mit der Schang-Herrschaft unzufriedenen tributpflichtigen Fürstentümer, in das seiner Hauptmacht entblößte Kernland der Schang vorzudringen. Die von König Di-Hsin der Konföderation des Dschou-Königs Wu entgegengestellten Truppen – es sollen 700.000 gewesen sein! – kamen zu spät und waren auch zu hastig zusammengestellt worden, um wirkungsvoll Widerstand leisten zu können. In der Schlacht von Mu-Ye wurde der Schang-König vernichtend geschlagen. Angeblich soll er notgedrungen auch viele Sklaven bei der Entscheidungsschlacht eingesetzt haben, die im kritischen Augenblick ihre Spieße umdrehten und gegen ihre Peiniger Front machten. Der geschlagene König soll in sein Lustschloß Lu-Tai geflüchtet sein und sich dort im prunkvollen Hofornat inmitten seiner zahllosen Schätze in den Flammen selbst den Tod gegeben haben.

In der traditionellen Geschichtsschreibung wird das böse Ende der einst glanzvollen Schang-Dynastie den Lastern und Übeltaten einer einzelnen Person, König Di-Hsin zugeschrieben. Sein Name, und zwar sein schmachvoller postumer Name Dschou, wurde zum Inbegriff der Lasterhaftigkeit und Grausamkeit eines Herrschers überhaupt für alle folgenden Generationen. Si-ma Tschjän schreibt über ihn:

Di Dschou war ungemein redegewandt und scharfsinnig. Er besaß außerordentliche Fähigkeiten. Mit bloßen Händen konnte er wilde Tiere niederzwingen. Er war klug genug, um jeden Vorwurf zu widerlegen, und beredt genug, um jedes Verbrechen zu beschönigen ...

Auch war er dem Trunk und den Freuden der Wollust ergeben. Die Frauen genossen seine besondere Gunst. Seine Favoritin hieß Da-Dschi. Auf sie hörte er blindlings ... Er erhöhte die Steuern und Abgaben, um sein Lustschloß Lu-Tai bauen und den Speicher Dschü-Tschjao füllen zu können ... In Scha-Tschju veranstaltete er Belustigungen, ließ einen Teich mit Wein füllen und die Bäume ringsum mit gebratenem Fleisch behängen. Nackte Mädchen und Jünglinge mußten zwischen den fleischbehangenen Bäumen einander jagen. Ganze Nächte wurden so durchzecht ...[24]

Dieses Bild der Lasterhaftigkeit wird noch reichlich mit Schilderungen der Grausamkeit und Bösartigkeit des Königs ergänzt. Die Willkürherrschaft des letzten Schang-Königs mag ein Grund für seine Unbeliebtheit und daher auch für den Widerwillen seiner Würdenträger und Verbündeten gegen ihn gewesen sein. Doch viel mehr als diese üblen Eigenschaften waren es die fortwährenden Kriege und Eroberungen, die allmählich das Reich schwächten und eine effektive Kontrolle innerhalb des königlichen Machtbereichs unmöglich machten.
Vom Sieger über die Schang-Dynastie, König Wu von Dschou, wird gesagt, daß er schon vor seinem Angriff gegen die Armee des Schang-Königs zwei Drittel des Reiches in seiner Hand hatte. Nach seinem Sieg, belehnte er seine Verwandten, seine getreuen Gefolgsleute und seine Konföderierten mit den eroberten Gebieten des Schang-Reichs und bestieg selbst den Thron als erster König der Dschou-Dynastie. Doch auch diese neugegründete siegreiche Dynastie blieb dem besiegten Schang-Volk tief verpflichtet in sehr vielem, was ihr politisches, wirtschaftliches und kulturelles Leben betraf – und nicht nur die Dschou-Dynastie, sondern auch die danach folgenden Dynastien über Jahrhunderte, ja Jahrtausende hinweg. Insonderheit aber sollten sich die Kaiser und Könige sämtlicher späteren Dynastien Chinas den Schang-Königen zutiefst verpflichtet gefühlt haben. Denn eben diesen hatten sie es zu verdanken, daß ihnen Mißhelligkeiten wie Investiturstreit und Exkommunikation erspart blieben. Als »Himmelssöhne« waren sie gegen jeden An- oder Eingriff einer Priesterschaft gefeit.

Das Buch der Wandlungen
I-Dsching

Als eine Abstraktion von größter Allgemeingültigkeit, die allen Dingen eignet und ihnen daher auch zugrunde zu liegen scheint, hat der Begriff der Zahl in der Vorstellungswelt vieler Völker zu dem Glauben geführt, daß die Zahl selbst das Substrat aller Dinge sei. Die Zahl verselbständigte sich als ein Symbol für die immanenten Kräfte der Erscheinungswelt. Kenntnis der mystischen Zahl, die man als dynamisches Prinzip und eigentliches Wesen der Erscheinungen auffaßte, verlieh dem Menschen Zaubermacht. So entstand die Zahlenmystik und Numeromantik, der Glaube, aus Zahlenkombinationen oder -Figurationen geheimes Wissen erlangen – weissagen zu können. Unter den Philosophen hielten die Pythagoräer *die Dinge für Zahlen*[1]. Die Triade in der Religion der alten Ägypter und anderer Völker, der Trinitätsglaube im Brahmanismus und Christentum entsprangen gleichfalls einer Verselbständigung des Zahlenbegriffs. Vor allem in dem Mysterium der Zahl *Drei* birgt sich für das menschliche Bewußtsein ein tiefer Sinn alles Seins; in dieser als numinos oder heilig empfundenen Zahl manifestiert sich die Zukunft alles Seienden, in ihr erfüllt die zeugende Zweiheit ihre Bestimmung, ihr verdankt die Welt die unendliche Vielfalt des Lebens.

Die *Ba-Gua*, die *Acht Trigramme*, mit welchen seit undenklichen Zeiten die Chinesen symbolisch die kosmischen Kräfte darzustellen suchten, sind eben solche zahlenmystische oder -magische Zeichen. Wie schon die Bezeichnung Trigramme sagt, besteht jedes dieser acht Gua-Zeichen aus drei Strichen, die entweder nicht-unterbrochen oder unterbrochen sind. Die nicht-unterbrochenen gelten als *männliche*, die unterbrochenen, also in ihrer Mitte offenen Striche, gelten als *weibliche*. Diese Ur- oder Grundzeichen des *Buchs der Wandlungen* scheinen nicht zufällig aus drei Strichen zusammengefügt worden zu sein. Im 42. Kapitel von Lau Dse's *Daudedsching* wird die kosmogonische Bedeutung der Dreizahl deutlich ausgesprochen:

Das Dau gebar das Eine./Das Eine gebar die Zweizahl./Die Zweizahl gebar die Dreizahl./Aus der Dreizahl wurde die Vielzahl.

Im Kommentar Hsi-Tse, der dem Grundtext des *Buchs der Wandlungen* angeschlossen ist, wird eine mythische Herrschergestalt der grauen Vorzeit als Erfinder der acht Gua-Zeichen genannt.

In uralten Zeiten, als Pau-Hsi über alle Welt als König herrschte, betrachtete er die Erscheinungen am Himmel und die Normen der Erde, betrachtete die Formen der Vögel und Tiere und die Vorteile des Bodens; als nächstes nahm er Maß an sich selbst und bei Fernerem an den Dingen. Daraufhin schuf er die Ba-Gua (die Acht Trigramme), *um durch sie mit den Kräften der Geister Verbindung herzustellen.*

Abgesehen davon, daß mit der Gestalt ihres Schöpfers die Acht Trigramme beinahe an den Anfang des Menschengeschlechts zurückversetzt werden, also ein so ehrwürdiges Alter erhalten, daß kein Zweifel an der Gültigkeit ihrer Autorität erlaubt ist, bekundet diese Passage einen tieferen Sinn: die Verbindung des Menschen mit den Kräften der Natur, des Kosmos, die Herstellung einer makro-mikrokosmischen Kommunikationsmöglichkeit. Zugleich aber tritt darin auch eine andere hervorstechende Eigenschaft des chinesischen Geistes hervor: ein früh einsetzender starker Realitätssinn, das Bemühen, selbst bei Betrachtungen des Übersinnlichen mit beiden Füßen auf der Erde zu bleiben, induktiv aus der Anschauung und Kenntnis des Realen ins Transzendente vorzustoßen und nicht umgekehrt. Der Weg ins Übersinnliche wird nicht durch die Gnade des Göttlichen offenbart, sondern von Menschen erkundet, von Weisen gewiesen, ist also das Resultat menschlichen Mühens. Das Übersinnliche ist zwar mächtiger als die Kräfte der Sinnenwelt, aber immerhin eine *Realität*, meßbar an den erkennbaren Größen der realen Welt, keine unfaßbare Macht mit ihren eigenen Gesetzen und Launen, sondern im wesentlich berechenbar, quantifizierbar und folglich in Zahlen ausdrückbar. Daher der feste Glaube, daß Zahlen oder Zahlensymbole einen sicheren Weg bieten, die diesseitige mit der jenseitigen *Realität* verbinden und ihr gegenseitiges Verhältnis bestimmen zu können. Die Zahl, als Strich ausgedrückt, war die Sprache, oder besser: *die Schrift*, mittels welcher in den Schildkrötenorakeln der Schang-Zeit die unsichtbaren Mächte ihre Antwort kundtaten. Das Schriftzeichen für Wahrsagen des Schang-Volks war eine piktographische Darstellung der T-förmigen Sprünge, die durch Zuführung von Hitze auf Knochen oder Schildkrötenplatten entstanden. Es setzte sich zusammen aus einem vertikalen und aus einem davon seitlich abzweigenden, den vertikalen unterbrechenden horizontalen oder schrägen Strich. Dem Dschou-Volk scheint die Orakelbefragung durch das Erhitzen von Knochen, insbesondere Schulterknochen von Tieren, die sogenannte Scapulomantik, nicht unbekannt gewesen zu sein. Auch hatte es sicher schon Jahrhunderte vor seinem endgültigen Sieg über das Schang-Volk durch Kontakte den Gebrauch des Schildkrötenorakels kennengelernt. Im *Buch der Lieder* wird berichtet, daß Gu-Gung Dan-Fu das Schildkrötenorakel befragte, ehe er mit dem Bau der neuen Stadt am Berg Tschi begann. Aber die eigenständige Methode der Weissagung des Dschou-Volks scheint zum Unterschied von dem durch Viehzucht großgewordenen Schang-Volk nicht die Scapulomantik gewesen zu sein. Als durch seine Tüchtigkeit in der Ackerbestellung hervorragendes Volk sprach nicht ein »Tiergeist« aus Knochen zu ihm, sondern ein »Pflanzengeist« mit Hilfe von Pflanzenstengeln, die der Dschou-Schamane nach bestimmten Regeln verstreute. Auch hier taten die unsichtbaren Mächte ihre Antwort in Gestalt einer »Strichschrift« kund. Auch hier wurde bewußt oder unbewußt mit Zahlenbegriffen oder Zahlenkonfigurationen operiert.

Die Gua sollen der Überlieferung nach ursprünglich aus zwei Strichen – einem nicht-unterbrochenen »männlichen« und einem unterbrochenen »weiblichen« – durch Übereinanderstellung zusammengesetzt gewesen sein. Aus diesen zweistrichigen Zeichen, den Bigrammen, entwickelten sich dreistrichige, Trigramme, die schließlich durch Verdopplung zur Herausbildung eines komplexen Systems von vierundsechzig sechsstrichigen Zeichen, den Hexagrammen, führte. Das *Buch der Wandlungen* nimmt diese entwickelte Form der *Ba-Gua*, die Hexagramme, zur Grundlage. Ihrer Bedeutung nach waren die Ba-Gua anfangs wahrscheinlich nur symbolischer Ausdruck für die Manifestationen der Naturkräfte. Ihre Erweiterung zu Hexagrammen entsprach der Ausweitung der Wissensbereiche und der wachsenden Komplexität des gesellschaftlichen Lebens. Ihre philosophischen und ethischen Beibedeutungen erhielten diese Zeichen allerdings viel später, als die Festigung des Feudalsystems die Entwicklung eines philosophischen und ethischen Systems in Anlehnung an die alte Symbolik wünschenswert machte. Wir fügen hier eine Liste der Ba-Gua ein, aus der sowohl ihre ursprüngliche Bedeutung sowie ihre »Entsprechungen« in der vollentwickelten, bereits ausgereiften Form der späten Dschou- und der Han-Zeit zu ersehen sind:

Chinesische Zeichen	Aussprache	Ursprüngliche Symbolwerte	Später erweiterte Symbolwerte	Entsprechungen
☰	Tschjän	Himmel	Schöpfungskraft	Stärke
☱	Due	Morast	Verdünnung	Froheit
☲	Li	Feuer	Impuls	Klarheit
☳	Dschen	Donner	Kohäsion	Beweglichkeit
☴	Sun	Wind	Subtilität	Eindringlichkeit
☵	Kan	Wasser	Immersion	Gefährlichkeit
☶	Gen	Berg	Stabilität	Festigkeit
☷	Kun	Erde	Fruchtbarkeit	Wirksamkeit

Zwischen dem ersten Zeichen, Himmel, und dem letzten, Erde, also dem männlichen Yang-Prinzip und dem weiblichen Yin-Prinzip, nimmt das vierte Zeichen in der Reihenfolge, Dschen, Donner, eine besondere Stellung ein. Im Kommentar *Schuo-Gua* im *Buch der Wandlungen* wird dazu gesagt: *»Berechnet man das Vergangene, so zählt man in gebräuchlicher Weise* (von Dschen bis Tschjän), *will man das Kommende wissen, so zählt man in entgegengesetzter Richtung* (von Dschen bis Kun)«. Für den Menschen war – und ist – der schreckenerregende Donnerschlag eine der eindrucksvollsten und gewaltigsten Manifestationen der Naturkräfte. Daraus erklärt sich offenbar auch die zentrale Stelle, die dem Donner in der Reihe der *Ba-Gua* eingeräumt wird. Vor allem die ersten Donnerschläge des Jahres spielten im Bewußtsein eines ackerbautreibenden Volkes eine wichtige Rolle: sie kündeten den Frühling an, den Beginn eines neuen Zyklus von Wachstum und Gedeihen, und das in erschreckender, aufrüttelnder Weise. Die Verehrung des Donners in dieser oder jener Gestalt ist weltweit nachweisbar. Auch China hat seinen Le Gung, seinen Herzog Donner. Für uns bedeutsam jedoch ist, daß die besondere Stellung des Donnersymbols in der *Ba-Gua*-Reihe auf den kultischen Gebrauch dieser zahlenmystischen Symbole zu einem offenbar sehr frühen Zeitpunkt schließen läßt. Aus dem kultischen Gebrauch entwickelte sich der ihm verwandte mantische als spezialisierte Eigenform, und auf dieser Grundlage wieder kam es zur philosophischen Exegese und Weiterführung der im Kult und in der Mantik geschaffenen Begriffswelt. Die Verschmelzung von Philosophie und Mantik in den Ba-Gua fiel auch Hegel auf und er benutzte sie als weitere Bekräftigung seiner abschätzigen Meinung über den Geist Chinas: »Diese Figuren (Ba Gua)« schrieb er, »sind die Grundlage der Spekulation und zugleich dienen sie auch zum Wahrsagen; das Äußerlichste, Zufälligste wird so mit dem Innersten in unmittelbaren Zusammenhang gebracht.«[2] Das Geheimnis dieses doppelten, ja dreifachen Charakters des *Buchs der Wandlungen* als ein Handbuch des Wahrsagers und zugleich Leitfaden zu metaphysischen und auch materialistisch-dialektischen Spekulationen erklärt sich aus seiner Entstehungsgeschichte. Die kultisch-mantische Zahlenmystik wurde im Laufe der Zeit von einem feingesponnenen Gewebe philosophischer

Reflexionen und Begriffe überkleidet, ja nicht selten von phantastischen Interpretationen, in welchen die heterogensten Elemente zusammengeführt wurden, überwuchert. Angesichts des kryptischen Charakters und der Vagheit dieser Symbole konnte jede geistige Strömung Chinas – und nicht nur Chinas – das *Buch der Wandlungen* in ihrem Sinne auslegen. So ergab sich zugleich die Möglichkeit der Bewahrung seiner ursprünglichen kultischen Zahlenmystik wie auch ihrer Weiterentwicklung zu ganzen philosophischen Systemen. Wichtig hierbei ist, im Auge zu behalten, daß die Denker in der Jahrtausende währenden Feudalgesellschaft Chinas – und nicht nur dort – lieber auf wohletabliertes Altes zurückgriffen, als selbst neue Begriffe schufen. So stützte man sich bei Versuchen, Neues oder Erneuerndes zu schaffen, aufgrund der Traditionsgebundenheit der feudalistischen Gesellschaft mit Vorliebe auf Symbole von so ehrwürdigem Alter.

Wir sagten bereits, daß durch Übereinanderstellung – durch Verdoppelung der Trigramme sechsstrichige Zeichen, Hexagramme, entstanden. Ihre Gesamtzahl beträgt vierundsechzig. Während die Ba-Gua, die Trigramme, Symbole für bestimmte Naturerscheinungen elementarer Art sind, die als allgemeine und grundsätzliche Voraussetzung der gesamten Natur und allen Lebens empfunden wurden, stellen die Hexagramme im wesentlichen bestimmte Situationen der Erscheinungswelt in ihren Wandlungsmöglichkeiten dar. In anderen Worten: die Trigramme haben eher statischen, die Hexagramme eher dynamischen Charakter. Zu den Kräften der Ba-Gua könnte man sozusagen *beten* oder sie mit einem magischen Ritual dazu *zwingen*, daß sie so wirken mögen, wie der Mensch es haben möchte. Die Hexagramme hingegen bieten neben Vorwissen des Kommenden oder Möglichen dem Menschen auch eine Chance, sein Schicksal zu beeinflussen, umzugestalten oder selbst in die Hand zu nehmen. Sie zeigen ihm, wie er sich in einer bestimmten Situation *verhalten* soll, um sein Glück finden oder zumindest dem schlimmsten Unheil entgehen zu können. Der Mensch ist im Verhältnis zu den Ba-Gua den diesen innewohnenden Kräften ausgeliefert; sie sind selbständige Mächte, die nur magisch beeinflußt werden können. Das Verhältnis des Menschen zu den Hexagrammen ist völlig anderer Natur. Sie begegnen ihm gleichsam *freundlich*, selbst wenn sie Unfreundliches vor-

auszusagen haben. Denn sie bereiten den bei ihnen Rat Suchenden auf das Kommende vor und ermöglichen es ihm dadurch, sich vorzubereiten und seine eigenen Kräfte entsprechend einzusetzen. Generell gesprochen soll jedes Hexagramm eine bestimmte Situation der Erscheinungswelt darstellen. Jeder der sechs Striche (in der Sprache des *Buchs der Wandlungen Yau* genannt) repräsentiert entweder das männliche, helle Prinzip, wenn er nicht-unterbrochen, oder das weibliche, dunkle Prinzip, wenn er unterbrochen ist. In ihrem gegenseitigen Verhältnis veranschaulichen diese sechs Striche gleichsam den inneren Widerspruch der gegebenen Situation. Zum Unterschied von allen anderen chinesischen Zeichen werden die Striche der Hexagramme von unten nach oben geschrieben und gezählt. Daß in ihnen ein Spannungsverhältnis unterschiedlicher und doch eng miteinander verwobener Kräfte ausgedrückt werden soll, zeigt die Unterteilung der sechs Striche in drei Strichpaare: Das untere Strichpaar oder Bigramm wird der Erde, das mittlere der Menschensphäre und das obere dem Himmel zugerechnet. Auch hier zeigt sich deutlich der dem chinesischen Weltbild ureigene Sinn für die Einordnung alles Seins und Geschehens in eine Gesamtheit, in ein durch Interrelationen verbundenes und durch sie aufeinander einwirkendes Universum, in dem der Mensch im Mittelpunkt steht und eine magische später auch ethische Verantwortung zu tragen hat. Natürlich lebt der Mensch in der und für die Menschenwelt. Doch während im Weltbild vieler anderer Völker die Abhängigkeit des Menschen von der Gnade des Göttlichen oder Übersinnlichen betont wird, die Verantwortung für Heil oder Unheil in allen Regionen des Universums also letztlich der Gnade, dem Willen oder der Laune einer transzendenten Über-Macht zugeschrieben wird, übernimmt im Weltbild des alten China der Mensch gewissermaßen selbst eine über seine eigene Sphäre hinausreichende, universale oder kosmische Verantwortung. Der tiefere Sinn der Hexagramme mag in dieser Auffassung des Menschseins liegen.
Das *Buch der Wandlungen* wurde auch schon vor der Han-Zeit seiner Autorschaft und zeitlichen Entstehung nach nicht als ein einheitliches Werk betrachtet. Die Trigramme soll der Urherrscher Fu-Hsi oder Pau-Hsi geschaffen, die Hexagramme der Dschou-König Wen Wang

erfunden beziehungsweise aus den Trigrammen weiterentwickelt haben. Die *Gua-Tse* und *Yau-Tse*, die in kryptischer Sprache den tieferen Sinn und die mantische Bedeutung der Hexagramme als ganzes beziehungsweise ihrer einzelnen Striche, *Yau*, angeben, wurden Wen Wang und dessen Sohn Dschou Gung, dem Herzog von Dschou, zugeschrieben. Dazu kommen noch zehn Kommentare, die *Zehn Flügel, Schi-I*, deren Verfasser Konfuzius gewesen sein soll. Von diesen sind fünf unmittelbar an den Grundtext angeschlossen, fünf weitere Kommentare, die teils über den mantischen Inhalt hinaus ein geschlossenes philosophisches System darlegen, teils die Funktion von Glossarien versehen, sind dem Grundtext nachgestellt. Daß Konfuzius selbst der Autor der *Zehn Flügel* war, ist unwahrscheinlich; allzu häufig heißt es darin: »Der Meister sagte«. Es könnte sich also höchstens um Aussprüche von Konfuzius über die Hexagramme gehandelt haben, die von seinen Jüngern aufgezeichnet oder dem Meister untergeschoben wurden. Konfuzius hatte zwar, wie aus den *Gesprächen des Konfuzius* hervorgeht, großes Interesse an dem *Buch der Wandlungen*, wie immer es zu seiner Zeit ausgesehen haben mag, aber wir wissen auch aus den *Gesprächen des Konfuzius*, daß der Meister »nicht über das Übernatürliche, über Gewalt, Wirrnis und Geister sprach«. Und die Kommentare entsprechen inhaltlich durchaus nicht dieser Grundeinstellung des Meisters.
Zwischen den magisch-mantischen Symbolen der *Ba-Gua* und der kosmologischen Auffassung von einem Urgrund, aus dem sich durch Emanation des männlich-hellen Yang-Prinzips und des weiblich-dunklen Yin-Prinzips das Universum gestaltete; ein Universum, in dem sich Himmel, Mensch und Erde in einem ewigen Wandel von Werden, Wachsen, Reifen und Vergehen zyklisch weiterbewegen – zwischen der magisch-kultischen Mantik der *Ba-Gu* und dieser Konzeption eines dialektisch-dynamischen Weltbilds liegen zweifellos Jahrhunderte, wenn nicht Jahrtausende. Das Alter der Ba-Gua läßt sich nicht mehr bestimmen. Um die alten Kultsymbole entwickelte sich wahrscheinlich eine Schule der Mantik, deren Niederschlag noch in den *Gua-Tse* zu finden ist. Diese kryptischen Hinweise für Eingeweihte wurden mit der Zeit immer unverständlicher und genügten in ihrer lapidaren Aussage auch nicht mehr den Ansprüchen einer

höher entwickelten Gesellschaft. »Sie erforderten«, wie der russische Sinologe J.K. Schtschuzki annimmt, »Erklärungen, welche aus gebräuchlichen poetischen Bildern, Zaubersprüchen und Sprichwörtern zusammengestellt wurden«.[3] Vom historischen und literarhistorischen Standpunkt sind daher die Yau-Tse (Erklärungen zu den einzelnen Strichen der Hexagramme) besonders interessant, da sich in ihnen Überreste einer Volksdichtung wie auch Sprichwörter aus sehr frühen Zeiten – vermutlich aus der Übergangsperiode vom Zusammenbruch des Schang-Staats zur Errichtung des Dschou-Staats – erhalten haben. Da die Yau-Tse offenbar aus verschiedenen Quellen zusammengestückte und in ihrem Zusammenhang oft nur mit einem großen Unsicherheitsfaktor erklärbare Texte bieten, lassen sich die darin enthaltenen Sentenzen nur ungenau erkennen und klassifizieren. Die folgenden Zeilen mögen ein Sprichwort gewesen sein:

Wenn der Brunnen verschlammt, trinkt keiner daraus.
Wenn der Brunnen verfällt, kommt kein Vogel mehr.[4]

In einem anderen Zweizeiler, der allerdings Spielraum für verschiedene Interpretationen offenläßt, scheint sich Mißtrauen oder Widerwille der Priesterkaste gegenüber widerzuspiegeln:

Wirf die weissagende Schildkröte hin!
Es zeigt dir mein Mund, wie hungrig ich bin.[5]

Auch ein Bruchstück aus einem Kriegs- oder Triumphgesang ist in den Yau-Tse erhalten geblieben, dessen Gedankenführung eine für diese Art von Liedern ungewöhnlich humane Geisteshaltung erkennen läßt:

Gefangen der Feind.
Der Trommelschlag bringt
zu Ende den Krieg.
Man weint.
Man singt[6].

In einem Liebesgedicht – vielleicht nur eine Strophe aus einem längeren Gedicht – zeigt sich bereits eine Form der Darstellung, die später im Buch der Lieder nahezu zur Regel wird: der assoziative Übergang von der objektiven zur subjektiven Welt:

Hörst du den Storch im Walde schrein?
Schon stimmt die Störchin fröhlich ein.
Hab einen Becher wunderbar.
Komm laß uns leeren ihn zu zweien[7].

Doch es waren nicht literarische Werte dieser Art, die das *Buch der Wandlungen* für die Entwicklung des chinesischen Geisteslebens so bedeutsam machten. Die äußere Vagheit und die spürbare, zumindest vermutbare Gedankentiefe in der Symbolik der Trigramme und Hexagramme und ihren Deutungen regten zahllose Denker und Dichter Chinas zu einer Erweiterung und Vertiefung ihrer Weltsicht an. Nicht das Festumrissene und Klardurchdachte, sondern eher das Angedeutete und Offengelassene ermuntern den Geist zu eigenem Tätigsein. So hat das *Buch der Wandlungen* durch die Übersetzungen Richard Wilhelms und anderer auch in Europa und Amerika eine beachtliche Anhängerschaft gewonnen. In einer Zeit wachsender Vermarktung des Geisteslebens im Westen richtet sich der Blick immer wieder nach Osten auf der Suche nach im eigenen Kulturkreis fremdländisch-mysteriös erscheinenden Geistesrichtungen und Entfaltungsmöglichkeiten des Seelenlebens. Daher der Zug nach Osten in die Regionen uralter, fast unbekannter und daher um so attraktiverer Kulturen. Suchende lassen sich leicht irreführen, wenn sie den Dingen nicht auf den Grund zu gehen bereit sind. Und beim *Buch der Wandlungen* mag es eben die Vagheit des Gebotenen sein, die den Reiz mit sich bringt, nicht so leicht enttäuscht zu werden.
Die Bedeutung der *Ba-Gua* und des *Buchs der Wandlungen* im Geistesleben Chinas wäre ein interessantes und nahezu unerschöpfliches Forschungsthema. Kein anderes Buch im gesamten Feudalzeitalter Chinas hat einen so tiefen und dauerhaften Einfluß ausgeübt wie das *Buch der Wandlungen*. In den Palästen der Kaiser und Vornehmen, in den Hütten der Bauern und Handwerker, in den

Heiligtümern Chinas wurden die *Ba-Gua* und die Hexagramme des *Buchs der Wandlungen* von Dynastie zu Dynastie immer wieder als Wand- und Säulenschmuck, als Tor- und Türzierat, als Ornament auf Zier- und Gebrauchsgegenständen verwendet. Diese geheimnisvollen Zeichen dienten aufständischen Bauern als Symbol der Rebellion, dem Wahrsager als mystischer Fingerzeig, dem Kranken als Amulett, dem Strategen als Muster für die Schlachtordnung, dem Philosophen als Formeln der Bewegung der materiellen und geistigen Kräfte. Kein Wunder daher, daß dem *Buch der Wandlungen* unbestritten der erste Platz in den Bibliographien der Feudalzeit eingeräumt, daß es selbst dem *Buch der Urkunden*, dem *Buch der Riten* und allen anderen klassischen Werken des konfuzianischen Kanons vorangestellt wurde.

6

Dichtung und Geschichte
Das Buch der Lieder und der Dschou-Staat

Das *Buch der Lieder*, das wahrscheinlich um die Mitte des ersten Jahrtausends v.Chr. im chinesischen Dschou-Reich seine endgültige Gestalt erhielt, gibt uns die Möglichkeit, die dürre Handschrift des Chronisten mit lebensechten Bildern zu illuminieren. Der Versuch ist verlockend, mit Hilfe dieses Sammelwerks von Liedern oder Gedichten aus dem Zeitraum von etwa dem 12. bis zum 6. Jahrhundert v.Chr. dem blassen, blutleeren Geschichtsbild einer frühen Epoche in der Geschichte Chinas einen Hauch von zeitgenössischem Leben wiederzugeben.

Im 16. Jahrhundert v.Chr., zur Zeit des Königs Tang, genannt der Vollender, Gründer der Schang-Dynastie, waren die Dschou-Stämme im Gebiet der heutigen Provinz Schen-Hsi dem Schang-Staat tributpflichtig geworden. Etwa fünfhundert Jahre später marschierte der Dschou-Fürst Dschi-Fa, nach seinem Siege Wu Wang – der Kriegerische König – genannt, in die Hauptstadt des Schang-Volks ein. Die jahrhundertelange Fehde dieser beiden größten Völkerschaften des chinesischen Altertums endete mit dem militärischen Sieg des Dschou-Volks und seiner Konföderierten über den mächtigen Schang-Staat. Doch kulturell war das Schang-Volk den Siegern überlegen. Die ethnische und kulturelle Verschmelzung der beiden Völker vollzog sich anscheinend verhältnismäßig rasch. Zum erstenmal entstand hier auf chinesischem Boden ein Staat, der sich nicht mit lockeren, leicht lösbaren Tributarverhältnissen begnügen mußte, sondern durch den osmotischen Druck einer festgefügten Ordnung und einer reichen, homogenen und beständigen Kultur andere Stammesverbände an sich binden und allmählich absorbieren konnte.

Als Parvenüs, verglichen mit dem alten und kulturell hochentwickelten Schang-Volk, das auf eine lange Reihe illustrer Ahnen zurückblicken konnte, trieb es das Dschou-Volk und vor allem die Dschou-Fürsten dazu, sich gleichfalls mit einer entsprechend eindrucksvollen Ahnenreihe auszustatten. Die Mutter des Urahns der Schang-Könige, Dschjän-Di, war nur die zweite Gemahlin des legendären Herrschers Di-Ku gewesen. Der Urahne des Königshauses der Dschou soll hingegen dem Schoße der ersten und somit dem Rang nach höher gestellten Gemahlin, Dschjang-Yüan, desselben legendären Herrschers entsprossen sein. Beide Königshäuser entstammten somit einem vornehmen Herrscherhaus von höchst achtbarem Alter, doch den Ahnen der Dschou gebührte immer noch der Vorrang. Die bereits erwähnten Umstände der Schwangerschaft Dschjang-Yüan's wurden in offensichtlicher Nachahmung der Schang-Überlieferung gleichfalls in das Reich des Wunderbaren verlegt. Die Mutter des Urahns der Schang wurde schwanger, nachdem sie das Ei eines schwarzen Vogels, einer Schwalbe, verspeist hatte. Dschjang-Yüan, die Stammesmutter der Dschou, soll mit den gleichen Folgen in die Fußstapfen eines Riesen getreten sein. Wegen der als unglückverheißend betrachteten Umstände der Vaterschaft wurde Dschjang-Yüan's Kind ausgesetzt. Daher sein Rufname: Tschi, der Verstoßene. Doch der »Verstoßene« wurde, wie wir gleich sehen werden, auf wunderbare Weise gerettet. Im *Buch der Lieder* lesen wir:

Urmutter unsres Volkes war
Dschjang-Yüan, die unsren Ahn gebar.
Und wie entsprang er ihrem Schoß?
Sie brachte manches Opfer dar
aus Angst, sie bliebe kinderlos,
trat, wo ein Gott getreten war,
in seiner großen Zehe Spur
und ruhte eine Weile nur.
Da fand sie nun, was sie gesucht:
Im Leibe rührte sich die Frucht
und wuchs. Die Stunde kam für sie.
So ward geboren Fürst Ho-Dschi.[1]

Das Epitheton ornans Ho-Dschi, was Fürst Hirse bedeutet, erhielt der »Verstoßene« natürlich erst viel später, als er aufgrund seiner großen Erfindungsgabe und glücklichen Hand in allem, was den Ackerbau betraf, von dem Urherrscher Schun zum »Lung-Schih« – *Meister des Ackerbaus* – erhoben und mit dem Fürstentum Tai belehnt worden war. Denn der »Verstoßene« entrann auf wundersame Weise dem sicheren Tod:

In enger Gasse legt sie hin
den Säugling. Tiere säugten ihn.
Sie trug ihn fort in einen Wald.
Holzfäller fanden ihn dort bald.
Zum Flusse brachte sie ihn hin,
der frosterstarrt und eisigkalt.
Mit ihren Flügeln schützten ihn
die Vögel, flogen fort. Da schrie
so lang und gellend laut Ho-Dschi,
daß durch die Straßen es gehallt ...[2]

Da dieser verstoßene Knabe offenbar den Schutz des Himmels genoß, wurde er, ob nun reumütig oder widerstrebend, in den Palast zurückgeholt und als rechtmäßiger Sohn anerkannt und großgezogen. Allmählich zeigten sich seine Vorzüge:

Wohl geriet Ho-Dschi die Ernte.
In allem wußte er sich Rat.
Vom Feld das Unkraut er entfernte
und säte aus die goldne Saat.
Und alle Halme wuchsen reich,
an Ähren und an Höhe gleich.
Und mächtig schossen sie empor.
Die langen Ähren schwebten frei
und trieben gutes Korn hervor.
Und Ho-Dschi wurde Fürst von Tai.[3]

Als Stammvater und »Meister des Ackerbaus« genoß Ho-Dschi beim Dschou-Volk göttliche Ehren und wurde bei den großen Opfern für *Di*, den Himmelsahn oder Himmelsgott, diesem so gut wie gleichgesetzt, zumindest als ebenbürtig zur Seite gestellt. Das Dschou-Volk war sichtlich stolz auf seine Errungenschaften im Ackerbau. In vielen literarischen Dokumenten, wie im *Buch der Lieder* oder im *Buch der Urkunden*, kehrt der Ackerbau häufig als Leitmotiv wieder. Die Erklärung liegt wahrscheinlich darin, daß das Dschou-Volk, das schon verhältnismäßig früh eine Neigung zur Seßhaftigkeit zeigte, lange unter den nomadisierenden Rung-Stämmen eingekeilt war und sich als ein Volk von Ackerbauern den Nomaden gegenüber überlegen fühlte.

In der dritten Generation nach Ho-Dschi, der nach der Überlieferung mit dem Fürstentum Tai belehnt worden war, soll Fürst Gung Lju, die Hauptstadt nach Bin, im Distrikt Bin der heutigen Provinz Schen-Hsi, verlegt haben. *»Obzwar Gung-Lju«*, schreibt Si-Ma Tschjän in den *Historischen Aufzeichnungen,* »*sich unter den Rung-Di aufhielt, brachte er wieder das Erbe Hou-Dschis zur Geltung, beschäftigte sich mit Pflügen und Säen und bestellte die Felder, wie es die Beschaffenheit des Bodens verlangte ... Das Volk lebte von seinen Wohltaten und die Sippen waren ihm zugetan.«* Als er, von den Rung-Di bedrängt, zurückweichen mußte, schloß sich ihm das Dschou-Volk willig an. »*Damit begann der Aufstieg des Hauses Dschou«*. Der Exodus von Tai nach Bin unter der Führung von Gung-Lju wurde vom Dschou-Volk offenbar als wichtiger Meilenstein auf seinem Weg zu Glanz und Macht empfunden. Im *Buch der Lieder* wird diese Tat in den liturgischen Oden der Dschou-Könige verherrlicht:

Gung-Lju war von Herzen gut,
hat nie gerastet noch geruht.
Bald auf den Äckern, dort und da,
bald in den Speichern man ihn sah ...

Viel Säcke füllte er und band
in Bündel Korn als Proviant.
Des Volkes Eintracht lag ihm nah
Mit Bogen, stark und straff gespannt,
mit Schild und Axt und Spieß zur Hand,
auszog die Schar ins neue Land.[4]

Als nächster wichtiger Kulturheroe in dem sich von nun an in beschleunigtem Tempo vollziehenden Aufstieg des Dschou-Volks wird in den *Historischen Aufzeichnungen* in der zwölften Generation Gu-Gung Dan-Fu, Alter Fürst Dan-Fu, genannt. Wie vor ihm Gung-Lju wich auch er vor den Rung-Di und Hsjän-Yün (hunnische Stämme) zurück, und zwar südwärts, in die Gegend nordöstlich des heutigen Distrikts Tschi-Schan in der Provinz Schen-Hsi. Auch ihm folgte willig das gesamte Volk und selbst »*die Nachbarstämme schlossen sich Gu-Gung Dan-Fu an, als sie hörten, wie gütig er sei ... Darauf legte Gu-Gung Dan-Fu die Sitten der Rung-Di ab und baute umwallte Städte und Wohnhäsuer*«. Die Taten Gu-Gung Dan-Fu's und seines illustren Enkels, König Wen, werden in den liturgischen Gesängen der Dschou nahezu episch geschildert:

Wie Kürbisstengel, lang, so lang,
reicht unsres Volks Vergangenheit
zurück, das einst am Du entsprang,
am Dschu und Tschi. Zu Dan-Fu's Zeit
grub man im Lehme Höhlen aus.
Der Fürst selbst hatte noch kein Haus ...[5]

Und auf sein Pferd Fürst Dan-Fu sprang
frühmorgens und den Weg er nahm
gen Westen, den Fluß We entlang,
bis er zum Fuß des Tschi-Bergs kam.
Den neuen Wohnsitz maß er aus
gemeinsam mit der Fürstin Dschjang ...[6]

Die Ebene von Dschou ist reich.
Selbst bitteres Kraut schmeckt dort noch süß.
Und man beriet. Der Fürst sogleich
die Schildkröte befragen ließ.
Und das Orakel sprach: Bleibt hier.
Und das Orakel sprach: Fangt an.
Und so der Bau von Tschi begann ...[7]

Und Erde trugen sie zuhauf
und führten Baugerüste auf.
Im Takte klang die Melodie
der Stampfer. Wände kappten sie.
Dem Boden Haus um Haus entsprang.
Der Lärm der Arbeit, Stimmenklang
den Trommelschlag selbst überschrie ...[8]

Die Herren von Yü und Rue, in Zank
wegen eines Ackers einst entzweit,
wandten nach Dschou sich an Wen Wang,
auf daß er schlichte ihren Streit.
Da sahen sie, zutiefst bewegt,
wie tugendhaft und hilfsbereit
das Dschou-Volk war – Flugs ward ihr Streit
ohne viel Worte beigelegt.
Ich sage euch: Dem Hause Dschou
fügt alles sich, denn tüchtig sind
seine Minister, schaffensfroh
und stets zur Hand, schnell wie der Wind.
Weh dem, der unsrem Königshaus
zu trotzen wagt und Streit beginnt.[9]

In den ersten acht Strophen ist nur von Gu-Gung Dan-Fu und dem Bau der neuen Hauptstadt die Rede. Die nächste Generation – Fürst Dschi-Li – wird übersprungen, und die Ode endet mit einem Lobgesang auf die Tugenden des Königs Wen und die Macht des Hauses Dschou. Die Ode scheint daher aus einer Zeit zu stammen, als die Dschou-Könige noch unbedingte Herren im Lande waren, ihre Macht an die Lehensfürsten noch nicht zu verlieren begannen, wurde also wahrscheinlich kaum später als etwa 900 v.Chr. verfaßt. Wie wir aus dem Text ersehen können, lebte das Dschou-Volk noch zu Gu-Gung Dan-Fu's Zeiten in Lehmhöhlen. Erst nach der Umsiedlung in die Ebene von Dschou, nach der es dann auch benannt wurde, begann man Häuser zu bauen. Das verleitete häufig zu der Ansicht, das Dschou-Volk hätte sich in jener Periode sprunghaft von primitiven

Höhlenbewohnern zu einem städtebauenden Kulturvolk entwickelt. Höhlenwohnungen sind in China in den Lößgebieten mit Terrassenfeldern bis in unsre Tage durchaus nicht selten zu finden. Die »Ebene von Dschou« stellte andere Anforderungen als das frühere Siedlungsgebiet des Dschou-Volks: hier war der Haus- und Städtebau zur Notwendigkeit geworden.
Die besondere Betonung der Taten Gu-Gung Dan-Fu's und des Königs Wen in den liturgischen Oden ist keineswegs verwunderlich. Das Dschou-Volk sah in diesen beiden Fürsten die eigentlichen Begründer seiner Macht. Erst in der »Ebene von Dschou« konnte es sich als ackerbautreibendes Volk wirtschaftlich schnell entwickeln und damit stärkeren Einfluß auf die umliegenden Stämme gewinnen. Schon Gu-Gung Dan-Fu's Enkel Tschang, der postum den dynastischen Titel König Wen, Wen Wang, erhielt, trat dem Schang-König fast als ebenbürtig, als *par inter pares* entgegen. Dem letzten Schang-König, Di-Hsin oder Dschou, war er ein unbequemer, ein gefährlicher Vasall. Der Überlieferung nach soll ihn Di-Hsin in Yo-Li gefangen gehalten haben, und im Kerker, heißt es, habe er die *Acht Gua*, die acht magischen Zeichen, die die Kräfte des Universums symbolisieren, zu vierundsechzig erweitert. Mit dieser Legende gewann König Wen Wang und mit ihm das Königshaus der Dschou noch mehr an Prestige. Die Ba-Gua, diese acht mystischen Symbole, die dem »Buch der Wandlungen« zugrunde liegen, stellten eine Verbindung der Menschenwelt zu den übersinnlichen Kräfte her; und wer hätte das Werk der Ausdeutung dieser acht Ursymbole vollenden können, wenn nicht ein Weiser, ein Heiliger! Mit welcher Ehrfurcht des Königs Wen gedacht wurde, mag die folgende Ode zeigen:

Der Himmel schuf den hohen Berg.
Groß ward er erst durch Wen Wang's Werk.
Daß er für keinen mehr Gefahr,
das Werk von König Wen Wang war.
Es strömten Völker ohne Zahl
dem König zu, und Berg ward Tal,
geebnet unter all den Füßen
der Völker, die zu Wen Wang stießen.

*Enkel, bewahrt es im Gedächtnis
und schützt für ewig sein Vermächtnis.*[10]

Dieser König Wen, Wen Wang, was dem Sinn nach »in den friedlichen Künsten hervorragender König« heißt, muß aber auch in den militärischen Künsten hervorragend gewesen sein, wie aus der folgenden Ode hervorgeht:

*Der Himmelsahn zu Wen Wang sprach:
Ein Volk, das seine Treue brach,
in wilden Wünschen sich verloren,
das sei bestraft, gib ihm nicht nach.
Zu Hohem bist du auserkoren.
Nicht Ehrfurcht, wie es sich gebührte,
zollt dir das Volk von Mi, marschierte
in Yüan ein und bedroht schon Gung.
Da bebte vor Erbitterung
sein königliches Herz. Den Degen
ergriff er, und mit seinen Scharen
trieb eilends er den Feind zu Paaren
zu unser und zu aller Segen.*[11]

Nachdem er das Volk von Mi, wahrscheinlich in Ling-Tai in der heutigen Provinz Gan-Su, besiegt hatte, unterwarf er die Tschi, in Schan-Hsi. Auch der Schlichtung des Streites der Fürsten von Yü und Rue, von der in der bereits zitierten Ode als Friedenstat so lobend gesprochen wird, scheint in Wirklichkeit eine militärische Aktion vorausgegangen zu sein. Besonders dramatisch wird im *Buch der Lieder* die Eroberung befestigter Siedlungen des Tschung-Volks geschildert:

*Mit Ramme und mit Sturmbock drang
gen Tschung, die Feste, vor Wen Wang.
Es strömte der Gefangnen Schar
aus der gefallnen Feste Toren.
Den Toten schnitt man ab die Ohren
und brachte sie als Opfer dar.*

Die Lebenden zu reden zwang
der König. Und in allen Reichen
ward er gefürchtet sondergleichen.
Nicht konnte Tschung, trotz seiner Mauern,
des Königs Angriff überdauern;
einbrach der Sturmbock, stark und lang.
Den grimmen Feind er niederzwang.
Bestraft, gedemütigt, gerichtet
ward Tschung, und seine Macht vernichtet.
Und alle beugten sich Wen Wang.[12]

Das siegreiche Herrschergeschlecht der Dschou übertrieb vermutlich, wenn es die Taten seiner Vorfahren schilderte. Immerhin scheint Wen Wang bereits ein beachtliches Territorium unter seine Herrschaft gebracht und seinen Einfluß über mehrere andere Stammesverbände ausgedehnt zu haben. Der Schang-Hof witterte in diesem Bund von Stämmen, den Wen Wang an seiner westlichen Grenze zusammenballte, den Sturm, der früher oder später über das Schang-Reich hereinbrechen mußte. Die Entscheidung war nur eine Frage der Zeit. Die Konfuzianer späterer Zeiten waren offensichtlich bemüht, König Wen als einen friedliebenden und überaus gerechten Herrscher darzustellen. Anhaltspunkte dafür fanden sie zur Genüge in den Oden. Aber in den eben zitierten Abschnitten erscheint er eher als ein geschickter Politiker und Stratege, der systematisch an die Verwirklichung eines von langer Hand vorbereiteten Unternehmens herangeht: die Eroberung des Schang-Reichs. Um dem von ihm angestrebten militärischen Ziel näherzukommen und eine bessere Aufmarschbasis für den Entscheidungskampf ausbauen zu können, verlegte er seine Residenz weiter nach Osten – nach Feng, im heutigen Distrikt Wu in der Provinz Schen-Hsi. Auch diesen strategisch wichtigen Schritt feiern die Oden:

Wen Wang, vom Himmel auserwählt,
im Kampfe siegreich und gestählt,
erbaute eine Stadt in Feng,
als er das Tschung-Volk niederzwang.
Fürwahr, ein König war Wen Wang![13]

In derselben Ode wird auch noch die nächste Verlegung der fürstlichen Residenz unter Wen Wang's Sohn Fa, der postum den Titel der *Kriegerische König, Wu Wang*, erhielt, besungen. Die Stoßrichtung war bereits vorgezeichnet: die neue Stadt Hau, das heutige Hsi-An, lag östlich von Feng in einer strategisch günstigen Lage, noch näher dem Zentrum des Schang-Reichs. Natürlich wurde das Orakel befragt:

Und das Orakel frug um Rat
der König, ehe er die Stadt
in Hau erbaute. Weise hat
gelenkt ihn des Orakels Zwang,
bis ihm das große Werk gelang.
Fürwahr, ein König war Wu-Wang![14]

Wu Wang, der das Vermächtnis seines Vaters zur Erfüllung brachte, scheint sich aber nicht nur auf das Orakel verlassen zu haben. Er war umsichtig in der Wahl seiner Berater und Heerführer. Die Krieger wurden systematisch auf den großen Schlag vorbereitet. Zugleich beobachtete er genau die Vorgänge am Schang-Hof. In Si-ma Tschjän's *Historischen Aufzeichnungen* lesen wir:

Als Wu Wang den Thron bestieg, standen ihm Tai-gung Wang als Marschall und Dschou-Gung Dan, der Herzog von Dschou (Wu Wang's jüngerer Bruder), als Kanzler zur Seite. Die Herzöge von Schau und Bi kommandierten die königlichen Armeen. Das Erbe Wen Wang's wurde gepflegt, und im neunten Jahr seiner Regierung brachte Wu Wang in Bi (der Begräbnisort Wen Wang's) ein Opfer dar und hielt eine Truppenschau im Osten ab ... Als König Wu dann vernahm, daß die Wirrnisse unter der Herrschaft des Schang-Königs immer ärger und dessen Rohheit und Grausamkeit immer unerträglicher geworden waren; als dieser den Prinzen Bi-Gan hinrichten und den Baron von Dschi einkerkern ließ, und als der Zeremonienmeister Tse und der Musikmeister Dschjang mit den Musikinstrumenten für das Hofritual ins Dschou-Reich flohen – da verkündete Wu Wang allen Fürsten weit und breit: Das Haus Yin (die vom Dschou-Volk gebrauchte Bezeichnung für Schang) hat schwere Verbrechen auf sich geladen. Wir sind gezwungen, es zu bestrafen.[15]

Der geeignete Zeitpunkt für die Vernichtung des Schang-Reichs war gekommen. Wirren innerhalb der herrschenden Schicht hatten bereits zu einer offenen Spaltung geführt. Kriege hatten die Staatsmittel erschöpft und das Volk gegen die Herrschenden aufgebracht. Überläufer bestärkten Wu Wang in seinem Vorhaben. In der Schlacht von Mu-Ye, unweit der Hauptstadt des Schang-Reichs, wurden die demoralisierten Schang-Truppen vernichtend geschlagen. Im *Buch der Lieder* wird diese Entscheidungsschlacht so dargestellt:

Des Yin-Volks mächtige Armee
steht wie des Waldes Bäume dicht.
Wu Wang im Felde von Mu-Ye
aufmunternd zu den Seinen spricht:
Uns ist bestimmt die Macht im Reich.
Der Herr des Himmels ist mit euch.
Drum fürchtet nicht und zweifelt nicht! ...[16]

Weit, weit das Schlachtfeld von Mu-Ye.
Streitwagen, hell, aus gutem Holz.
Das Viergespann sprengt im Karee,
die weißen Rosse wiehern stolz.
Und wie ein Adler Tai-Gung Wang
der Kampfgenosse von Wu-Wang,
dem Feinde an die Kehle sprang.
Das mächtige Yin zu Boden lag.
Die Nacht ist um, hell strahlt der Tag.[17]

Nach Wu Wang's Sieg entstanden unter den Konföderierten und sogar innerhalb der Dschou-Sippe Meinungsverschiedenheiten. Wu Wang und seinen engsten Beratern schwebten Wen Wang's ambitiöse Pläne vor Augen: auf den Trümmern des Schang-Reichs sollte ein noch viel größeres Reich unter der Oberherrschaft der Dschou-Könige alle Völker und Stammesverbände des Huang-Ho-Stromlands bis südwärts in das Yang-Dse-Gebiet für immer zusammenschließen. Von diesem Gesichtspunkt aus durfte die Schang-Kultur nicht vernichtet werden. Von ihrer Verwertung im Sinne der Eroberer hing die weitere Machtausbreitung des Dschou-Volks ab. Nur galt es jetzt, die noch unsichere Position in den neueroberten Landesteilen nicht durch einseitige Berücksichtigung der Dschou-Sippe und des Dschou-Adels zu gefährden. Neben den Konföderierten sollten selbst die alten Schang-Geschlechter, soweit sie sich willfährig erwiesen, Land erhalten. Sogar der Sohn des gestürzten Schang-Königs erhielt ein Lehen im Gebiet der heutigen Provinz Ho-Nan, das Fürstentum Sung, um die Opfer für seine Stammesahnen weiter fortführen zu können. Dagegen sträubten sich die konservativen Haudegen unter den Adelsgeschlechtern der Dschou, die den Krieg mehr als Raub- und Beutezug auffaßten.

Wu Wang sicherte sich zunächst Sympathien unter den Besiegten, indem er sie schonend und höflich behandelte. Bei seinem Einzug in die Hauptstadt Tschau-Ge erwarteten ihn die Häupter der Schang-Sippen vor den Toren.

König Wu ließ ihnen durch seine Würdenträger verkünden: Die Mächte des Himmels haben uns Glück beschert. Worauf sich die Vertreter der Adelsgeschlechter mehrmals vor ihm verneigten. König Wu verneigte sich ebenfalls in Erwiderung ihres Grußes.[18]

So berichtet Si-ma Tschjän in den *Historischen Aufzeichnungen*. Es ist erstaunlich, wie ein Kommentator etwa eintausendfünfhundert Jahre später diese Passage beurteilt: *Wenn auch König Wu als Vasall einen Feldzug gegen seinen Herrn unternahm, so besaß er doch in hohem Maße die Tugend des Opferwillens. Er hätte die Verbeugung also nicht erwidern dürfen. Si-ma Tschjän unterlief hier in der Wortwahl ein grober Fehler*[19]. Das heißt, Si-ma Tschjän hätte hier ein Wort des Tadels einflechten müssen. Denn König Wu wäre nach dieser Meinung verpflichtet gewesen, den diplomatisch wichtigen Schachzug aus Gründen der feudalistischen Etikette zu unterlassen. König Wu aber zeigte noch mehr diplomatisches Geschick: er befahl, die Speicher zu öffnen, um die Bedürftigen zu speisen und verteilte großzügig die aufgehäuften Reichtümer des letzten Schang-Königs, der sich in den Flammen selbst den Tod gegeben hatte. Dann *zog er seine Truppen ab und kehrte nach Westen zurück.*

Für König Wu war die Vernichtung des Schang-Staats offenbar nicht Selbstzweck gewesen; auf den Trümmern der alten Ordnung sollte ein Weg in die Zukunft gebahnt werden. Mit Hilfe gleichgesinnter Berater gelang es König Wu, seine Machtstellung als siegreicher Feldherr einer Stammeskonföderation zu behaupten. Das gesamte Territorium wurde in hierarchisch gestufter Ordnung in militärische Verwaltungsbezirke, nach Art von »Lehen« aufgeteilt. Das Königshaus behielt sich nur das alte Siedlungsgebiet der Dschou als Hausmacht vor.

In der Gentilgesellschaft war der Boden gemeinsames Stammeseigentum gewesen, das nach Übereinkunft von den Stammesführern neu verteilt werden konnte. Inzwischen hatte sich der Handlungsspielraum des Dschou-Volks wesentlich erweitert. Die alten Strukturen waren nicht auf eine relative Mobilität zugeschnitten. Die neueroberten Gebiete erforderten eine andere, fester gefügte Ordnung. Sie mußten durch den Einsatz von Garnisonen gehalten werden. Die örtlich bedingte Stammesgemeinschaft war infolge der Machterweiterung nach dem Zusammenbruch des Schang-Reichs räumlich gesprengt und entwurzelt worden. Mit der Entwurzelung vieler kampfestüchtiger und einflußreicher Stammesmitglieder verloren die alten Bodenbesitzverhältnisse ihre Bedeutung. Das Land wurde zumindest juridisch Eigentum des obersten Herrn über alle Garnisonen – Eigentum des Königs. Erst diese grundlegende Änderung in den Bodeneigentumsrechten ermöglichte ein effektiveres, ein überschaubares und kontrollierbares System der Landaufteilung und Überwachung durch »Belehnung«. Die Befehlshaber der Garnisonen und ihre Gefolgsleute wurden Vasallen, die Garnisonsgebiete *Lehen*. Im *Buch der Lieder* finden sich vier oft zitierte Zeilen, die diese neuen Eigentumsverhältnisse widerspiegeln:

Des Königs eigen überall
das Land, soweit der Himmel mißt;
und zwischen den Vier Meeren ist
ein jeder sein Vasall.[20]

Die neue Ordnung war noch keineswegs gefestigt, die Randgebiete waren nur locker an das Königshaus gebunden, als Wu Wang starb.

Sein minderjähriger Sohn folgte ihm als König Tscheng, Tscheng Wang, auf dem Thron. Sein Onkel Dan, der *Herzog von Dschou, Dschou Gung*, übernahm die Regentschaft. Drei andere Onkel des minderjährigen Königs, Guan-Shu, Tsai-Shu und Huo-Schu, die mit größeren Lehensgebieten ausgestattet worden waren und den als unzuverlässig betrachteten Sohn des letzten Schang-Königs, Wu-Geng, überwachen sollten, benutzten die Gelegenheit zu einer Rebellion. Sie verdächtigten offenbar den Herzog von Dschou, daß er die Königswürde an sich reißen könnte und verbündeten sich, da sie allein zu schwach waren, sogar mit ihren Widersachern von einst, mit dem Sohn des letzten Schang-Königs und dem restlichen Schang-Adel. Auch andere Volksstämme erhoben sich. Der Herzog von Dschou und sein königlicher Schützling sahen sich plötzlich von Feinden umringt. In dieser verzweifelten Situation erwies sich der Herzog von Dschou als ein guter Stratege. In mehreren Feldzügen zwang er die Rebellen wieder zur Botmäßigkeit. Von dem bitteren Kampf, der ihn und die königstreuen Truppen drei Jahre lang in Atem hielt, zeugt das *Lied von der zerbrochenen Axt*:

Die Streitaxt geborsten,
zerhauen das Beil.
Wir zogen gen Osten
mit Dschou Gung zum Heil
des Reiches. Er gibt uns
Trost. Unser Los,
er kennt es und liebt uns
und macht uns groß.[21]

Vom Standpunkt der Stammesfreien des Dschou-Volks wurden die Leiden des Krieges zwar schmerzlich empfunden, aber doch standhaft ertragen. Der Tenor dieses und auch noch anderer Lieder, die aus jener Zeit stammen könnten, läßt uns den Kampfesmut aber auch die Zuversicht der Krieger nachempfinden. Sie waren jedenfalls nicht bereit, sich die Früchte des Sieges aus der Hand reißen zu lassen, und erkannten die Führerschaft des Herzogs von Dschou an. Die mit großen Opfern errungenen Siege über die Aufständischen trugen offensichtlich zur Festigung der eigenen Kräfte und zur Stärkung der neuen Ordnung bei. In den *Historischen Aufzeichnungen* werden die nächsten Jahrzehnte als segensreich geschildert:

Unter der Regierung des Königs Tscheng und (seines Nachfolgers) König Kang herrschte Frieden im Reich. Mehr als vierzig Jahre ruhten die Strafinstrumente, und die Gerichte wurden nicht beansprucht.[22]

Der Herzog von Dschou und sein Zögling bemühten sich, den Ackerbau zu fördern. Im Kapitel *Wu-I* des *Buchs der Urkunden* warnt der Herzog von Dschou, daß man erst die Mühen des Ackerbaus kennen müsse, ehe man sich Muße erlauben darf; denn ein Herrscher müsse erst wissen, worauf sich das niedere Volk als Mittel seines Lebensunterhalts stützt. In den Oden wird König Tscheng als ein eifriger Förderer des Ackerbaus geschildert:

Ah, Tscheng Wang! Majestätisch naht
der König. Bauern, auf zur Saat!
Sät aus den Samen und bestellt
in weitem Umkreis Feld um Feld
Rings dreißig Li – pflügt emsig nach.
Paarweise zieht den Pflug die Schar.
So möge Früchte tausendfach
die Ernte bringen jedem Paar.[23]

Die Lehensordnung im Reich schien sich gefestigt zu haben und die Autorität des obersten Lehensherrn, des Königs, anerkannt worden zu sein. Der innere Widerstand war für den Augenblick gebrochen. Doch schon unter dem nächsten König, Schau Wang, brachen Grenzkämpfe im Süden aus. Der König fiel im Kampf oder, was wahrscheinlicher ist, wurde ermordet. Unter seinem Sohn, König Mu, Mu-Wang, wurden Feldzüge gegen die Tschüan-Rung im Nordosten unternommen. Auch diese Unternehmungen scheinen unglücklich verlaufen zu sein. »*Seit jener Zeit*«, schreibt Si-ma Tschjän in den *Historischen Aufzeichnungen,* »*kamen die Tributpflichtigen* (aus den fernen Grenzgebieten) *nicht mehr an den Königshof ... unter den Lehensfürsten kam es zu Unstimmigkeiten*«.[24] Im Feudalsystem der frühen Dschou-Zeit gab es fünf Stufen im Abhängigkeitsverhältnis der lehens- oder tributpflichtigen Fürsten, die nach der jeweiligen Entfernung von der königlichen Domäne bestimmt wurden: Djän, Hou, Bin, Yao und Huang. Die Randgebiete – Huang, die zwar nur wenige Verpflichtungen dem Königshaus gegenüber hatten, aber im Grenzschutz doch eine Rolle spielten, hatten *de facto* jede Verbindung mit dem Dschou-König abgebrochen. Die aufreibenden Kämpfe der Dschou-Könige mit den Grenzvölkern kamen den Lehensherren in der Sicherheit ihrer im Reichsinneren relativ ungefährdeten Besitzungen nicht ungelegen. Auch ihr Band zum Königshaus lockerte sich allmählich. Das Erstarken der durch fruchtbares Ackerland und Naturschätze ausgezeichneten Teilgebiete des Reichs schwächte zusehends die königliche Zentralmacht. Fürsten, die im Besitze solcher Reichtümer waren, fühlten sich mächtig genug, dem Königshof gebührende Abgaben oder Gefolgschaftspflichten zu verweigern. Die materielle Unterstützung, die Tributleistungen, zu denen sie dem Königshof verpflichtet waren, wurden oft auf bloße Zeremonialgeschenke beschränkt – ein leeres Ritual, das für den Königshof wirtschaftlich bedeutungslos war.

Unter dem zehnten König der Dschou-Dynastie Li Wang, zeigten sich bereits ernste Verfallserscheinungen. Dazu kam noch eine Dürre, die vier Jahre anhielt. Der König aber hob innerhalb seines Herrschaftsgebiets trotz der Dürrekatastrophe und des wirtschaftlichen Niedergangs unbekümmert immer mehr Abgaben ein. Seine Habsucht soll ihm allgemeine Abscheu im Volk und im Adel eingetragen haben. Als ihm der Fürst von Schau vorhielt, daß *das Volk sein Los nicht mehr ertragen könne*, antwortete der König darauf mit der Errichtung eines Spitzelsystems unter der Leitung eines Schamanen namens Wu We. Wer es wagte, ein Wort der Mißbilligung über den König zu sagen, wurde hingerichtet. Das folgende Lied soll aus jener Zeit stammen:

Verwelkt ist die Begonie bald
und all der Blätter Pracht.
Was hat so bitter mir das Herz,
so traurig mich gemacht.

Und all die grünen Blätter nun
vergilben und verdorren.
Hätt ich gewußt, wie's mir ergeht –
wär lieber nicht geboren.

Die Schafe dürr, mit großem Kopf.
Drei Fischchen nur im Wehr.
Was nützt ein Happen, der nicht füllt?
Bleibt doch der Magen leer.[25]

Der Herzog von Schau hatte König Li gewarnt:

Schwerer ist es, des Volkes Stimme zurückzudämmen als einen reißenden Fluß.[26]

Die kleineren Lehensherren verbündeten sich mit den Bauern. 841 v.Chr. brach ein Aufstand aus. Der König wurde verjagt, und die Regierung übernahm der Graf Ho von Gung. Das Interregnum endete nach Li Wang's Tod (828 v.Chr.) mit der Restauration des Hauses Dschou. Li Wang's Sohn bestieg als König Hsüan, Hsüan Wang, den Thron. Mit ihm leuchtete noch einmal ein Schimmer des alten Glanzes der Dynastie auf.

In der Zeit der inneren Wirren waren hunnische Stämme – die Hsi-Rung und Hsjän-Yün – vom Nordwesten und Norden her eingefallen. Hsüan Wang stellt ihnen eine Armee unter dem Kommando von Dschin Dschung, Fang Schu und Yin Dschi-Fu entgegen, die vorübergehend wieder eine relativ stabile Lage in diesen am ärgsten gefährdeten Grenzgebieten herstellten. Über die Kriegstaten jener Zeiten lesen wir im *Buch der Lieder*:

Das war von den Hsjän-Yün falsch getan:
in Reih und Glied rückten sie an,
fielen in Hu ein, nahmen Dschjau,
drangen nach Fang vor und nach Hau.
Da! Am Südufer des Dsching sie gewahrten
mit einemmal unsre Kriegsstandarten,
die bunte Vögel als Wappen zieren –

und Fahnenträger mit weißen Panieren.
Schon brechen blitzschnell in die Reihen
der Feinde zehn Streitwagen ein ...[27]

Im *Buch der Lieder* ist uns aber auch ein »Gelegenheitsgedicht« erhalten geblieben, das sich ganz so ausnimmt, wie Gelegenheitsgedichte auch heute noch sind. Es scheint tatsächlich aus dem Stegreif verfaßt worden zu sein, und zwar anläßlich einer Siegesfeier für den bereits erwähnten Feldherrn Yin Dschi-Fu:

Beim Siegesfeste Dschi-Fu saß.
Im ward zuteil ein reiches Maß
an Ehren. Hat auch lang gewährt
der Feldzug, siegreich heimgekehrt
von Hau, kann er sich gütlich tun
beim Schmaus mit seinen Freunden nun ...[28]

Aus den Ortsangaben in den eben zitierten Gedichten können wir entnehmen, wie ernst die militärische Lage an der Nordgrenze gewesen sein muß. Die Hsjän-Yün waren bereits tief in das alte Siedlungsgebiet der Dschou eingedrungen. Ihnen gegenüber war König Hsüan zu einer defensiven Kriegsführung gezwungen, wogegen die Feldzüge, die er und seine Feldherren Fang Schu, Dschau Hu, Dschung Schan-Fu und Schen Fu gegen die Hsü-Rung, Dsching-Man und Huai-I unternahmen, aggressiver Natur waren. Die Reichsgrenzen wurden nach Süden und Südosten erweitert und das Stromland des Yang-Dse, Huai-Ho und Han-Ho politisch und kulturell in den Macht- und Einflußbereich des Dschou-Reichs einbezogen. Auch diese Feldzüge feierte das Dschou-Volk auf seine Art, wie das folgende Lied zeigt:

Aufrichtig ist des Königs Streben.
Das Volk von Hsü hat sich ergeben,
mit uns vereinigt, wie sich's frommt.
Das ist des Himmelssohnes Tat.
Und weil das Reich nun Ruhe hat,

der Fürst von Hsü zu Hofe kommt,
das Volk von Hsü sich nicht empört,
ist auch das königliche Heer,
wie er's befahl, zurückgekehrt.[29]

Wie bis in unsere Zeiten üblich in politisch-militärischen Deklarationen wird die »*Aufrichtigkeit*« des agierenden Subjekts, des An- oder Eingreifenden besonders betont. Die Unterwerfung des Angegriffenen einem so »aufrichtigen« Angreifer gegenüber ist daher eine »Selbstverständlichkeit«, vor allem wenn man sich einem »Himmelssohn« unterworfen hat. Die Stammesfürsten der Hsü-Rung, Dsching-Man und Huai-I erschienen von nun an wie alle anderen Vasallen des Reiches in regelmäßigen Abständen und zu festgesetzten Zeiten am Hof des Dschou-Königs: das Ergebnis eines mehr als zehnjährigen Kampfes, der von den Menschen der damaligen Zeit sicher als bedeutsam empfunden wurde. Wie in dem eben zitierten Lied vornehmlich die Taten des Königs, so wurden in anderen Liedern auch die Taten und Tugenden seiner besten Feldherren, wie Fang Schu, Schau Hu und Dschung Schan besungen:

Und wie die Würmer krabbelt ihr,
Dsching-Man-Barbaren, habt gewagt
zu trotzen unsrem großen Land.
Ist Fang Schu auch schon hochbetagt,
nie noch schlug fehl, was er geplant.
Mit seinem Heer rückt Fang Schu an
und fragt die Kriegsgefangnen aus.
Streitwagen rollen rings heran
wie Donnergrolln, Gewitterbraus.
Fang Schu ist ein gewaltiger Mann,
schlug einst die Hsjän-Yün in die Flucht.
Besser dem Mächtigen untertan
als von ihm schrecklich heimgesucht.[30]

Der König und seine Feldherren dienen gemeinsam einem großen Eroberungsplan, der die Macht des Dschou-Reichs auch nach Süden und Südwesten weiter ausdehnen soll. Die militärischen Erfolge allein

aber genügen nicht. Sie sollen auch noch durch das Ethos des
»königlichen Wegs«, durch entsprechend »tugendhafte«, das heißt
menschliche Maßnahmen der Eroberer, der Regierenden gerechtfertigt werden. Damit wird dem militärischen Erfolg der Anschein von
Rechtmäßigkeit, ja Gerechtigkeit verliehen; der König und seine
Feldherren bringen ja den unterworfenen Völkern nur Ruhe und
Ordnung:

An den Ufern des Yang-Dse und Han-Ho befahl
der König dem Feldherrn Schau Hu:
Breit aus unsre Macht und zieh überall
die Grenzen der Länder genau.

Damit es sich beuge dem Königshaus
besteure das Volk nicht zu schwer.
Die Raine steck ab und die Äcker miß aus
bis an das Südliche Meer.[31]

Das folgende Lied ist für uns aus mehreren Gründen interessant:

Ein Sprichwort sagt: Was weich ist, schluck,
was hart ist, spuck aus gleich.
Dschung Schan Fu ist nichts hart genug,
noch schluckt er je, was weich.

Die arme Witwe drückt er nicht,
die sich nicht wehren kann.
Er fürchtet nichts und bückt sich nicht,
selbst vor dem stärksten Mann.[32]

Dieses Lied ist nicht wie der übliche Panegyrikus auf Könige und
Große des Reichs nach einem bestimmten Muster geschnitten und
aus mehr oder minder eingeschliffenen Phrasen zusammengestellt,
sondern zeigt wahres Gefühl und Originalität. Der Einbau von volkstümlichen Redewendungen gibt dem Lied eine Kraft und Frische,
die wir nur selten in anderen Liedern dieses Typs finden. Aber auch

vom historischen Standpunkt ist es interessant. Der Autor, der in der letzten Strophe seinen Namen nennt, ist kein geringerer als der Feldherr Yin Dschi-Fu, der seinem Freund und Kameraden anläßlich seiner Dienstreise nach Tschi dieses Lied widmete. Die nordöstlichen Grenzen waren durch Einfälle der Hunnen und anderer Nomadenvölker so unsicher geworden, daß an die Errichtung eines Befestigungssystems gedacht werden mußte. König Hsüan sah sich gezwungen, die Grenzfestungen im Osten auszubauen. So erhielt Dschung Schan Fu den Auftrag, Tschi mit festen Wällen zu umziehen.

Das Viergespann jagt stolz dahin,
die Glöckchen klingen hell.
Die Pflicht treibt Dschung Schan Fu nach Tschi.
Drum geht die Reise schnell.

Zum Trost dem Freund, der sorgend dient
dem König Tag und Nacht,
ein Lied wie Windhauch, rein und lind –
Yin Dschi-Fu hat's gemacht...[33]

In den letzten Regierungsjahren König Hsüan's hatte das Land wieder unter einer Dürre zu leiden. Als sein Sohn Yo Wang, König Yo, 781 v.Chr. den Thron bestieg, herrschte überall Hungersnot. Erdbeben, die nach chinesischen Vorstellungen Wirren im Reich vorauskünden, beunruhigten das Volk. Und auch die Nomaden an der Nordgrenze begannen sich wieder zu rühren. Im *Buch der Lieder* findet die Stimmung im Volk ihren Widerhall:

Mit Schrecken uns der Himmel droht.
Verderben sendet er und Tod.
Und überall herrscht Hungersnot.
Es schweift das Volk ziellos umher.
Die Dörfer öd, die Grenzen leer.[34]

Die von König Hsüan während seiner langen Regierungszeit (827-782 v.Chr.) mühsam wiederhergestellte Autorität des Hauses Dschou entbehrte bereits der ursprünglichen, realen Grundlage der zentralen

Machtstellung des Königshauses. Die partikularistischen Tendenzen der Lehensfürsten hatten das Reichsgefüge inzwischen dermaßen aufgelockert, daß alle Pläne einer Festigung der Königsmacht im Osten im Sand verlaufen mußten. Ein tatkräftiger König wie Hsüan Wang konnte noch vorübergehend den Schein der Macht behaupten. Unter seinem schwachen Sohn Yo Wang erlosch auch der letzte Schimmer des königlichen Glanzes. Yo Wang wird von den chinesischen Historikern, offenbar nicht zu Unrecht, als ein Schwächling geschildert. In äffischer Liebe seiner Favoritin Bau-Si ganz ergeben, soll er, um die mürrische Schöne zum Lachen zu bringen, befohlen haben, die Wachtfeuer anzuzünden. Die verblüfften Gesichter der grundlos alarmierten Lehensleute erweckten zwar die Heiterkeit der Schönen; nur kamen dann des Königs Mannen auch nicht mehr, als er ernstlich ihrer Hilfe gegen die einfallenden Tschüan-Rung bedurfte. Diesen Einfall von Fremdvölkern hatte der König selbst provoziert. Die Tschüan-Rung besaßen diesmal einen Bundesgenossen in der nächsten Nähe des Hofes: sie hatten sich mit dem Fürsten von Schen verbündet, dem Vater der rechtmäßigen Gemahlin des Königs, deren Sohn König Yo von der Erbfolge ausgeschlossen hatte, um dem Sohn seiner Favoritin den Thron zu sichern. In der Schlacht am Li-Berg fand der König ein unrühmliches Ende.

Nach Mau Heng's Kommentar zum *Buch der Lieder*, das aus dem 2. Jahrhundert v.Chr. stammt, müßten alle jene Lieder im Abschnitt *Da-Ya*, die soziale Unzufriedenheit ausdrücken, mit der Mißwirtschaft und den Verfehlungen Yo Wang's in Zusammenhang stehen. Vom Standpunkt der konfuzianischen Moral war König Yo's unsinnige Liebe für Bau-Si quasi der Hauptgrund für den Zusammenbruch der *Westlichen Dschou*, wie die Dynastie bis zur Verlegung der Hauptstadt östlich nach Lo-Yang genannt wurde. So wurde Yo Wang als abschreckendes Beispiel eines der Liebe frönenden Königs zum Sündenbock für den Niedergang des Königshauses und des Reiches gemacht, aber die eigentliche Schuld indirekt einer Frau in die Schuhe geschoben. Die Zeiten, da der Frau noch bestimmte Rechte zustanden, waren vorbei. Die Dschou-Gesellschaft war streng patriarchalisch und unduldsam geworden. Ein Lied wie das folgende, stammt offensichtlich noch aus ungebunderen Lebensverhältnissen:

Zeigst du ein freundlich Antlitz mir
und Liebe unverkürzt,
so wat ich durch den Fluß zu dir
den Rock hoch aufgeschürzt.
Nur denk nicht, wenn's dir nicht beliebt,
daß es nicht auch noch andre gibt –
Du dummer, dummer Junge du![35]

Nun finden wir Lieder, in denen sich das Absinken der gesellschaftlichen Stellung der Frau und die damit verbundene Herabwürdigung ihrer menschlichen Werte deutlich widerspiegelt:

Wenn ein Mann klug ist, baut er feste Städte.
Zu Fall bringt sie das Weib, ist sie zu klug.
Und wenn zur Klugheit sie noch Schönheit hätte,
ein Käuzchen bleibt sie doch voll Lug und Trug.
Die Weiber haben lange Zungen; Stufen
des Bösen sind sie, die zu Bösem führen.
Wenn Unglück kommt, sie haben's herbeigerufen.
Fluch nicht dem Himmel, fluch dem Weiberhirn.
Nicht zu belehren sind Weiber und Eunuchen.[36]

Neben diesem misogynen Lied ohne Namensnennung wird in einem anderen, das wahrscheinlich aus der Zeit des nächsten Königs, Ping Wang, stammt, die verhaßte Favoritin des Königs Yo mit Namen genannt:

Es krampft das Herz sich mir
vor Schmerz zusammen.
Die Herren heut, sind sie
nicht zu verdammen.
Erlöschen müssen selbst
die stärksten Flammen.
Und wegen Bau-Si brach
das Reich zusammen.[37]

Der nächste König, Ping Wang, Sohn der rechtmäßigen Gemahlin des in den Unruhen getöteten Königs Yo, wurde als legitimer Thronfolger von seinem Großvater, dem Fürsten von Schen, und anderen Mächtigen des Reichs auf den Thron gehoben. Die Tschüan-Rung hatten die Hauptstadt der Dschou, Hau, erobert und verwüstet und waren tief in das alte Dschou-Territorium eingedrungen. König Ping gelang es zwar, mit Hilfe der Fürsten von Dschin und Guo, die alte Hauptstadt zurückzuerobern, aber als königliche Residenz war sie ihm doch zu unsicher geworden. Er selbst zog sich 770 v.Chr. nach Lo-I, dem heutigen Lo-Yang, zurück, das von nun an Residenzstadt der Dschou-Könige wurde. Da Lo-I östlich von Hau lag, nannte man die Dynastie von Ping Wang an *Östliche Dschou-Dynastie*, zum Unterschied von der *Westlichen Dschou-Dynastie*, die die Periode von Wu Wang bis zur Verlegung der Hauptstadt umfaßt, also den Zeitraum von etwa 1120 bis 770 v.Chr. in der traditionellen chinesischen Historiographie wird die Regierungszeit der *Östlichen Dschou-Dynastie* noch in weitere zwei Epochen unterteilt: die sogenannte *Frühling- und Herbst-Epoche* (770-476 v.Chr.) und die Periode der *Kämpfenden Staaten* (475-221 v.Chr.).
Mit Ping Wang waren die Dschou-Könige in Wirklichkeit bereits zu Vasallen ihrer eigenen Lehensleute herabgesunken. Si-ma Tschjän schreibt in den *Historischen Aufzeichnungen* zusammenfassend über diese Epoche:

Zu Ping Wangs Zeiten verfiel das Haus Dschou. Die stärkeren Lehensfürsten annektierten die schwächeren Staaten, und die Fürstentümer von Tschi, Tschu, Tschin und Dschin gewannen an Macht.[38]

Die Dschou-Könige waren zu einem Spielball in den Machtkämpfen der großen Fürstentümer geworden, die unter dem immer wieder gebrauchten Aushängeschild, *»das Ansehen des Königs zu wahren und die Barbaren vertreiben«* zu wollen, untereinander um die Hegemonie in dem zerbröckelnden Dschou-Reich stritten. Die wirtschaftlich stärksten Staaten entwickelten eine Warenwirtschaft, die zur Expansion drängte. Kriege und Fehden unter den verschiedensten Vorwänden vernichteten die kleinen Pufferstaaten und erweiterten die Grenzen der großen Fürstentümer. *Fünf Hegemoniarchen* lösten einander in der Vormachtstellung im Dschou-Reich ab. Den Dschou-König behandelten sie gleichsam als ihren Schützling. Nur das heikle und immer schwankende Gleichgewichtsverhältnis zwischen den großen Fürstentümern rettete die königliche Domäne davor, ebenso wie die übrigen Kleinstaaten einfach annektiert zu werden. Die Frage der Usurpation der Königswürde war bereits aufgetaucht. Im Kommentar zu den *Frühling- und Herbst-Annalen*, eine Chronik für den Zeitraum von 722 bis 481 v.Chr., werden Beispiele dafür genannt:

Der Fürst von Tschu unternahm eine Strafexpedition gegen die Rung von Lu-Hun. Als er zum Fluß Lo kam, hielt er eine Heerschau auf dem Territorium des Dschou-Königs ab.

Das geschah im Jahr 608 v.Chr. Der Dschou-König reagierte auf diesen bitteren Affront mit einer demutsvollen Geste. Er entsandte einen seiner Minister, um dem Fürsten von Tschu *»für seine Verdienste zu danken«*. Nicht genug damit, stellte dieser auch noch die Frage, *»wie groß und wie schwer die Dreifüße«*[39] des Königshauses der Dschou wären. Mit den Dreifüßen waren die Reichsinsignien gemeint – eine unmißverständliche Anspielung.

In der Epoche der »Kämpfenden Staaten« waren schließlich nur mehr sieben mächtige Fürstentümer übriggeblieben, die sich bald als Feinde gegenüberstanden, bald wieder als Verbündete gemeinsam gegen andere Fürstentümer kämpften. Gegen die partikularistischen Interessen der einzelnen Fürsten machte sich immer mehr die wirtschaftlich bedingte Forderung nach Beseitigung der regionalen Aufspaltung und der aristokratischen Privilegien geltend. Die Reformen, die die Fürsten von Tschin nach den von dem legalistischen Philosophen Schang Yang (390?-338 v.Chr.) entwickelten Prinzipien eines nicht-aristokratischen, das heißt erbliche Privilegien negierenden, auf Leistung und Verdienste ausgerichteten, strafforganisierten Militärstaats durchführten, deckten sich vielfach mit der Entwicklungstendenz der Zeit, dem Drang nach Einigung des Reichs nach einer langen Periode der Zersplitterung, blutiger Kämpfe und allgemeiner Unsicherheit. So entstand im alten Siedlungsgebiet des Dschou-Volks, das Ping Wang,

als er sich vor den Rung westwärts zurückzog, den Fürsten von Tschin überlassen hatte, die Keimform des nicht-aristokratischen, zentralistischen Beamtenstaats, der nach der Reichseinigung durch Tschin Schih-Huang-Di, dem Ersten Kaiser der Tschin-Dynastie, im Jahre 221 v.Chr. für mehr als zwei Jahrtausende Form und Gefüge des chinesischen Staatswesens maßgebend bestimmen sollte.
Wir warfen hier einen kurzen Blick auf die Periode der Auflösung, des Zerfalls des Dschou-Reichs und der Entstehung eines neuartigen Staatsgebildes auf seinen Trümmern. Kehren wir nach diesem Exkurs in spätere Zeiten wieder in die Welt des *Buchs der Lieder* zurück und schließen wir mit einem Lied, das die Stimmung in einem zerrissenen Land, in dem das Leben für das Volk unerträglich geworden ist, anschaulich und ergreifend wiedergibt:

Kalt peitscht der Nordwind ins Gesicht.
Schneeflocken wirbelnd wehn.
Ihr zaudert noch? Ach, zaudert nicht!
Kommt, Freunde, laßt uns Hand in Hand
nun wandern in ein andres Land!
Zeit ist, Zeit zu gehn.

Der Nordwind scharf wie Messer sticht,
und dichter fällt der Schnee.
Ihr zaudert noch? Ach, zaudert nicht!
Auf, Freunde, kommt, laßt Hand in Hand
uns wandern in ein andres Land,
und diesem sagt ade!

Ein Fuchs ist unser Herzog hier,
auf Raub und Mord erpicht.
Ihr zaudert noch? Was zaudert ihr?
Auf, Freunde, laßt uns Hand in Hand
nun fahren in ein andres Land.
Wir dulden's länger nicht.![40]

Das Buch der Lieder – seine Bedeutung und sein Schicksal

Eine Untersuchung der Kompilationsgeschichte, der Rezeption, der Interpretation und gewisser Besonderheiten des *Buchs der Lieder*, dieser ältesten Gedichtsammlung Chinas, bietet nicht nur Einblick in ein Spezialgebiet der Sinologie, sondern eröffnet darüber hinaus unerwartete Einsichtsmöglichkeiten in das Geistesleben Chinas. Das Wort *Habent sua fata libelli* – Bücher haben ihre Schicksale – trifft wohl kaum auf ein anderes Buch besser zu als auf diesen Thesaurus klassischer chinesischer Dichtung.

Wenn wir heute vom *Buch der Lieder* sprechen, so tun wir es lediglich als Reminiszenz an seinen ursprünglichen Charakter. Einst gab es zu den darin enthaltenen Gedichten Melodien; vielleicht waren sie damals sogar wichtiger als der Text. Für uns ist es nur mehr ein »Buch der Gedichte«. Die Lieder sind längst verklungen.

Über den Ursprung dieser ältesten Anthologie chinesischer Lyrik, den Zeitpunkt ihrer Entstehung, die Gründe und die Leitlinien ihrer Kompilation sowie ihren vermeintlichen Kompilator und Redakteur ist viel geschrieben worden. Vermutungen gibt es viele, eine endgültige und präzise Antwort jedoch auf keine dieser Fragen.

Zur Zeit der Han-Dynastie wurde das *Buch der Lieder*, das einmal offenbar als Textbuch für den Musikmeister und Fibel für den jungen Mann aus »gutem Haus« gedient hatte, zur Würde einer kanonischen Schrift erhoben. Die Han-Kaiser Wen-Di (179-156 v.Chr.) und Dsching-Di (156-140 v.Chr.) stellten hochgelehrte Männer an, um den tieferen Sinn des *Buchs der Lieder*, des *Buchs der Urkunden* und der *Frühling- und Herbst-Annalen* zu erkunden. Unter Kaiser Wu-Di (140-86 v.Chr.) wurden den als kanonisch betrachteten Büchern noch das *Buch der Riten* und das *Buch der Wandlungen* hinzugefügt und entsprechend kommentiert. Kommentieren bedeutete damals Exegese. Man legte aus – und nicht selten hinein. Die vielfach – wenn auch nie offen zugegeben – im Sinne anderer Schulen interpretierten kanonischen Schriften der konfuzianischen Schule galten von nun an als Wunderquell, aus dem die alleinseligmachende Weisheit unerschöpflich hervorsprudeln sollte.

Die Konfuzianer waren zur Zeit des Kaisers Wu-Di aus dem Konkurrenzkampf der »Hundert Schulen« als Sieger hervorgegangen. Alle übrigen philosophischen Lehrmeinungen, darunter insbesondere die der Legalisten, wurden in Acht und Bann getan. Der junge, zentralistische Beamtenstaat mußte sich zunächst ein geistiges Grundgerüst, eine stabile Ideologie schaffen, und dazu benötigte man die Autorität eines allgemein geachteten Weisen der Vergangenheit. Im Jahr 135 v.Chr. wurde die konfuzianische Lehre zur Staatsdoktrin erhoben. Konfuzius, Meister Kung, der zu seinen Lebezeiten mit seinen Lehren nur wenig Anklang gefunden hatte, genoß postum die allerhöchsten Ehren. Ein berühmter Gelehrter, Dung Dschung-schu (um 170-90 v.Chr.), überzeugte Kaiser Wu Di von der Richtigkeit eines von ihm entwickelten und mit dem Namen des Konfuzius ausgeschmückten politisch-religiösen Systems, das dem Kaiser die absolute Macht im Reich zusicherte. Nach diesen von legalistischen und anderen Gedanken reichlich durchsetzten »konfuzianischen« Grundsätzen Dung Dschung-schu's wurde der Herrscher als »Himmelssohn« und Besitzer mystifizierter Herrschertugenden zugleich mit der gesamten Pyramide des Beamtenstaats sakrosankt erklärt. Die Neuinterpretation der kanonischen Schriften erfolgte daher von einem tendenziösen Gesichtspunkt aus, der Konfuzius geradezu Allwissen und Allmacht zusprach. Im politischen Leben sowie in allen geistigen und geistlichen Dingen galt Konfuzius von nun an als höchste Autorität. Selbst ein kritischer Kopf wie Si-ma Tschjän fiel gutgläubig den tendenziösen Ansichten seiner gelehrten Zeitgenossen zum Opfer. In den *Historischen Aufzeichnungen* schreibt er:

In alten Zeiten gab es mehr als dreitausend Gedichte. Konfuzius schloß die überflüssigen (sich überschneidenden) *aus und suchte jene heraus, die sich auf die Riten anwenden ließen ...*[41]

Demnach hatte Konfuzius sozusagen die Endredaktion der überlieferten Liedertexte besorgt: von ursprünglich dreitausend blieben nach seiner Auswahl nur mehr dreihundert – ein Zehntel – übrig. Si-ma Tschjän fährt fort:

Konfuzius instrumentierte und sang die dreihundert Lieder, um sie mit den Klängen der Schau- (angeblich die Musik des legendären Herrschers Schun), *Wu-*(Musik des Dschou-Königs Wu), *Ya- und Sung-Melodien in Übereinstimmung zu bringen. Von nun an konnten Riten und Musik erklärt werden, um der Verwirklichung des Königlichen Weges und der Vervollkommnung der Sechs Künste zu dienen.*

Das war die sanktionierte Auffassung der Han-Zeit über Ursprung, Redaktion und Zweck des *Buchs der Lieder*. Sie wurden also von Konfuzius selbst redigiert; der Zweck der Sammlung war es, singbare Illustrationen zu den Riten zu schaffen, Ritualgesänge für die Staatsopfer und andere Zeremonialhandlungen, um den Königlichen Weg in einem sakralen Sinn zu veranschaulichen. Damit war aber auch die Auslegung des *Buchs der Lieder* den Exponenten des zentralistischen Beamtenstaates auf Gnade und Ungnade zu beliebiger Verzerrung im Interesse ihres Herrschaftssystems ausgeliefert.
Das Buch *Lun-Yü, Die Gespräche des Konfuzius*, wurde nach des Meisters Tod von seinen Schülern kompiliert, die sicher besser über ihren Meister Bescheid wußten als die Han-Kommentatoren. In den *Gesprächen des Konfuzius* aber wird ein ums andere Mal davon gesprochen, daß Konfuzius die *Dreihundert Lieder* vortrug, was eindeutig erkennen läßt, daß es zu Konfuzius' Zeiten bereits ein Sammelwerk von dreihundert Liedern gab, die »Endredaktion« – falls es eine solche gegeben haben sollte – also vor Konfuzius stattgefunden haben mußte und daher nicht sein Werk sein konnte. Aber greifen wir lieber noch weiter zurück. Im Jahr 544 v.Chr. unternahm ein Prinz des Staates Wu namens Dschi Dscha eine »Kavalierstour« im damaligen Dschou-Reich, die ihn auch an den Hof des Herzogs von Lu führte.

Der Herzog befahl dem Musikmeister, für ihn (d.h. den Prinzen Dschi Dscha) *die Lieder des Abschnitts Dschou-Nan und Schau-Nan zu singen ... Als er für ihn die Lieder der Staaten Pe, Yung und We sang, bemerkte der Prinz: Herrlich fürwahr und tief! Sie sind traurig, aber nicht bedrückend ... Als er ihm die Lieder der Königlichen Domäne vortrug, bemerkte der Prinz ...«*[42] usw.

In dieser Passage in *Dso's Kommentar zu den Frühling- und Herbst-Annalen* werden nacheinander alle die Abschnitte im *Buch der Lieder* aufgezählt, die wir auch heute noch in der uns erhalten gebliebenen Sammlung finden. Als Dschi Dscha 544 v.Chr. den Herzog von Lu besuchte, steckte Konfuzius noch in den Kinderschuhen. Er war damals gerade acht Jahre alt. Und wenn wir Konfuzius auch größte Genealität konzedieren, ein solches Wunderkind konnte er doch nicht gewesen sein, daß er schon in einem so zarten Alter aus dreitausend Liedern die für das moralische Wohlbefinden der Feudalgesellschaft bekömmlichsten dreihundert hätte kritisch aussondern können. Sicherlich jedoch mußte ihm als Verfechter der althergebrachten Riten in reiferen Jahren sehr daran gelegen sein, die für das Staats- und Sippenzeremonial wichtigen Melodien von Mißklängen zu säubern und sie zu fixieren. So lesen wir in den Gesprächen des Konfuzius:

Der Meister sprach: Als ich von We nach Lu zurückkehrte, wurden die Maßstäbe für Musik zurechtgerückt und die Festgesänge und Hymnen erhielten wieder die ihnen gebührende Rangfolge.[43]

Prinz Dschi Dscha's Bemerkungen zu den *Liedern* und die in den *Gesprächen des Konfuzius* verstreuten Bemerkungen zu diesem Thema geben uns einige, wenn auch noch ungenügende, so doch immerhin wichtige Anhaltspunkte:

1. Die Sammlung von Liedern, die wir *Buch der Lieder* nennen, lag 544 v.Chr. bereits als ein fertiges und allgemein bekanntes Werk vor. Wie hätte sonst Dschi Dscha die seiner Zeit gemäßen Assoziationen mit den Liedern der einzelnen Staaten verbinden können?
2. Zu Konfuzius' Zeiten umfaßte das *Buch der Lieder*, rund gerechnet, dreihundert Lieder, also etwa die gleiche Zahl, die es auch noch heute enthält.
3. Die Lieder als literarisches Werk waren damals untrennbar mit den ihnen zugehörenden Melodien verbunden. Sie galten also weniger als Gedichte, sondern vielmehr als Gesänge oder Lieder, wobei ihr musikalischer Wert wahrscheinlich höher eingeschätzt wurde als ihr literarischer.

4. Die Herzöge des Staates Lu bewahrten als nahe Verwandte der Dschou-Könige seit etwa fünfhundert Jahren vor Dschi Dscha's Besuch in Lu das gesamte Repertoire an Musik und Riten – und damit sicher auch die dazugehörenden Texte – des Königshauses als gemeinsamen kulturellen »Familienschatz« der Dschou-Sippe.
5. In der oben zitierten Passage in *Dso's Kommentar zu den Frühling- und Herbst-Annalen* heißt es: *Als der Prinz Dschi Dscha seine Visite machte, bat er, Einsicht in die Musik der Dschou* (gemeint ist das Königshaus der Dschou) *nehmen zu dürfen.* Der Prinz und sein Gastgeber waren sich also wohl bewußt, daß diese Lieder vom Königshof der Dschou stammten und auch dort gesammelt und bearbeitet worden waren. Es wäre daher anzunehmen, daß schon in der Frühzeit der Dschou-Dynastie mit der Sammlung begonnen wurde, und zwar auf Geheiß der Dschou-Könige von deren Musikmeistern. Der Staat Lu erhielt Kopien der am Dschou-Hof gesammelten Lieder und das dazugehörende musikalische Wissen. Die Sammlung wurde, wie sich aus den darin erhaltenen historischen Daten nachweisen läßt, fortlaufend weitergeführt und vermutlich abgeschlossen, als die Dschou-Könige auch den letzten Schein der Macht verloren hatten und ihnen selbst das Recht des Oberzeremonienmeisters des Reichs abgesprochen wurde. Die jüngsten Lieder stammen auch aus dieser Zeit, etwa dem frühen 6. Jahrhundert v.Chr.

Die Lieder selbst bildeten gewissermaßen auch ein zeremoniales Bindeglied zwischen den einzelnen Fürstentümern und dem Dschou-Hof. Die Fürsten und Vornehmen bedienten sich gerne einer hochgestochenen Sprache mit vieldeutigen poetischen Anspielungen. Sie sprachen *durch die Blume*, was sowohl als ein Zeichen der Bildung galt, wie es auch als Vorsichtsmaßnahme im diplomatischen Verkehr seine Vorteile hatte. Ein flüchtiges Zitat aus einem der *Lieder* konnte augenblicklich eine Assoziationskette im Kopf des Partners oder Gegners erwecken, ohne jedoch als verbindliche Aussage gelten zu müssen. Im *Abschnitt über Literatur* in der *Geschichte der Han-Dynastie* lesen wir:

In alten Zeiten trachteten die Lehensfürsten, der Hochadel und der Beamtenadel im Verkehr mit Nachbarstaaten danach, durch Anspielungen aufeinander einzuwirken. Bei den zeremonialen Empfängen pflegte man die »Lieder« zu zitieren, um auf diese Weise seine Meinung anzudeuten.[44]

So betrachtet, waren die *Lieder* auch Gedichte: – ein Buch der Zitate, eine Fibel, die jeder junge Mann aus »gutem Haus« gründlich kennen mußte. Auch Konfuzius empfahl seinen Schülern immer wieder, sich mit den *Liedern* vertraut zu machen.
Wer aber verfaßte die *Lieder*? Warum wurden sie verfaßt? Wie kamen sie an den Königshof? Die Han-Kommentatoren gaben vor, in dieser Frage viel mehr zu wissen, als zu wissen war. Liebeslieder wurden als hochpolitische oder hochmoralische Lehrgedichte ausgelegt, die nur ein »höherer Mensch« – ein *Dschün-Dse* – erdacht haben konnte. Den meisten *Liedern* wurde eine tiefgründige ethische und didaktische Bedeutung zugesprochen. In Wirklichkeit finden wir in den Abschnitten Feng und Hsjau-Ya hauptsächlich Volkslieder, in welchen oft unverhüllt, ja geradezu derb die Gefühle des Dichters ausgesprochen werden. So in dem folgenden Liebeslied:

Es liegt ein totes Reh im Feld,
mit silberweißem Schilf bedeckt.
Ein Mädchen fühlt den Frühling nahn.
Ein Jäger hat ihr Herz erweckt.

Im Feld die tote Hindin liegt.
Dicht wächst im Walde das Gesträuch.
Hübsch ist des Mädchens Angesicht
und strahlt dem hellsten Jade gleich.

Sacht! Sacht! Zerr doch am Gürtel nicht!
Faß mich doch nicht so stürmisch an!
Gib acht, gib acht! sonst fängt der Hund,
das Zotteltier, zu bellen an.[45]

Und nun der Kommentar zu diesem Lied: *Das Lied »Es liegt eine tote Hindin im Feld« drückt Abscheu vor unschicklichem Benehmen aus. Die Welt befand sich in großen Wirrnissen. Die Mächtigen und Gewalttätigen überfielen einander. So wurden die Sitten ausschweifend. Doch der gute Einfluß des Königs Wen führte dazu, daß man trotz der wirren Zeiten Unschicklichkeiten verabscheute.*[46] Dieser Kommentar bedarf keines weiteren Kommentars: die Tendenz ist überdeutlich.

Viele Gedichte in den Abschnitten *Hsjau-Ya* und *Feng* wurden mutmaßlich von kleinen Beamten verfaßt, denen Unrecht oder Kränkungen widerfahren waren. Manche Lieder verherrlichten vom Standpunkt des niederen Adels oder des Volkes den Landesherrn oder seine schöne, junge Gattin, manche wieder beklagen das Mißgeschick ihrer Fürsten oder Fürstinnen, wie das folgende Lied:

Es fliegen die Schwalben, die Schwalben,
verstreut im Himmelsblau.
Weit über die Wiesen und Äcker
geleit ich die junge Frau.
Sie geht und ich bleib stehen
und blick ihr nach und schau
wo ich zuletzt sie gesehen,
und Tränen tropfen wie Tau.[47]

Die Abschnitte *Da-Ya* und *Sung* enthalten zum größten Teil Hymnen für die Hofzeremonien – Ahnenfeiern, Empfänge, Hofgelage. Wir sehen also, daß das *Buch der Lieder* Schöpfungen von Männern und Frauen aus allen Klassen und Schichten der Dschou-Gesellschaft umfaßt: Bauern und Handwerker, enttäuschte oder verstoßene Frauen, kleine, verarmte Adelige und Beamte, Hofleute, Feldherren, königliche oder fürstliche Musikmeister und Hofdichter usw. Die ethische und didaktische Bedeutung, welche die Han-Kommentatoren in diese Lieder hineindeuten, trifft bestenfalls auf die höfische Dichtung zu, die allerdings außer fein ausgefeilten, aber doch recht bleichen Wortfügungen zum Lobe des Herrschers und seiner Ahnen wenig zu bieten hat. So aufschlußreich diese Hymnen und Gesänge für das

Verständnis der damaligen Zeit für den Geschichtswissenschaftler sein mögen, vom Gesichtspunkt der Literatur aus sind sie größtenteils unbedeutend. Die schönsten Lieder in dieser Anthologie entsprangen, wie alle wahre Kunst, einem echten und starken Gefühl und dem inneren Zwang, diesem Gefühl Ausdruck zu geben. Liebe und Haß, Arbeitsfreude und Erschöpfung, Enttäuschung und Erbitterung – die ganze Skala menschlicher Gefühle mit all ihren Nuancen finden wir in diesen fast dreitausend Jahre alten Liedern, die sich eben wegen der Spontaneität und Echtheit der ihnen zugrunde liegenden Gefühle bis heute jung und frisch erhalten haben. Der Zorn in dem folgenden *Lied der Holzfäller* quillt unmittelbar aus dem Herzen; der Rhythmus der Arbeit wirkt darin wuchtig, *schlagkräftig*:

Wir hacken im Walde, wir hacken und hauen
und schleppen die Stämme zum Fluß mit Tauen.
Hell fließen die Fluten und kräuseln sich fein.
Du säst nicht und mähst nicht und ziehst nicht den Pflug
wie scheffelst du denn soviel Korn herein?
Du pirschst nicht und jagst nicht und hast doch genug –
im Herrenhof hängen die Biber in Reihn.
He, hoher Herr, was du verzehrst,
muß andrer Hände Arbeit sein![48]

Warum wurden diese Lieder geschrieben? Die Frage ist überflüssig. Und jene gefühlsarmen, feingeschliffenen, aber nicht recht zu Herzen gehenden Lieder? Auch hier ist die Antwort nicht schwer zu finden. Für den höfischen Bediensteten bedeutete ein Lächeln seines Herrn das Himmelreich. Und was war geeigneter, um Gunst und Gnade zu erringen als ein Panegyrikus! Als das Han-Reich um die Mitte des zweiten Jahrhunderts v.Chr. bereits politisch und wirtschaftlich gefestigt war, bemühte sich die herrschende Klasse, wie wir schon erwähnten, den jungen zentralistischen Feudalstaat auch ideologisch zu untermauern. Dazu bedurfte man einer den neuen Verhältnissen angepaßten Kunst und Literatur, die sowohl dem Staat als schmückende Fassade wie auch dem

Kaiserhaus und den Vornehmen als selbstbestätigende Unterhaltung und Zerstreuung dienen sollte. Zu diesem Zweck wurde unter Kaiser Wu ein besonderes Amt für die Sammlung von Liedern, *Palast der Musik, Yüe-Fu*, genannt, eingerichtet.

Die Han-Gelehrten verliehen auch dieser Institution sogleich die künstliche Patina ehrfurchtgebietenden Alters. Man verlegte die von Staats wegen eingerichtete und betriebene Sammlung von Liedern in die Dschou-Zeit zurück. In Ban Gu's *Geschichte der Han-Dynastie* lesen wir: *In alten Zeiten gab es einen Beamten für die Sammlung von Liedern. Die Könige benutzen diese, um sich über die Sitten des Volkes zu informieren und Unzulänglichkeiten in Erfahrung zu bringen ...*[49] Die Institution eines Amtes oder eines Beamten für die Sammlung von Liedern läßt sich nicht nachweisen. Es ist auch nicht sehr wahrscheinlich, daß die Dschou-Könige nach der Aufspaltung des Reiches in so viele Lehen und bei den damaligen Verkehrsverhältnissen tatsächlich, wie es in der *Geschichte der Han-Dynastie* heißt:

im Frühjahr Herolde aussandten, die mit Holzklappern die Straßen entlang zogen, um Lieder zu sammeln ...[50]

Bekanntlich mußten die Lehensfürsten, solange die Dschou-Könige noch genügend Macht besaßen, in regelmäßigen Abständen am Königshof erscheinen. Bei den zeremonialen Empfängen wurden Lieder von der Art der Lieder in den Abschnitten *Sung* und *Da-Ya* vorgetragen, bei Festgelagen Lieder, wie wir sie in den Abschnitten Hsjau-Ya und Feng finden. Dazu bedurfte man eines entsprechend großen Repertoires. Die Texte zu den feierlichen Weisen schrieben wahrscheinlich die Hofmusiker selbst. Manche Lieder wurden von hohen Würdenträgern oder Adeligen verfaßt, wie das Lied Dscheng-Min, das der Feldherr Yin Dschi-Fu zum Lob seines Kameraden Dschung Schan Fu schrieb. Der größte Teil der Lieder aber erreichte den Hof als eine Art Tributleistung der Landesfürsten, die sich mit Hilfe einer alten Stammesinstitution, den *Hsjang-Yin – Gemeindetrinkgelagen*, leicht über das dichterische und musikalische Schaffen ihrer Landeskinder auf dem laufenden halten konnten. Die *Gemeindetrinkgelage* wurden allerdings nach und nach »aristokratisiert«, aber in den ersten Jahrhunderten der Dschou-Dynastie behielten sie noch ihren Charakter als Gemeindefest der Stammesfreien. Bei diesen Festen wurde während des Gemeinschaftsschmauses oder danach auch musiziert und gesungen. Im Kapitel über die Gemeindefestgelage im *Buch der Riten* werden die Vorschriften und Gebräuche dieser Feste in ihrer bereits aristokratisierten Form beschrieben. Aber auch in dieser bereits entstellten Form des Gemeindefests lassen sich noch deutlich Spuren der Gepflogenheit des Wettsingens erkennen:

Die Sänger treten ein und singen drei Lieder, worauf ihnen der Gastgeber einen Trunk darreicht. Die Flötenbläser treten ein und tragen auf der Rohrflöte drei Lieder vor, worauf ihnen der Gastgeber einen Trunk darreicht. Drei Lieder werden wechselseitig gesungen, drei gemeinsam gespielt ...[51]

Diese Gemeindefeste wurden im zwölften Monat abgehalten und waren ursprünglich mit Opferhandlungen für die Genii loci – die Lokalgötter oder -geister verbunden. Nach dem Kommentar zum *Buch der Riten* soll der Dang-Dscheng, der Gemeindeälteste oder Gemeindevorsteher, jährlich den Geistern des Stammes oder der Gemeinschaft geopfert haben.

Das Volk hielt ein Trinkgelage ab und nahm an der Festordnung teil.[52]

In der feudalen Gesellschaft hatten die Gemeindefeste außer ihrer religiösen auch noch eine wichtige politische Bedeutung. Die Stammesfreien bildeten das wirtschaftliche und militärische Rückgrat der Lehensstaaten. Das Fest brachte die verstreuten Stammesmitglieder zusammen und stärkte in dieser Form einer vergnüglichen und zugleich organisatorisch wirksamen Institution Gemeinschaftssinn und Zusammengehörigkeitsgefühl. Im Kapitel über Musik schreibt der Philosoph *Hsün Dse* (um 286-238 v.Chr.) in dem nach ihm genannten Buch:

Wenn daher ... in den Gemeinden und unter den Sippenältesten jung und alt gemeinsam Musik hörten, so gab es keinen, der nicht das Gefühl des harmonischen Sich-Einfügens empfand[53].

Bei diesen Festen waren die Dang-Dscheng und wahrscheinlich auch andere örtliche Honoratioren anwesend, die dem Landesherrn über Stimmung und Meinungen im Volk zu berichten hatten und bei dieser Gelegenheit ihm vermutlich auch die schönsten und bedeutsamsten Lieder, die während des Gemeindefests zum besten gegeben wurden, übermittelten. Daß es gleichsam eine Verpflichtung war, dem König von Zeit zu Zeit die dichterischen Schöpfungen der Untertanen darzubringen, geht aus einer Stelle in den *Diskursen der Staaten, Guo-Yü, Kap. Dschou-Yü I,3,* hervor. Der Fürst von Schau sagte zu König Li:

Deshalb hat der Himmelssohn, wenn er Audienz hält, dafür zu sorgen, daß die Fürsten und Vornehmen sowie auch die Schih (der niedere Adel) *Gedichte* (dem Thron) *vorlegen und die Blinden Lieder vortragen ...*

Es ist daher anzunehmen, daß die Lehensfürsten bei den vorgeschriebenen Besuchen am Hof die besten Lieder, die auf ihren Territorien entstanden waren, dem König übermittelten.
Das *Buch der Lieder* enthält insgesamt 311 Lieder. Davon sind sechs Flötenlieder, zu denen wahrscheinlich nie ein Text existierte und die eben nur Melodien waren. In der bereits zitierten Passage aus dem *Buch der Riten* werden vier Formen des musikalischen Vortrags erwähnt: Gesang, Flötenspiel, Wechselgesang (Duett) und Wechselspiel (der Flötenbläser). Zum Flötenspiel wurde vielleicht getanzt, aber jedenfalls nicht gesungen. Von diesen sechs Flötenliedern sind nur die Titel erhalten geblieben. Das *Buch der Lieder* enthält also nur 305 Texte von Liedern, die nach bestimmten Grundsätzen in drei Abschnitte geteilt wurden: *Feng, Ya und Sung.* Die Lieder des Ya-Typs wurden noch in zwei Unterabschnitte geteilt: Hsjau- (kleines) Ya und Da- (Großes) Ya. Die Lieder im ersten Abschnitt *Feng* stammen regional aus bestimmten Gebieten; musikalisch gehörten zu ihnen bestimmte Melodien, die eben in jenen Gebieten, aus welchen sie herstammten, heimisch waren. Die Lieder des Ya- und Sung-Typs wurden im wesentlichen nach musikalischen Grundsätzen – nach dem Typ der Melodie, zu der, und sekundär auch nach der

Gelegenheit, bei welcher sie vorgetragen wurden, in Festgesänge, *Hsjau-Ya* und *Da-Ya*, und Hymnen oder Choräle, *Sung*, eingeteilt. Da in den letzten drei Gruppen der musikalische Charakter ausschlaggebend war, finden wir (vor allem im Abschnitt *Hsiau-Ya*) häufig thematisch weit auseinanderliegende Lieder in einem Abschnitt zusammengefaßt.

Da uns die Melodien zu diesen Liedern nicht bekannt sind, erübrigen sich auch alle Spekulationen über deren Eigenheiten. Nur eins wäre hier zu erwähnen, nämlich, daß das Schriftzeichen *Ya* in den Abschnittsbezeichnungen *Hsjau-Ya* und *Da-Ya* ursprünglich mit der alten Stammesbezeichnung *Hsja* des Dschou-Volks identisch war. Das Schriftzeichen Ya wurde in der Wortverbindung Ya-Yän im Sinne von Hof- oder Hochsprache der Dschou-Adeligen gebraucht. Die Musik des *Ya*-Typs in den Abschnitten *Da-Ya* und *Hsjau-Ya* umfaßte daher vermutlich vom Königshaus sanktionierte höfische Weisen. Das trifft auch für die Lieder des Sung-Typs zu, die ja für den ausschließlichen Gebrauch des Königshauses und der höchsten Aristokratie bestimmt waren.

Der Abschnitt *Feng* enthält insgesamt 160 Lieder, die Abschnitte *Hsjau-Ya* und *Da-Ya* 80 beziehungsweise 31 Lieder, zusammen mit den 40 Liedern des Abschnitts *Sung* enthält das *Buch der Lieder* also insgesamt 311 Lieder, von welchen, wie bereits erwähnt, sechs Flötenlieder nur als Titel ohne Text angegeben sind. Vom literarischen Standpunkt sind die Hymnen des *Sung*-Typs und manche Lieder des Abschnitts *Da-Ya* die schwächsten; von bedeutendem literarischen Wert hingegen sind viele Lieder in den Abschnitten *Feng* und *Hsjau-Ya*, die durch ihren Gefühlswert, durch die Reichhaltigkeit ihrer Thematik und die Kraft der Sprache auf viele spätere Dichtergenerationen Chinas bis in unsere Zeit einen tiefen Einfluß ausgeübt haben.

Die Diktion des *Buchs der Lieder* zeigt eine gewisse Uniformität, die angesichts der Herkunft der Lieder aus verschiedenen und weit auseinanderliegenden Gebieten, welche den größten Teil der heutigen Provinzen Schen-Hsi, Schan-Hsi, Ho-Be, Ho-Nan Hu-Be und Schan-Dung umfassen, auf den ersten Blick erstaunlich erscheinen mag. Wir müssen jedoch in Betracht ziehen, daß diese Lieder von königslichen oder fürstlichen Musikmeistern überarbeitet und daher auch der Hof- und Hochsprache angeglichen wurden. Trotzdem schlägt der Volkston oft unverkennbar durch. Zum Unterschied von der salbungsvollen und trockenen Sprache des *Buchs der Urkunden* klingt aus den Liedern oft das Lachen und Weinen des Volks heraus. Liebe, Ehrfurcht, Zorn, Haß, Sorgen und Schmerz werden nicht nur durch entsprechende poetische Bilder »gemalt«, sondern auch noch durch das Klangelement der Interjektion und des Refrains »vertont«. »Die ältesten morgenländischen Sprachen«, schreibt Johann Gottfried Herder, »sind voll von Ausrufen, für die wir spätergebildeten Völker oft nichts als Lücken oder stumpfen, tauben Mißverstand haben«[54]. Wie sehr diese Ansicht Herders auch auf die *Lieder* zutrifft, zeigt sich in der Hilflosigkeit der Kommentatoren und der Leerheit ihrer Erklärungen, wenn es sich um Interjektionen und andere gefühlsbetonte Klangelemente handelt.

In den *Liedern* werden oft durch Verdoppelung eines Verbs oder Substantivs oder durch wiederholte Alliterationen Gefühlsausdruck und Bildhaftigkeit bis zu höchster Intensität gesteigert. Der Zeilenbau ist meist viersilbig, aber keineswegs monoton und inflexibel an diese Zeilenlänge gebunden. Wenn Gefühl oder Inhalt es erfordern, wird dieses Grundmaß der Zeilenlänge bedenkenlos überschritten oder gekürzt, ohne aber aus dem Rhythmus der Gesamtkomposition zu fallen. Gelegentlich ist die Grundaussage sehr kurz – nur ein oder zwei Zeilen, indes die Wucht des durch Interjektionen skandierten, vor verhaltener oder ungestüm hervorbrechender Emotion zu einem Allegro oder Furioso anschwellenden Refrains den eigentlichen Schwerpunkt des Lieds bildet. Der inhaltliche Reichtum, der Reichtum an echtem, tiefem und ursprünglichem Gefühl der Lieder hat immer wieder befruchtend auf die chinesische Dichtkunst gewirkt, wenn sie in Gelehrsamkeit und Formalismen zu ersticken oder in der Öde der Gefühlsarmut zu versanden drohte. Einer der bedeutendsten Dichter Chinas, Li Tai-bai (701-762 n.Chr.) bedauerte in einem berühmten Gedicht, daß seit langem keine Gedichte wie die des *Buchs der Lieder* geschrieben worden seien, um die Nöte eines dem Verfall zueilenden Zeitalters zu beklagen. So wolle er sich selbst fürderhin in seinen Dichtungen dem Wiederaufleben der Kunst des

Buchs der Lieder widmen. Nicht nur Li Tai-bai, auch viele andere große und kleinere Dichter Chinas suchten immer wieder Inspiration in der ergreifenden realistischen Kunst dieser ältesten Liedersammlung Chinas.

Die Texte des *Buchs der Lieder* sind in einem so schwierigen archaischen Chinesisch geschrieben, daß sie selbst unter Zuhilfenahme umfangreicher Kommentare oft nur sehr schwer zu verstehen sind. Dazu kommt, daß die meisten Kommentatoren nicht nur in Fragen, die Sinn und Inhalt der Lieder betreffen, zu offensichtlich tendenziösen Deutungen neigen, sondern auch in semantische Erläuterungen ihre Vorliebe für bestimmte Deutungstendenzen einfließen lassen. Manchmal aber tappen sie auch selbst spürbar im dunkeln. Die Schwierigkeiten, die für den Kommentator zutreffen, sind für den Übersetzer zweifellos noch größer, bisweilen geradezu unüberwindbar.

Wir wollen im folgenden versuchen, den Leser an dem Prozeß der Wiedergabe solcher Texte teilhaben zu lassen und ihm gleichzeitig auch die Möglichkeit geben, noch einige der poetisch wertvolleren Gedichte kennen- und deuten zu lernen.

Die erste Strophe des Gedichts *Fu-I*, was *Wegerich* bedeutet, im ersten Abschnitt des *Buchs der Lieder – Feng –* lautet in Umschrift nach der heutigen Aussprache, die sich allerdings von jener der frühen Dschou-Zeit wesentlich unterscheidet:

Tsai Tsai Fu-I
Bo-Yän Tsai Dschih
Tsai Tsai Fu-I
Bo-Yän Jo-Dschih[55]

Fast wörtlich ins Deutsche übersetzt würden diese vier Zeilen etwa so lauten:

Pflückt, pflückt Wegerich!
Heija, pflückt ihn!
Pflückt, pflückt Wegerich!
Heija, rupft ihn!

Der Rhythmus des Liedchens zeigt sowohl in der Umschrift wie in der Übersetzung, daß es in der Bewegung eines Arbeitsprozesses entstanden ist. Das schließt aber keineswegs aus, daß es auch während eines Volksfests mit Tanz und Gesang, das den Arbeitsprozeß mimetisch nachgestaltete, in den Rahmen einer magisch-sakralen Handlung gestellt worden sein könnte. Die Pflanze, die hier mit soviel Freude und Eifer gesammelt wird, hatte nach traditionellen Vorstellungen etwas mit der Gebärfähigkeit der Frauen zu tun – hemmend oder fördernd, darüber sind sich die Kommentatoren nicht einig. Ein so wichtiges Nahrungsmittel konnte diese Pflanze (Plantago major) kaum gewesen sein, daß man sie, wie Hirse oder Reis, in den Mittelpunkt eines Vegetationskults setzte. Die Möglichkeit ihres Gebrauchs und damit auch ihrer magisch-rituellen Verwendung lag viel eher in einem auf den Stamm oder die Gemeinde bezogenen Fruchtbarkeitskult, was freilich nicht für eine hemmende, sondern eine fördernde Wirkung auf die Gebärfähigkeit der Frauen spräche. Die Übersetzung eines Liedchens dieser Art fällt nicht sonderlich schwer, wenn man den Kommentatoren vertrauen kann, daß ihre Auslegungen einiger Schriftzeichen, die heute nicht mehr in Gebrauch stehen oder andere Bedeutungen angenommen haben, zuverlässig sind. Bei dem nächsten Liedchen sind die Schwierigkeiten schon weitaus größer. Zunächst die erste der drei Strophen in Umschrift nach der heutigen Aussprache:

Lin Dschih Dschih
Dschen Dschen Gung-Dse
Yü Dschie Lin Hsi[56]

Wörtlich übersetzt lauten diese drei Zeilen so:

Fuß des Einhorns
Gütiger Herr
Ahja Einhorn O

Die Übersetzung der drei Zeilen ins moderne Chinesisch in einer kommentierten Ausgabe von 1984[57] ins Deutsche übertragen lautet:

Das Einhorn hat einen Fuß, der Gräslein nicht niedertritt.
Der adelige Herr hat wahrlich ein gutes Herz.
Ahja! Einhorn, O!

Die Übersetzung ins moderne Chinesisch schließt den Kommentar zur ersten Zeile »Fuß des Einhorns« ein. Die nächsten zwei Strophen sind ebenfalls ohne Kommentierung unverständlich. Der Dichter fährt fort, die Herzensgüte des Aristokraten mit Stirn und Horn des Einhorns zu vergleichen, die ebenso wie der Fuß des Wundertiers kein Lebewesen verletzen. Das Liedchen soll ein Lobgesang auf einen gutherzigen Adeligen sein, der darin mit dem mythischen Einhorn verglichen wird. Im Kommentar wird zusätzlich angegeben, daß das Einhorn in der chinesischen Mythologie ein gütiges Wundertier ist, das nur in Zeiten des Friedens und Wohlstands erscheint. Sein Fuß tritt so zart auf, daß selbst das Gras nicht Schaden nimmt. Wenden wir uns nun einem Lied mit komplizierterem Aufbau zu. Zunächst in wörtlicher Übertragung:

Fallen Pflaumen
ihre Früchte sieben ach!
Suchen mich Jüngling
Erreichen dieses Glück ach

Fallen Pflaumen
ihre Früchte drei ach
Suchen mich Jüngling
erreichen dies jetzt ach

Fallen Pflaumen
Körbchen nehmen sie
Suchen mich Jüngling
Erreichen sagen es[58]

Die chinesische Sprache, insbesondere aber das klassische Chinesisch, zeigt so große Unterschiede zu den uns geläufigen europäischen Sprachen, daß eine wortwörtliche Übersetzung unweigerlich einen völlig falschen Eindruck vom literarischen und emotionalen Wert eines Gedichts vermitteln muß. Übersetzen wir nun dieses Lied in eine uns gewohnte und verständliche Sprache, so würde es etwa so lauten:

Vom Baum der Wind die Pflaumen weht.
Zwei Drittel ließ er nur noch stehn.
Ach, wer auf Freiersfüßen geht,
der soll nicht dran vorübergehn.

Vom Baum der Wind die Pflaumen weht.
Nur noch ein Drittel hängt daran.
Ach, wer auf Freiersfüßen geht –
ob er sich heut entscheiden kann?

Vom Baum der Wind die Pflaumen weht.
Schon füllen sie das Körbchen aus.
Wer jetzt auf Freiersfüßen geht,
der sag es mir nur rundheraus.

Wir sehen hier zunächst, rein technisch gesprochen, daß ein Übertragen oder Nachdichten klassischer chinesischer Lyrik eine beträchtliche Auffüllung zwischen den lapidaren Wortpfeilern des Originals erfordert, um dem Leser einen einigermaßen adäquaten Eindruck vom eigentlichen Sinn des Gedichts zu vermitteln. Auf »Freiersfüßen« geht in diesem Lied das Subjekt des Gedichts, das Mädchen, mit viel entschlossenerem Schritt als der darin angesprochene Jüngling. Nach dem in Fragen solcher Art nicht sehr zuverlässigen Kommentar des Mau Heng, sollen noch ledige Männer von dreißig beziehungsweise Mädchen von zwanzig Jahren, die noch keinen Freier fanden, beim Mittfrühlingsfest im zweiten Monat des Jahres berechtigt gewesen sein, sich ohne reguläre Heiratsvermittlung selbst einen Partner auszusuchen. Wir können aber ebenso gut annehmen, wie es Marcel Granet in seinen »Fêtes et Chansons Anciennes de la Chine« und anderen Arbeiten getan hat, daß die Partnerwahl in alten Zeiten durchaus nicht so streng geregelt war, wie es die spätere konfuzianische Ethik uns gern glauben machen möchte. Dafür spricht auch das bereits zitierte Gedicht »Es liegt ein totes Reh im Wald«. Die Frau erscheint in diesem Gedicht dem Mann gleichberechtigt; es ist darin nichts zu spüren von einer minutiös festgelegten Bestimmung für alters- und umstandsbedingte »Ausnahmefälle«. Zeugt nicht auch ein Gedicht wie das folgende von einem nicht allzu eingeschränktem Verhalten in den Beziehungen der Geschlechter:

Über die Mauer, bitte, steig,
mein lieber Dschung-Dse, nimmermehr.
Nicht daß mir's etwa leid drum wär.
Ich lieb dich ja, wie du's verlangst,
nur meine Eltern kränkt das sehr –
Und wenn sie schelten, hab ich Angst.[59]

Wie ein Schrei der Empörung klingt das folgende Lied:

Schi We
Schi We
Hu Bu Gue
We Dschün-Dse Gu
Hu-We Hu Dschung Lu[60]

Wir übersetzen hier diese und auch die zweite Strophe:

Ah, der Abend bricht herein,
der Abend bricht herein.
Warum kehrn wir nicht heim?
Weil uns der Herr nicht Ruhe läßt.
Hätt uns denn sonst der Tau durchnäßt?

Ah, der Abend bricht herein,
der Abend bricht herein.
Warum kehrn wir nicht heim?
Weil uns der Herr es anbefohlen,
klebt uns der Schlamm jetzt an den Sohlen.

Das wirksamste stilistische Mittel in den Liedern ist die Wiederholung von zwei oder auch drei Zeilen zu Anfang oder/und zu Ende des Lieds mit keinen oder nur geringen Variationen. Oft wird lediglich ein Wort ausgewechselt. Die Bildhaftigkeit und der Klang eines solchen Refrains prägen sich leicht ins Gedächtnis ein. Wenn man die Lieder im Urtext liest, so fühlt man, auch ohne jeden Hinweis auf die ursprünglichen Melodien, die hohe Musikalität der Sprache, die Sangbarkeit dieser Texte. Manchmal gelingt es, auch in der Übersetzung eine Ahnung von der Musikalität des Originals und seiner einprägsamen literarischen Wirksamkeit zu geben, so vielleicht in dem folgenden Lied:

Im Felde läuft der Hase frei;
verstrickt im Netz kämpft der Fasan.
Als ich geboren ward,
blieb mir noch Leid erspart.
Nun kommen mich viel Sorgen an
und Leiden allerlei.
Ach, daß mir doch ein stiller Schlaf,
ein langer Schlaf beschieden sei!

Im Felde läuft der Hase frei;
es wehrt im Netz sich der Fasan.
Als ich geboren ward,
Blieb mir noch Fron erspart.
Nun packt mich hart das Leben an
mit Nöten allerlei.
Ach, daß mir doch für immerdar
ein ruhiger Schlaf beschieden sei![61]

Ein sehr bekanntes Lied aus dem *Buch der Lieder*, das in viele Sprachen übersetzt wurde, ist das Lied von der Ratte:

Ratte, Ratte, nun fürwahr
rühr nur nicht meine Hirse an!
Gefüttert hab ich dich drei Jahr

und hast nie Gutes mir getan.
Nun laß ich dich, nun zieh ich fort
und such mir einen andren Ort,
ein Land der Freude, Seligkeit.
Dort will ich hin für alle Zeit.

Ratte, Ratte, nun fürwahr
raub mir nur meine Saat nicht fort!
Gefüttert hab ich dich drei Jahr,
und gabst mir nie ein gutes Wort.
Nun laß ich dich, ich find gewiß
noch irgendwo ein Paradies,
ein Land, das Seufzer nie gekannt,
ein frohes, sorgenloses Land.[62]

Daß die Mächtigen jener Zeiten Lieder solch aufrührerischen Inhalts aufzuzeichnen gestatteten, läßt sich aus zwei Gründen erklären. In einer Zeit ewiger Feindseligkeiten zwischen den um die Vormachtstellung kämpfenden Fürsten, die für sich selbst Recht und Moral voll in Anspruch nahmen, aber diesen Anspruch eben durch die Unwürdigkeit ihrer Widersacher zu legitimieren suchten, konnten wohlgezielte Zitate aus Liedern dieser Art im diplomatischen Wettstreit gute Dienste leisten – als unverbindliche kritische Anspielungen oder direkter Affront. Zur gleichen Zeit trug aber auch die wachsende Bedeutung der Schih – der Angehörigen des niederen Adels, der dem Volk näher und bei fortschreitender Verarmung oft recht nahe stand, dazu bei, kritischen Stimmen aus den eigenen Reihen und aus dem Volk Geltung zu verschaffen. Die Schih übten die Funktionen von Kanzlisten, Chronisten, Zeremonienmeistern, Führern philosophischer Schulen usw. aus. Das Schrifttum war zu einem guten Teil in ihrer Hand. So konnten sie das »didaktische« Element in diesen Liedern hochspielen und, wenn sich die Gelegenheit bot, gegen den Hochmut, ja sogar gegen angemaßte Rechte der Fürsten und des Erbadels ausspielen. Schließlich rekrutierten sich auch nicht wenige Diplomaten aus dem Schih-Stand.
Daß man in der Frühzeit der Dschou-Dynastie bei Gemeindefesten

und anderen Zusammenkünften weltlicher und sakraler Natur nicht nur Hymnen, Kultgesänge und Volkslieder sang, sondern auch eine Art lyrische Kritik übte, ist bekannt. Klage, Anklage und Spott waren nicht immer leicht zu trennen. Das fühlen wir auch aus manchen Liedern heraus. Aber wie im alten Rom mit dem Anwachsen der Macht der *nobiles* dem allzu freien Gebrauch von *carmina* als Mittel der Meinungsäußerung der ärmeren Schichten Einhalt geboten wurde, so auch im alten China, wo schließlich die Lieder, wie Menzius sagte, überhaupt verstummten. In Rom waren nur noch bei Erntefeiern improvisierte harmlose Scherzlieder erlaubt. *Qui malum carmen occentassit – Wer ein böses Spottlied sang*, wurde nach dem im Jahr 449 v.Chr. schriftlich festgehaltenen »Zwölftafelgesetz« mit der Prügelstrafe bedacht. In China ging man schließlich noch weiter. Der Erste Kaiser der Tschin-Dynastie, Tschin Schih-Huang-Di (246-209 v.Chr.), verhängte die Todesstrafe über jeden, der *Lieder* sang, zitierte oder gar neu verfaßte.

Nach dem Sieg der konfuzianischen über die legalistische Schule gegen Ende des ersten Jahrhunderts v.Chr. wurde es für Kandidaten bei den Kaiserlichen Beamtenprüfungen allmählich obligat, unter anderem auch das *Buch der Lieder* auswendig zu lernen. Diese Lernvorschrift galt für zwei Jahrtausende bis zum Ende der Tsching-Dynastie, also bis in das erste Dezennium unseres Jahrhunderts. Kein Gelehrter oder höherer Beamter wäre ohne gründliche Kenntnis dieses so schwer verständlichen Buches ernstgenommen worden. Nach der Gründung der Republik 1911 verschwand das *Buch der Lieder* zwar nicht vom Lehrplan höherer Schulen, aber es wurde nur mehr auszugsweise und keineswegs gründlich gelehrt. Selbst nach der Machtübernahme durch die Kommunistische Partei Chinas im Jahr 1949 blieb ein bestimmtes, wenn auch beschränktes Interesse am *Buch der Lieder* wach. Freilich konnten sich Schüler in einem kommunistischen Regime nicht mit alten, feudalistischen Klassikern abgeben. Es standen nun andere Lehrgegenstände im Vordergrund. Doch eines hatte in den Augen der neuen Pädagogen das *Buch der Lieder* allen übrigen klassischen Werken voraus: es enthält viele Volkslieder, und nicht wenige davon sind rebellischer Natur, also im Sinne einer klassenkämpferischen Ideologie durchaus nicht wertlos.

Was jedoch einem Gelehrten beim Lesen große Schwierigkeiten bereitet, bleibt für einen im klassischen Chinesisch nicht oder kaum Bewanderten völlig unverständlich. Daraus erklärt sich die große Zahl von Übersetzungen der *Lieder* ins moderne Chinesisch im ersten Jahrzehnt nach der Gründung der Volksrepublik im Jahr 1949. Das änderte sich mit einem Schlag nach der generellen Verdammung alles Alten nach dem *Großen Sprung Vorwärts* 1958 und insbesondere zur Zeit der *Großen Proletarischen Kulturrevolution* von 1966 bis 1976, als der »Volkszorn« in vandalischer Weise auch auf chinesische Kulturgüter gelenkt wurde. Erst nach dem Sturz der *Viererbande* 1976 trat allmählich eine Liberalisierung im kulturellen Leben ein. Verbotene und unterdrückte Bücher erschienen wieder in den Buchhandlungen. Eine Zeitlang herrschte ein gewisses Nachholbedürfnis hinsichtlich allem, was so lange unterdrückt worden war. So zeigte man in Intellektuellenkreisen auch wieder Interesse an klassischen Werken des chinesischen Altertums wie dem *Buch der Lieder*. Der Heißhunger für gute, also auch klassische Literatur erlosch sehr bald nach der Einführung der neuen ökonomischen Linie. Wie in allen Dingen, so setzte auch für den Buchhandel das Prinzip schnellen Profits der Publikation solcher Bücher sehr enge Grenzen. Man konnte sie zwar nun bekommen, aber kaum jemand las sie noch. Schließlich verschwanden sie aus den Läden. Die Publikation wurde so gut wie eingestellt. In Zeiten, in welchen gewinnbringende Leistung zum allbeherrschenden Prinzip der Gesellschaft wird, steht es für gewöhnlich schlecht um die Literatur, vor allem aber um die Lyrik – zumal um eine fast dreitausend Jahre alte. Schon die alten Römer sagten: *Carmina non dant panem* – Lieder bringen kein Brot. Wer außer Spezialisten und einigen Literaten sollte da noch Interesse an den *Liedern* haben? Bücher haben ihre Schicksale!

7
Dichtung und Mythologie
Der Tschu-Staat und die Tschu-Lieder

Als mein Vorfahr Fürst Hsjung-I in Abgeschiedenheit am Berg Dsching lebte, besaß er nur rohgezimmerte Wagen und ärmliche Kleidung, und die Wildnis war sein Heim.[1] Diese Worte des Tschu-Königs Ling aus dem Jahr 531 v.Chr., aufgezeichnet in *Dso's Kommentar zu den Frühling- und Herbst-Annalen*, mögen uns ein ungefähres Bild von den Verhältnissen geben, unter welchen das Tschu-Volk seinen Weg zu Glanz und Macht antrat. *Hsjung-I lebte zur Zeit des Dschou-Königs Tscheng*, schreibt Si-ma Tschjän in den *Historischen Aufzeichnungen*[2]. Das würde also heißen etwa zu Anfang des letzten Jahrhunderts des zweiten Jahrtausends v.Chr.

In *Dso's Kommentar* wird an einer anderen Stelle berichtet: *Der Hofastronom und Historiograph I-Hsjang eilte durch die Halle. Der König sagte zu (seinem Minister) Go Dse: Er ist ein tüchtiger Historiograph. Du mußt ihm mit Hochachtung begegnen. Er ist bewandert in (den Schriften) San-Fen, Wu-Djan, Ba-So und Dschju Tschju*[3]. Seit Hsjung-I's Zeiten hatte sich im Staat Tschu viel geändert. Die Intelligenz des Landes »*ging nach Norden, um im Reich der Mitte zu lernen. Die Gelehrten des Nordens waren den Tschu-Gelehrten kaum noch in etwas voraus*«[4], sagte der Philosoph Menzius gegen Ende des 3. Jahrhunderts v.Chr. Der Staat Tschu besaß ebenso wie Lu und die anderen altehrwürdigen Lehensstaaten des Reichs seine eigene Chronik, Tao-Wu[5] genannt. Bei den Fürstentreffen zeichneten sich die Fürsten und Diplomaten von Tschu oft durch geschickt an den Mann gebrachte Zitate aus den *Liedern* aus, berichten alte Chroniken.[6] Auch in Tschu, das als Land der »Dsching-Barbaren«

von den Fürsten des »Reichs der Mitte« mit Überheblichkeit und Geringschätzung behandelt wurde, hatte man den diplomatischen Trick gelernt, verblümt und vornehm »durch die Lieder zu sprechen«. Auf dem Territorium des Tschu-Staats war eine philosophische Schule entstanden, die Schule der Dauisten, als deren großer Lehrmeister Lau Dse gilt, die an Originalität und Gedankentiefe keineswegs hinter den Lehrmeinungen im »Reich der Mitte« zurückstand. Auch die Dichtkunst und Musik des Tschu-Volks fanden allmählich Eingang und Anerkennung im Norden. Innerhalb eines halben Jahrtausends hatte der Tschu-Staat auf vielen Gebieten aufgeholt. Eine Zeitlang schien es fast, als müßte sich das ganze Reich der wirtschaftlichen und politischen Macht dieses Emporkömmlings unter den Lehensstaaten beugen. So kam es, daß König Dschuang von Tschu im Jahr 608 v.Chr. auf dem Territorium seines obersten Lehensherrn, des Dschou-Königs, ungestraft eine Heerschau abhalten konnte, ja sich sogar erkühnte zu fragen, wie groß und schwer die Dreifüße – das heißt: die Reichsinsignien – wären. Die Macht des Tschu-Staats war so bedrohlich angewachsen, daß die Usurpation des Königsthrons der Dschou bereits in Greifweite zu sein schien.

Der schnelle Aufstieg des Hauses Tschu begann erst nach der Verlegung der Residenz der Dschou-Könige ostwärts nach Lo-I im Jahre 770. Die Fürsten von Tschu nahmen die Bedrängnis des Königshauses und die Wirren im Reich als eine günstige Gelegenheit wahr, um ihre Macht allmählich im Südosten über das Yang-Dse-Stromland und im Nordosten über das Huai-Gebiet auszudehnen. Nach und nach verleibten sie sich mehr als vierzig Nachbarstaaten ein. So mächtig waren sie geworden, daß sie sich schließlich straflos selbst den Königstitel beilegen konnten. Das neugebackene Königtum betrat die Arena des Kampfes um die Vormachtstellung im »Reich der Mitte« als ein den anderen Großstaaten gleichwertiger, wenn nicht überlegener Gegner.

Die Staaten Tschi und Dschin hatten sich wirtschaftlich am schnellsten entwickelt. Ihrer territorialen Expansion hingegen waren geographisch und politisch Grenzen gesetzt. Tschin konnte sich zwar in der ehemaligen königlichen Domäne am We-Fluß eine feste Stellung ausbauen und in Grenzkämpfen mit hunnischen Stämmen im Norden

三之十　此石裂缺止存騎都尉今以隸續補休屠像其騎都尉無名必金日磾也

漢書金日磾張掖人休屠王子沒入官武帝奇其狀拜侍中賜姓金氏後為車騎將軍又曰金日磾母教誨兩子甚有法度死詔圖畫其像於甘泉宮署曰休屠王閼氏日磾母見畫常拜之涕泣今此魯但稱休屠而不言王閼氏或隸續省文耳

und mit den Stämmen Setschuans nach Süden sein Hoheitsgebiet erweitern; im Osten hingegen scheiterten alle größeren Expansionsversuche an dem Widerstand der Herzöge von Dschin, die über weite Gebiete der heutigen Provinzen Schan-Hsi, Ho-Be, Ho-Nan und Schen-Hsi herrschten. Doch Tschu hatte andere Expansionsmöglichkeiten. Von Hu-Be aus hatten die Tschu-Fürsten ihren Machtbereich nach Westen über Teile der heutigen Provinz Setschuan, nach Süden und Südosten über Hu-Nan und Dschjang-Hsi nach Dsche-Dschjang hin ausgedehnt. Auch An-Hue und Teile von Dschjang-Su waren dem Tschu-Staat einverleibt worden. Territorial war Tschu der größte Staat. In der Landwirtschaft wurden in Tschu zwar noch primitive Methoden wie »Feuerpflügen«, das heißt Brandrodung verwendet, aber die Tschu-Könige waren bereit, vom »Reich der Mitte« zu lernen. Sie, die nicht länger als »Barbaren« gelten wollten, besaßen in dieser Hinsicht weniger Dünkel und Vorurteile als ihre Standesgenossen im alten Dschou-Reich. Auf einigen Gebieten, so in der Metallverarbeitung hatten sie schnell Fortschritte gemacht. Si-ma Tschjän berichtet, daß der König des mächtigen Dschin-Staates gesagt haben soll:

»Ich habe gehört, daß die eisernen Schwerter in Tschu scharf, ihre Possenreißer hingegen stumpfen Witzes sind. Ein scharfes Schwert macht dem Krieger Mut: die Stumpfheit ihrer Possenreißer aber zeigt, daß ihre Gedanken auf Größeres gerichtet sind.«[7]

Herzog Huan von Tschi, dessen Herrschaftsgebiet in der heutigen Provinz Schan-Dung lag, hatte zusammen mit seinem klugen Kanzler Guan Dschung eine Methode gefunden, den schwachen Dschou-König zu ersetzen ohne ihn abzusetzen. Als *Ba* – als Hegemoniarch – schaltete und waltete der Herzog von Tschi im Reich, als ob er selbst König wäre, und das unter dem scheinheiligen Motto, daß er »das Ansehen des Königs wahren und die Barbaren vertreiben« wolle. Elf Jahre nach dem Tod des Herzogs Huan von Tschi kam es zu einer bewaffneten Auseinandersetzung zwischen Herzog Wen von Dschin, der nun seinerseits den Hegemoniarchen-Titel beanspruchte, und dem hartnäckig ins »Reich der Mitte« vorstoßenden Tschu-König Tscheng, der eigenmächtig in den Staat Sung einmarschiert war. Damit hatte

Tschu selbst seinen Anspruch auf den Rang des Hegemoniarchen angekündigt. Den beiden Kontrahenten assistierten eine Reihe kleinerer und größerer Staaten. Der mächtige Herzog von Tschin im Westen warf sein Gewicht auf seiten des Herzogs Wen von Dschin in die Waagschale. Tschu wurde in der Schlacht von Pu-Tscheng 632 v.Chr.[8] vernichtend geschlagen. Der Herzog von Dschin ging für den Augenblick als Sieger im Kampf um die Hegemoniarchen-Würde hervor. Bald danach aber zerfiel die Koalition, die sich gegen Tschu gebildet hatte, und Herzog Mo von Tschin erwarb sich durch einen Sieg über seinen ehemaligen Bundesgenossen Dschin nun selbst Würde und Macht des Hegemoniarchen. Trotz des Sieges blieb Tschin der Weg nach Osten auch weiterhin versperrt. Tschin konnte seinen Eroberungsgelüsten nur im Norden und Süden Luft machen. Im Osten stand ihm immer noch der Staat Dschin im Wege.

Die Tschu-Könige hatten die Streitigkeiten zwischen Dschin und Tschin dazu ausgenützt, ihre Machtsphäre zu erweitern und zugleich im Inneren Reformen durchzuführen. Unter König Dschuang und dessen Kanzler Sun Schu-Ao wurden unter dem Vorwand, die Lu-Rung in der heutigen Provinz Ho-Nan verjagen zu wollen, die Grenzen des Tschu-Staats weiter nach Norden ausgedehnt, bis an den Lo-Fluß, unweit der Residenz des Dschou-Königs. Die Reichsinsignien waren nun tatsächlich in Greifweite ... Aber immer noch stand Dschin einer weiteren Machtausbreitung des Tschu-Staats im Wege. Die Machtkämpfe der beiden Großstaaten bekam der zwischen ihnen gelegene Pufferstaat Dscheng zu spüren, der von beiden bedrängt und bedroht wurde. Die Entscheidung mußte um und in Dscheng fallen. In der Schlacht von Bi (in der Nähe der heutigen Stadt Dscheng-Dschou) wetzte im Jahr 598 v.Chr. der Tschu-König die Scharte von Pu-Tscheng[9] aus. Als neuer Hegemoniarch trat König Dschuang von Tschu weniger scheinheilig als seine Vorgänger auf. Er gab nicht vor, »das Ansehen des Dschou-Königs« wahren zu wollen, noch suchte er Sympathien für sich zu werben, indem er den Kampf gegen die »Barbaren« als Ausrede für eigene Machtbestrebungen in den Vordergrund schob. Rücksichtslos und ohne Beschönigungen breitete er seine Macht aus. Im Buch *Han Fe-dse* lesen wir folgende nüchterne Bestandsaufnahme:

Der König des Jing- (= Tschu-)Staates annektierte sechsundzwanzig Staaten und erweiterte die Grenzen um dreitausend Li.[10]

Während die vier mächtigsten Staaten im Norden nach einer kurzen Friedenspause erneut um die Hegemonialmacht rangen, kam es im Südosten des chinesischen Kulturgebiets zu einer ähnlichen Auseinandersetzung zwischen den erst kürzlich erstarkten Staaten Wu und Yüe. Die alten Rivalen Dschin und Tschu witterten hier eine Chance, ihre eigene Position durch Einmischung in die Kampfhandlungen zu festigen. Dschin stellte sich hinter den König von Wu, Ho-Lü, und munterte ihn zu einem Feldzug gegen den alten Widersacher Tschu auf. Der Schachzug erwies sich als erfolgreich: 506 v.Chr. marschierten die Armeen von Wu in die Hauptstadt des Tschu-Staats Ying, ein. Trotz dieser Schlappe entwickelte sich der Tschu-Staat wirtschaftlich ungehemmt weiter.

Im Jahr 403 v.Chr. wurde die de facto schon seit einiger Zeit bestehende Dreiteilung des Dschin-Staates in die Fürstentümer We, Han und Dschau offiziell anerkannt. Zusammen mit Tschu im Süden, Tschin im Westen, Tschi und Yän im Nordosten agierten nun insgesamt sieben mächtige Staaten auf der politischen Bühne des ehemaligen Dschou-Reichs. Als stärkste nach der Dreiteilung des Dschin-Staates erwiesen sich nun Tschu und Tschin. Der Kampf um die Hegemonialwürde, der für die *Frühling- und Herbstperiode* charakteristisch war und im allgemeinen noch deutlich partikularistische Tendenzen zeigte, drängte nun infolge der allmählichen Auflösung der aristokratischen Bodenbesitzverhältnisse einem größeren Ziele zu. Es ging nicht mehr lediglich um die Kampfesstärke und Vormachtstellung eines Staates innerhalb eines Staatenbunds, um Bodenerwerb und Besitzerweiterung, sondern vielmehr um das übergeordnete Ziel der Einigung des Reiches unter der Dominanz eines politisch-militärisch funktionstüchtigen Machtzentrums. Die Frage der Reichseinigung beschäftigte die klügsten Köpfe jener Zeit. Im Denken aller philosophischer Schulen bildete eben diese Frage direkt oder indirekt den Mittelpunkt aller Überlegungen.

Was waren die politischen und wirtschaftlichen Voraussetzungen, um das Ziel der Reichseinigung erreichen zu können? Welcher Staat war kampferprobt genug, um aus dem Endkampf als Sieger hervorzugehen, gewichtig genug, um dem Elend ewiger Annexionskriege endlich ein Ende zu setzen? Aller Augen waren auf die zwei mächtigsten Staaten, Tschin und Tschu, gerichtet. Der drittgrößte Staat, Tschi, war das Züngleich an der Waage. Selbst kaum stark genug, um ernstlich als Prätendent auftreten zu können, hatte Tschi immerhin noch genügend Eigengewicht, um den Ausgang des Kampfes bestimmend zu beeinflussen.

Die Grenzen des Tschu-Staats hatten sich noch weiter nach Norden und Osten vorgeschoben. Auch Ho-Nan und der südliche Teil von Schan-Dung lagen bereits im Machtbereich der Tschu-Könige. *»Der Boden von Tschu spendet reichlich Nahrung«*, schrieb Si-ma Tschjän, *»so daß die Gefahr einer Hungersnot dort nicht besteht«*. Soziale Ungleichheiten waren in Tschu noch nicht so deutlich, soziale Konflikte noch nicht mit solcher Schärfe hervorgetreten wie in anderen Staaten. In Tschu *»gibt es keine Frierenden und Hungernden und auch keine Familien, die über ungeheure Reichtümer verfügen«*,[11] bezeugt Si-ma Tschjän. Alles sprach dafür, daß die Reichseinigung von Tschu ausgehen würde.

In dieser Zeit großen historischen Geschehens, dessen ungeheure Tragweite jedem weitblickenden Menschen offenbar sein mußte, wurde Tschü Yüan geboren. Seine genauen Lebensdaten sind nicht mehr feststellbar. Wahrscheinlich lebte er von etwa 340 bis 278 v.Chr. Das Land seiner Geburt schien dazu ausersehen zu sein, die historische Mission der Reichseinigung zu erfüllen. Für Tschü Yüan als Sproß aus königlichem Stamm bedeutete die Entscheidung zwischen Tschu und Dschin, die voraussichtlich bald, vielleicht noch während seiner Lebenszeit fallen mußte, nicht nur Glanz oder Untergang seines Landes, sondern auch Leben oder Tod seiner Sippe. Hochgebildet, mit einem geradezu enzyklopädischen Wissen ausgestattet, fehlte es ihm nicht an Urteilskraft, den Gang der Ereignisse zu begreifen, ja vorauszusehen. Als Dichter feinfühlend und empfindsam schwang er mit allen Strömungen seiner Zeit mit, reagierte er spontan auf alle fördernden und hemmenden Einflüsse in seiner Umgebung. So kam es, daß Tschü Yüan als Kind seiner Zeit und seines Volkes und zugleich als Sproß des Königshauses von Tschu in seiner Person, in seinem Schicksal und schließlich in seinem dichterischen Werk das Zeitgefühl und Zeitgeschehen einer Epoche von größter historischer Bedeutung widerspiegeln, in prägnantester Gedrängtheit leben, erleben und darstellen konnte. Sein Schicksal und sein Werk sind ein Stück lebende Geschichte.

In den *Historischen Aufzeichnungen* widmet Si-ma Tschjän, der in Tschü Yüan's Schicksal offensichtlich Parallelen mit der Tragödie seines eigenen Lebens sieht, der Biographie dieses ersten namentlich bekannten großen Dichters Chinas besondere Aufmerksamkeit. Wir geben den Text in Übersetzung gekürzt wieder:

Tschü Yüan, dessen persönlicher Name Ping war, stammte aus der Sippe des Königshauses von Tschu. Er diente König Huai von Tschu als Zo-To (Königlicher Rat und Hofmeister der Prinzen und Hocharistokratie). *Sein Wissen war universell und profund, seine Urteilskraft scharf, und als Redner war er gewandt. Der König beriet mit ihm die Angelegenheiten des Staates und die Befehle, die erteilt wurden. Er empfing die Gäste, die an den Hof kamen, und verhandelte mit Fürsten. Der König schätzte seine Dienste sehr. Zugleich mit ihm diente ein gewisser Dschin Schang als hoher Würdenträger (Schang-Guan) am Hof. Dschin Schang neidete ihm die Gunst des Königs ... und verleumdete ihn ... Erzürnt* (über Tschü Yüan's angebliche Überheblichkeit) *hielt sich der König fortan fern von ihm ... Tschü Yüan schmerzte es, daß der König den Verleumdungen blindlings Glauben schenkte ... und daß für aufrechte Menschen* (am Hof) *kein Platz sei. So schrieb er, von traurigen und trüben Gedanken gequält, die* (Elegie) *Li- Sau. Li-Sau bedeutet »Schmerz der Trennung« ... Nachdem Tschü Yüan vom Hof entfernt worden war, machte der Staat Tschin Anstalten, den Staat Tschi zu überfallen. Tschi und Tschu waren eng liiert. Darob besorgt, befahl König Hue von Tschin* (seinem Berater) *Dschang I unter einem Vorwand Tschin zu verlassen. Mit viel Geld und reichlichen Geschenken ausgestattet, bot er Tschu seine Dienste an, indem er* (zu König Huai) *sagte: ... Falls sich Tschu tatsächlich von Tschi lossagen sollte, würde Tschin bereit sein, das Gebiet von Schang-Yü in einem Ausmaß von sechshundert Li Tschu zu überlassen. König Huai von Tschu nahm in* seiner Gier Dschang I's Worte für bare Münze und brach seine Beziehungen zu Tschi ab. Als er dann aber einen Gesandten nach Tschin schickte, erklärte Dschang I heuchlerisch: Ich habe dem König nur Abtretung eines Gebiets von sechs Li versprochen. Von sechshundert Li habe ich nie etwas gehört. Erbost verließ der Gesandte Tschin und kehrte zu König Huai zurück. König Huai stellte wutentbrannt eine Armee auf und fiel in Tschin ein. Tschin sandte ihm Truppen entgegen, welche die Tschu-Armee bei Dan-Schih vernichtend schlugen. Achtzigtausend Soldaten der Tschu-Armee wurden die Köpfe abgeschnitten, der Tschu-General Lu Gai fiel in Gefangenschaft, und das Gebiet von Han-Dschung (der südliche Teil der heutigen Provinz Schen-Hsi und der nördliche von Hu-Be) wurden dem Tschin-Staat einverleibt. Darauf mobilisierte König Huai alle Waffenfähigen in seinem Land und drang tief in das Territorium von Tschin ein. Bei Lan-Tjän kam es zur Schlacht. Kaum hatte man im Staat We davon gehört, fiel man Tschu in den Rücken ... Von Angst gepackt, traten die Tschu- Soldaten den Rückmarsch an. Tschi, erbittert (über Tschu's treulosen Abbruch der Beziehungen), kam Tschu nicht zu Hilfe. Tschu befand sich in ärgster Bedrängnis. Im nächsten Jahr bot Tschin die Rückgabe des Gebiets von Han-Dschung an, um mit Tschu Frieden zu schließen. Der König von Tschu erklärte: Ich möchte nicht das Gebiet von Han-Dschung; ich möchte, daß man mir Dschang I ausliefert. Nur dann gebe ich mich zufrieden. Als Dschang I davon hörte, sagte er: Wenn man für einen Dschang I das Gebiet von Han-Dschung gibt, dann bitte ich, mich nach Tschu gehen zu lassen. Als er nach Tschu kam, bestach er wieder den Minister Dschin Schang mit einer großen Summe Geldes und machte sich durch heuchlerische Beteuerungen bei der Favoritin des Königs, Dscheng- Hsju, beliebt. König Huai hörte tatsächlich auf Dscheng-Hsju und entließ Dschang I wieder. Tschü Yüan, der vom Hof ferngehalten wurde und sein früheres Amt nicht mehr bekleidete, war als Gesandter nach Tschi geschickt worden. Er kehrte zurück und hielt König Huai vor: Warum habt Ihr Dschang I nicht getötet? Der König bereute, was er getan, und ließ Dschang I nachsetzen. Dieser aber war bereits nicht mehr einzuholen. Hierauf unternahmen mehrere Fürsten gemeinsam einen

Angriff auf Tschu und brachten Tschu eine schwere Niederlage bei. General Tang We wurde gefangen. König Schau von Tschin wollte sich wegen einer ehelichen Bindung mit dem Königshaus von Tschu mit König Huai treffen. König Huai wollte sich schon auf den Weg machen, da sagte Tschü Yüan zu ihm: Tschin ist ein Land von Tigern und Wölfen, dem man nicht trauen kann. Es wäre besser, wenn Ihr nicht gehen würdet. Der jüngste Sohn des Königs, Dse-Lan, redete dem König zu, die Reise zu unternehmen ... Der König trat schließlich doch die Reise an. Als er durch den Paß Wu-Guan zog, schnitten ihm Soldaten von Tschin, die dort im Hinterhalt lagen, den Rückweg ab. So wurde König Huai festgehalten, um von ihm Gebietsabtretungen zu erpressen. Der König aber war erzürnt und willigte nicht ein ... Schließlich starb König Huai in Tschin. Seine Leiche wurde zur Bestattung in die Heimat zurückgebracht ... Den Thron bestieg der älteste Sohn des Königs, Tsching- Hsjang ... König Tsching-Hsjang verbannte Tschü Yüan. Als Tschü Yüan an das Ufer des Yang-Dse kam, wandelte er mit aufgelöstem Haar, Gedichte vor sich hinmurmelnd, in den Auen dahin. Seine Miene war verstört, sein Antlitz hager und abgezehrt. Ein Fischer, der ihn sah, fragte: Seid Ihr nicht der Marschall der Königlichen Sippe? Wie kommt Ihr nur hierher? Tschü Yüan erwiderte:

Beschmutzt und schlammig ist die Welt.
Nur ich erhielt mich rein.
Betrunkne sind sie allesamt,
nüchtern bin ich allein ...

... Dann lud er sein Gewand mit Steinen und suchte den Tod, indem er sich in den Fluß Mi-Lo stürzte.«[12]

Das sind die äußeren Geschehnisse, die Tschü Yüan's Leben begleiteten und gestalteten und ihn schließlich in den Selbstmord trieben. Si-ma Tschjän's biographische Angaben über Tschü Yüan's Leben sind zwar im Detail anfechtbar, nicht aber in der Schilderung der Gesamtsituation, in der sich Tschü Yüan verstrickt sah und aus der sich geistig zu befreien der Dichter einen Großteil seiner Werke schuf.

Der Tschu-Staat hatte zwar nach dem Verfall der Königsmacht der Dschou politisch und wirtschaftlich so an Bedeutung zugenommen, daß er den Kampf mit den stärksten Fürstentümern des alten chinesischen Reichsgebiets aufnehmen konnte; kulturell jedoch bestanden nach wie vor wesentliche Unterschiede. In den Staaten des Nordens verlachte man die Leute aus Tschu als »Barbaren«, deren Sprache wie »Vogellaute« klang. Sicher war es für Menschen aus dem »Reich der Mitte« schwer, wenn nicht unmöglich, den Tschu-Dialekt zu verstehen. Die größten Unterschiede aber bestanden im Weltbild der beiden verwandten, doch keineswegs identischen Kulturkreise. In den alten Fürstentümern des Nordens hatte sich in den ersten Jahrhunderten der Dschou-Dynastie ein Ritualsystem herausgebildet, das den Ahnenkult in den Mittelpunkt stellte, die kultische Verehrung der Naturkräfte hingegen immer enger begrenzte. Schließlich blieben davon nur mehr Opferhandlungen für die Erd- und Feldgeister übrig, die doch auch wieder mit dem Ahnenkult verwoben waren. Denn in diesem Kult stand ja das ererbte, das von den Ahnen überkommene Land im Vordergrund. In Tschu hingegen lebten alte schamanische Bräuche weiter. Den Berg- und Flußgöttern wurden Opfer dargebracht. Geisterbeschwörer, die im Norden von den Höfen verdrängt worden waren, genossen in Tschu großes Ansehen. Selbst ein *sacrum connubium*, wie es im alten Rom der Flaminicus mit der Flaminica beging, ein Fruchtbarkeitskult, der in einem »Heiligen Beischlaf« kulminierte, gehörte in Tschu noch zum offiziellen Ritual. Ein Tschü Yüan zugeschriebener Hymnus *Der Große Lebensherr* gibt Einblick in diese Art schamanischer Kulte:

Weit öffnet sich, oh,
das Himmelstor.
Ich fahre daher, oh,
auf schwarzem Gewölk.
Der Wirbelwind, oh,
er reitet voraus.
Der Regenguß, oh,
verjagt mir den Staub.
Hoch schwebst du Herr, oh,

du steigst herab ...
In den Neun Regionen, oh,
schart sich das Volk.
Sein Leben, sein Tod, oh,
in deiner Hand ...
Du schwebst in den Höhn, oh,
ruhevoll.
Dein Gefährt der Äther, oh,
Yin und Yang dein Gespann.
Dein Geistergewand, oh,
flattert im Wind.
Die Jadegehänge, oh,
funkeln hell.
Ein Yin, oh,
ein Yang.
Nicht weiß die Menge, oh,
was wir tun ...
Des Menschen Leben, oh,
hat sein Maß.
Du kommst und gehst, oh,
kann's anders sein![13]

Yin und *Yang* stehen für das dunkle, weibliche beziehungsweise helle, männliche Prinzip. Wir haben allen Grund anzunehmen, daß es sich in diesem Hymnus um ein Mysterium handelt – eine kultische Vereinigung, ein sacrum connubium, einen mimetisch inszenierten Fruchtbarkeitszauber. In einem anderen Tschü Yüan zugeschriebenen oder zumindest von ihm für das höfische Ritual bearbeiteten Lied aus den »Neun Gesängen«, das den Titel *Herr in den Wolken* trägt, finden wir den gleichen dithyrambischen Ton:

Im Irisbad gebadet, oh,
getränkt in Duft.
In buntem Blumenkleide, oh,
wie Jade hell.
Du zögerst, Geist der Wolken, oh,

was zauderst Du?
Hell, hell erstrahlend schwebst du, oh,
im Morgengrauen.
Du näherst dich erhaben, oh,
dem Heiligtum.
Der Sonne und dem Monde, oh,
gleichst du an Glanz.
Im Drachenwagen fährst du, oh,
im Gottgewand.
Wiegst sanft dich auf und nieder, oh,
in weitem Kreis.
Leuchtender Geist der Wolken, oh
du kommst herab –
schwingst dich empor enteilend, oh,
ins Wolkenreich.
Auf Dschi-Dschou blickst du nieder, oh,
von nichts begrenzt.
Erleuchtest die Vier Meere, oh,
erschöpfst dich nie.
Ich sehne mich aufseufzend, oh,
nach meinem Herrn.
Mein Herz verzehrt die Sehnsucht, oh,
tief, tief mein Leid.[14]

Tschü Yüan's Dichtungen sind in erster Linie vom Weltbild seines Volkes geprägt. Nicht nur viele der von ihm gebrauchten Bilder entstammen den mythologischen Vorstellungen des Tschu-Volks, auch in Geist und Stil ist er in seinen Werken seiner Heimat tief verpflichtet. Sie sind unverkennbar anders als Dichtungen aus den Fürstentümern des Nordens. Schon rein äußerlich ist der Unterschied sofort merkbar. In keinem Gedicht aus dem Norden begleitet eine Interjektion wie das »oh« in den eben zitierten Gedichten so hartnäckig und doch so harmonisch den gesamten Text. Ohne die Beschwingtheit, die Ergriffenheit, die aus einer dithyrambischen, dem schamanischen Weltbild nahen Dichtung fühlbar wird, wäre eine solche Häufung von Interjektionen unerträglich. Doch Tschü Yüan's

Weltbild beschränkte sich natürlich nicht auf das kulturelle Erbgut seines Heimatlandes. Er war ein hochgebildeter Mann, ein Hofmann und Diplomat, der mit dem Schrifttum des Dschou-Reichs und den geistigen Strömungen seiner Zeit vertraut sein mußte. Ein genaues Studium der von ihm verfaßten oder ihm mit einiger Sicherheit zugeschriebenen Werke läßt erkennen, wie sehr Tschü Yüan's Denken von den großen philosophischen Schulen seiner Zeit beeinflußt war. Vor allem die Schule des Konfuzius mit ihrer Forderung nach Güte und Rechtschaffenheit, nach Vermenschlichung, Vergeistigung, Verinnerlichung der im Ritual erstarrenden Beziehungen der Menschen untereinander muß Tschü Yüan tief beeinflußt haben; ebenso ihre Verehrung der Weisen des grauen Altertums und der frühen Dschou-Zeit, die sie der Welt als nachahmenswerte Idealgestalten vor Augen hielt. In seinen Auseinandersetzungen mit den korrupten Höflingen und den engstirnigen Königen Huai-Wang und seinem Nachfolger Tsching-Hsjang Wang klammerte er sich geradezu mit Besessenheit an die Ideale der konfuzianischen Schule. Die Wahrung seiner persönlichen moralischen Integrität und das Bestreben, den Herrscher durch sein Beispiel zu läutern und zu erziehen, bilden daher auch das Hauptmotiv in vielem, was er schrieb. Alles, was dem Ideal der Güte und Rechtschaffenheit widersprach, erweckte in ihm Verachtung, ja Haß. Dieser Haß aber war durchaus nicht persönlicher Natur – etwa Angst davor, daß man ihm seinen Platz am Hof streitig machen könnte; er war auch nicht von Rachegefühlen diktiert, sondern nur der negative Ausdruck seiner Hingabe an ein Ideal, für das er jederzeit bereit war, sein eigenes Leben zu opfern. Es durfte nicht verletzt werden, weil ihm, wie die Schule des Konfuzius und Menzius lehrte, eine heilige Überlieferung zugrunde lag: Alle Großen und Weisen vergangener Generationen hatten durch Güte und Rechtschaffenheit die Menschen auf Erden auf Pfaden wandeln lassen, die dem »*Dau des Himmels*«, dem *Himmelsweg*, glichen, alle Niedriggesinnten und Bösen hatten der Menschheit heilloses Unglück gebracht. So schreibt Tschü Yüan in seinem Hauptwerk Li-Sau – »*Schmerz der Trennung*«:

Erhaben war Yau und herrlich war Schun.
Ihr Pfad dem Himmelsweg glich.

*Dschou und Dschje konnten nur Übles tun
und ins Unglück stürzten sie sich.*
*Nach Lust giern die Höflinge zügellos.
Dunkel und krumm ist ihr Pfad
Ich fürchte den Tod nicht, ich fürchte bloß
sie brechen Wagen und Rad.*[15]

Den Kräften des Bösen, die den Staat zu vernichten drohen, setzt er als einzige Waffe seine Tugend, seine moralische Reinheit entgegen. In dem Begriff Tugend birgt sich freilich mehr als nur ein ethisches Verhaltensmuster. Für die meisten der philosophischen Schulen des alten China lag in dem Begriff *De* – behelfsmäßig mit Tugend übersetzt – eine seelische Kraft, die gleichsam Wunder wirken konnte wie das geheimnisvolle *Mana* in anderen Kulturen. Wenn Tschü Yüan von Tugend spricht, schlägt er oft einen harten Ton an:

*Es lebt ein jeder, wie's ihm entspricht.
Ich strebe nach Tugend und Reinheit.
Und wenn ihr mich rädert, ich ändre mich nicht.
Nie beug ich mich vor Gemeinheit.*[16]

In seiner Auffassung von einer idealen Regierung hält er sich eng an die konfuzianische Lehrmeinung. Nur die Tugendhaften und Tüchtigen haben ein Anrecht auf leitende Stellen im Staat. Die Regierungsweise der Herrscher der alten Zeiten gilt für ihn ebenso wie für Konfuzius als nachstrebenswertes Ideal:

*Yü und Tang lenkten mit Vorsicht den Staat.
Nur Tüchtige wurden verwendet.
Das Haus von Dschou folgte dem rechten Pfad.
Geehrt ward das Recht, nie geschändet.*[17]

Der Hang, aus Erfolgen und Mißerfolgen historischer, oft auch nur vermeintlich historischer Persönlichkeiten Schlüsse für die eigene Handlungsweise zu ziehen, war allen philosophischen Schulen gemeinsam, besonders ausgeprägt aber in der konfuzianischen Schule.

Die Ideale der Güte und Rechtschaffenheit ließen sich nur anhand von Verkörperungen dieser Eigenschaften demonstrieren und begreifen. Deshalb werden in Tschü Yüan's Werken auch immer wieder die Namen der idealen Herrscher der Vorzeit Yau, Schun, Yü, Tang und die ersten Könige der Dschou-Dynastie angeführt. Als negative Beispiele dienen die als Bösewichte gebrandmarkten letzten Herrscher der Hsja- und Schang-Dynastie. Alle guten Herrscher früherer Zeiten waren, abgesehen von ihrer eigenen Güte und Rechtschaffenheit, hauptsächlich deshalb erfolgreich, weil sie tugendhafte und fähige Männer um sich zu scharen wußten und nach den Normen und Gesetzen ihrer weisen Vorgänger den Staat lenkten. Tschü Yüan, der sich selbst als geistiger Nachfahre dieser tugendhaften und fähigen Minister betrachtete, sieht sich vergeblich nach Gleichgesinnten in seiner Umgebung um. Er pflückt »duftende Gräser« – der symbolische Ausdruck für alles Edle und Reine –, findet aber niemand, der den Duft zu schätzen weiß:

Die Weisen der Vorzeit erreich ich nicht mehr.
Wer freut an dem Duft sich mit mir?[18]

Zwischen sich und den Menschen, die sich mit höfischer Geschmeidigkeit die Gunst des Königs erschmeicheln, in ihren Herzen aber die Grausamkeit und Gier von »Geiern« verbergen, muß er aus prinzipiellen Gründen eine scharfe Trennungslinie ziehen. Während Konfuzius, Menzius und die Vertreter anderer Schulen als *Schih*, als Angehörige der niederen Aristokratie oder des Beamtenadels, den Fürsten gegenüber noch zu Kompromissen bereit sein konnten, nahm das abstrakte Ideal der Güte und Rechtschaffenheit bei Tschü Yüan als Angehörigem der höchsten Aristokratie des Landes noch Elemente des unbeugsamen Aristokratenstolzes an. Er vergleicht seine Feinde in grenzenloser Verachtung mit Hunden:

Und was den Hunden im Dorfe fremd,
das bellen sie wütend an.
So ist der Gemeinen Temperament –
sie schmähen den edlen Mann.[19]

Andererseits fällt für ihn der Begriff des Edlen als moralische Kategorie keineswegs mit dem Begriff Geburtsadel zusammen. Im »Schmerz der Trennung« und in andren Gedichten führt er Bai Li Hsi, Ning Tschi und andere Männer von niederer Abstammung als Beispiele würdiger und tüchtiger Leute an, die von gerechten Herrschern als solche erkannt und an entsprechend hohen Stellen eingesetzt wurden. In dieser Hinsicht decken sich Tschü Yüan's Ansichten auch mit denen des Philosophen Mo Dse: Bei der Beurteilung der Tüchtigkeit muß man von den persönlichen Eigenschaften ausgehen. Besitzt ein Mensch entsprechende Fähigkeiten, so muß er befördert werden, und mag er auch Bauer oder Handwerker sein.[20]

Die Konfuzianer glaubten, daß die Herrscherwürde aufgrund besonderer Tugenden vom *Himmel* verliehen wird. Darin sahen sie gleichsam ein, wenn auch von magisch-mystischen Vorstellungen durchwobenes *Naturgesetz*. Erlöschen diese Tugenden in einer Dynastie, so erlischt auch das »*Mandat des Himmels*«, der vom Himmel verliehene Anspruch auf die Herrscherwürde. Der Gipfelpunkt der Tragödie in Tschü Yüan's Leben war die sich mit den Jahren zur völligen Hoffnungslosigkeit vertiefende Erkenntnis, daß die Königssippe von Tschu, der er ja selbst angehörte, aus eigenem Verschulden dieses »Mandats« verlustig gehen mußte. In dem Gedicht *Bedauern über vergangene Tage* klagt er:

Maß kannst du nicht halten, König, du hast
den Blick für das Edle verloren,
läßt die Edlen vermodern in trübem Morast.
Ich hab dich vergeblich beschworen.
Wie soll ich dir zeign, was mein Herz durchdringt,
ein Herz, dir in Treue ergeben?
Ach, lieber den Tod, der mir Ruhe bringt,
als ein elendes, sinnloses Leben!

Tschü Yüan's persönliche und historische Tragödie endete mit dem Freitod. Aber immer wieder hatte er in seiner Verzweiflung versucht, einen Fluchtweg ins Mystische einzuschlagen. Dazu diente ihm sein umfassendes Wissen der mythischen und legendären Überlieferungen im gesamten chinesischen Kulturgebiet, insbesondere aber seine

Vertrautheit mit den schamanischen Gebräuchen seines Heimatlands, den ekstatischen »Himmelsflügen« der Schamanen, wie sie in Tschu noch üblich waren. Nicht selten werden wir in seinen Werken an Passagen aus dem Buch *Dschuang Dse* erinnert, das sicher auch Gedankengut aus diesem Raum enthält. Im Lied *Be-Hue-Feng* tritt Tschü Yüan selbst einen solchen Himmelsflug an:

...
Und immer nur Kummer und Trauer im Sinn.
Ich flattre im Dunkel empor,
flieg mit dem Wind über Wogen dahin,
Peng Hsjän ich zum Freund mir erkor.
Hoch klomm ich die Felswand, schroff und rauh,
besteige den Regenbogen.
Mein Atem haucht schillernde Schleier ins Blau,
weit über den Himmel gezogen.
Schon spannt meine Hand den Himmelsbau.
So hab ich getrunken vom Himmelstau
und Frost in mich eingesogen.[21]

Tschü Yüan muß Jahre hindurch vergeblich und mit wachsender Besorgnis um das Schicksal seines Landes auf eine Sinnesänderung des Königs und eine vernünftigere Außenpolitik des Hofes gewartet haben. Immer wieder sucht er nach Vergleichen mit ähnlichen Situationen im Bereich seines Wissens. Die Beispiele aus der Vergangenheit in seinen Werken dienen als Aufmunterung beziehungsweise Warnung für die Gegenwart. Aus den Vergleichen springen immer neue Bilder hervor, die ihm die erschreckende Bedrohlichkeit der Macht der Höflinge zeigen. Sie sind es, die den »Wagen des Staats« dem Abgrund zuführen. Obzwar ihm Schweigen geboten wurde, wendet er sich immer wieder mit verzweifelten Appellen an den König:

Ich weiß, es wäre leichter, wenn ich schweige.
Ich schweige nicht, mag es auch schmerzhaft sein.
Ich schwöre es, der Himmel sei mein Zeuge,
für dich Erhabner steh ich ewig ein[22]

Aber eben dieser König, in dem Tschü Yüan die Macht des Tschu-Volks immer noch symbolisch vertreten sieht, ist zu schwach, dem korrumpierenden Einfluß der Hofschranzen zu widerstehen. So klagt Tschü Yüan:

Was du mir einst beteuert und versprochen,
bereutest du und anders warst du dann.
Mich schmerzt es nur, daß du dein Wort gebrochen.
Nicht daß ich mich von dir nicht trennen kann.[23]

Enttäuscht und machtlos gegenüber dem geschlossenen Widerstand der dunklen Mächte am Hof, fällt Tschü Yüan auf eine Position zurück, die ganz dem Geist der konfuzianischen Schule entspricht: Vervollkommnung der eigenen Tugend, des *De*, der Seelenkräfte, um der verkommenen Umwelt das leuchtende Beispiel eines menschlich verwirklichten Ideals entgegenzuhalten. Aber die Enttäuschung nagt bitter an seinem Herzen:

Tau trink im Lenz ich von Magnolienblüten.
der Chrysantheme Blatt im Herbst mich nährt.
Nur einen Schatz – die Tugend will ich hüten.
Was schert's mich, wenn ich blaß und abgezehrt.[24]

In dieser Strophe sehen wir eine andere Eigenart der Tschu-Dichtung. Tugendhaftigkeit und Edelmut werden oft metaphorisch schönen, edlen, duftenden Blumen, menschliche Untugenden Unkraut oder Giftpflanzen gleichgesetzt. In der nächsten Strophe in dem Poem »Schmerz der Trennung« erwägt der Dichter in seiner Enttäuschung, der Welt den Rücken zu kehren und es einem legendären Weisen des Altertums gleichzutun:

Der Alten Beispiel hielt ich hoch in Ehren,
trug nie mich nach der Mode meiner Zeit.
Und will die Gegenwart nicht auf mich hören,
folg Peng Hsjän ich in die Vergangenheit.[25]

Doch augenblicklich ruft ihn die Stimme des Gewissens, sein Verantwortungsgefühl gegenüber dem Tschu-Volk in die Wirklichkeit zurück:

Oft hab ich geseufzt und geweint, wenn ich sah,
wie sie zwacken das Volk und pressen.
Wer schätzt noch Tugend? Was morgens gesagt,
schon abends war es vergessen.[26]

Wieder schwankt er und weiß nicht, welchen Pfad er wählen soll. Aber sein Wille, dem Edlen und Reinen nachzustreben und zu dienen, kennt kein Kompromiß. Kapitulation vor den Feinden seines Ideals ist für ihn schrecklicher als der Tod:

Es lebt ein jeder, wie's ihm entspricht.
Ich strebe nach Tugend und Reinheit.
Und wenn ihr mich rädert, ich ändre mich nicht.
Nie beug ich mich vor Gemeinheit.[27]

Hier wird der Monolog Tschü Yüan's durch das Erscheinen einer Frauengestalt unterbrochen: – ob seine Schwester oder Konkubine, ist bis heute eine Streitfrage. In des Dichters verzweifelter, ins Irreale abschweifenden geistigen Verfassung bedrängt sie ihn mit einer nüchternen Einschätzung seiner Lage, erhebt sie die »Stimme der Vernunft«:

Mit sanftem Vorwurf sprach, als ob sie wüßte,
wie schwer mein Herz, die Liebste nun zu mir:
Gut tat, was er für gut hielt, und er büßte
mit seinem Tod am Federberg dafür.[28]

Sie redet ihm zärtlich zu, sich der Welt anzupassen, sich nicht zu grämen, daß man ihm überall mit Unverstand begegnet:

Willst du von Tür zu Tür gehn und sie lehren?
Denkst du denn, sie verstehen unser Leid?

Sei so wie sie. Du solltest auf mich hören.
Die ganze Welt strebt nach Geselligkeit.[29]

Diese Worte bringen ihm zwar keinen Trost in seinem Kummer, spornen ihn aber dazu an, sich nun bei einem großen Vorbild seines Ideals Rat zu holen. Er überquert die Flüsse Yüan und Hsjang und eilt ins Reich der Phantasie – zunächst zu dem legendären Herrscher Schun, dem er anhand von historischen Beispielen seine Ansichten darlegt. Er betont seinen unerschütterlichen Glauben an das Obwalten einer himmlischen Gerechtigkeit:

Ob jetzt, ob früher, immer hat das Leben
wo man auch hinblickt, eines nur gezeigt:
Für Schurken hat es nie Vertraun gegeben,
nie hat man sich vor Niedertracht gebeugt.[30]

Auf seinen Knien dankend, nimmt er Abschied von Schun, der ihm – anscheinend wortlos in mystischer Kommunion – den weiteren Weg gewiesen hat. Er steht nämlich vor Schun's Grab, der nach der Überlieferung in Tsang-Wu (im Distrikt Ling-Ling in Hu-Nan) bestattet worden sein soll. In einem Phönixwagen, von Drachen gezogen, verläßt er Tsang-Wu und fährt durch die Lüfte dahin zu den Hängenden Gärten des Feenbergs Kun-Lun. Der Abend naht. Er befiehlt dem Sonnengott Hsi-Ho in seinem Lauf einzuhalten. Die Geister des Mondes, der Winde und des Donners gehorchen ihm. Schon steht er vor dem Himmelstor und begehrt Einlaß. Der Pförtner weist ihn schweigend ab. Auch im Himmel herrschen Neid und Eifersucht. Auch hier ist für den Edelgesinnten kein Platz. Er setzt über den »Weißen Strom«, dessen Wasser die wunderbare Eigenschaft besitzt, den davon Trinkenden unsterblich zu machen. Auf dem Gipfel des Lang-Feng-Berges bindet er seinen Drachen fest und blickt auf die Welt hinab. Der Schmerz überwältigt ihn. Weinend erkennt er, daß es auch in den himmlischen Gefilden die reine, ideale Schönheit, die er sucht, nicht gibt. Mit Hilfe des Wolkengeists Feng-Lung, des Wundervogels Dschen und des Phönixes sucht er die Liebe der Mi-Fe und anderer Schönheiten der Vorzeit zu gewinnen. Seine Boten erweisen sich als falsch und hinterhältig, Mi-Fe als frivol und wankelmütig. Gau-Hsin, der Ahnherr der Fürsten von Tschin, der Erzfeinde des Tschu-Volks, tritt ihm als erfolgreicher Nebenbuhler entgegen, als er um Dschjän-Di wirbt. Mit den unzuverlässigen, aber redewandten Boten könnten Dschang I oder andere Emissäre des Tschin-Fürsten gemeint sein:

Mein Herz beschleichen Zweifel, denn es stünde
mir schlecht an, trät ich selber vor ihr Tor.
Der Phönix brachte ihr mein Angebinde,
nur fürcht ich Gau-Hsin kam mir schon zuvor.[31]

Wie Faust eine längst verblichene Schöne, Helena, begehrt, so sucht Tschü Yüan, von der Gegenwart bitter enttäuscht, Liebe in einer längst vergangenen Welt, in einer Welt der Selbsttäuschung, einer Welt vermeintlich unvergänglicher Wesen, die wie die platonischen Ideen ewig bestehen müßten. Alle Bemühungen des Dichters, Liebe in der Feenwelt zu gewinnen, erweisen sich als vergeblich. Auch hier versperren ihm Neid und Mißgunst den Weg zu den Herzen der Schönen. Die symbolische Sprache abstreifend, entblößt der Dichter mit einemmal den wahren Sinn hinter den phantastischen Wanderungen in der Welt der Geister und Feen:

Im Boudoir verbringen ihre Tage
die Schönen in Zurückgezogenheit –
Blind bleibt der König, hört nicht meine Klage.
Muß bis zum Tod ich tragen dieses Leid?[32]

Er wendet sich nun in seiner Verzweiflung an die Magierin Ling-Fen, die ihm den Rat gibt, seinem Heimatland den Rücken zu kehren:

Gibt es ein Land, das ohne Blumen wäre?
Warum hängst du an deinem Vaterland?
In dieser Welt herrscht Finsternis und Leere,
und man begegnet uns mit Unverstand.[33]

Er möchte Ling-Fen's Rat befolgen, aber wieder packen ihn Zweifel. Da hört er, daß am Abend der Zauberer Wu-Hsjän vom Himmel herabsteigen soll. Auch an ihn wendet er sich, und Wu-Hsjän rät ihm, wie zuvor Ling-Fen, in allen Regionen unbekümmert weiter nach edelmütigen Wesen zu suchen. Der Dichter nimmt seinen Rat an:

Und ruhigen Sinnes will ich mich erfreuen,
in allen Welten nach der Schönsten spähn,
eh meine Blumen sich im Wind zerstreuen,
sie suchen hier und in des Himmels Höhn.[34]

Auf einem mit Jade und Elfenbein verzierten Wagen, umgeben von einem zahlreichen Gefolge mit flatternden Wolkenstandarten, fährt er wieder zum Feenberg Kun-Lun, eilt von der Milchstraße zum Land des Strömenden Sands, kommt zum Purpurnen Fluß, gebietet dem Herrscher des Westens, ihn überzusetzen, und nicht eher will er ruhen, als bis er das Westliche Meer erreicht hat. Hohen Mutes stimmt er die Gesänge der alten Herrscher an, und Freude erfüllt sein Herz:

Im Strahlenglanz des Himmels steigt mein Wagen.
Ich blick hinab – und da, mit einemmal
seh ich die Heimat unter mir. Ein Zagen
den Lenker faßt. Es bäumt in dumpfer Qual
sich selbst mein Pferd. Ich kann es nicht ertragen.
Gesenkten Haupts starr ich hinab ins Tal.
So haltet! Haltet ein! Es hält der Wagen.[35]

Welcher Weg bleibt Tschü Yüan noch offen? Das ganze Universum hat er umkreist auf der Suche nach weisem Rat, nach Verständnis und Liebe. Die Gegenwart hat er durchschweift, ja selbst die Vergangenheit bis in die fernsten Zeiten. Tschü Yüan entschließt sich, dem Beispiel Peng Hsjän's zu folgen. Bedeutet das Selbstmord oder Vervollkommnung seiner Tugend? Schon vorher wird Peng Hsjän in der Elegie »Schmerz der Trennung« erwähnt. Aber offenbar nicht als Beispiel des Freitods, sondern als Vorbild der Tugend – als ein Weiser, der, fern der Verworfenheit seiner Umwelt, den Idealen der Alten nachstrebt.

Im Epilog zu dem Poem bricht der Rhythmus plötzlich um. Nach dem Aufschrei der Verzweiflung in der im Original dreisilbigen ersten Zeile glättet sich das Versmaß wieder, als hätte der Dichter mit seinem Entschluß, Peng Hsjän zu folgen, sein seelisches Gleichgewicht wieder gefunden. Geht ihn die Heimat wirklich nichts mehr an? Die Absage gilt offensichtlich nur jenen Leuten, die sein Heimatland nicht gerecht zu regieren imstande sind:

Vorbei nun alles! Abgetan!
Ein Land, in dem kein rechter Mann,
in dem mich niemand mehr versteht –
Was geht mich noch die Heimat an!
Ist keiner doch, der mit mir noch
gerecht das Land regieren kann.
Zu Peng Hsjän nun die Reise geht.[36]

Abgesehen von der sprachlichen Schönheit des Originals, die sich in der Übersetzung freilich nicht wiedergeben läßt, der menschlichen Größe und Tiefe der Gefühlswelt, die Tschü Yüan in diesem Werk mit schier unbegrenzter Gestaltungskraft in sich überstürzenden und doch harmonisch aneinandergefügten Bildern vor dem Leser auftut – abgesehen von diesen Vorzügen, die schon allein Tschü Yüan's *Li-Sau* unsterblich machen würden, besitzt dieses Werk noch einen Vorzug, der ihm in der Weltliteratur einen besonderen Platz zuweist. Ähnlich wie Dantes *Divina Commedia* ist Tschü Yüan's *Li-Sau* der künstlerisch erfaßte und verarbeitete Ausdruck einer ihrem Ende zustrebenden Epoche der Weltgeschichte. Tschü Yüan vermochte als einzelner und ohne jegliches Vorbild das Universum des Menschen seiner Zeit in allen Dimensionen zu erfassen, zu umfassen und mit der überwältigenden Macht seines Gefühls zu einem in sich geschlossenen lyrisch-dramatischen Werk zu gestalten, das als Dokument menschlicher Größe aus einer begrenzten Vergangenheit eine unüberhörbare Botschaft über alle Zeiten hinweg weit in die Zukunft trägt.

Im allgemeinen werden Tschü Yüan dreiundzwanzig Dichtungen zugeschrieben. Davon ist Li-Sau, »Schmerz der Trennung«, sowohl die umfangreichste – dreihundertdreiundsiebzig Zeilen mit einer Gesamtzahl von 2490 Schriftzeichen – wie auch die originellste und künstlerisch zweifellos bedeutendste. Über die anderen ihm zugeschriebenen Werke – die »Neun Gesänge«, die »Neun Gedichte«, die »Himmelsfragen«, das »Zurückrufen der Seele« – wurden viele Untersuchungen veröffentlicht, ohne jedoch bisher die Autorschaft Tschü Yüan's mit Sicherheit nachweisen oder bestreiten zu können. Manche dieser ihrer sprachlichen und stilistischen Besonderheiten wegen als Tschu-Lieder bezeichneten Gedichte, wie *Herr des Ostens* oder *Der Große Lebensherr* könnten in irgendeinem Zusammenhang mit kultischen Handlungen des Tschu-Volks gestanden haben und von Tschü Yüan oder seinen Schülern überarbeitet worden sein. Andere Gedichte wieder zeigen einen so deutlichen Zusammenhang mit Tschü Yüan's persönlichem Schicksal, daß sie nur von ihm selbst oder von anderen über ihn geschrieben worden sein konnten. Dem Stil und der Intensität des Gefühls nach ist anzunehmen, daß Tschü Yüan der Autor solcher Zeilen wie diese in dem Lied »*Erinnerung an verflossene Tage*« sein müßte:

Eh ich mein Lied zu Ende gesungen,
bin ich schon in die Tiefe gesprungen.
Verblendeter König, ach, wär es mir doch
dein steinernes Herz zu rühren gelungen.[37]

Auch Strophen wie die folgenden entsprechen in Stil und Emotion sehr der Persönlichkeit des Dichters:

Kein Baum im ganzen Erdenrund
ist herrlicher als du.
Du wurzelst tief im Heimatgrund,
Orangenbaum von Tschu.

Du willst nur in der Heimat blühn.
Ihr dienst du treu und zäh.
Hell schimmern durch der Blätter Grün
die Blüten weiß wie Schnee.[38]

Ein nicht nur in der chinesischen Literatur einmaliges, wenn auch vom literarischen Standpunkt weniger ansprechendes Werk sind Tschü Yüan's *Himmelsfragen*. Tschü Yüan stellt in diesem Werk einhundertzweiundsiebzig Fragen, die sich auf nahezu alle Gebiete des damaligen Wissens beziehen. Manche dieser Fragen sind für uns kaum mehr verständlich, da die ihnen zugrunde liegenden Mythen, Sagen oder historischen Fakten verlorengegangen sind. Schon zweihundert Jahre nach Tschü Yüan's Tod, zur Han-Zeit, hatte man offenbar große Mühe, die *Himmelsfragen* zu verstehen, wie aus der im übrigen kaum ernstzunehmenden Darstellung ihrer Entstehungsgeschichte durch Tschü Yüan's ersten Kommentator, Wang I, zu ersehen ist. Wir geben hier die einleitenden Bemerkungen Wang I's zum Kommentar der *Himmelsfragen* gekürzt wieder:

Nachdem Tschü Yüan vom Hof verbannt worden war, schweifte er kummervollen Herzens in den Hügeln und im Sumpfland umher ... In den Tempeln der Ahnen der Könige von Tschu und ihrer Minister sah er an den Wänden Bilder der Himmels-, Erd-, Berg- und Flußgeister von unheimlicher Gestalt und Darstellungen merkwürdiger Geschichten von alten Weisen und Monstern ... Er betrachtete die Bilder und schrieb Fragen an die Wände, um sich von der Last seiner Verbitterung zu befreien. Die Leute von Tschu bedauerten Tschü Yüan. So gaben sie seine Worte wieder. Daher die Verwirrung im Text.

Augenscheinlich hatte Tschü Yüan's Kommentator also bereits zur Han-Zeit Schwierigkeiten bei der Interpretation des Textes, die er mit »Verwirrungen« bei der Wiedergabe durch »Leute von Tschu« zu erklären sucht.
In den *Himmelsfragen*, so scheint es, unternimmt Tschü Yüan den einzigartigen Versuch, ein zerflatterndes Weltbild in einer Zeit des Umbruchs mittels Fragen zusammenzuflicken und zugleich durch ihre Unbeantwortbarkeit das formale Integrationsverlangen wieder aufzulösen. Daß Wang I's Erklärungsversuch hinsichtlich des Zustandekommens dieses seltsamen Werks kaum zutreffen kann, mögen die im folgenden wiedergegebenen ersten fünf Fragen andeuten. Denn

wie sollten »Vorlagen« zu solchen Fragen an den Wänden von
Ahnentempeln bildlich dargestellt worden sein?

Ich frage:
Wer konnte der Nachwelt künden
vom Anbeginn, den keiner kennt?
den Urgrund allen Seins ergründen,
eh Himmel und Erde sich getrennt?
im Chaos eine Richtung finden?
im Wirbelstrom ein Fundament?
Wer bringt die Nacht; und wer mag zünden
den Lichterglanz am Firmament?[39]

Außer Tschü Yüan hat der Staat Tschu noch einen anderen großartigen Dichter vorzuweisen: Sung Yü. Wahrscheinlich war er ein jüngerer Zeitgenosse Tschü Yüan's. Über sein Leben ist nicht mehr bekannt, als sich aus seinen Poemen entnehmen läßt. Demnach müßte er ein Beamter niederen Ranges am Tschu-Hof gewesen sein, der bittere Enttäuschungen und Brüskierungen zu erleiden hatte. In dieser Hinsicht hatte sein Leben sicher gewisse Ähnlichkeiten mit dem Tschü Yüan's. Wie Tschü Yüan klagt auch Sung Yü sein Leid in seinem Vorbild nahezu ebenbürtigen Versen. Oft aber schlägt er einen anderen Ton an: beißende Satire, vorsichtig verhüllt unter bei Hofe gerade noch zulässigen Formen. So erklärt er in dem *Poem vom Wind* dem König, der sich an einer frischen Brise erfreut und behauptet, er teile dieses Vergnügen mit dem einfachen Volk, daß sich Majestät hier irre. Die frische, reine Brise kühle angenehm in den königlichen Palästen, in den Gäßchen der Armen hingegen wirble sie nur Staub und Schmutz auf und mache das Leben des gemeinen Volkes nur um so unerträglicher. In den lyrischen Poemen Sung Yü's überwiegt das persönliche Moment, weshalb sein Schmerz ergreifend, aber nicht erschütternd auf den Leser wirkt. Der gewaltige Unterschied zwischen ihm und Tschü Yüan liegt also nicht so sehr in der Dimension, als vielmehr in der Qualität der Gefühle. Sung Yü bleibt immer ein Individuum, ein Typus – der Typus des enttäuschten Literaten, und als solcher fand er unzählige Nachahmer über mehr als zwei Jahrtausende. Eines seiner bekanntesten Werke ist sein *Herbstlied*:

Oh, traurig ist der Herbst,
mit seinem Hauch
verzehrend Baum und Strauch.
Es sinkt das Laub
raschelnd, raunend, knisternd in den Staub.
Ein sehnend Leid mein Herz erfaßt.
Den Berg hinan stürm ich, hinab zum Strom.
Oh Einsamkeit!
Wie einem Fremdling, einem Gast
geb ich mir selbst Geleit
in dieser weiten, fremden Welt ...[40]

Zum Unterschied von der persönlichen Schmerzenslast eines Sung Yü ist der Schmerz in Tschü Yüan's Dichtungen auch und vielleicht sogar hauptsächlich der Schmerz seines Volkes, sein Schicksal – der unerbittliche Widerspruch einer ganzen Epoche der Weltgeschichte, sein Werk – gelebte Epik und episches Erleben.

8

Die Prosa-Literatur der Dschou-Zeit

Allgemeiner Überblick

Die Prosa der Dschou-Zeit entstand linguistisch vornehmlich auf der Grundlage der Synthese der Sprachen des Dschou-Volks und des Schang-Volks, die offensichtlich nicht allzu verschieden voneinander waren, da das erstere die Schrift des letzteren, einschließlich der syntaktischen Besonderheiten, offenbar ohne wesentliche Veränderungen übernehmen konnte. Die Orakelinschriften sind inhaltlich zu begrenzt und in ihrer formelhaften Priestersprache zu stereotyp, um einen unmittelbaren Zusammenhang mit thematisch viel weitergreifenden Schriften wie dem *Buch der Urkunden* erkennen zu lassen. Trotzdem stößt man bei der Lektüre des Buchs der Urkunden oft auf Sätze, die in ihrer dürren Knochigkeit sehr an die Sprache der Orakelinschriften erinnern.

Wie in der Literatur aller Völker so ging auch in China die Lyrik der Prosa voran. Während im *Buch der Lieder* der sprachliche Ausdruck meist natürlich und ungezwungen ist und eine gewisse Ausgereiftheit zeigt, so fühlt man oft im *Buch der Urkunden*, daß der Autor nach Worten ringt und daß die Gedanken, in dem engen, ungefügen und ungefügigen Satzbau eingezwängt, gleichsam überquellen.

Andere frühe Zeugnisse der chinesischen Prosa – wie manche Inschriften auf Bronzegefäßen und die *Frühling- und Herbst-Annalen* – zeigen bereits eine gewisse Ausgewogenheit von Inhalt und Form, die jedoch eher auf der relativen Kargheit der Aussage beruht. Die

stürmischen Jahre der Gründung des Dschou-Staats waren vorbei. Im Prozeß der Konsolidierung und Ritualisierung hatte sich der Feudalstaat eine Kanzleisprache geschaffen, die sich ebenso formal und starrgefügt ausnimmt wie das politisch-ökonomische System, dessen Ausdruck sie war – der aristokratisch-partikularistische Feudalismus. Wo die Zentralmacht nur mehr de jure, aber nicht mehr de facto existiert, erstarrt auch das Schriftbild offizieller Dokumente wie die Mienen auf den Gesichtern von Dienern, die genau wissen, wie schwach in Wirklichkeit und darum wie überempfindlich ihr Herr ist. Die Verlogenheit im Verhältnis zwischen einem schwachen Oberlehensherrn und starken Vasallen konnte eben nur durch Formalismen im gegenseitigen mündlichen und schriftlichen Verkehr überbrückt werden. Als der Herzog Wen von Dschin im Jahr 632 v.Chr. nach seinem großen Sieg über die Armeen von Tschu in Dschjän-Tu die Fürsten des Reichs zusammenrief, um sich als Hegemoniarch huldigen zu lassen, verlangte er auch, daß der oberste Lehensherr aller Fürsten des Reichs, der Dschou-König, erscheinen möge. Dieser mußte wohl oder übel dem Gebot des mächtigen Herzogs Wen folgen, kaschierte aber die unvermeidbare Blamage unter dem Deckmantel, in der Gegend von Dschjän-Tu zur Jagd gehen zu wollen. Als Konfuzius die *Frühling- und Herbst-Annalen* redigierte, bemerkte er dazu, »als Untertan seinen Herrscher herbeizurufen, darf nicht zur Regel gemacht werden«. So wurde dieser den Dschou-Riten gröblichst zuwiderlaufende Vorfall in den *Frühling- und Herbst-Annalen* mit den folgenden Worten vermerkt: *Seine Himmlische Majestät ging in He-Yang zur Jagd.*[1]
Die königliche Zentralgewalt hatte anfangs als koordinierender Faktor der militärischen Kräfte des Dschou-Volks in den neueroberten Gebieten eine entscheidende Rolle gespielt. Wirtschaftlich aber war das Königshaus auf seine Domäne, seine »Hausmacht« und bestimmte Tributleistungen beschränkt geblieben. Die partikularistischen Expansionsbestrebungen der Fürsten begannen zwar die politische Einheit des Reiches zu untergraben, andererseits aber förderten sie die Herausbildung geschlossener Wirtschaftsgebiete und wirkten daher eine Zeitlang stimulierend auf die Entwicklung der Produktivkräfte. Die Erfassung des Ackerlands durch die Behörden in den regionalen

Wirtschaftszentren erforderte Kanzleiarbeit, die von Hof-Schreibern besorgt wurde. Schenkungsurkunden, wie wir sie aus der Glanzzeit der Dschou-Könige kennen, werden nun durch Vertragsurkunden ersetzt. Der König hatte kaum mehr noch als Titel und Ehren zu verschenken oder sogar nur zu bestätigen. Die Beziehungen der Vasallen zu ihrem »obersten Lehensherrn« wie auch untereinander wurden immer mehr auf »juridischer« Basis geregelt.
Angesichts der ununterbrochenen Kämpfe, Gebietsabtretungen und anderen politisch-militärischen Verschiebungen der Kräfte innerhalb des Reichs wurde es notwendig, über diese Ereignisse genau »Buch zu führen«. So entstanden die Chroniken der einzelnen Staaten – nüchterne, leidenschaftslose Aufzeichnungen von Tatsachen, die man für Referenzzwecke brauchte. *Im Herbst Feldzug gegen Tschu* lautet eine dieser lakonischen Einragungen in den *Frühling- und Herbst-Annalen*. In der Form ist diese Art der Prosa freilich klarer als die Ansprachen und Belehrungen im *Buch der Urkunden*. Der Chronist versucht ja auch nicht einen Gedanken auszudrücken, sondern nur eine Tatsache zu verzeichnen. Er ist nicht das Sprachrohr einer Willensäußerung, einer Idee, wie wir sie in den Ansprachen und Belehrungen des Königs Wu oder des Herzogs von Dschou im *Buch der Urkunden* finden, sondern der Kanzlist seines Herrn, der mit ebendemselben Gleichmut *Überfall auf den Staat Tschu* einträgt, wie er die Einkünfte von seines Herrn Äckern in den Zinsbüchern verzeichnet.
Nachdem die Spuren der (Dschou-)*Könige vergangen waren*, sagt Menzius, *verklangen die Lieder, und nachdem die Lieder verklungen waren, begann man Frühling- und Herbst-Annalen zu schreiben.*[2] Zu Menzius' Lebenszeit aber waren selbst die Zeiten der *Frühling- und Herbst-Annalen* bereits vorbei.
Der Partikularismus der Fürsten hatte seine historische Aufgabe erfüllt. Die wirtschaftlich erstarkten und durch Warenaustausch sich gegenseitig überschneidenden Teilgebiete des Reichs konnten auf die Dauer nicht voneinander getrennt bleiben. Der historische Entwicklungsprozeß lief nun in umgekehrter Richtung: die zentrifugalen Tendenzen bogen sich immer mehr in eine zentripetal weisende Richtung um. Man begann in die Vergangenheit zurückzublicken,

in der es einmal eine Zentralmacht gegeben hatte, um Modelle für die Gestaltung der Zukunft zu finden. Das Studium der Geschichte, einschließlich der Überlieferungen über mehr oder minder legendäre Persönlichkeiten, Begebnisse und Institutionen ersetzte allmählich das bloße Verzeichnen geschichtlicher und juridischer Tatsachen. Man registrierte nicht mehr nur, man suchte auch nach inneren Zusammenhängen, nach den tieferen Gründen für die fortschreitende Misere des Reichs. Die *Schih* machten den Kanzlisten den Platz streitig. Die Chroniken, welche die Kanzlisten geschaffen hatten, wurden gleichsam als Rohmaterial für eigene Untersuchungen benutzt und kommentiert. Die Amts- und Rechtsprache der Kanzlei wurde von ihnen zur Formulierung philosophischer Begriffe und Systeme herangezogen und umgemünzt; ebenso bereicherten die Schih ihre Sprache und Gedankenwelt, indem sie aus dem Ritual und den alten Stammeskulten entlehnten Wörtern einen neuen Sinn verliehen.

In Dso's Kommentar zu den Frühling- und Herbst-Annalen entstand zum erstenmal ein Geschichtswerk, das nicht nur sprachlich den Chronik-Stil bei weitem übertraf, sondern auch den Gesichtskreis über den Einzelstaat hinaus zu komplexen historischen Geschehnissen zwischenstaatlicher Natur ausdehnte, den Rahmen des rein politischen Tatsachenberichts durchbrach und soziale und wirtschaftliche Zusammenhänge zu erfassen suchte; und überdies aus der Vielfalt der Einzelerscheinungen auch bereits Schwerpunkte als Paradigmen hervorhob. In der Periode der Kämpfenden Staaten (475-221 v.Chr.) wurde diese Tradition in den beiden Werken *Guo-Yü, Diskurse der Staaten,* und *Dschan-Guo-Tse, Stratageme der Kämpfenden Staaten,* weiter fortgeführt und erreichte schließlich ihren Höhepunkt in Si-ma Tschjän's *Schih-Dschi, Historische Aufzeichnungen,* in der Han-Zeit.

Für den Philosophen war es schwerer als für den Historiker mit Hilfe der starren und ungefügen Sprache des Chronisten und des *Buchs der Urkunden* die herandrängenden Probleme einer neuen Zeit zu sondieren und begrifflich festzuhalten, geschweige denn neue Begriffswerte zu formulieren. Der Kausalnexus war in dieser Sprache noch kaum zum Ausdruck gekommen, der abstrakte Gedanke noch zu sehr vom Piktogramm und vom Denken in Präzedenzfällen überschattet; Eindeutigkeit war nur in knappgehaltenen Sätzen möglich. Neues Leben kam in das Denken und damit in die Anwendung der Sprache und Schrift mit dem Aufkommen philosophischer Schulen und Akademien: die Schulen, die Konfuzius, Mo Dse, Menzius, die Legalisten und andere gründeten, die Akademie, die König Hsüan im Staat Tschi einrichtete, und schließlich Kollegien von Gelehrten, wie sie der Kanzler des Tschin-Staats Lü Bu-we und der Prinz Lju An in der frühen Han-Zeit um sich scharten. Im *Lun-Yü*, in den *Gesprächen des Konfuzius*, sind die Sätze noch kurz, abgehackt, auf einfache Feststellungen beschränkt. Erst mit der wachsenden Macht der *Schih* und, wie wir eben sagten, mit dem Zusammenstrom von Gelehrten in Kulturzentren zersprangen die starren Sprachformen unter der Wucht der aufeinanderprallenden Meinungen. Im *Wettstreit der Hundert Schulen* zwang die Heftigkeit der Polemik den Philosophen die Überzeugungskraft seiner Argumente durch logische Gliederung des Satzbaus und maximale Auswertung der sprachlichen Möglichkeiten zu erhöhen. Der beschauliche und dürftige Ausspruch oder Dialog in den *Gesprächen des Konfuzius* wird im *Buch Meng Dse* zum heftigen Disput, die aphoristische Formulierung eines Gedankens zu einer logisch entwickelten Gedankenkette, die mit beachtlicher Konsequenz zu Ende geführt wird. Die einfache Feststellung wird mit Hilfe anschaulicher Parabeln und verblüffender Metaphern zu komplizierten Bildern ausgestaltet, die den Gesprächspartner verwirren, nachdenklich stimmen und schließlich überzeugen sollen.

Mo Dses Sprache ist weniger einfallsreich, härter und strenger, manchmal durch allzu beharrliches Wiederholen der wichtigsten Punkte seiner Darlegungen geradezu monoton. Sein Verdienst jedoch ist es, aus der Dialektik des Dialogs die Dialektik innerhalb einer nach Themen geordneten Abhandlung entwickelt zu haben. Frage und Antwort, Ja und Nein werden gegeneinandergesetzt, bis der letzte Zweifel an der Ausgangsthese beseitigt zu sein scheint.

In den letzten Jahrzehnten vor der Reichseinigung (221 v.Chr.) durch den Staat Tschin drängte auch die Zerrissenheit auf ideologischem

Gebiet wieder zur Integration und Synthese. In der Geschichte der Menschheit besteht offenbar die Tendenz, in Zeiten des Zusammenbruchs einer überlebten Gesellschaftsordnung eine geistige Bestandsaufnahme durchzuführen, die nicht nur – oder nicht so sehr – der Archivierung des Überkommenen, als vielmehr seiner Verwertung für das Kommende, Neue oder zu Erneuernde dienen soll. Lü Bu-we faßte durch die Zusammenarbeit eines Kollegiums von Gelehrten die Erkenntnisse der *Hundert Schulen* in einem Sammelwerk zusammen – *Frühling und Herbst des Lü Bu-we*; Hsün Dse und Han Fe-dse verschmolzen in ihren Werken legalistische Ideen mit dauistischen, konfuzianischen und anderen. Ihre Werke übten, wenn auch nicht offen eingestanden, für die nächsten zwei Jahrtausende einen fast ebenso starken Einfluß auf den feudalistischen Staatsgedanken aus wie der orthodox gewordene Konfuzianismus. In der Darlegung ihrer Gedanken erreichten sie ein Höchstmaß an Klarheit. Sie entwickelten den sprachlich abgerundeten und logisch gegliederten Essay.

Während im Norden die Probleme des schnell zerfallenden aristokratisch-partikularistischen Systems die Denker zu pragmatischen, kühl-erwägenden Untersuchungen oder zu tatenlustiger Parteinahme herausforderten, richteten die philosophischen Schulen des Südens, wo die alten Stammes- und Sippenverhältnisse noch zum Teil erhalten geblieben waren, den Blick weit zurück in eine urgemeinschaftliche Vergangenheit. Die Sehnsucht nach Einheit in der Zerworfenheit ihres Zeitalters führte bei ihnen dazu, daß der uralte Begriff *Dau*, eine neue spirituelle und zugleich gesellschaftlich-materielle Qualität gewann. Ihr höchstes Ziel war die Rückkehr in die Unverderbtheit einer idealisierten Vergangenheit. Aus ihrer Haltung entsprangen infolge der Diskrepanz mit der vorwärtsdrängenden Entwicklung im politischen Geschehen zwei Tendenzen: Entsagung und der Hang zum Lyrisch-Phantastischen. Lau Dse's Auflösung oder Verinnerlichung der Persönlichkeit im Dau und Dschuang Dse's atemberaubende Gedankenflüge öffneten den Weg für Mystik und Romantik in der chinesischen Literatur. Im »unpoetischen« Norden schrieb man zu jener Zeit nur mehr Prosa; im »romantischen« Süden, dem Heimatland des phantasievollsten Poeten des chinesischen Altertums

Tschü Yüan, schrieb man »lyrisch«, selbst wenn es Prosa sein sollte. Sogar Hsün Dse begann zu dichten, als er sich später in Tschu niederließ.

Da die neue gesellschaftliche Struktur des feudalistischen Beamtenstaats, die sich mit dem Ende des Dschou-Reichs herauszubilden begann und in der Han-Zeit feste Formen annahm, für mehr als zwei Jahrtausende ohne tiefgreifende Veränderungen weiterbestand, konnten auch die literarischen Formen, die sich in dieser Zeit herausbildeten, für diesen langen Zeitraum ohne allzu tiefgreifende Veränderungen weiterbestehen. Der berühmte Literaturhistoriker der Tsching-Zeit Dschang Hsüe-tscheng (1738-1801) unternahm den Versuch, die Literatur Chinas zu ihren Anfängen zurückzuverfolgen. Er kam zu folgendem Ergebnis: *Die Prosaliteratur späterer Zeiten existierte bereits in allen ihren Formen in der Periode der Kämpfenden Staaten ... Sie wurden übernommen und von Generation zu Generation ausgestaltet.*

Unzählige Literaten Chinas ahmten bis zu Anfang des 20. Jahrhunderts den Stil von *Dso's Kommentar zu den Frühling- und Herbst-Annalen* nach. Bedeutende Männer wie Si-ma Tschjän, Han Yü und Su Dung-po bemühten sich im Stil des Menzius zu schreiben. In gewissem Sinne galt es im Feudalzeitalter Chinas als ein größeres Kompliment, von einem Literaten zu sagen, er schriebe wie Meng Dse (Menzius), als wenn man die Originalität und Eigenwilligkeit seines persönlichen Stils gelobt hätte.

Inschriften auf Bronzegefäßen der Dschou-Zeit und das Buch der Urkunden

Die ersten europäischen Sinologen waren erstaunt darüber, im *Buch der Urkunden*, dem *Schu-Dsching* oder *Schang-Schu* oder einfach *Schu* (»Das Buch«) genannt, ein »authentisches« Geschichtswerk gefunden zu haben, das an Alter die Bibel übertraf und überdies noch den gewaltigen Zeitraum von beinahe zweitausend Jahren umspannte. Man hielt es zunächst für eine zusammenhängende historische Darstellung und übersetzte daher den chinesischen Titel mit *Buch der*

Geschichte. Auch in China hatte man an die Zuverlässigkeit dieses Buchs geglaubt. Erst im 12. Jahrhundert begannen sich Zweifel zu regen. Bei der großen Bücherverbrennung des Ersten Kaisers der Tschin-Dynastie im Jahre 213 v.Chr. wurde auch das *Buch der Urkunden* ein Opfer der Flammen. Ob diese Bücherverbrennung in dem Riesenreich der Tschin wirklich so gründlich durchgeführt werden konnte, daß kein einziges Exemplar mehr aufzutreiben war, mag uns zweifelhaft erscheinen. Immerhin wird berichtet, daß zu Beginn der nächsten Dynastie (Han) auf Wunsch des Kaisers Wen (179-157 v.Chr.) ein hochbetagter Gelehrter namens Fu Scheng achtundzwanzig Kapitel des *Buchs der Urkunden* dem Hof übermittelte – allerdings mündlich. Er soll den gesamten Text aus dem Kopf rezitiert haben. Durch später aufgefundene Texte erhielt man schließlich achtundfünfzig Kapitel. Zu Konfuzius' Zeiten soll dieses Werk der Überlieferung nach allerdings noch aus hundert Kapiteln bestanden haben. Es wäre hier zu umständlich, die Beweise gegen die Authentizität vieler Kapitel darzulegen. Sicher ist, daß die Kapitel, in welchen die Urkaiser Yau, Schun, Yü und andere mythische oder legendäre Gestalten vorkommen, unmöglich auf schriftlichen Überlieferungen aus jenen noch schriftlosen Zeiten (etwa 2300 v.Chr.) beruhen können. Heute werden nur mehr die von Fu Scheng dem Han-Hof übermittelten Kapitel als mehr oder minder echt betrachtet – echt in dem Sinn, daß sie aus der frühen Dschou-Zeit stammen, ja sogar noch aus der Schang-Zeit überlieferte Texte enthalten mögen, und jedenfalls vor der Han-Zeit bekannt waren. Denn der gewissenhafte Han-Historiograph Si-ma Tschjän stützte sich in seinen *Historischen Aufzeichnungen* um das Jahr 100 v.Chr. mehrfach auf dieses Material. Manches, das wir in diesen achtundzwanzig Kapitel finden, ist vermutlich über längere Zeiträume mündlich überliefert und erst in der frühen Dschou-Zeit (etwa zwischen 1100 und 600 v.Chr.) schriftlich niedergelegt worden.

Der erste Abschnitt des *Buchs der Urkunden* erstreckt sich über die Periode von 2255 bis 2205 v.Chr. Diese Jahreszahlen sind jedoch keineswegs ernstzunehmen; sie beruhen auf traditionellen und bereits widerlegten Annahmen. Die agierenden oder besser gesagt: redenden

Personen sind die legendären und sagenumwobenen Herrscher der grauen Vorzeit: Yau, Schun und Yü, beziehungsweise deren Minister. Der zweite Abschnitt ist der historisch, das heißt archäologisch bisher nicht nachweisbaren Hsja-Dynastie (angeblich von 2205-1766 v.Chr.) gewidmet. Am interessantesten darin ist das Kapitel Yü Gung (Yü's Tribute), eine Art geographisch-topographischer Überblick, der mit dem legendären Herrscher Yü – dem Bezwinger der »großen Flut« – in Verbindung gebracht wird. Die weite Ausdehnung der darin verzeichneten Reichsgebiete und deren feudale Gliederung zeigen deutlich, daß dieses Kapitel kaum vor dem 6. oder vielleicht sogar 5. Jahrhundert v.Chr. verfaßt worden sein konnte. Der dritte Abschnitt umfaßt die Zeit der Schang-(Yin-)Dynastie. Hier stoßen wir bereits auf Texte, die historisch glaubwürdig erscheinen, auf mündlichen Überlieferungen beruhten und vielleicht erst zu Anfang der Dschou-Dynastie niedergeschrieben oder redigiert wurden. Die *Ansprachen Pan Geng's*, die Reden, die dieser Schang-König hielt, um seine Untertanen von der Notwendigkeit der Verlegung der Hauptstadt zu überzeugen, gelten als authentisch.

Ein viel höheres Maß an Glaubwürdigkeit gebührt den der Dschou-Dynastie gewidmeten Kapiteln des vierten Abschnitts. Der hier erfaßte Zeitraum beginnt mit dem Sieg der Dschou über das Schang-Volk – angeblich 1122 v.Chr. – und endet mit einem militärischen Fehlschlag der Tschin Armee im Jahr 626 v.Chr. Wir wollen uns zunächst eines der literarisch bedeutenderen Kapitel ansehen: Mu-Ye – die Ansprache des Königs Wu von Dschou auf dem Feld von Mu-Ye:

Es war am Tag Dschja-Dse (der erste Tag im sexagesimalen Zeitzyklus) *vor Tagesanbruch. Der König kam an diesem Morgen zum Feld von Mu-Ye unweit der Hauptstadt Schang, wo er eine Ansprache an seine Truppen richtete. In seiner linken hielt er eine gelbe (güldene) Streitaxt, in der rechten schwang er einen Stab mit einem weißen Rinderschwanz daran. Und also sprach er: Ach, von ferne seid ihr herbeigeeilt, Krieger des Westens* (dann folgt eine Aufzählung von Titeln und Stammesnamen) *... Schwingt eure Lanzen, rückt zusammen, Schild an Schild, erhebt eure Hellebarden. Und der König* *sprach: In alten Zeiten pflegten die Leute zu sagen: Die Henne verkündet nicht den Morgen. Verkündet sie den Morgen, so muß das Haus untergehen. Nun hört Schou, der König von Schang, nur auf die Worte eines Weibes. In seiner Verblendung vernachlässigt er die Opfer für seine Ahnen und kümmert sich nicht um sie. Die Brüder seiner Sippe stößt er von sich; Verbrechern aber, die von überallher zu ihm fliehen, läßt er Ehren zuteil werden, zeichnet sie aus, schenkt ihnen sein Vertrauen, stellt sie in seine Dienste, macht sie zu Edlen und ernennt sie zu Würdenträgern. Er duldet, daß sie das Volk knechten und mißhandeln und läßt sie ungestraft ihr Unwesen treiben in der Stadt Schang. Ich aber, Fa (des Königs persönlicher Name), vollziehe nun, in Ehrfurcht dem Willen des Himmels gehorchend, die gerechte Strafe ob solcher Ruchlosigkeit. In der heutigen Schlacht sollt ihr nach sechs oder sieben Schritten stehen bleiben und euch in Schlachtreihe ordnen. Seid guten Mutes, Männer! Nach dem vierten, dem fünften, dem sechsten, dem siebenten Ansturm bleibt stehen, um euch wieder zu ordnen. Männer, seid guten Mutes! Glänzt in Tapferkeit! Seid wie Tiger und Panther, wie Braunbären und Grizzlybären! Auf in die Gefilde von Schang! Schlagt nicht ein auf jene, die sich ergeben, auf daß sie (später) dienen mögen in den westlichen Ländern. Seid guten Mutes, Männer! Denn wer von euch nicht Mut zeigt, der liefert sich selbst aus dem Verderben.*[3]

Wir können schon aus diesem einen Kapitel ein paar verallgemeinernde Feststellungen treffen, die für die überwiegende Mehrzahl aller Kapitel im *Buch der Urkunden* gelten: Es handelt sich bei den uns vorliegenden – auch den als eher glaubwürdig eingeschätzten Texten nicht um eine zusammenhängende Darstellung historischer Ereignisse, sondern hauptsächlich um eine chronologisch geordnete Sammlung von Ansprachen, Manifesten und Ermahnungen, deren Aussage in direkter Rede erfolgt und die das in der Rede behandelte Geschehen nur andeuten und kaum jemals wirklich schildern. Das Subjekt der Rede ist entweder ein König, Stammesführer oder hoher Würdenträger. Die in den Reden und Manifesten sich offenbarende Geisteshaltung gibt uns einen recht guten Einblick in die Vorstellungswelt der Epoche von der Spätzeit des Schang-Staats bis zur

Konsolidierung des Dschou-Reichs. Versuchen wir zunächst aus der »Ansprache auf dem Feld von Mu-Ye« ein Bild der damaligen Verhältnisse zu gewinnen:
König Wu tritt hier nicht als absoluter Herrscher über eine ethnisch homogene Schar von Kriegern auf, sondern nur als Führer einer Konföderation von Stämmen oder Stammesverbänden. Die militärische Macht, die er als oberster Kriegsherr besitzt, beruht offensichtlich auf der Gemeinsamkeit der Interessen dieser Stämme oder Stammesverbände in ihrem Widerstand gegen den Schang-Staat. Die Rechtfertigung für den Eroberungskrieg findet der König ideell im Willen des Himmels, der ihm durch Eingebung – real infolge einer gegebenen Situation – das »Mandat« verliehen hat, die verhängte Strafe zu vollziehen. Die dem Schang-König zur Last gelegten Verbrechen beziehen sich in erster Linie auf Verletzungen der augenscheinlich für das Dschou-Volk und alle übrigen Stämme geltenden Normen der Stammesethik oder des Stammesrituals. Als wichtigster Punkt der Anklage wird die Vernachlässigung der Opfer, der Ritualhandlungen angeführt. Die Könige und Stammesführer waren demnach zugleich Heerführer und Hohepriester ihres Volkes. Übelstände im Stammesleben und Fehlschläge auf wirtschaftlichem und militärischem Gebiet wurden dem König oder Stammesführer zugeschrieben und angelastet, das heißt, ihre Ursachen waren in der Verletzung seiner sazerdotalen und ethischen Pflichten zu suchen. Ferner wird der Schang-König beschuldigt, fremdstämmige Leute seinen eigenen Stammesgenossen vorzuziehen, was ebenfalls gegen die Stammesnormen verstieß. Inwieweit die Hörigkeit gegenüber seiner Favoritin, der in der späteren Literatur vielgeschmähten Da-Dschi, in diesem Text als »wahrer« Anklagegrund anzusehen ist, oder vielmehr auf eine tendenziöse Interpolation späterer Zeiten zurückzuführen ist, als das Patriarchat gegen matriarchalische Überreste erbittert ankämpfte, läßt sich freilich nicht mehr feststellen. Sicher war es nicht des Königs Ergebenheit einer Frau gegenüber, sondern vielmehr dessen und seiner Krieger und Beamten Grausamkeit bei der Unterdrückung und Ausbeutung unterworfener Stämme, die den Bund der Konförderierten zustande brachte. Schließlich ist dieser Ansprache zu entnehmen, daß dem Dschou-Volk, das sich mutmaßlich noch im Stadium der

»militärischen Demokratie« befand, unter allen übrigen Stämmen aufgrund seiner überlegenen militärischen Organisation und Kampfkraft die führende Rolle bei diesem Eroberungskrieg zufiel. Die taktischen Ratschläge, die König Wu den Kriegern gibt, beruhten offenbar auf erprobten Kampferfahrungen. Aber der wichtigste Punkt in der Ansprache ist zweifellos der priesterlich-ethische Anspruch des Dschou-Königs, »in Ehrfurcht dem Willen des Himmels gehorchend, die gerechte Strafe für die Ruchlosigkeit zu vollziehen«. Auf dieser Vorstellung und diesem Grundsatz basierte der Übergang von den Rechten des Führers einer Stammeskoalition zur Gründung und der späteren Konsolidierung eines großen Feudalreichs mit einem militärischen und administrativen Zentrum – der Hauptstadt des Dschou-Königs. Und auf diesem Mandat beruhte auch der Anspruch und das Recht aller chinesischen Dynastien, ihrer militärischen und politischen Überlegenheit beim Sturz der alten Dynastie einen sakralen – einen priesterlich-ethischen Anstrich zu verleihen.

Im Kapitel *Hung-Fan, Großer Plan*[4], in dem vorgeblich ein Onkel des letzten Schang-Königs namens Dschi Dse auf Bitten des siegreichen Dschou-Königs Wu diesem ein kosmologisch begründetes Regierungssystem darlegt, finden wir einige Stellen, die den priesterlich-sakralen Charakter, den die weltliche Macht beanspruchte, klar hervorheben. Der Text dieses Kapitels stammt allerdings nicht aus der Frühzeit der Dschou-Dynastie; er könnte, wie nachgewiesen wurde, kaum vor der Mitte des ersten Jahrtausends v.Chr. verfaßt worden sein. Darin heißt es unter anderem, daß der König *Vater und Mutter des Volkes* sein müsse, um das Reich für sich beanspruchen zu können. Ferner sei der König verantwortlich für den ungestörten Ablauf der Jahreszeiten, während seine höheren und niederen Beamten je nach Rang die gleiche Verantwortung für die Monate beziehungsweise Tage des Jahres hätten. Das »Mandat« beinhaltete also auch die Möglichkeit oder Pflicht des »Himmelssohns«, die ihm vom Himmel verliehene Macht an die Vollstrecker seiner politisch-administrativen, aber auch sakralen Funktionen nach unten weiter zu delegieren.

Zuverlässiger natürlich als die schriftlichen Überlieferungen in Büchern, die ja, wenn auch nicht bewußt gefälscht, so doch »redigiert«

werden konnten, sind die Inschriften auf Bronzegefäßen der Dschou-Zeit. Oft bestehen sie aus kaum mehr als einer Namenangabe oder einer stereotypen Formel wie: *Alle Söhne und Enkel mögen* (dieses Gefäß) *für ewig als Schatz wahren.* Diese Formel hatte das Dschou-Volk offenbar von den Schang übernommen, die vermutlich auch ihre Lehrmeister im Bronzeguß waren. Aber auf manchen Bronzegefäßen der Dschou-Zeit erreicht die Zahl der eingravierten Zeichen beinahe die Länge eines kürzeren Kapitels des *Buchs der Urkunden* – also bis zu etwa fünfhundert Zeichen. Im Stil und in der Aussage decken sich diese Inschriften im großen und ganzen mit den als zuverlässig betrachteten Kapiteln im *Buch der Urkunden.* Auch hier überwiegt die direkte Rede, der meist erst eine Zeit- und Ortsangabe vorausgeht. Die eben erwähnte stereotype Formel bildet dann für gewöhnlich den Abschluß des Texts. Solche prunkvollen Bronzegefäße und Glocken sowie zum Teil auch Waffen dienten rituellen Zwecken. Sie wurden bei Stammes- und Sippenopfern benutzt. Nur wenige kostbare Gegenstände dieser Art waren für den profanen Gebrauch bestimmt. Da es sich in Texten auf Ritualgegenständen aus Bronze der Dschou-Zeit oft um Belohnungen handelt, erhält dadurch das durchaus irdische Geschenk von Pferden, Waffen, Ländereien und Hörigen einen geradezu sakralen Charakter. Die Verdienste des Beschenkten werden in den Rahmen eines Dienstes im Auftrag des »Himmelssohns« gestellt, dessen Auftraggeber wieder der Himmel selbst beziehungsweise die mit dem Himmelsbegriff eng verbundenen königlichen Ahnen sind. Sehen wir uns einmal so einen Text an. Die im folgenden auszugsweise übersetzte Inschrift findet sich auf dem Dreifuß *Da-Yü-Ding,* der nach Guo Mo-ro's Schätzung aus der Zeit des Königs Kang (um 1000 v.Chr.) stammen soll:

Im neunten Monat geruhte der König, der sich in der Hauptstadt aufhielt, zu sagen: Höre Yü, der erlauchte König Wen erhielt vom Himmel das Mandat. Als König Wu dem König Wen nachfolgte, schuf er das Reich. Er beseitigte die Widerspenstigen, sorgte für alle in den Vier Himmelsrichtungen, leitete als Pflugherr das Volk auf den Rechten Weg. Er vollzog die Regenopfer (?), wagte beim Trankopfer nicht bis zur Trunkenheit Wein zu genießen, brachte

Brandopfer (?) dar, wagte nicht (den Weg des Himmels) *in Unordnung zu bringen. Darum bedachte ihn der Himmel mit einem Sohn als Nachfolger, um* (das Erbe) *seiner königlichen Vorfahren zu wahren ... Ich vernahm, daß Yin* (= Schang) *das Mandat des Himmels fallen ließ ... daß die Vorsteher und Fürsten von Yin* (die Nachkommen des besiegten Schang-Yin-Volks wurden umgesiedelt und ein Teil seiner Adelsgeschlechter in das Lehensgefüge des Dschou-Staats eingereiht) *dem Wein frönen. Darum verloren sie das Recht, ihre Opfer fortzuführen...*

Darauf befiehlt der König dem Yü, ihm als Stütze und Ratgeber zu dienen und *von früh bis spät ihm, dem Alleinigen bei der Herrschaft über die Vier Himmelsrichtungen beizustehen* ... Schließlich beschenkt der König Yü mit Ritualgegenständen, Gespannen und einer großen Zahl von Handwerkern und Hörigen, über deren wirkliche soziale Stufung und Stellung wir im Grunde genommen nur wenig wissen, da die entsprechenden Termini bisher keine eindeutige Klärung finden konnten. Wie die Fragezeichen in der Übersetzung erkennen lassen, gibt es im Original Schriftzeichen, die nur schwer zu deuten sind und daher unterschiedlich interpretiert werden können. Die Aussage dieses Textes bestätigt im wesentlichen, was wir aus der Ansprache des Königs Wu von Dschou auf dem Schlachtfeld von Mu-Ye und dem *Großen Plan* wissen. Der Dschou-König stützt sich auf das »Mandat«, das seine Ahnen vom Himmel empfangen haben und das er in einer an ein Lehenssystem »von Gottes Gnaden« erinnernden Form zu seiner Aufrechterhaltung an die Stützen seiner Macht »hinabdelegiert«. Dabei greifen politische und sazertotale Aspekte der Macht ineinander, um den königlichen Dekreten – und auch den Schenkungen des »Himmelssohns« den Nimbus einer sakralen Handlung zu geben.
In der Periode der Vernichtung des Schang-Staats und der Konsolidierung der Feudalmacht der Dschou-Könige wurde sehr darauf geachtet, die straffe militärisch disziplinierte Stammesorganisation des Dschou-Volks aufrechtzuerhalten. Neben der Niederhaltung der Unterworfenen und der Festigung der Beziehungen zu den Verbündeten fiel dem Königshaus als Hauptaufgabe die Organisation der

Feldarbeit in der königlichen Domäne und im weiteren Sinne im ganzen Reich zu. Im Kapitel *Wu I, Gegen Müßigkeit,* im *Buch der Urkunden* ermahnt der Herzog von Dschou, ein Bruder des Dschou-Königs Wu, der als Regent die Herrschaft für dessen minderjährigen Sohn, König Tscheng, führte, seinen königlichen Schützling: *Ach, der Herrscher darf sich nicht der Muße hingeben! Er muß zu allererst die Schwierigkeiten der Feldarbeit verstehen. Nur dann kann er Muße finden. Denn nur dann versteht er, was den kleinen Leuten* (dem Volk) *als Unterhalt dient* ...[5] Derselbe Herzog von Dschou, der übrigens in mehreren Kapiteln als sprechende und agierende Persönlichkeit auftritt und dem, der Überlieferung gemäß, so gut wie alle politischen und sakralen Einrichtungen des Dschou-Staats zugeschrieben werden, hält dem jungen König als abschreckendes Beispiel die Verweichlichung, insonderheit die Trunksucht des letzten Königs der Schang vor Augen: *Seid nicht wie der Yin-*(=Schang-)*König Schou,* ermahnt er seinen Schützling, *der in Verblendung und Wirrnis lebte und sich der Macht des Weines hingab!* Ähnliche Vorwürfe finden wir in der bereits wiedergegebenen Inschrift auf dem Dreifuß *Da-Yü-Ding.* Auch auf dem berühmten *Mau-Gung-Ding,* der aus der Zeit des Königs Hsüan (827-782 v.Chr.) stammen soll, kehren solche Ermahnungen wieder. Sicherlich lag das Hauptgewicht bei der Betonung der üblen Folgen des Lasters der Trunksucht auf der politisch-militärischen Notwendigkeit, die Schlagkraft des siegreichen Dschou-Volks zu bewahren. Aber auch priesterlich-ethische Momente spielten dabei eine Rolle: Die Trankopfer waren dem Himmel und den Ahnen, auf deren unsichtbarer Unterstützung der regelmäßige Ablauf der Jahreszeiten und damit die Ernte und das Gedeihen des Volkes beruhte, nur gefällig, wenn sie mit gebührender Ehrfurcht dargebracht wurden und nicht in Trunksucht ausarteten.

Aus der Regierungszeit des eben erwähnten Königs Hsüan stammt noch eine andere interessante Inschrift auf einem über vierhundert Pfund schweren wannenartigen Sakralgefäß, das man *Pan* nennt – Guo-Dschi-Pan. Der Text ist im Original fast durchwegs gereimt, was ihm eine gewisse Ähnlichkeit mit den Sakralhymnen im *Buch der Lieder* verleiht:

Im zwölften Jahr (816 v.Chr.),
zu Beginn des ersten Monats,
am Glückstag Ding-Hai
ließ Dse-Bai aus dem Geschlecht Dschi von Guo
dieses prächtige Gefäß machen.
Erhabener Dse-Bai,
stark und kühn im Kampf gegen die Barbaren,
dessen Wirken sich über das ganze Reich erstreckt.
Die Hsjän-Yün schlug er aufs Haupt
am Nordufer des Lo-Flusses,
schlug fünfhundert von ihnen die Köpfe ab,
machte fünfzig zu Gefangenen.
So ging er hervor als Erster.
Erlauchter, erlauchter Dse-Bai!
Dem König brachte er dar die abgeschnittenen Ohren der Erschlagenen.
Der König lobte ihn sehr für seine Treue.
Der König begab sich in den Ahnen-Tempel der Dschou.
Ein Opferfest feierte er.
So sprach der König: Onkel,
gewaltig glänzen deine Taten.
Ein Gespann gab ihm der König,
es zu gebrauchen im Dienste des Königs.
Einen Bogen gab er ihm und rote Pfeile, damit er damit das Ziel treffe.
Eine Streitaxt gab er ihm, zu kämpfen gegen die Barbaren.
Söhne und Enkel,
wahrt (dies Gefäß) zehntausend Jahre, unbegrenzt!

In dieser Mischung von Loblied und Schenkungsurkunde fällt auf, daß König Hsüan bereits weniger großzügig war als sein Vorfahr Tscheng zweihundert Jahre zuvor: die große Zahl von Handwerkern und Hörigen fehlt in diesem Text. Die Geschenke des Königs haben eher einen symbolischen als einen materiellen Wert. Die partikularistischen Bestrebungen im Feudalstaat der Dschou begannen dem Königshaus bereits ernste Schwierigkeiten zu bereiten, und die

Einfälle von Fremdvölkern taten ein übriges, ihre Macht zu schmälern.

Wir sagten bereits, daß sowohl im *Buch der Urkunden* wie auch in den Bronze-Inschriften eine ausgesprochene Vorliebe für die direkte Rede zu erkennen ist. Nur in vier Kapiteln von den achtundfünfzig erhaltengebliebenen des *Buchs der Urkunden* finden wir Ansätze zu einer deskriptiven Darstellung. Lediglich ein einziges Kapitel ist in seiner Ausgewogenheit zwischen Erzählung und direkter Rede und vor allem in dem darin zutage tretenden spürbar echten Gefühl des Verfassers von einigem literarischen Wert, das Kapitel *Dschin-Teng, Die Metallbeschlagene Kassette*. Wir geben hier den Text gekürzt wieder:

Im zweiten Jahr nach dem Sieg über die Schang wurde der König (Wu) krank. Er war unglücklich darüber. Die beiden Herzöge (Tai-Gung und Schau-Gung) sagten: Wir werden für den König feierlich das Orakel befragen. Aber der Herzog von Dschou sagte: Wir dürfen nicht die königlichen Ahnen damit in Sorge versetzen.
Der Herzog von Dschou nahm die Sache auf sich. Er errichtete drei Altäre ... Dann richtete er die folgenden Worte an den Großen König (Gu-Gung Dau-Fu), an König Dschi (Dschi-Li) und König Wen, welche der Hofschreiber auf Täfelchen aufzeichnete: Euer Nachkomme (König Wu) ist von einer bösen Krankheit befallen worden. Ihr drei Könige im Himmel habt die Pflicht, Eurem erhabenen Nachkommen zu helfen. So nehmt mich an seiner Stelle. Ich bin gütig und willfährig, besitze viele Talente und Fähigkeiten, verstehe es, den Geistern in den oberen und unteren Regionen zu dienen. Euer (königlicher) Nachkomme aber besitzt nicht so viele Talente wie ich und dient auch nicht den Geistern so gut. Er hat das Mandat des Himmels erhalten, hilft allen im Lande, sichert das Gedeihen Eurer Söhne und Enkel auf Erden. Niemand gibt es in allen Vier Himmelsrichtungen, der ihm nicht Ehrfurcht entgegenbrächte. Ach, laßt nicht zu, daß sein vom Himmel verliehenes Mandat zunichte wird. Dann werden auch Euch die Opfergaben für ewig gesichert bleiben ...
Darauf vollzog er das Orakel mit drei Schildkröten. In allen drei Fällen war das Orakel glückverheißend ... Nachdem der Herzog von

Dschou (von den Opferhandlungen) zurückgekehrt war, schloß er die Bambustäfelchen in eine metallbeschlagene Kassette ein... Der König genas von seiner Krankheit. Als er dann später starb, folgte ihm sein Sohn Tscheng auf dem Thron. Der Herzog von Dschou führte die Regentschaft für ihn. Die jüngeren Brüder des verstorbenen Königs intrigierten gegen den Regenten und verleumdeten ihn. *Als im Herbst schon eine reiche Ernte auf den Feldern stand, brach, ehe man sie eingeholt hatte, ein heftiges Gewitter los, und ein gewaltiger Sturm erhob sich. Die Halme lagen da wie niedergemäht. Selbst große Bäume entwurzelte der Sturm. Ein großer Schrecken befiehl das Volk. Der König Tscheng und seine Minister setzten ihre Zeremonienkappen auf, um die Schriften der metallbeschlagenen Kassette zu entnehmen. So fanden sie die Niederschrift der Worte des Herzogs von Dschou, als er die Krankheit des Königs auf sich nehmen und sein Leben für das des Königs Wu opfern wollte. Die zwei Herzöge und der König befragten den Hofschreiber und die Wahrsager. Diese erwiderten: So war es! Ach, aber der Herzog von Dschou befahl uns, nicht darüber zu sprechen.*
Der König hielt die Aufzeichnungen umklammert und sagte mit Tränen in den Augen; wir brauchen nicht mehr das Orakel zu befragen. Der Herzog von Dschou hat sich früher eifrig bemüht um das Königshaus. Doch ich, ein Unmündiger, wußte nichts davon. So hat nun der Himmel seine Schrecknisse über uns herabgesandt, um die Tugenden des Herzogs zu offenbaren. Ich, ein Kind, will ihm selbst entgegengehen, um ihn willkommen zu heißen.
Als der König vor die Stadt kam, sandte der Himmel Regen herab und drehte die Richtung des Windes, so daß sich die Halme allesamt von selbst wieder aufrichteten. Die beiden Herzöge ordneten an, daß das Volk im Land die umgestürzten Bäume aufheben und wieder geradrichten sollte. In diesem Jahr war die Ernte besonders gut.[6]

Noch heute, nach nahezu dreitausend Jahren, verfehlt diese schlichte Aufzeichnung nicht ihre Wirkung auf den Leser. Durch die Kompaktheit des Ausdrucks und die Dramatik der Handlung – besser: der Handlungsweise des Herzogs von Dschou und des jungen Königs wird uns eine so fernliegende Vorstellungswelt unwillkürlich nahegebracht. Aufrichtige Besorgtheit und das bedingungslose Pflichtgefühl der Stammestreue vermischen sich gleichsam organisch und natürlich mit Magie, mit List, Lockung und halbversteckten Drohungen gegenüber den Geistern der Ahnen, mit kosmischen Ereignissen, mit Opferbereitschaft, mit Bescheidenheit, Dankbarkeit und einem spürbar echten Verantwortungsgefühl für das Schicksal des Stammes, des Volks, des ganzen Reichs. Nur die Hand eines Meisters unter den Chronisten konnte so eindrucksvolle Kurzprosa zu einem so frühen Zeitpunkt schaffen. Selbst wenn der Text später redigiert worden wäre, der Aufbau und der literarische Reiz dieser Geschichte waren zweifellos das Verdienst jenes unbekannten Meisters.

In Dso's Kommentar zu den Frühling- und Herbst-Annalen findet sich in dem Abschnitt *Sechstes Jahr des Herzogs Dschau (von Lu: 537 v.Chr.)* folgende Eintragung:

Im zweiten Monat wurde von den Leuten in Dscheng der Gesetzeskodex durch Guß (eines Dreifußes) *schriftlich niedergelegt.*

Weder der Dreifuß noch der Gesetzestext sind uns erhalten geblieben. Aber eine wichtige Aussage enthält diese kurze Aufzeichnung dennoch für uns: Sakrale Bronzegegenstände erhielten immer mehr die Bedeutung von Insignien der Staatsmacht ohne jedoch ihren sakralen, ihren numinosen Charakter zu verlieren. Denn gerade die Betonung des sakralen, numinosen Charakters, der ihnen traditionell zugesprochen wurde, bekräftigte den Anspruch ihres Besitzers. Auch im alten Rom wurden Gesetzestexte in Tempeln aufbewahrt – im *aerarium* des Saturntempels.

Über die Verfasser der Texte im *Buch der Urkunden* können wir nur Vermutungen anstellen. Doch wer konnten sie gewesen sein, wenn nicht dem Königshof oder den Höfen der großen Lehensfürsten zugehörende Chronisten, Kanzlisten oder mit sakralen Angelegenheiten beauftragte Mitglieder der Hofbeamtenschaft? Wollten wir ihre Stellung und Funktion mit der ähnlicher Personen in unserem Kulturkreis vergleichen, so stünden sie wahrscheinlich den Logographen der alten Griechen am nächsten, die Genealogien, Chroniken und sogenannte *Periegeseis* oder *Periodoi* – Beschreibungen von

Regionen, Städten und Institutionen – verfaßten und meist in einer Vorstellungswelt verhaftet blieben, in der Realität, Mythos und Kult ineinanderflossen. Hinsichtlich des sehr gedrängten, altertümlichen Stils des *Buchs der Urkunden*, kann man nur der Meinung des berühmten Gelehrten und Dichters der Tang-Dynastie Han Yü (768-824) beipflichten: *Dschi-Tschü Au-Ya* – was man etwa »hart bis zum Zähneausbrechen« übersetzen könnte. Trotzdem fehlte es auch in späteren Zeiten nicht an Literaten, die den Stil des *Buchs der Urkunden* nachzuahmen suchten. Die Hinneigung zu einem idealisierten Altertum blieb nun einmal ein mächtiger Faktor im chinesischen Geistesleben; und was man nicht in der Tat erreichen konnte, versuchte man sich wenigstens im »Stil« eines literarischen Luftschlosses vorzugaukeln.

9

Chronik und Historiographie
Die »Frühling- und Herbst-Annalen«
und »Dso's-Kommentar«

Aus dem Flammentod der großen Bücherverbrennung waren von jenen Büchern, die den Konfuzianern besonders am Herzen lagen, zunächst das »*Buch der Lieder*« und das »*Buch der Urkunden*« wieder auferstanden. Aber unter den mehr als siebzig Bo-Schih, Hofgelehrten, des Han-Kaisers Wen (179-157 v.Chr.) gab es nicht nur Konfuzianer; auch die Lehren des Dauismus, der kosmologischen (Yin-Yang-) Schule und anderer Schulen hatten ihre Vertreter. Den Weg zum Sieg des Konfuzianismus neuer Prägung bahnte der berühmte Exeget der »*Frühling- und Herbst-Annalen*«, Dung Dschung-schu (197-104 v.Chr.), indem er den Namen des Konfuzius als des angeblichen Verfassers oder Redakteurs dieses Werkes mißbrauchte, um sein eigenes dem sich herausbildenden zentralistischen Beamtenstaat der Han entsprechendes kosmisch-soziales System zu legitimieren. Der an sich äußerst dürftige und vom literarischen Standpunkt unbedeutende Text der »*Frühling- und Herbst-Annalen*« erhielt seine für die Geistesgeschichte Chinas ungeheure Bedeutung dadurch, daß man Konfuzius zu einem »ungekrönten König« – also gleichsam zu einer eigenen »Dynastie« – und dieses Werk zu seinem politischen Vermächtnis, zu einer Richtschnur für den »königlichen Weg« machte. Daß hier der »Zeitgeist« durch die Geschichte geisterte und allerlei Spukgebilde schuf, die sich allerdings »materialisieren« sollten –, vermochten oder wagten auch die gelehrtesten Köpfe Chinas, eingezwängt in den engen Halskragen einer relativ starren Staatsdoktrin und Sittenlehre, in den darauffolgenden zwei Jahrtausenden kaum zu durchschauen.

Die *Frühling- und Herbst-Annalen* sind Teil einer Chronik des Staates Lu (in der heutigen Provinz Schan-Dung), die aus stichwortartigen Aufzeichnungen des Regierungsantritts und Todes der herrschenden Fürsten, politischer Ereignisse, von Naturkatastrophen und ungewöhnlichen Erscheinungen sowie sazertotalen Handlungen bestehen. Wie die römischen »Fasti« oder »Tabulae pontificum«, die jährlich vom Pontifex maximus aufgestellt wurden, sind auch die *Frühling- und Herbst-Annalen* nach dem Namen und der Amtszeit des regierenden Oberhauptes geordnet – in Rom die Consules oder der Pontifex maximus, im Staat Lu der Herzog, der sowohl die weltliche wie auch sakrale Macht in seinem Herrschaftsgebiet in seiner Person vereinigte. Auch inhaltlich decken sie sich im wesentlichen mit den »Fasti«, »Tabulae pontificum« oder den späteren »Annales maximi« der Römer, die gleichfalls ein Mittelding zwischen Kalender und Chronik wichtig erscheinender politischer und religiöser Ereignisse, Naturkatastrophen usw. waren.

Der Name *Frühling- und Herbst-Annalen* wird von dem Kommentator Kung Ying-da (574-648) folgendermaßen erklärt: *»Das Jahr hat vier Jahreszeiten ...* (von diesen) *wurden* (als die für den Ackerbau wichtigsten – Saat und Ernte) *Frühling und Herbst als Bezeichnung genommen ... Diese beiden* (Frühling und Herbst) *schließen also alle vier Jahreszeiten in sich ein ... Innerhalb der vier Jahreszeiten entstehen, wachsen und gedeihen alle Dinge.* (Auch) *die Frühling- und Herbst-Annalen umfassen alle Dinge, verzeichnen alle Geschehnisse. Somit gleichen sie in ihrer Bedeutung den vier Jahreszeiten«* (Tschun-Tschiu Dscheng-I). In anderen Worten: das Binom »Frühling- und Herbst« (Tschun-Tschiu) bedeutet als pars pro toto soviel wie »Jahr« (lateinisch: annus – wovon sich das Wort »annales« – Jahrbücher – ableitet). Die Übersetzung *Frühling- und Herbst-Annalen* ist also eigentlich eine Tautologie, die sich nur damit entschuldigen läßt, daß die Chinesen bereits sehr früh den in diesem Teil der Annalen des Staates Lu erfaßten Zeitraum als eine bestimmte historische Periode auffaßten – eine Periode des Niedergangs mit einem gelegentlichen Wiederaufleuchten ethischer Größe, die sich zwischen die Blütezeit der Dschou-Dynastie und die Zeit der Kämpfenden Staaten einschob – den Zeitraum von 722-481 v.Chr., in Unterabschnitte geteilt durch die Regierungszeiten von zwölf Herzögen des Staates Lu – von Herzog Yin bis zu Herzog Ai. Nach der traditionellen Auffassung endet das Buch mit dem 14ten Regierungsjahr des Herzogs Ai, und zwar mit der Eintragung:

Im Frühjahr (dieses Jahres: 481 v.Chr.) *wurde bei einer Jagd im Westen ein Einhorn gefangen.*

Der symbolische oder esoterische Sinn dieses Satzes wurde in *Gung Yang's Kommentar* der Vor-Han-Zeit, ein Werk, über das wir noch sprechen werden, in einer Weise gedeutet, die eine mythisch verkleidete politische Tendenz sogleich erkennen läßt:

Warum wurde dies niedergeschrieben? Weil damit ein ungewöhnliches Ereignis festgehalten wurde. Wieso war es ungewöhnlich? Weil es (das Einhorn) *kein Tier des Reichs der Mitte ist ... Das Einhorn ist ein Tier, das Güte symbolisiert. Nur wenn es einen wahren König gibt, erscheint es. Wenn es keinen wahren König gibt, erscheint es nicht ... Als man Konfuzius mitteilte, ein Reh mit einem Horn habe sich gezeigt, rief er: Wessentwegen ist es gekommen! Wessentwegen ist es gekommen! Dann wischte er sich mit dem Ärmel über das Gesicht, und die Tränen strömten auf sein Gewand herab ... Warum schrieb der Meister die ›Frühling- und Herbst-Annalen‹? Um den Wirrnissen der Welt zu begegnen und sie auf den Rechten Weg zurückzuführen ...* (Die weisen Herrscher der Vorzeit) *Yau und Schun wußten* (im voraus), *daß der Meister kommen würde. So legte er die Prinzipien der Rechtschaffenheit in den ›Frühling- und Herbst-Annalen‹ nieder in der Erwartung eines zukünftigen weisen Herrschers.*

Damit war Konfuzius zu einer Art »Dynastie« oder zumindest zum Vorläufer einer Dynastie und zu einem Vorbild für wahre Königswürde geworden, worin eine Aufforderung verbunden mit einem moralisch-magischen Zwang lag. Kein Wunder daher, daß in der

Han-Zeit *Gung Yang's Kommentar* sowohl am Hof wie auch in der Gelehrtenwelt – so auch bei Dung Dschung-schu neben dem in seiner Grundtendenz ähnlichen, aber mehr auf philologische Texterklärung bedachten *Gu Ljang's Kommentar* anfänglich als die Hauptquelle für das Verständnis der in ihrer sprachlichen Abruptheit und Kargheit recht dunklen *Frühling- und Herbst-Annalen* galt. Dagegen konnte *Dso's Kommentar*, der nicht nur literarisch, sondern auch historisch unvergleichlich mehr bietet als diese beiden an einen Katechismus gemahnenden Kommentare erst nach schweren Kämpfen innerhalb der Gelehrtenwelt und auch in der großen Politik den ihm gebührenden Platz erlangen.

Aber die *Frühling- und Herbst-Annalen* gehen noch zwei Jahre weiter (bis zum 16ten Regierungsjahr des Herzogs Ai (479 v.Chr.) und enden mit der Eintragung: »*Im Sommer, im vierten Monat, am Tag Dschi-Tschou verschied Kung Tschju* (Konfuzius)«. Und *Dso's Kommentar* endet sogar noch später, mit dem 4ten Regierungsjahr des nächsten Herzogs Dau (468 v.Chr.). Überdies werden darin auch noch Geschehnisse erwähnt, die sich siebenundzwanzig Jahre später als das traditionelle Endjahr der *Frühling- und Herbst-Annalen* abspielten. Nach der verblüffenden »Exaktheit«, mit welcher sich einige Prophezeiungen in *Dso's Kommentar* viel später verwirklichten, müßte der Autor zumindest ein Jahrhundert nach Konfuzius' Tod noch gelebt haben. So wird z.B. die Usurpation der Fürstenwürde im Staat Tschi (die sich erst 386 v.Chr. ereignete) durch die Familie Tjän Wan's »in der achten Generation« mit erstaunlicher »Exaktheit« vorausgesagt. Daraus ergeben sich zunächst zwei Fragen: Sind die *Frühling- und Herbst-Annalen* die Chronik des Staats Lu schlechthin oder nur ein Teil daraus? Ferner: Ist *Dso's Kommentar* wirklich als Kommentar zu den *Frühling- und Herbst-Annalen* anzusehen, oder handelt es sich dabei um ein selbständiges Werk, das zu irgendeinem Zeitpunkt und aus irgendwelchen Gründen als Erklärung für die dunklen Aufzeichnungen der *Frühling- und Herbst-Annalen* verwendet, ihnen angepaßt, besser gesagt: nach ihnen zurechtgeschnitten wurde?

Eine Antwort auf diese Fragen gibt uns vielleicht Si-ma Tschjän im *Vorwort zur Tabelle der Zwölf Fürstentümer*. Dort schreibt er:

Jedesmal, wenn ich bei der Lektüre der ›Frühling- und Herbst-Annalen‹, kalendarischer Aufzeichnungen und Genealogien zu Stellen kam, wo vom Dschou-König Li die Rede ist, warf ich das Buch fort und seufzte ...[1]

König Li regierte von 878(?) bis 841 v.Chr. Berechtigt uns das anzunehmen, daß die *Frühling- und Herbst-Annalen* nicht mit dem traditionellen Anfangsdatum 722 v.Chr. begannen, sondern weiter zurückreichten und auch weiter, vielleicht bis zur Vernichtung des Staates Lu durch Tschu (250 v.Chr.) fortgeführt wurden? Der Grund warum Si-ma Tschjän bei der Erwähnung des Dschou-Königs Li »seufzte«, war seine Trauer über den Verfall des »Königlichen Wegs« unter dessen Herrschaft. Nach einer Schilderung der wachsenden Macht der Fürstentümer, der Usurpation königlicher oder fürstlicher Macht durch Fürsten und ihre Minister und der Machtkämpfe zwischen den großen Staaten, fährt Si-ma Tschjän fort: »*Deshalb suchte Konfuzius den ›Königlichen Weg‹ zu erhellen. Vergeblich wandte er sich an mehr als siebzig Fürsten. Keiner von ihnen nahm seine Dienste an. So begab er sich westwärts an den Hof der Dschou-Könige, untersuchte die historischen Aufzeichnungen und alten Überlieferungen und brachte sie nach seiner Rückkehr wieder zur Geltung in Lu, indem er die ›Frühling- und Herbst-Annalen‹ ordnete, die mit Aufzeichnungen über Herzog Yin beginnen und bis zum Einfangen des Einhorns hinabreichen. Er kürzte den Text, merzte Wiederholungen aus und legte die Normen der Rechtschaffenheit fest. So bestimmte er den Königlichen Weg und die Harmonie der Beziehungen in den Angelegenheiten der Menschen. Seine siebzig Schüler übernahmen von ihm die Überlieferung mündlich. Denn in seinen Ausdrücken lag Kritik und Lob, wurde manches verschwiegen und mancher verletzt, so daß sie nicht schriftlich niedergelegt werden konnten. Ein edler Mensch aus Lu namens Dso Tschju-ming befürchtete, daß die einzelnen Schüler nach ihrer eigenen Meinung die Lehren des Meisters verschiedentlich auslegen könnten, so schrieb er gemäß den Ausführungen des Meisters Kung über Geschichte dessen Worte nieder und schuf die ›Frühling- und Herbst-Annalen Do's‹.*« Dann folgt eine Aufzählung einer Reihe von Autoren oder Herausgebern, die sich mit den *Frühling- und Herbst-Annalen* beschäftigten, darunter Lü Bu-we, Hsün Dse, Meng Dse und schließlich auch Dung Dschung-schu.[2] Ähnlich, wenn auch in manchen Punkten vager, schildert Ban Gu (32-92 n.Chr.) in seiner *Geschichte der Früheren Han- Dynastie«*[3] die Entstehungsgeschichte der *Frühling- und Herbst-Annalen*, nur daß Dso Tschiu-ming hier zum unmittelbaren Mitarbeiter des Konfuzius erhoben wird. Interessanterweise erwähnt Konfuzius in seinen *Gesprächen* (Lun-Yü) die *Frühling- und Herbst- Annalen* mit keinem Wort. Die erste Erwähnung der *Frühling- und Herbst-Annalen* im Zusammenhang mit Konfuzius findet sich im Buch *Meng Dse*[4]. Dort heißt es:

[Wieder] *verfiel die Welt und der Königliche Weg verblich; man predigte falsche Lehren und vollführte böse Taten. Minister mordeten ihre Herren, Söhne ihre Väter. In seiner Besorgnis darüber verfaßte Konfuzius die ›Frühling- und Herbst-Annalen‹. Die ›Frühling- und Herbst-Annalen« sind eine Sache des Sohns des Himmels* (des Königs). *Darum sagt Konfuzius: ›Werden es nicht die ›Frühling- und Herbst-Annalen‹ sein, durch die man mich kennenlernen wird? Werden es nicht die ›Frühling- und Herbst-Annalen‹ sein, derentwegen man mich verurteilen wird?*

Si-ma Tschjän stützt sich offensichtlich auf diesen Ausspruch in seiner *Biographie des Konfuzius*:

Der Meister sagte: ›Ach, ach! Ein edler Mensch beklagt es, daß, wenn er dahinscheidet, sein Name nicht genannt wird. Mein Weg (Dau) *hat sich nicht durchgesetzt. Wie sollen spätere Generationen von mir wissen?‹ So verfaßte er aufgrund historischer Aufzeichnungen die ›Frühling- und Herbst-Annalen‹.*[5]

Offenbar war Konfuzius schon zu Meng Dse's Zeiten (372-289 v.Chr.) von seinen Anhängern zur Position eines »ungekrönten Königs« erhoben worden, der in Ermangelung eines wahren Vertreters des »Königlichen Weges« sich das Recht anmaßen konnte, *Frühling- und Herbst-Annalen* zu verfassen oder redigieren. Sicher hatte er – und das entspricht den uns bekannten Eigenheiten des Konfuzius (und der alten chinesischen Denker überhaupt) – historische Beispiele, vielleicht auch besonders aus dem Staat Lu, wo er seine Schule gründete, aus den ihm zugänglichen Chroniken zur Erläuterung seiner Lehren verwendet. Aus dieser tatsächlichen Anwendung des historischen Beispiels – des positiven wie auch negativen – mag die Legende seiner Autorschaft oder seiner Redaktion der *Frühling- und Herbst-Annalen* entstanden sein. Die Bezeichnung »Frühling und Herbst« für eine bestimmte historische Epoche war gleichfalls durch Meng Dse aufgekommen, und zwar mit der Feststellung (die er offenbar mit anderen Zeitgenossen teilte), daß nach dem Verlust der Macht der Dschou-Könige die *Lieder* verklangen und die Zeit der *Frühling- und Herbst-Annalen* begann. In Verbindung mit der Person des von ihm und sicher vielen anderen verehrten Konfuzius würde dies ungefähr mit der Periode von dem historischen Einschnitt des Verlusts der königlichen Domäne in Schen-Hsi und der Verlegung der königlichen Residenz ostwärts nach Loyang bis zum Tod oder eigentlich bis zur symbolischen Erhöhung des Konfuzius zum »ungekrönten König« durch das Erscheinen des Einhorns zusammenfallen. Der endgültige Verlust der Macht der Dschou-Könige und die Verlegung der Hauptstadt (weshalb die Dynastie fortan auch Östliche Dschou genannt wurde) geschah unter König Ping (770-720 v.Chr.). Neben jenem Teil der *Frühling- und Herbst-Annalen* des Staates Lu, der kaum von Konfuzius selbst, sondern eher von seinen Anhängern als »vom Meister redigiert« im Sinne seiner Lehre von der *»Richtigstellung der Namen«* (womit die mit den Namen oder Rängen identifizierte Realität der hierarchischen Stufung auf der Basis eines festgesetzten und zugleich verinnerlichten Rituals verbunden war) in einer besonderen Ausgabe zusammengefaßt wurde, gab es offensichtlich auch noch andere *Frühling- und Herbst-Annalen*. Diese Ansicht äußerte auch schon der berühmte Kommentator der Tang-Zeit Kung Ying-da:

Nach den Gepflogenheiten der Dschou-Zeit hatte jedes Fürstentum historische Aufzeichnungen, die wohl alle ›Frühling- und Herbst-Annalen‹ genannt wurden (Tschun-Tschju Dscheng-I).

Dagegen spricht allerdings ein Nachsatz zu eben jenem Zitat aus dem Buch *Meng Dse* vom Verklingen der *»Lieder«* und dem Beginn der *Frühling- und Herbst-Annalen*, das wir eben erwähnten; *»Die Scheng* (genannten Annalen) *des* (Staates) *Dschin, die Tau-Wu* (genannten Annalen) *des* (Staates) *Tschu und die ›Frühling- und Herbst-Annalen‹ von Lu sind ihrem Wesen nach eins.«* Aber selbst Meng Dse bestätigt zumindest, daß die Annalen des Königshauses der Dschou *Frühling- und Herbst-Annalen* hießen. Die Verbindung von Dso Tschju-ming als Autor von *Dso's Kommentar* mit der Person des Konfuzius rührt wahrscheinlich von einem Ausspruch des Konfuzius in den *Gesprächen* her:

Gewandtheit im Reden, ein feines Äußeres und Unterwürfigkeit – Dso Tschju-ming findet dies als beschämend, ebenso auch ich. Groll hinter dem Rücken und Freundlichkeit ins Gesicht – Dso Tschju-ming findet dies als beschämend, ebenso auch ich.[6]

Wer dieser Dso Tschju-ming war, wissen wir nicht. Aber, falls die oben zitierte Passage aus Si-ma Tschjän's *Vorwort zur Tabelle der zwölf Fürstentümer* nicht interpoliert ist, so scheint bereits sehr früh – jedenfalls vor der Zeit Si-ma Tschjän's – die Autorschaft jenes bedeutenden historischen Werks, das uns als *Dso's Kommentar* überliefert wurde, eben auf Grund dieses Ausspruchs Dso Tschju-ming zugeschrieben worden zu sein – einem Menschen, dessen Prinzipien Konfuzius teilte – einem »edlen Menschen aus Lu«, wie Si-ma Tschjän sagt. Das erklärt auch, warum Ban Gu in seiner *Geschichte der Früheren Han-Dynastie* noch einen Schritt weiter gehen und Dso Tschju-ming als einen nahezu gleichberechtigten Kommentator neben Konfuzius stellen konnte. Dort lesen wir, daß Konfuzius aus Besorgnis über die Verwirrung und Verstümmelung historischer Texte nach dem Verfall des königlichen Hauses der Dschou *»gedachte, das Erbe der weisen Herrscher der Vergangenheit zu erhalten ... Weil Lu als ein vom Herzog Dschou errichteter Staat die rituellen Vorschriften und Gegenstände bewahrt hatte und sich die Historiographen* (in Lu) *nach den Normen richteten, untersuchte Konfuzius gemeinsam mit Dso Tschju-ming die historischen Auf-*

zeichnungen (dieses Staates) ...[7]. Diese Erhebung Dso Tschju-ming's zu einem Mitarbeiter des Konfuzius – nicht nur zu einem Interpreten wie bei Si-ma Tschjän – war das Resultat eines Streits in der Gelehrtenwelt und auch auf politischer Ebene, der sich zu Ban Gu's Zeiten bereits zugunsten von *Dso's Kommentar* im Vergleich zu der früher unbeschränkten Vorherrschaft von *Gung Yang's Kommentar* und *Gu Liang's Kommentar* zu wenden begann. Wie das geschah, werden wir noch sehen. Doch wollen wir hier vorwegnehmen, daß dieser angebliche Kommentar der *Frühling- und Herbst-Annalen* des Dso Tschju-ming nach neueren Erkenntnissen ursprünglich ein selbständiges Werk gewesen zu sein scheint.

Noch während der Regierungszeit des Han-Kaisers Wu (140-86 v.Chr.) hatten die Feldzüge gegen die Hunnen und Expansionskriege im Nordosten und Südwesten wie auch die extravagante Lebensweise des Hofs und der hohen Beamtenschaft am Mark des Reiches zu zehren begonnen. Die vornehmen und mächtigen Familien hatten es verstanden, sich Latifundien zu schaffen, was zur Enteignung und Verarmung breiter Schichten der Bauernschaft führte. In der wachsenden Unsicherheit des politischen und sozialen Gefüges gelang es Wang Mang, einem Enkel der Mutter des Kaisers Tscheng (32-8 v.Chr.), den minderjährigen Kaiser Ping (1-5 n.Chr.) zu beseitigen und schließlich selbst den Thron zu usurpieren. Der kurzlebigen Dynastie, die mit seiner Person zu Ende ging, gab er den verheißungsvollen Namen die »Neue« (Hsin 8-23 n.Chr.). Im Gegensatz zu Tschin Schi-Huang Di, der alles Traditionelle bewußt verneinte, bejahte Wang Mang emphatisch das Altertum. Das Kernstück der politischen Maßnahmen, mit welchen er die sozial-ökonomische Krise – vor allem die Konzentration des Landbesitzes – zu überwinden hoffte, war ein Versuch, den gesamten Bodenbesitz des Reiches – wie zu Anfang der Dschou-Dynastie – als »königliches Eigentum« zu erklären und nach dem »Brunnensystem« neu aufzuteilen, was nur mit Hilfe einer verklärenden Propaganda längst vergangener Zeiten möglich schien. Aber der Gedanke einer »Rückkehr« aus den Krisen der Gegenwart in das »goldene Zeitalter«, der für das zyklische Weltbild des alten China typisch ist, hatte schon vor Wang Mang mit dem Verfall der Früheren Han-Dynastie sowohl die Gelehrtenwelt, wie auch die hungernden und schließlich rebellierenden Bauernmassen zu beschäftigen begonnen.

In dieser Situation war das Auffinden alter Schriften und die Wiederentdeckung alter Institutionen zu einer Art Mode geworden. Doch die Inhaber der »Lehrstühle« für die kanonischen Schriften hatten bisher nur Texte in der »neuen Schrift« (nach mündlicher Überlieferung in der seit der Tschin-Dynastie üblichen Schreibweise niedergeschrieben) als Lehrbücher verwendet. So entbrannte zwischen diesen in Amt und Würden installierten Gelehrten und den Anhängern der wiederaufgefundenen (oder auch gefälschten) Texte in der »alten Schrift« ein heftiger Streit, bei dem es nicht zuletzt um ein sehr persönliches Problem ging – die beträchtlichen Einnahmen, die einem offiziell eingesetzten »Lehrstuhl«-Inhaber zustanden. In ihrer Gesamtheit betrachtet, suchte jedoch die »Schule der alten Texte« mehr als nur eine Anerkennung jener wirklich oder angeblich in der »alten Schrift« verfaßten Texte. In ihr verkörperte sich die Opposition zu der immer irrationaler werdenden Auslegung der konfuzianischen Schriften durch die offiziellen Gelehrten, die Bo-Schih, die sich die Ängste der Herrscher und die allgemeine Unsicherheit gegen Ende der Früheren Han-Dynastie zunutze machten, um aus den Texten, die sie lehrten, Vorzeichen und Weissagungen und dergleichen Tröstliches oder Drohendes herauszulesen – in sie hineinzudeuten. So traten die Verfechter der »alten Texte« im großen und ganzen für die Wiederherstellung der konfuzianischen Schule alter Prägung, der Lehren des Konfuzius ohne allzu viele magisch-mystische Zutaten ein. Ihre Haltung gegenüber den Gegenwartsproblemen war weniger von Wunschträumen getragen, also kritischer, ohne daß sie sich jedoch von den Überwucherungen nicht-konfuzianischer, erst zur Han-Zeit oder zumindest nach dem Tod des Konfuzius entstandener Lehren ganz freimachen konnten. Aber auch unter den offiziellen Gelehrten der »Schule der neuen Texte« herrschte Unfriede. In ihrem Bemühen, dem jeweils von ihnen gelehrten Buch die größte Bedeutung zuzuschreiben und sich damit eine bevorzugte Stellung zu schaffen sowie in ihrer Beflissenheit, ihr »Wissen« den Umständen anzupassen, hatten sie eine Reihe sich widersprechender Auslegungen geschaffen. Eine solche Zerrissenheit der Ansichten in der Gelehrtenwelt des Reiches barg offensichtlich Gefahren in sich. Darum hatte schon Kaiser Hsüan im Jahre 51 v.Chr. einen Kongreß der Bo-Schih der fünf kanonischen Schriften in der Schih-Tschü-Halle einberufen, um die Texte zu vergleichen und eine Vereinheitlichung auf ideologischem Gebiet zu erwirken. Das Resultat war ein um so heftigeres Gezänk der konkurrierenden Gelehrten. Die »Schule der alten Texte«, die bei jenem Kongreß ausgeschlossen war, fand wenige Jahrzehnte später einen kühnen Vorkämpfer in Lju Hsin (53 v.Chr. – 23 n.Chr.), dem Sohn und Nachfolger im Amt des gelehrten Hofbibliothekars Lju Hsjang. Vater und Sohn arbeiteten mit einigen Spezialisten zusammen an der Katalogisierung des unter Kaiser Tscheng beträchtlich angewachsenen Bücherbestandes der Hofbibliothek. Das Ergebnis ihrer textvergleichenden Studien und ihrer redaktionellen Tätigkeit war der erste Katalog Chinas, zusammengestellt nach dem Tod seines Vaters von Lju Hsin, der das gesamte Schrifttum in sieben Hauptkategorien teilte: Kanonische Bücher, Sammelwerke, philosophische, poetische, militärische, mantische und medizinische Schriften. Der im dreißigsten Kapitel der *Geschichte der Früheren Han-Dynastie* erhalten gebliebene Katalog stützt sich im wesentlichen auf die Arbeit Lju Hsjangs und seines Sohnes Lju Hsin, in dessen Biographie in der *Geschichte der Früheren Han-Dynastie*[8] wir eine interessante Aufzeichnung finden:

Als Lju Hsin in der Hofbibliothek Texte verglich, entdeckte er ein Exemplar der ›Frühling- und Herbst-Annalen Dso's‹ in der alten Schrift. Er fand großen Gefallen daran ... Ursprünglich war ›Dso's Kommentar‹ voll von alten Schriftzeichen und Ausdrücken ... Lju Hsin entnahm Dso's Kommentar Textzitate, um die kanonische Schrift (die »Frühling- und Herbst-Annalen« des Konfuzius) *zu interpretieren, so daß* (die beiden Texte) *sich gegenseitig als Erklärung dienten. Seitdem gibt es eine abschnittweise Einteilung und Bedeutungserklärung ...*

Lju Hsin vermochte zwar nur zeitweilig (während der Herrschaft Wang Mang's) die Anerkennung von *Dso's Kommentar* und drei anderen Büchern in der »alten Schrift« zu erzwingen, aber mit ihm begann dieses Werk an Ansehen zu gewinnen, um schließlich etwa ein halbes Jahrhundert nach seinem Tod als siegreicher Konkurrent neben, wenn nicht über den beiden anderen Kommentaren auf dem offiziellen Lehrplan zu erscheinen. Daß Lju Hsin das von ihm »entdeckte« Werk gleichsam zerschnitten hatte, um es als Auffüllung für die großen Leerräume zwischen den dürftigen Aufzeichnungen der *Frühling- und Herbst-Annalen* zu verwenden, ist aus den eben zitierten Sätzen in seiner Biographie deutlich zu ersehen. So kann das Exemplar von *Dso's Kommentar*, das Si-ma Tschjän zur Verfügung stand und von ihm für seine *Historischen Aufzeichnungen* benutzt wurde, mit dem uns durch Lju Hsin überlieferten Text auf keinen Fall identisch gewesen sein. Ferner ist anzunehmen, daß Lju Hsin, der unter der Herrschaft des Usurpators Wang Mang eine wichtige Rolle spielte, bei der »Angleichung« des *Kommentars* an die *Frühling- und Herbst-Annalen* einerseits aus redaktionellen, andererseits aber auch ideologischen Gründen im Sinne seines Herrn einige »Korrekturen« vornahm. So erklären sich gewisse Inkongruenzen in astronomischen Angaben und die Einflechtung von Gedankengut der Han-Zeit, das sich für die Rechtfertigung der Usurpation durch Wang Mang gebrauchen ließ. Aber trotz aller »Angleichungen« decken sich *Kommentar* und Text der *Frühling- und Herbst-Annalen* oft nicht. An manchen Stellen merkt man noch deutlich, daß Kommentar und Text ursprünglich in keinem Zusammenhang standen. So folgt nach der Eintragung: »*Am Tag Gue-yo wurde unser Herzog Hsjang begraben*« (Herzog Hsjang, 31tes Jahr)* als »Kommentar«:

In dem Monat, in welchem der Herzog starb, begleitete Dse-Tschan den Fürsten von Dscheng nach Dschin ...«

Darauf folgt die Erzählung eines politischen Till-Eulenspiegel-Streichs, den Dse-Tschan vollführte, um seinen Herrn und sich aus einer demütigenden Situation zu ziehen – eine Episode, die kaum einen Zusammenhang mit dem Begräbnis des Herzogs von Lu hat.

---

* Zitate aus Dso's Kommentar zu den »Frühling- und Herbst-Annalen« werden fortan der Chronologie dieses Werks entsprechend im Text nach den Regierungsjahren der Herzöge von Lu angegeben.

Oder: nach der kurzen Eintragung: »*Der Herzog Dsching von Tschin wurde begraben*« (im 6ten Jahr des Lu-Herzogs Dschau) wird ergänzend hinzugefügt: »*Ein hoher Würdenträger begab sich nach Tschin zum Begräbnis. Das entsprach den Riten.*« Was danach folgt ist die Geschichte vom Guß des Dreifußes mit der Inschrift der Gesetze im Staat Dscheng, dann ein langer anklagender Brief des Schu Hsjang von Dschin an Dse-Tschan als Urheber dieser (gegen die mündliche und daher willkürliche Überlieferung des Gewohnheitsrechts und die Rechtssprechung als Adelsprivileg verstoßende) Fixierung des Strafrechts; ferner Dse-Tschans Antwort auf die Aufzeichnung einer ungewöhnlichen Himmelserscheinung als Omen im Staat Tschang. All dies hat nichts mit dem Staat Lu und ebensowenig mit dem Begräbnis des Herzogs von Tschin zu tun. Niemand kann uns heute erklären, warum solche Passagen als »Kommentar« eingefügt wurden. Viel eher ist anzunehmen, daß der »Kommentar« einem selbständigen Werk entnommen und auf dem Prokrustes-Bett der *Frühling- und Herbst-Annalen* mühsam zurechtgeschnitten wurde – wobei der Sinn für das literarisch Schöne oder ideologisch Brauchbare manchmal für Passagen entschied, die nur einen sehr losen oder so gut wie keinen Zusammenhang mit dem zu kommentierenden Text zeigten.

Unser Versuch, sich in den Irrgängen der Überlieferung zurechtzufinden, entbehrt leider des Ariadne-Fadens. Ein weiteres Beispiel, das die innere Kohärenz von *Dso's Kommentar* (als selbständiges Werk) und die Inkohärenz in seiner Funktion als »Kommentar« zu den *Frühling- und Herbst-Annalen* zeigt, wollen wir hier als Textprobe in Übersetzung wiedergeben:

Frühling- und Herbst-Annalen (18tes Jahr des Herzogs Dschuang): Im Winter, im 10ten Monat (nur diese Datumangabe, keine weitere Eintragung – E.S.). *»Dso's Kommentar«: Ehemals hatte König Wu von Tschu das Fürstentum Tschüan unterworfen und Do Min als Gouverneur eingesetzt, der sich jedoch gegen den König erhob. König Wu belagerte ihn in Tschüan und ließ ihn hinrichten. Die Einwohner von Tschüan wurden nach No-Tschu umgesiedelt. Zum neuen Gouverneur wurde Jän Au ernannt.*

Als Wen König von Tschu wurde, unternahm er einen Feldzug gegen das Fürstentum Schen gemeinsam mit Truppen aus Ba, die er jedoch schlecht behandelte. Darauf revoltierten die Leute aus Ba gegen den Tschu-König, rückten gegen No-Tschu vor und nahmen es. Dann erschienen sie vor den Toren der Hauptstadt von Tschu. Jän Au (der Gouverneur von No-Tschu) *hatte sich gerettet, indem er über den Fluß Yung schwamm. Dafür wurde er vom Fürsten von Tschu hingerichtet. Seine Sippe entfachte Unruhen. Im Winter benutzten die Leute von Ba diese Unruhen, um in Tschu einzufallen.*

Frühling- und Herbst-Annalen (19tes Jahr des Herzogs Dschuang): *Im neunzehnten Jahr, im Frühling, im ersten Monat nach dem königlichen Kalender* (keine weitere Eintragung – E.S.). *Im Sommer, vierten Monat* (gleichfalls keine weitere Eintragung – E.S.).

Dso' s Kommentar: Im Frühjahr trat der Fürst von Tschu den Truppen von Ba entgegen und wurde von ihnen bei Dschin vernichtend geschlagen. Er kehrte nach der Hauptstadt zurück, doch Yü Tschüan, der Kommandant der Stadttore, verweigerte ihm den Einzug. Daraufhin unternahm der Fürst von Tschu einen Angriff auf den Staat Huang, der eine Niederlage erlitt (offenbar war dem Fürsten von Tschu – anfangs König genannt – der Eintritt in die Hauptstadt verweigert worden, um die Scharte wieder auszuwetzen und nicht unrühmlich zurückzukehren). *Der Fürst sammelte seine Truppen in Tso-Ling, erkrankte jedoch auf dem Rückmarsch, als er Dschjau erreichte. Im Sommer, im sechsten Monat, am Tag Geng-Schen starb er. Yü Tschüan ließ ihn in Hsi-Schih bestatten. Dann beging er Selbstmord und wurde am Eingang zum Grab des Fürsten beigesetzt.*
  Früher einmal hatte Yü Tschüan den Fürsten von Tschu heftig ermahnt, und als er sah, daß der Fürst seinen Vorstellungen nicht nachkommen würde, trat er ihm bewaffnet entgegen. Das flößte dem Fürsten Furcht ein und zwang ihn, den Rat Yü Tschüan's zu befolgen. Dieser jedoch erklärte: ›Ich habe meinem Herrn mit Waffengewalt Furcht eingejagt, was das größte aller Verbrechen ist.‹ *Um sich selbst dafür zu bestrafen, schnitt er sich die Beine ab. Die Würdenträger von Tschu setzten ihn als Kommandanten der Stadttore ein.*

Er erhielt den Ehrentitel Tai-Bo und das Recht, sein Amt auf seine Nachkommen zu vererben.
Edle Menschen (Plural oder Singular? – Offenbar ein Begriffskomplex, in dem die Meinung des »Meisters« mit der des »Kommentators« oder »Redaktors« verschmilzt) *äußerten sich über Yü Tschüan, daß man von ihm wahrlich sagen könne, er habe seinen Fürsten geliebt. In seinen Ermahnungen ging er so weit, selbst eine schwere Strafe auf sich zu nehmen. Und doch ließ ihn die Schwere der Bestrafung nie vergessen, seinen Herrn auf den Weg des Guten zu führen.*

Ein Zusammenhang zwischen den bloßen Zeitangaben (und selbst diese stimmen nicht ganz überein) und der logisch entwickelten, pointiert didaktischen und in ihrem Aufbau literarisch wirksamen Geschichte von der über- oder eher unmenschlichen Loyalität des Yü Tschüan läßt sich nicht erkennen, nicht einmal konstruieren. Im Gegenteil: eine zusammenhängende Erzählung mit einem moralisierenden Abschluß wird durch die Einfügung von Zeitangaben nur gestört – besser gesagt zerrissen. Wahrscheinlich war der »Kommentator« oder »Redaktor« bemüht, dem bereits gleichsam heiliggesprochenen Gerippe der *Frühling- und Herbst-Annalen* mit seiner Überfülle von »Lücken« mit Hilfe der Substanz eines anderen Werkes wieder zu fleischlicher Fülle zu verhelfen. Und wie nötig dieser Wiederbelebungsversuch (auch im Vergleich zu den kasuistisch-katechetischen Kommentaren des Gu Liang und Gung Yang) war, zeigt ein Ausspruch des Han-Philosophen Huan Tan (etwa 40 v.Chr. bis 32 n.Chr.):

Die kanonische Schrift und der Kommentar Dso's verhalten sich zueinander wie Außen- und Innenseite der Gewandung; sie sind aufeinander angewiesen. Gäbe es nur die kanonische Schrift (»Frühling- und Herbst-Annalen«) ohne (Dso's) Kommentar, so würde selbst der Weiseste, schlösse er sich zehn Jahre in seiner Stube ein und dächte darüber nach, so gut wie nichts wissen.[9]

Der Informationsgehalt und die »literarische Bedeutung« der *Frühling- und Herbst-Annalen* erreichen ihren Höhepunkt in der folgenden

Eintragung: »*Im Winter, im zehnten Monat, am Tag Ren-wu befehligte Yo, Sohn des Herzogs* (von Lu), *seine Truppen, besiegte die Truppen von Dschü bei Li und nahm Na von Dschü gefangen*« (1stes Jahr des Herzogs Hsi – 659 v.Chr.). Die längsten Eintragungen (etwa dreißig bis vierzig Schriftzeichen) erreichen ihre relative Länge durch die Aufzählung einer Reihe von Fürsten oder deren Vertreter, die an Feldzügen oder Vertragsabschlüssen teilnahmen. Die kürzeste Aufzeichnung, die zehnmal vorkommt, ist: »Heuschrecken«-(Plage). Während diese Eintragungen sich auf das politische und wirtschaftliche Leben der damaligen Zeit beziehen (wobei natürlich in der Reihenfolge der Aufzählung von Fürsten und deren Repräsentanten hierarchisch-rituelle Momente eine Rolle spielten), finden wir nicht selten solche, die die sozial-kosmische oder eher: wirtschaftlich-politisch-magische Relation in der Vorstellungswelt des alten China deutlich erkennen lassen. Einundzwanzigmal werden »Regenopfer« erwähnt; die unheilschwangeren Worte »Sonne wurde aufgefressen« (= Sonnenfinsternis) erscheinen sechsunddreißigmal. Die Verfinsterung der Sonne und überhaupt ungewöhnliche Erscheinungen am Himmel und auf der Erde legten dem »Himmelssohn« und seinen Delegierten, den Fürsten, strengste Befolgung ihrer priesterlichen Pflichten auf. In solchen Momenten wurde der zum Fürsten erhobene Stammesführer älterer Zeiten wieder Stammesoberpriester oder Schamane, der sich einer Reihe ritueller Handlungen unterziehen mußte, um die »Ordnung« in der Natur wiederherzustellen. Aber die »Unordnung« auf der irdischen Ebene hielt an; nur noch die Vorherrschaft eines der mächtigeren Staaten in dem seit König Ping (von Dschou) der Auflösung alter Stammesbande entgegengehenden »Reich der Mitte« konnte zeitweilig und mühselig relative Ruhe im Reich erzwingen. In den 242 Jahren, welche die *Frühling- und Herbst-Annalen* umfassen, fanden rund 300 Feldzüge und Strafexpeditionen statt, die meist mit der Vernichtung kleinerer Feudalstaaten endeten. Besäßen wir nicht *Dso's Kommentar*, so blieben solche Aufzeichnungen statistische Rubriken, die durch die Zahlengröße, nicht die Größe der sich dahinter verbergenden Leiden und Opfer beeindrucken; nackte Aufzählung erschüttert kaum. Wir verstehen deshalb auch, warum der Autor von *Dso's Kommentar* (und auch eines anderen Werkes jener Zeiten – *Diskurse der Staaten*, mit dem wir uns noch beschäftigen werden) dem positiven (oder zumindest im großen und ganzen positiven) Beispiel des guten Fürsten – des »Primus inter pares« und seiner Ratgeber einen besonderen Platz in seinem Werk einräumt, allerdings ohne die erschütternde und erschreckende oder abschreckende Wirkung des negativen Exempels zu vergessen. Eine solche hervorragende, aber durchaus nicht ins Heldische verklärte Gestalt ist der Fürst Wen von Dschin, der für eine kurze Zeitspanne die Vorherrschaft seines Staates als Hegemoniarch – *Ba* behauptete. Ba ist ein politischer Terminus technicus, der eine Machtposition und gewisse Funktionen, nicht aber ein eigentliches Amt bezeichnet. Trotzdem ließe sich die Position der Ba in der chinesischen Geschichte mit der des Majordomus bei den Merowingern oder des Shoguns im mittelalterlichen Japan vergleichen; sie waren de facto Herren im Reich, die Herrscher de jure hingegen entmachtete Symbole, die durch ihre Scheinexistenz den Taten ihrer »Beschützer« jeweils den Anschein oder Anstrich loyalen und idealen Verhaltens verleihen konnten. Das Nicht-mehr-Zusammenfallen der realen und idealen, der politischen und rituellen Macht kündete grundlegende Veränderungen in der gesamten Struktur der Wirtschaft und Gesellschaft des alten China an. In jenem Zeitraum, den man als »Frühling- und Herbst-Periode« bezeichnete, spielten daher zwei Problemkomplexe eine besondere Rolle: die Bestimmung und Idealisierung der Position des *Ba* – des Hegemoniarchen als Substitut der königlichen Macht und Vollstrecker des »Himmlischen Mandats«; und die Neu- oder Umwertung der traditionellen und noch stammesgebundenen Begriffsvorstellungen der Riten, der Norm oder der Schicklichkeit (Li), der Tugend (De), der Loyalität (Dschung), der Rechtschaffenheit (I) und der Zuverlässigkeit oder des Vertrauens (Hsin). Zu diesen Grundbegriffen gehört natürlich noch die ihnen gewissermaßen übergeordnete Vorstellung vom Dau, dem bald magisch, bald wieder mystisch, dann wieder philosophisch oder sozialkosmisch aufgefaßten Urgrund und Agens allen Seins, dessen Kenntnis dem Menschen zugleich als Richtschnur allen Tuns und Handelns dienen sollte. Ehe wir anhand einer gerafften Übersetzung der über mehrere Jahre verstreuten und (im *Kommentar*) vielfach unterbrochenen Geschichte vom Elend und Aufstieg des Herzogs Wen von Dschin ein literarisches Beispiel dieser Grundhaltung in *Dso's Kommentar* geben, wollen wir zunächst die Ideenwelt jener Zeiten mit Hilfe einiger Zitate verständlich zu machen versuchen.

Die »Frühling- und Herbst-Periode« wird als eine Zeit des Verfalls aufgefaßt, der eine glücklichere Epoche der Herrschaft durch Tugend (De: ein komplexer Begriff, der persönliche Vollkommenheit, striktes Festhalten an den Normen und Riten sowie ein gewisses Quantum an Mana – an magischen Potenzen, die mit den übersinnlichen Mächten der Ahnen in Verbindung stehen, in sich einschließt) vorausging. So ermahnte 636 v.Chr. ein Minister des »Himmelssohns« König Hsjang, der sich der Hilfe der Di – Barbaren (also feindlicher Fremdvölker) gegen einen unzufriedenen Stammesverwandten, den Herzog von Dscheng, zu bedienen gedachte, diesen:

In alten Zeiten sorgten die Herrscher mittels De (Tugend) *für das Volk; später hielten sie sich eng an die verwandtschaftlichen Bande, um so alle ihre Untertanen* (mit Gefühlen der Verwandtenliebe) *zu erreichen ... Verdienstvolle Männer zu verwenden; Verwandte durch verwandtschaftliche Bande an sich zu binden; Nahestehende als Vertraute zu behandeln; Fähige zu ehren – das sind die Hauptmerkmale der Tugend* (Herzog Min, 1stes Jahr).

Es wird also von einem Dschou-König gar nicht mehr erwartet, daß er mittels »De« (»Tugend« in ihrer ursprünglichen magisch-ethischen Bedeutung) regiere; an Stelle des »De« treten vor allem »Pietät«, die Benutzung verwandtschaftlicher Bindungen stammesgeschichtlicher Natur für politische Zwecke und die Verwendung »verdienstvoller Männer«. Die »Verdienste« um das Königshaus bestanden seit dem Verfall seiner Macht in seiner nominellen Anerkennung durch mächtige Fürsten als Bannerträger der »verlorenen Einheit« in der Zerrissenheit der tatsächlichen Verhältnisse. Als Symbol dieser »verlorenen Einheit« fungierten die »Riten« (Li: ein Terminus, der sich über alles einer bestimmten idealen Norm Entsprechende – von der Opferhandlung bis zu politischen Maßnahmen und persönlichen Verhaltensweisen erstreckte – also in anderen Sprachen kein Äquivalent besitzt und selbst in chinesischen Texten in sehr unterschiedlichen Bedeutungen auftritt). So rät ein Minister des ersten Hegemoniarchen, des Herzogs Huan von Tschi diesem ab, den Staat Lu zu annektieren, denn

Lu hält sich noch an die Riten der Dschou. Die Riten der Dschou aber sind der Stamm, auf den sich (das Astwerk einer guten) *Regierung stützt ... Als Verwandte jene so zu behandeln, die sich an die Riten halten, sich jenen anzuschließen, die Bedeutung und Festigkeit besitzen, jene zu entzweien, die entzweit und empörerisch sind, jene zu stürzen, deren Regierung Unmaß und Unruhe mit sich bringt – dies sind die Mittel, um die königliche Macht eines Ba zu erwerben* (Herzog Min, 1stes Jahr).

Die nominelle und ideelle Ehrung des Dschou-Königs und der Dschou-Riten in Verbindung mit realpolitischen Maßnahmen unter dem Deckmantel des Festhaltens an jenen Riten und Normen waren also Mittel und Wege zur Macht – vorausgesetzt natürlich, daß die territorialen und wirtschaftlichen Verhältnisse entsprechende Ausgangspunkte dafür boten wie vor allem bei den Großstaaten Tschi, Dschin, Tschin und Tschu. Dazu kamen noch zwei Momente, die beide von Interesse für alle Staaten Chinas waren: der mehr oder minder koordinierte Widerstand gegen die Einfälle von Fremdvölkern und gegenseitige Hilfe in Fällen von Naturkatastrophen, insbesondere von Dürre. So half der erste Hegemoniarch Huan von Tschi mit einer Koalition der Staaten von Sung und Tsau dem kleinen Fürstentum Hsing bei einem Einfall der Di-Barbaren. Die von den Di geraubten Gegenstände wurden zurückgeholt und den Leuten von Hsing wiedergegeben. In *Dso's Kommentar* finden wir an dieser Stelle folgende aufschlußreiche Bemerkung:

Es entspricht den Normen (Li: hier offensichtlich nicht »Riten« im Sinn von Ritual, religiösen Handlungen!), *daß die Fürsten in Fällen von Bedrängnis einander beistehen, bei Naturkatastrophen Hilfe leisten* (Getreide verteilen) *und Strafexpeditionen gegen die Schuldigen durchführen* (Herzog Hsi, 1stes Jahr).

Mit dem Niedergang der alten hierarchischen Ordnung (auf zum Teil noch stammesgebundener Basis) lockerten sich natürlich auch die ihr entsprechenden Loyalitätsverhältnisse. Wir merken in *Dso's Kommentar* ein Schwanken zwischen der Anerkennung der absoluten, an die Person des Fürsten oder Lehensherrn gebundenen Loyalität und einer gewissen Hinneigung zu einem Loyalitätsverhältnis, das wir als Staatstreue bezeichnen könnten und das oft nicht nur die Staatsinteressen, sondern auch die des Volkes (einschließlich der Bauernmassen) über die Person des Fürsten stellt. Als Beispiel für unbedingten Gehorsam und an die Person des jeweils »legitim« regierenden Fürsten gebundene Loyalität mag die Geschichte von Pi, dem Obereunuchen des Dschin-Fürsten Hsjän dienen, der mit Feuereifer den verstoßenen Sohn dieses Fürsten, den späteren Herzog Wen, verfolgte und zu töten suchte, sich diesem aber sogleich wieder mit offensichtlich durchaus reinem Gewissen als »loyaler« Diener zur Verfügung stellte, nachdem er »legitim« Herzog geworden war. Guan Dschung, der spätere Kanzler des bereits erwähnten ersten Hegemoniarchen Huan von Tschi, hatte diesem, als noch der Kampf zwischen verschiedenen Prätendenten tobte, als loyaler Anhänger seines Gegners mit einem Pfeil die Gürtelschnalle durchbohrt. Trotzdem wurde er infolge seiner überragenden Fähigkeiten erster Berater seines ehemaligen Feindes, ja er verhalf sogar Herzog Huan zur Vormachtstellung (Ba) im Dschou-Reich und galt für die gesamte Feudalzeit Chinas als Musterbeispiel eines weisen und loyalen Ministers. Yän Ying[10], der nach Guan Dschung als Berater und Premier von drei Herzögen die Geschicke des Staates Tschi lenkte (er starb um 500 v.Chr.), zog es vor, als sein Herzog wegen einer Frauengeschichte ermordet wurde, trotz ostentativer Bekundung seiner Trauer diesem nicht in den Tod zu folgen. Seine Handlungsweise begründete er mit dem für uns sehr interessanten Argument:

Ist es die Aufgabe dessen, der über das Volk herrscht, sich über das Volk zu erheben? Als Herr der Altäre des Landes muß er für das Volk sorgen ... Wenn daher ein Fürst für die Altäre des Landes (den Staat) *stirbt, so soll man ihm in den Tod folgen ... Doch wenn er seiner persönlichen Angelegenheiten wegen stirbt ... wer außer seinen Favouriten und Komplizen sollte es da auf sich nehmen, ihm zu folgen ...?* (Herzog Hsjang, 25tes Jahr – 548 v.Chr.).

Aus der realen Erkenntnis, daß »*die Altäre des Landes nicht für ewig von dem gleichen Fürstenhaus gepflegt werden und es seit alters natürlich ist, daß die Stellung der Fürsten und Minister nicht ewig die gleiche bleibt* ...« (Herzog Dschau, 32tes Jahr – 512 v.Chr.), mit anderen Worten: aus der erschreckenden Tatsache, daß Fürstenmord, Vatermord und Brudermord sowie gegenseitige Vernichtung ganzer Sippen und Staaten die Existenz der herkömmlichen politischen, ethischen und wirtschaftlichen Ordnung und damit auch vor allem die Existenz der eigentlichen Stütze und des Trägers aller Staaten des Dschou-Reichs – der Dorfgemeinden und Bauernmassen – gefährdeten, entsprang der geradezu häretische Gedanke, daß »*das Volk Herr der Geister ist, weshalb die weisen Herrscher des Altertums auch zuerst Vorsorge für das Volk trafen, ehe sie ihre Kraft den Geistern zuwandten*« (Herzog Huan, 6tes Jahr – 708 v.Chr.). Hier nimmt auch schon der Loyalitätsbegriff neue Elemente in sich auf:

Was man Dau nennt, ist Treue (Loyalität: Dschung) *gegenüber dem Volk und Glaubwürdigkeit gegenüber den Geistern. Um Treue handelt es sich, wenn die Oberen an Vorteile und Nutzen des Volkes denken* ... (ebd.).

Um ein Bild von den reichlich idealisierten Eigenschaften eines Ba – also eines Hegemoniarchen, eines »Ersatzkönigs« und zugleich Beschützers eines nur mehr dem Namen nach existierenden Königshauses und seiner Würde – zu geben, wollen wir der Erzählung von den Abenteuern des Herzogs Wen von Dschin in *Dso's Kommentar* vorgreifen und einen Ausschnitt aus ihrem Happy-End an den Anfang stellen.

Sobald Herzog (Wen) *von Dschin in sein Land zurückgekehrt war* (636 v.Chr.), *widmete er sich der Aufgabe, sein Volk zu belehren. Nach zwei Jahren wollte er es* (sein Volk für den Kampf um die Vormachtstellung) *gebrauchen.* (Sein Minister) *Dse-Fan sprach zu ihm: ›Das Volk versteht noch nicht Rechtschaffenheit* (I – ein Begriff, der im wesentlichen das Verhältnis von den Pflichten und Rechten innerhalb der hierarchischen Ordnung ausdrückt); *es empfindet noch nicht Sicherheit in seinem Dasein.‹ Daraufhin festigte der Herzog außerhalb des Landes die Position des* (Dschou-) *Königs Hsjang; im Inneren bemühte er sich, zum Nutzen des Volkes zu wirken. So fand das Volk wieder Freude am Leben.* (Als nun der Herzog) *es* (das Volk im Kampf um die Hegemonie) *gebrauchen wollte, sagte Dse-Fan zu ihm: ›Das Volk kennt noch nicht Vertrauen; man hat ihm noch nicht gezeigt, wie man Vertrauen erwirbt.‹ Daraufhin unternahm* (der Herzog) *einen Feldzug gegen Yüan, um dem Volk Vertrauen* (Hsin: ein Begriff, der Ehrlichkeit, Aufrichtigkeit und Zuverlässigkeit umfaßt) *einzuflößen* (das heißt: an einem Beispiel Vertrauenswürdigkeit zu demonstrieren). Wir müssen hier in Parenthese folgende Erklärung hinzufügen: Herzog Wen befahl seinen Soldaten beim Ausmarsch, Proviant für drei Tage mitzunehmen. Sollte sich der Staat Yüan (in der heutigen Provinz Ho-Nan) nicht binnen drei Tagen ergeben haben, werde der Rückmarsch angetreten. Trotzdem Kundschafter am dritten Tag berichteten, Yüan würde sich sehr bald ergeben, zog Herzog Wen seine Truppen seinem ursprünglichen Befehl gemäß zurück. Kaum war er aufgebrochen, kapitulierte Yüan freiwillig. *Danach suchte niemand im Volk mehr, beim Austausch von Waren Vorteile für sich herauszuschlagen, und alle zeigten sich ehrlich und aufrichtig in ihren Worten. Der Herzog fragte nun: ›Ist es jetzt möglich* (das Volk für den Kampf zu gebrauchen)?‹ *Worauf Dse-Fan erwiderte: ›Das Volk versteht noch nicht die Riten* (Li: hier die Embleme, Symbole und überhaupt die sichtbare Stufung in den Rechts- und Pflichtverhältnissen der Feudalhierarchie), *so ist in ihm noch nicht das Gefühl für Gehorsam* (was Ehrerbietung und Disziplin einschließt) *entstanden.‹ Daraufhin wurde eine große Heerschau abgehalten, um die* (nach den) *Riten* (festgesetzten Rangabzeichen) *zu demonstrieren. Die Rangordnung wurde bestimmt, um die Stufung der Beamten richtigzustellen. Nachdem das Volk ohne Zweifel und Bedenken zu gehorchen gelernt hatte, konnte es* (für den Kampf um die Vormacht) *gebraucht werden … Daß der Herzog mit einer einzigen Schlacht Ba* (Hegemoniarch) *wurde, kam daher, daß er* (das Volk) *in sittlicher Weise belehrte.* (Herzog Hsi, 27tes Jahr).

Diese Passage ist nicht nur typisch für *Dso's Kommentar*, sondern auch für die historisch-ethische Literatur Chinas aller folgenden Generationen, daß es wohl wert wäre, die darin entwickelten Gedanken näher zu untersuchen. Wir wollen nicht bezweifeln, daß in einer Periode innerer und äußerer Wirren das positive Beispiel einer großen Persönlichkeit und der von dieser und deren Beratern unternommenen Maßnahmen eine gewisse Wirkung auf die Bevölkerung ausüben kann. Doch die klischeehafte Realisierung eines Idealprogramms in so kurzer Zeit – »Rechtschaffenheit«, »Vertrauen«, »Riten« – und all das zum Zweck der Substituierung der »verlorenen Einheit« – des »Königlichen Wegs«, des »Dau« – durch die pragmatische Instituierung der Macht des »Ba« klingt unglaubwürdig und formelhaft. Die gesamte historische und philosophische Literatur der Prä-Han-Periode und auch späterer Zeiten konnte sich nie wieder von diesen Klischees ganz freimachen. Die enge Verbindung der Beamtenschaft mit dieser ideellen sittlichen Umwandlung, die gleichfalls für die Geschichte Chinas im Feudalzeitalter von so großer Bedeutung war, zeigt sich mit aller Deutlichkeit in einer anderen Passage, in der der treue Gefolgsmann des Herzogs Wen, ein gewisser Dschau Tsue, aus den folgenden Gründen Tschi Hu für den Posten des Oberkommandierenden seiner Truppen empfiehlt: »*Er liebt die Riten und die* (rituelle) *Musik, hat das ›Buch der Lieder‹ und die ›Historischen Schriften‹ ergründet. Das ›Buch der Lieder‹ und die ›Historischen Schriften‹ sind das Schatzhaus der Rechtschaffenheit. Die Riten und* (rituelle) *Musik sind die Normen der Tugend* (De). *Tugend* (De) *und Rechtschaffenheit* (I) *sind die Grundlagen alles Nützlichen.*« (Herzog Hsi, 27tes Jahr). Hier und in den »Belehrungen« des Herzogs Wen finden wir die Wurzeln eines stark ausgeprägten Formalismus und Voluntarismus, der in dem pragmatischen Gefüge des sozial-kosmischen Weltbilds Chinas im Feudalzeitalter eine sehr tiefe und nachhaltige Wirkung ausübte. Und diese Wurzeln sogen ihre Nahrung aus einem ethischen Pragmatismus, der in den Grenzregionen zwischen Magie und Philosophie seine eigentliche Heimstatt hatte.
Aber wenden wir uns nun der Geschichte vom Elend und Aufstieg – oder nennen wir es der Odyssee – des Herzogs Wen von Dschin

als einem für *Dso's Kommentar* charakteristischen Beispiel »historischer« Darstellung zu. Diese Geschichte erstreckt sich, wie bereits erwähnt, über viele Jahre der *Frühling- und Herbst-Annalen* und soll hier nur in für den Zusammenhang wichtigen Ausschnitten in Übersetzung wiedergegeben und durch kurze Vor- oder Zwischenbemerkungen ergänzt und erläutert werden:
(Der Herzog Hsjän von Dschin (677-652 v.Chr.) hatte bei einem Kriegszug gegen den nordwestlichen »Barbaren«-Stamm der Li-Rung die zwei Töchter des Stammesführers erbeutet und seinem Harem einverleibt).

Herzog Hsjän beabsichtigte Li Dschi (die ältere der beiden Töchter des Fürsten der Li-Rung) *zu seiner Hauptfrau zu ernennen und befragte deshalb das Schildkrötenorakel. Die Antwort war unglückverheißend. Darauf ließ er auch das Schafgarbenorakel befragen* (nach dem »Gua«-System), *das eine glückverheißende Antwort ergab. Der Herzog sagte: ›Ich folge dem Schafgarbenorakel‹* (obgleich der Hofwahrsager dem Schildkrötenorakel den unbedingten Vorzug gab und böse Folgen prophezeite) ... *So wurde Li Dschi als Fürstin eingesetzt. Sie brachte Hsi-Tschi zur Welt, ihre jüngere Schwester gebar Dschou-Dse. Der Fürst beabsichtigte, Hsi-Tschi* (anstelle des rechtmäßigen – erstgeborenen Sohns Schen-Scheng seiner verstorbenen Gattin Tschi-Dschjang) *zum Kronprinz zu ernennen. Diesen Plan hatte er auch schon mit höheren Würdenträgern am Hof besprochen. Li Dschi* (die davon wußte) *sagte daraufhin zum Kronprinzen* (Schen-Scheng): *›Dem Fürsten ist deine Mutter Tschi-Dschjang im Traum erschienen. Du mußt ihr schnell ein Opfer darbringen.‹*
Der Kronprinz begab sich nach (seinem Lehen) *Tschü-Wo und opferte dort seiner verstorbenen Mutter. Bei seiner Rückkehr brachte er etwas von den Opfergaben für den Fürsten mit. Der Fürst war auf die Jagd gegangen. Li Dschi behielt die Opfergaben sechs Tage bei sich im Palast. Nachdem der Fürst zurückgekommen war, vergiftete sie den Opferwein und das Opferfleisch. Der Fürst goß ein wenig vom Wein auf die Erde* (als Libation). *Die Erde wölbte sich zischend auf. Er gab seinem Hund vom Opferfleisch zu fressen. Der Hund*

verreckte. Auch ein Diener, dem er davon zu kosten gab, starb sofort. Darauf erklärte Li Dschi unter Tränen: ›Diese Missetat ist das Werk des Kronprinzen‹. Der Kronprinz floh nach seinem Lehensort (die ›Neue Stadt‹ – Hsin-Tscheng; Tschü-Wo). Der Fürst ließ den Lehrer des Kronprinzen, Du Dschuan-Kuan, hinrichten. Jemand sagte zum Kronprinzen: ›Rechtfertigt Euch doch, Herr! Der Fürst wird sicher einsehen, daß Ihr schuldlos seid.‹ Der Kronprinz erwiderte: ›Ohne Li Dschi findet der Fürst keine Ruhe und sein Appetit schwindet dahin. Wenn ich mich rechtfertige, wird Li Dschi für das Verbrechen büßen müssen. Der Fürst ist alt. Das bringe ich nicht übers Herz.‹ ›Warum geht Ihr dann nicht in ein anderes Land?‹ fragte jener. Der Kronprinz antwortete: ›Der Fürst tut wahrscheinlich nichts, um das Verbrechen aufzuklären. Wenn ich mit einem so üblen Namen behaftet in ein anderes Land gehe, wer würde mich da aufnehmen?‹ Im zwölften Monat, am Tage Wu-Schen erhängte sich der Kronprinz in seinem Lehensort Hsin-Tscheng. Li-Dschi verleumdete dann noch zwei andere Prinzen, die sie der Mitwisserschaft bezichtigte. Tschung Er (der spätere Herzog Wen, 637-628 v.Chr.) floh nach Pu, I-Wu (der spätere Herzog Hue, 651-638 v.Chr.) nach Tschü. (Herzog Hsi, 4tes Jahr – 656 v.Chr.).

Daß dem Kronprinzen Schen-Scheng kein glückliches Ende beschieden sein konnte, ist bereits in einer Aufzeichnung vorweggenommen, die unter das 28ste Jahr des Herzogs Dschuang von Lu (667 v.Chr.; also 11 Jahre vorher) fällt. Der Kronprinz war nämlich die Frucht eines unerlaubten Verhältnisses, der Liaison des Herzogs Hsjän mit einer Frau zweiten Ranges seines Vaters, des Herzogs Wu. Auch die Intrigen der Li Dschi begannen bereits zu jenem Zeitpunkt. Von den beiden entflohenen Prinzen erlangte zuerst I-Wu (der spätere Herzog Hue) mit Hilfe des Staates Tschin die Herzogswürde. Aber unter welchen Umständen? Zunächst wurde der Lieblingssohn des Herzogs Hsjän, Hsi-Tschi, von einem mächtigen Minister namens Li Ko nach dem Tod seines Vaters in der »Trauerhütte« erschlagen; gleich danach auch sein Bruder Dschuo, Sohn der Schwester der Li Dschi. Ein anderer Würdenträger des Staates Tschin riet hierauf I-Wu, den Herzog von Tschin mit großartigen Geschenken und Gebietsabtretungen für sich zu gewinnen. So wurde er mit Hilfe der Armeen von Tschin und Tschi in sein Land zurückgeführt und als Herzog (sein postumer Titel Hue) eingesetzt (650 v.Chr.). Er hielt aber sein Versprechen nicht und erwies sich auch sonst als recht undankbar. Erst nach einer schweren Niederlage in der Schlacht von Han, bei der der Herzog Hue (I-Wu) von den Tschin-Truppen gefangen genommen wurde, konnte die versprochene Gebietsabtretung erzwungen werden. Sehr interessant ist die »spirituelle« Vorgeschichte dieser Schlacht:

Der Herzog von Dschin (Hue = I-Wu) *ließ den Leichnam seines ältesten Bruders* (Schen-Scheng, der sich erhängt hatte; hier mit seinem postumen Namen Gung genannt) *an einer anderen Stelle beisetzen. Im Herbst* (bezeichnend für die so verdächtige Kargheit der *»Frühling- und Herbst-Annalen«* ist, daß für die ganze Geschichte nichts als eine Zeitangabe geboten wird: ›Im Herbst, im siebenten Monat‹) *begab sich der ehemalige Wagenlenker des toten Kronprinzen* (Schen-Scheng) *Hu Tu nach dem Lehensort seines Herrn. Dort erschien ihm der Kronprinz... und sagte zu ihm: ‹I-Wu verstößt gegen die Riten. Der Himmelsherr hat mir die Bitte gewährt, Dschin dem Staat Tschin zu überlassen. Der Herzog von Tschin wird mir in Zukunft Opfer darbringen.› Hu Tu erwiderte: ›Die Geister der Verstorbenen nehmen keine Opfer an, die nicht von ihrer eigenen Sippe kommen. Das Volk opfert nicht Geistern eines fremden Stammes. Werden da nicht die Opfer für Euch, Herr, aufhören müssen? Und was hat denn das Volk verschuldet? Die Strafe, die Ihr erwirkt habt, ist verfehlt und die Opferriten müssen zunichte werden. Bedenkt das, Herr!‹ Darauf sagte der Geist: ›Fürwahr, ich werde mich erneut an den Himmelsherrn wenden. In sieben Tagen wirst du einen Schamanen westlich von Hsin-Tscheng* (der ›Neuen Stadt‹ im Lehen Tschü-Wo) *finden und mich wiedersehen.‹ Hu Tu versprach es ihm. Darauf verschwand der Geist. Zur festgesetzten Zeit begab sich Hu Tu dorthin und* (der Geist des verstorbenen Kronprinzen) *teilte ihm mit: ‹Der Himmelsherr hat mir bereits versprochen, den Schuldigen* (Herzog Hue = I-Wu) *zu bestrafen. Er wird in Han eine Niederlage erleiden.›* (Herzog Hsi, 10tes Jahr – 651 v.Chr.).

Die »spirituelle« Verurteilung des Herzogs Hue (I-Wu) ist, im Zusammenhang gesehen, nur eine imaginäre Widerspiegelung seiner gegen die ideell noch geltenden ethischen Normen verstoßende Verhaltensweise, die in mehreren Passagen konkret – gelegentlich sogar mit einem Beigeschmack von Ironie – geschildert wird. So z.b. gewährte der Herzog von Tschin bei Hungersnöten in Dschin Hilfe in Form von Getreidesendungen, während Herzog Hue (I-Wu) bei einer Hungersnot in Tschin jede Hilfe verweigerte. Zugleich wird eben durch dieses negative Exempel die Übertragung des »Himmlischen Mandats« an seinen würdigeren Bruder Tschung-Er (dem späteren Herzog Wen) eingeleitet und sehr effektvoll und überzeugend dem Leser suggeriert. Wie konsequent und subtil der Autor sein ethisch-didaktisches Anliegen in die historische Darstellung einzuflechten vermag, zeigt folgende Passage:

Im neunten Monat (des Jahres 637 v.Chr.) *starb Herzog Hue* (I-Wu). *Sein Sohn, Herzog Huai* (sein postumer Titel), *ordnete an, die Flüchtigen* (Tschung-Er und dessen Begleiter) *nicht zu verfolgen. Als Frist setzte er ein Jahr fest; sollten sie bis dahin nicht zurückgekehrt sein, würden sie ohne Gnade der Strafe verfallen. Die Söhne des Hu Tu* (der ehemalige Wagenlenker Schen-Schengs, dem dieser als Geist erschienen war), *Mau und Yän, waren Tschung-Er nach dem Staat Tschin gefolgt. Hu Tu rief sie nicht zurück. Im Winter ließ ihn Herzog Huai verhaften und sprach zu ihm: ›Nur wenn deine Söhne zurückkommen, wirst du der Strafe entgehen.‹ Hu Tu erwiderte darauf: ›Wenn Söhne alt genug sind, um in den Dienst eines Herrn zu treten, unterweist sie der Vater in den Pflichten der Treue. So gebieten es die Satzungen unserer Altvorderen. Der Gefolgsmann trägt seinen Namen in die Liste seines Herrn ein und beugt sich ihm in Untergebenheit. Seine Gefolgschaft einem anderen zuzuwenden, gilt als Verrat. Nun sind die Namen der Söhne Eures Untertans seit Jahren in der Gefolgschaftsliste des Prinzen Tschung-Er eingetragen. Würde ich sie herbeirufen, hieße das, sie zu unterweisen, wie man Verrat übt. Und unterweist ein Vater seine Söhne im Verrat, wie sollte er da selbst in Treue seinem Herrn dienen? Wenn ein Fürst nicht Mißbrauch mit den Strafen treibt, so ist dies ein Zeichen seiner*

Einsicht. Das ist es, was Euer Untertan von Herzen wünscht. Wer würde nicht als Verbrecher gelten, wenn unrechtmäßige Bestrafung nach eigener Willkür verhängt wird? Euer Untertan fügt sich Euren Befehlen.‹ Der Herzog ließ ihn töten.
Der Hofwahrsager Yän schützte Krankheit vor und verließ nicht das Haus. Er sagte: ›In den ‹Urkunden des Hauses Dschou›[11] *heißt es: Ein Prinz, der große Einsicht besitzt, gewinnt das Vertrauen des Volkes. Wie sollte unser Herzog nicht ein schweres Schicksal auf sich laden, da er der Einsicht ermangelt und nach Willkür Menschen töten läßt! Das Volk sieht keine Tugenden in ihm und hört von nichts als Metzelei. Darf er da noch erhoffen, Nachfolger auf dem Thron zu haben!‹* (Herzog Hsi, 23tes Jahr – 638 v.Chr.).

Nach dieser vernichtenden Einschätzung – verbunden mit einer sehr real begründeten Weissagung – folgt nun im gleichen Kapitel die geraffte Darstellung der Odyssee des Tschung-Er. Sie beginnt mit einer Rückblende von fast zwanzig Jahren (Herzog Hsi, 4tes Jahr). Und eben diese diachrone Behandlung des Themas legt die Vermutung nahe, die wir schon früher als Hypothese anführten, daß *Dso's Kommentar* ursprünglich ein selbständiges Werk war und gleichsam mit gewaltsamen Frakturen zurechtgebrochen und den *Frühling- und Herbst-Annalen* angepaßt wurde. Der Autor greift also, wie gesagt, weit zurück:

Als der Prinz Tschung-Er von Dschin vom Mißgeschick betroffen wurde (die Verleumdungen der Lieblingsfrau seines Vaters, Li Dschi), *unternahmen Truppen von Dschin eine Strafexpedition gegen Pu* (die Residenzstadt Tschung-Er's in seinem Lehen). *Die Leute von Pu waren zum Kampf bereit. Tschung-Er aber weigerte sich zu kämpfen. Er sagte: ›Ich habe es meinem Vater, dem Herzog, zu verdanken, daß ich mich der Erträge meines Lehens erfreue. So gewann ich Menschen für mich. Und wenn ich mich nun des Wohlwollens dieser Menschen bediene, um mich im Kampf mit meinem Vater zu messen, so beginge ich ein Verbrechen, schwerer als jedes andere. Ich werde lieber entfliehen.‹*
Er floh zu den Di ... gemeinsam mit einer Reihe seiner Gefolgsleute. Die Di unternahmen einen Überfall auf den Stamm der Tschjang-

Gau-Ru und erbeuteten zwei Töchter des Stammesfürsten ..., die sie Tschung-Er als Gattinnen anboten. Der Prinz nahm Dschi-We zur Frau ..., die ihm zwei Söhne gebar. Die andere verheiratete er mit einem seiner Gefolgsleute – ein Zeichen seiner Großzügigkeit seinen Untergebenen gegenüber. *Als Tschung-Er sich nach dem Staat Tschi begeben wollte, sagte er zu Dschi-We: ›Warte auf mich fünfundzwanzig Jahre. Sollte ich dann noch nicht zurückgekehrt sein, heirate einen anderen.‹ Darauf antwortete sie: ›Da wäre ich wohl bereits dem Sarg nahe, wenn ich nach fünfundzwanzig Jahren noch heiraten wollte. Ich bitte darum, auf Euch warten zu dürfen.‹ Der Prinz blieb zwölf Jahre lang bei den Di.*
Als er durch den Staat We reiste, wurde er von Herzog Wen von We unhöflich behandelt. Sein Weg führte ihn an dem Ort Wu-Lu vorbei, wo er die Bauern bat, ihm etwas zu essen zu geben. Statt dessen reichten sie ihm einen Klumpen Erde. Der Prinz geriet in Wut und wollte sie auspeitschen. Sein Gefolgsmann Dse-Fan (ein anderer Name des Yän, Sohn des bereits mehrfach erwähnten Hu Tu), *rief: ›Das ist ein Geschenk, das Euch der Gnade des Himmels versichert!‹* (Übergabe von Erde als Symbol für die Besitznahme eines Lehen-Territoriums) *Der Prinz berührte mit der Stirne den Boden und nahm ehrfürchtig den Erdklumpen in Empfang.*

Interessant ist, daß der Prinz hier (und auch in anderen Passagen) durchaus nicht bis ins Übermenschliche idealisiert wird. Er, ein Aristokrat, gerät bei dieser Verhöhnung in Wut – aber auch nicht übermäßig, denn er zückt nicht sein Schwert, sondern will *nur* zur Peitsche greifen. Andererseits wird hier neben dem symbolhaften Hinweis auf seine höhere Bestimmung gezeigt, daß er eben jene von den Konfuzianern und anderen Schulen so besonders geschätzte Eigenschaft besaß, nämlich: auf den Rat tüchtiger Männer zu hören. In direktem Gegensatz dazu steht die willkürliche und keinem Rat zugängliche Handlungsweise des Herzogs Huai in der vorher wiedergegebenen Passage.
»*Als der Prinz nach Tschi kam, gab ihm Herzog Huan von Tschi eine seiner Töchter zur Frau* ...« Auch hier werden in der Folge die menschlichen Schwächen des Prinzen gezeigt. Nur das energische

Eingreifen seiner Frau und seiner Begleiter bringt ihn dazu, das behagliche Schmarotzerdasein am Tschi-Hof wieder aufzugeben und seinen Bestimmungsweg weiter fortzusetzen.
Von Tschi kommt Tschung-Er nun nach Tsau.

Herzog Gung von Tsau hatte gehört, daß der Prinz zusammengewachsene Rippen habe. Darum wollte er ihn gern nackt sehen. Als der Prinz ein Bad nahm, schlich er sich nah heran und beobachtete ihn. Die Frau eines hohen Würdenträgers von Tsau namens Hsi Fu-Dschi sagte zu ihrem Mann: ›Wenn ich die Begleiter des Prinzen betrachte, so scheinen sie alle die Fähigkeit zu besitzen, als Minister einen Staat zu lenken. Wenn sie ihm zur Seite stehen, wird er sicher sein Land wiedererlangen; und wenn er es wiedererlangt hat, so wird er sicher seinen Willen bei den anderen Fürsten durchsetzen. Und setzt er seinen Willen bei den anderen Fürsten durch, dann wird bei der Bestrafung von Verstößen gegen Brauch und Sitte der Staat Tsau als erster betroffen sein. Warum beeilt Ihr Euch dann nicht zu zeigen, daß Ihr anderen Sinnes seid als Euer Herzog?‹ Hsi Fu-Dschi beschenkte daraufhin Tschung-Er mit einem Gericht in einer Schüssel, auf deren Grund er ein Himmelssymbol aus Jade verborgen hatte. Der Prinz nahm das Gericht an, das Jadestück jedoch sandte er zurück.

Immer wieder, so auch in dieser Passage, wird das gleichsam kollektive Fluidum hervorgehoben, das Tschung-Er und seine Begleiter ausstrahlen. Und hier wird besonders deutlich gezeigt, daß der Held der Geschichte als Individualgestalt weder Würde noch Wert erlangen kann, wenn er sich nicht der Fähigkeiten – was natürliche Menschenkenntnis voraussetzt – seiner Gefolgsleute zu bedienen verstünde. Seine individuelle menschliche Integrität erweist sich aus seinem Verhalten gegenüber der doppelsinnigen Gabe des Würdenträgers eines anderen Staates.
Von Tsau begibt er sich nach Dscheng, wo er vom regierenden Herzog unhöflich behandelt wird. Aber auch hier erkennt ein Minister namens Schu Dan sogleich das »Mandat«, das Tschung-Er und seine Begleiter wie eine Glorie zu umschweben scheint. Mit teils rationalen,

teils irrationalen (nach unserer heutigen Auffassung) Begründungen versucht er den Herzog von Dscheng zu einem standesgemäßen Empfang des Prinzen Tschung-Er zu bewegen. Er schließt mit den Worten: »*Dschin und Dscheng sind Staaten gleichen Ranges. Wenn Prinzen von Dschin durch unser Land reisen, empfiehlt es sich daher unbedingt, sie mit entsprechendem Zeremoniell aufzunehmen. Um wie viel mehr noch bei einem, dem der Himmel die Bahn des Aufstiegs eröffnet.*« Der Herzog von Dscheng hört nicht auf diesen Rat, und Tschung-Er reist weiter nach dem Staat Tschu.

Der Fürst von Tschu bewirtet ihn gastfreundlich, erhält aber auf die dringliche Frage, wie er sich nach der Wiedererlangung der Herzogswürde ihm gegenüber dankbar zu erweisen gedenke, nach einigen geschickt angebrachten höflichen Floskeln schließlich die Antwort:

Wenn ich durch Euren zaubermächtigen Beistand als Herzog in mein Land zurückkehren sollte, so würde ich, falls Dschin und Tschu jemals zu den Waffen greifen sollten, bei einer Begegnung mit Euch auf dem Schlachtfeld meine Truppen Posten in einem Abstand von neunzig Li beziehen lassen. Und sollte ich auch dann noch nicht Euren Befehl (zum Abbruch der Feindseligkeiten) *erhalten, würde ich mit der linken Hand Peitsche und Bogen, mit der rechten Köcher und Bogenhülle packen, um mich mit Euch auf dem Felde zu tummeln.‹*

Dse-Yü, der höchste Würdenträger des Tschu-Staates (dem der Prinz später in der Schlacht von Tscheng-Pu begegnet), ersucht darauf seinen Fürsten, Tschung-Er töten zu lassen. Aber der Fürst von Tschu hat ebenfalls den Strahlenglanz des »Mandats« wahrgenommen und erwidert:

Der Prinz von Dschin verfolgt zwar weitgesteckte Ziele, doch ist er bescheiden; er weiß sich wohl auszudrücken und hält sich an die Riten. Seine Gefolgsleute sind ernstgesinnte Männer, doch nicht engherzig ... Wer vermag jene zu beseitigen, die der Himmel erheben will? Und wer dem Himmel entgegenzuwirken sucht, der lädt schwere Schuld auf sich. So gewährte er dem Prinzen Geleit nach dem Staat Tschin.

Der Fürst von Tschin gab dem Prinzen fünf Frauen als Geschenk, unter ihnen auch die Prinzessin Ying, die ehemalige Gattin des Herzogs Hue von Dschin (der einst als Geisel am Tschin-Hof mit Wissen seiner Frau von dort entfliehen konnte).

Ying hielt (einmal) den Krug für ihn und goß Wasser zum Händewaschen ein. Nachdem er dies getan, bedeutete er ihr mit der noch nassen Hand, sich zu entfernen, wobei er sie bespritzte. Die Prinzessin war darüber äußerst aufgebracht und schrie: ›Tschin und Dschin stehen einander nicht nach im Rang. Wie darfst du es wagen, mich so zu erniedrigen?‹ Der Prinz erschrak, warf sein Obergewand ab und nahm vor ihr demutsvoll die Pose eines Sträflings an. (Herzog Hsi, 23tes Jahr – 638 v.Chr.).

Im nächsten Jahr (637 v.Chr.) wird Tschung-Er mit Hilfe der Truppen des Staates Tschin in sein Land zurückgeführt. In dem gleichen Jahr starb auch sein Bruder I-Wu (Herzog Hue). Diesem folgte sein Sohn, Herzog Huai auf dem Thron. Tschung-Er's schnelle Reaktion auf den Wutausbruch der Tschin-Prinzessin, der Tochter seines Gönners, zeigt seine Geistesgegenwart; sein politisches Ziel drängt das persönliche Moment seines Mannesstolzes zurück. Aber auch hier spielt er nicht die Rolle des Ritters ohne Furcht und Tadel: er erschrickt. Seinen Nebenbuhler, den Herzog Huai, dem das »Mandat« ja bereits aberkannt worden ist, läßt er hinrichten. Sonst erweist er sich großmütig und nachsichtig, wodurch er Sympathien gewinnt und mit Hilfe seiner alten und neuerworbenen Parteigänger einem Komplott seiner Feinde entgeht. Schon im nächsten Jahr nimmt er eine günstige Gelegenheit wahr (Wiedereinsetzung des von seinem Bruder vertriebenen Dschou-Königs Hsjang), sich als Wohltäter und Beschützer des nominellen Oberhaupts und höchsten Lehensherrn aller Fürsten, des Dschou-Königs, die Vormachtstellung zu sichern. Wie er schließlich »Ba« – Hegemoniarch wurde, indem er seine Untertanen im Geist der »Rechtschaffenheit«, des »Vertrauens« und der »Riten« erzog, haben wir in der bereits angeführten Passage gesehen. Im Jahr 633 v.Chr. dringt er in Tsau und We ein und schlägt in der berühmten Schlacht von Tscheng-Pu den mächtigen Staat Tschu. In Parenthese sei hier gesagt: Äußerlich diente als Grund oder Vorwand für den Einfall die Bestrafung für den Verstoß gegen die Riten von seiten des Tsau- Herzogs, der Tschung-Er im Bad belauert hatte. Der Autor stellt dieses Moment (die »Riten«) in den Vordergrund, da es seinem ethisch-didaktischen Anliegen dienlich ist. Natürlich handelt es sich bei dem Einmarsch in Tsau und allen weiteren Aktionen um politische Maßnahmen, was der Autor bewußt oder, wie manche Kritiker behaupten, aus Unkenntnis, nicht direkt erwähnt. Wir wollen hier einige Ausschnitte aus der Geschichte beziehungsweise Vor- und Nachgeschichte der Schlacht von Pu-Tscheng wiedergeben:

Dse-Yü (der nach dem Gespräch des Fürsten von Tschu mit Tschung-Er, seinem Fürsten geraten hatte, Tschung-Er zu töten) *wurde durch politische Manöver dazu gebracht, gegen die Armee des Herzogs Wen von Dschin* (Tschung-Er) *zu marschieren. Die Dschin-Armee zog sich zurück, was Mißbilligung unter den Offizieren erregte. Dse-Fan* (Yän, der Sohn des von Herzog Huai getöteten Hu Tu) *erklärte: ›Die Stärke einer Armee liegt in der Gerechtigkeit der Sache, für die sie kämpft, ihre Schwäche in der Krummheit ihrer Absichten. Was bedeutet da schon eine Verzögerung? Ohne die Großmut des Fürsten von Tschu wären wir nie, wo wir jetzt sind. Daß wir uns neunzig Li zurückziehen, tun wir nur, um Großmut mit Großmut zu vergelten …‹ Die Armee von Dschin zog sich neunzig Li zurück. Die Soldaten von Tschu wollten den Vormarsch abbrechen. Dse-Yü aber gestattete es nicht.* Interessant ist, daß einer der wesentlichen Gründe der im folgenden geschilderten Niederlage der Tschu-Armee in dem zwiespältigen Verhalten des Fürsten von Tschu liegt. Er hält nach wie vor an seiner Ansicht fest, daß Tschung-Er ein Auserwählter des Himmels sei: *Wer De* (Tugenden) *besitzt, dem kann man nicht entgegentreten* (sich mit ihm im Kampf messen).

Dse-Yü hingegen beharrt auf seiner vorgefaßten Meinung, daß Tschung-Er beseitigt werden müsse. Der Fürst von Tschu gibt widerwillig nach, stellt aber Dse-Yü nur einen Teil seiner Truppen zur Verfügung.

Im Sommer, im vierten Monat, am Tage Wu-Tschen bezogen die Truppen des Herzogs von Dschin, des Herzogs von Sung, des Guo Gue-Fu und Tsue-Yau von Tschi und des jungen Prinzen Ning von Tschin Stellungen bei Tscheng-Pu. Die Armee von Tschu verschanzte sich an den Hängen der Hügel von Hsi. Der Herzog von Dschin war beunruhigt (über die günstige Position der feindlichen Armee). Da hörte er die Wagenlenker singen: ›Die Felder, sie gedeihn, gedeihn. Laßt uns Neues tun und das Alte sein!‹ Diese Worte erweckten Zweifel im Herzen des Herzogs. Dse-Fan (Yän) *sagte: ›Wir sollten kämpfen. Wenn wir im Kampf siegen, werden sich alle übrigen Fürsten uns unterordnen. Sollte uns aber der Sieg nicht beschieden sein, so wird unserem Land, das außen und innen von Bergen und Flüssen geschützt ist, nichts Schlimmes widerfahren.‹ Der Herzog erwiderte: ›Aber wie vergelte ich dann die Wohltaten, die mir der Fürst von Tschu erwiesen hat?‹ Darauf entgegnete Luan Dschen-Dse: ›Tschu hat die Staaten aller Prinzen der Familie Dschi* (der Sippe, der auch der Herzog von Dschin angehörte) *nördlich des Han-Flusses vernichtet. Wir sollten lieber kämpfen, anstatt kleiner Wohltaten zu gedenken und darüber eine große Schmach zu vergessen.‹*

Auch in dieser Passage wird konsequent und subtil gezeigt, daß das »Mandat«, das dem Herzog zufällt, letztlich auf ethischen Werten begründet ist. Der Ratgeber des Herzogs, Dse-Fan, hält sich peinlichst an das Versprechen, das sein Herzog einst dem Fürsten von Tschu gegeben hatte: Die Truppen des Herzogs von Dschin werden neunzig Meilen zurückgezogen, obgleich gar nicht der Fürst von Tschu persönlich, sondern nur sein Minister und Feldherr ihm im Kampf entgegentritt. Tschung-Er selbst hat ernste Bedenken, aber er ist nicht nur bereit, auf seine Ratgeber, sondern sogar auf die Vox populi zu hören. Demgegenüber wird sein Widersacher Dse-Yü als skrupellos, wenn nicht gar frivol geschildert:

Dse-Yü entsandte Dou Do, um zum Kampf herauszufordern. Er überbrachte als Botschaft: ›Wir bitten darum, das Kampfspiel mit Euren Offizieren beginnen zu dürfen. Möge der Herzog, an das Vorderbrett seines Streitwagens gelehnt, dem Spiel zusehen. Dse-Yü wird gleichfalls seine Augen daran weiden.‹ Der Herzog entsandte Luan Dschen-Dse, um darauf zu erwidern: ›Unser Herzog hat Eure Botschaft vernommen. Er hat nie gewagt, die Wohltaten des Fürsten von Tschu zu vergessen. *Darum steht er mit seiner Armee nun hier, die er auch vor Euch, dem Minister des Fürsten, zurückgezogen hat. Würde er es da wagen, dem Fürsten selbst entgegenzutreten! Sollte er nicht die Nachricht* (vom Abbruch der Feindseligkeiten) *erhalten, so gestattet er sich, den Minister* (Dse-Yü) *zu ersuchen, sich die Mühe zu machen, seinen Offizieren mitzuteilen, daß sie ihre Streitwagen wohl vorbereiten und mit Ehrfurcht den Auftrag ihres Fürsten erfüllen mögen. Morgen früh werden wir uns wiedersehen.‹«* Der Herzog von Dschin mustert seine Truppen von einer Anhöhe aus und stellt mit Befriedigung fest: »*Die Alten und Jungen halten sich an die Riten* (d.h. die jüngeren Soldaten stellen sich schützend vor die älteren – eine Wiederaufnahme und Bestätigung des in der eingangs angeführten Passage über die »ethische« Erziehung des Dschin-Volks Gesagten;). *Sie sind für den Kampf geeignet.*

Dse-Yü, der sechs Hundertschaften seines Clans (Ro-Au), die Hauptmacht der Armee von Tschu, befehligte, erklärte hochmütig:

Von heute an wird es keinen Staat Dschin mehr geben! Aber schon beim ersten Ansturm weicht der rechte Flügel der Tschu-Armee mit seinen Hilfstruppen. »*Hu Mau* (ein anderer Sohn des von Herzog Huai von Dschin ermordeten Hu Tu) *ließ zwei Standarten* (Zeichen des vom Oberkommandierenden geführten Armeezentrums, das er in Wirklichkeit gar nicht befehligte) *aufrichten und zog sich, die Flucht vortäuschend, mit seinen Truppen zurück. Luan Dschen-Dse* (Luan Dschih) *befahl seinen Soldaten, Zweige hinter den Streitwagen herzuziehen* (um Wolken von Staub aufzuwirbeln) *und wandte sich* (als Täuschungsmanöver) *zur Flucht. Die Tschu-Armee nahm hastig die Verfolgung auf. Yüan Dschen und Hsi Dschen griffen sie mit dem Zentrum der Armee und der Garde des Herzogs von der Seite an. Hu Mau und Hu Yän* (die beiden Söhne Hu Tus) *unternahmen mit dem zweiten Armeekorps einen Flankenangriff gegen die Truppen des Generals Dse-Hsi. Das linke Armeekorps von Tschu stob aus-*

einander. Die Tschu-Armee erlitt eine vernichtende Niederlage. (28tes Jahr des Herzogs Hsi).

Dse-Yü gab sich schließlich selbst den Tod, um der Bestrafung durch den Fürsten von Tschu zuvorzukommen. Die anderen Staaten beugen sich nun dem Willen des Herzogs von Dschin, der seinem nominellen Lehensherrn, dem Dschou-König, gefangene Tschu-Soldaten und gepanzerte Schlachtrosse überbringt und dafür vom König mit einem feierlichen Gastmahl, mit Ritualgeschenken und dem Titel »Hou-Bo« (Erster der Fürsten) ausgezeichnet wird. Den krönenden Abschluß findet die Geschichte vom unaufhaltsamen Aufstieg des Tschung-Er (Herzog Wen von Dschin) in der folgenden Aufzeichnung:

Hu, Sohn des (Dschou-) *Königs, versammelte die Fürsten zu einem Bündnisabschluß im königlichen Palast. In dem dort geleisteten Schwur heißt es: ›Alle Fürsten stehen dem königlichen Hause bei und fügen sich untereinander keinen Schaden zu. Wer den Bündnisschwur verletzt, den trifft die Strafe der Geister; der büßt seine Truppen ein und vermag nicht, das Glück seines Landes zu wahren.* (Diese Verpflichtung) *gilt für alle, ob sie alt oder jung sein mögen, bis zu den Urenkeln.‹ Edle Menschen sagten von diesem Bündnis, daß es auf Vertrauen beruhe; und vom Herzog von Dschin sagten sie, daß er in dieser Schlacht* (von Tscheng-Pu) *mittels De* (Tugend, Festhalten an den ethischen Normen) *seinen Gegner geschlagen habe.* (Herzog Hsi, 28tes Jahr – 633 v.Chr.).

Wir sehen in dieser, wenn auch durch ihre Anpassung als »Kommentar« in dem uns heute vorliegenden Text oft unterbrochenen und zerrissenen Geschichte, mit welchem Scharfblick für das Wesentliche der Autor Geschehnisse und Schicksale aus dem komplizierten Ineinandergreifen interstaatlicher politischer und menschlicher Beziehungen herauszuarbeiten vermag und wie er zugleich im Rahmen der historischen Darstellung niemals sein ethisch-didaktisches Ziel aus den Augen verliert. Wir wollen noch an einigen anderen Beispielen die Grundhaltung des Autors, seine zwingende Logik, gelegentlich verbunden mit bitterer Ironie, seine humane Einstellung und sein künstlerisches Vermögen, über die Chronographie hinaus Geschichte darzustellen und zu wahrer Literatur zu erheben, noch näher betrachten.

Im Sommer (des 21ten Jahres des Herzogs Hsi, 640 v.Chr.) *war eine große Dürre* (im Staat Lu). *Der Herzog wollte eine schwächliche Schamanin verbrennen lassen. Dsang Wen-Dschung entgegnete ihm: ›Das ist kein Mittel gegen die Dürre. Die Wälle ausbessern zu lassen, weniger zu verzehren, die Ausgaben zu verringern, sich um den Ackerbau zu kümmern,* (die Reichen) *dazu zu bringen, ihren Überfluß* (mit anderen) *zu teilen – das ist es, worum man sich bemühen sollte. Was kann schon so eine schwächliche Schamanin anrichten? Wenn der Himmel sie zu töten wünschte, hätte er sie erst gar nicht hervorbringen müssen. Und sollte sie wirklich Dürre herbeizaubern können, so wäre es um so schlimmer, wenn Ihr sie verbrennen laßt.‹ Der Herzog befolgte seinen Rat. In diesem Jahr gab es zwar eine Hungersnot, die sich aber doch nicht verheerend auswirkte.*

Der Autor nimmt hier eindeutig Stellung gegen inhumane Bräuche und blinden Aberglauben, wobei er dem Leser suggeriert, daß die Verhinderung verheerender Folgen der Dürre durch vernünftige Maßnahmen und Menschlichkeit (die den Normen des Himmels viel eher entspricht) erwirkt wurde.

Eine andere historische Gestalt, die der Autor mit offensichtlicher Sympathie behandelt, ist Dse-Tschan (?-522 v.Chr.) der Premier des Staates Dscheng. Er ist nicht nur klug, schlagfertig und geschickt als Politiker, sondern besitzt auch die Fähigkeit, sich auf das Zusammenspiel tüchtiger und moralisch integrer Persönlichkeiten, ein Kollektiv individueller Begabungen sozusagen, zu stützen und darauf eine im großen und ganzen mustergültige Regierung aufzubauen. Ja, er verträgt sogar Kritik aus den unteren Schichten, wie wir noch sehen werden.

Wenn der Staat Dscheng irgendwelche Angelegenheiten mit anderen Fürstentümern zu regeln hatte, so befragte Dse-Tschan den Dse-Yü (sein anderer Name: Gung Sun-Hue) *über das Verhalten der Nach-*

barstaaten und beauftragte ihn überdies, ausführlich entsprechende Antworten vorzubereiten. Dann fuhr er mit Pi Kan (dem es im Getriebe des Stadtlebens schwerfiel nachzudenken) *in seinem Wagen aufs Land hinaus und bat ihn, seine Meinung hinsichtlich der Pläne zu sagen, welche er sodann Feng Dschjen-Dse mitteilte, um die letzte Entscheidung zu fällen. Danach übertrug er Dse-Tai-Schu die Mission, mit den Gästen* (Bevollmächtigten) *zu verhandeln. So kam es, daß Dse-Tschan kaum jemals Mißerfolge hatte* ... (Herzog Hsi, 31tes Jahr – 630 v.Chr.)

Diese Passage wird mit der Feststellung eingeleitet:

Dse-Tschan's Art, die Regierungsgeschäfte zu führen, bestand darin, fähige Leute auszuwählen und sie (ihren Fähigkeiten entsprechend) *einzusetzen* ...

Damit bildet er das genaue Gegenstück zu den »negativen Exempeln« in *Dso's Kommentar*, die durch willkürliches und selbstherrliches Verhalten, durch Eigenwilligkeit, Grausamkeit oder nutzloses Geschäftigtun dem »Weg des Himmels« zuwiderhandeln. Er versteht es, die Begrenztheit und zugleich die Besonderheit individueller Fähigkeiten zu erkennen, wobei er selbst – ebenso wie der »Himmel« im Weltbild des alten China – selbstlos wirkt; das heißt durch schöpferische Koordination das Besondere zum allgemein Nützlichen, zum Typischen, zu dem der ideellen Norm Entsprechenden zu gestalten vermag. Nur ist Dse-Tschan weder ein König noch ein Herzog, sondern lediglich ein Regierungschef. Das »Mandat des Himmels« war also in dem sich verschiebenden sozialen Gefüge nicht mehr konstant an das erbliche Königs- oder Fürstenhaus gebunden, sondern insofern variabel geworden, als seine eigentlichen Träger auch »ungekrönte Könige« – und hier denken wir sogleich an die bereits ausführlich geschilderte Stellung des Konfuzius – sein konnten. Die folgende Passage zeigt einen weiteren Aspekt der sozial-politischen Auffassungen des Dse-Tschan und schließt mit einer diesbezüglichen Bemerkung des Konfuzius:

Die Leute von Dscheng pflegten sich in den Dorfschulen (die zugleich gesellschaftlicher Mittelpunkt des Dorflebens waren) *zu treffen und dort über Persönlichkeiten der Regierung zu sprechen. Ran Ming sagte zu Dse-Tschan: ›Wäre es nicht besser, die Dorfschulen aufzulassen?‹ Dse-Tschan erwiderte: ›Warum? Die Leute begeben sich morgens und abends* (vor und nach der Arbeit) *dorthin, um ihre Meinung darüber zu äußern, was die Regierenden gut und was sie schlecht machen. Was sie für gut befinden, das führe ich durch, was ihnen zuwider ist, das ändere ich ab. So sind sie für mich meine Lehrer. Warum sollte ich da die Dorfschulen auflassen? Ich habe gehört, daß man getreu dem Guten handeln müsse, um Mißstimmungen zu beseitigen, nicht aber, daß man mit der Macht der Obrigkeit Mißstimmungen zurückdämmen könne. Man könnte ihnen freilich für den Augenblick Einhalt gebieten, aber nur, wie man Ströme eindämmt. Kommt es zu einem großen Einbruch* (der Deiche), *so werden sicher viele Menschen vom Unglück betroffen. Ich wüßte dann auch keine Rettung mehr. So ist es besser, kleine Öffnungen für den Strom offenzulassen und ihn zu lenken. Und so ist es auch besser, auf die Meinungen anderer zu hören, damit ich zu heilen vermag, wo Abhilfe nottut‹. Ran Ming sagte darauf: ›Von heute an weiß ich, daß Ihr fürwahr die Staatsangelegenheiten zu führen versteht! Meine Wenigkeit ist wahrlich ein Mensch ohne höhere Begabung. Wenn man tatsächlich so handelt, wie Ihr es für richtig haltet, würde der ganze Staat Dscheng davon profitieren und nicht nur ein paar seiner Minister!‹ Konfuzius sagte als er dies hörte: ›So betrachtet, glaube ich nicht, wie andere Leute von ihm sagen, daß Dse-Tschan keine Güte besessen habe.‹* (Herzog Hsjang, 31tes Jahr – 534 v.Chr.)

Dso's Kommentar berichtet von Dse-Tschan, daß er im Jahr 537 v.Chr. das erste Strafgesetz Chinas erlassen habe, das als Gegenmaßnahme gegen die persönliche Willkür der Fürsten gedacht war und deshalb auf den Widerstand der konservativen Elemente stieß. Auf einen Brief des Schu Hsjang von Tschin, der ihm vorhielt, daß mit der Einführung eines schriftlich fixierten Strafrechts »*das Volk ... die Riten* (Li: die bindenden Normen, Bräuche und Verhaltensweisen der herkömmlichen hierarchischen Ordnung) *aufgeben und sich auf den Gesetzestext stützen wird«*, antwortete Dse-Tschan: *»Ich will damit die Welt retten.«* In der viel komplizierteren gesellschaftlichen Situation seiner Zeit bedurfte es bereits genauer umrissener Herrschaftsstrukturen, als das unsicher gewordene Ordnungsgefüge patriarchalischer Abhängigkeitsverhältnisse und der ihnen als Stütze dienenden Riten allein hätten bieten können. Die Neu- oder Umwertung der traditionellen Vorstellungen von den Riten und Normen erforderte eben infolge der Erkenntnis ihres schwankenden Ideengehalts eine gewisse Fixierung, ohne welche auch der fähigste Hegemoniarch oder Staatsmann nicht mehr Ordnung zu bringen oder zu wahren vermochte. Diese Ordnung konnte auch nicht mehr willkürlich von oben bestimmt werden. Dse-Tschans Methode *»die Welt zu retten«* basierte nicht so sehr auf dem Dreifuß mit der Inschrift der Strafbestimmungen, sondern auf der Erkenntnis, daß ein Ritualgegenstand, wie es der Dreifuß war, als solcher kaum noch Wert besaß, es sei denn als Träger einer neuen Realität, die sich auf dem Boden der sich umformenden sozialökonomischen Verhältnisse entwickelt hatte. Und auf diesem Boden gediehen auch neue Denkmodelle, die analytisch und synthetisch die ins Schwanken geratenen Bausteine der feudalpartikularistischen Ordnung in ein neues System zu bringen beziehungsweise unter Verwendung dieser Bausteine (Li: Riten – De: Tugend, – Dau usw.) und mit entsprechenden Ergänzungen das alte System zu regenerieren oder umzugestalten suchten. Die Widerspiegelung dieses Vorganges in der Sphäre des chinesischen Schrifttums war der Übergang von der Lyrik und Chronik zur didaktisch-philosophischen Prosa, zum Gesetzestext und zur Historiographie, die ihrem Wesen nach immer dem Didaktisch-Philosophischen verhaftet blieb. Der ideale Herrscher – in *Dso's Kommentar* noch der Hegemoniarch – und sein Stab von »tugendhaften« und »fähigen« Ministern und Beratern mit einem erweiterten Loyalitätsempfinden, das nicht allein auf die Person des regierenden Fürsten beschränkt blieb, sondern den Staat und in gewissem Sinn auch das Volk einschloß, nehmen nun einen zentralen Platz in der Geschichtskonzeption und im philosophischen Denken ein. Das Bewußtwerden der sich objektiv vollziehenden sozialökonomischen Veränderungen zwang die weitsichtigeren Vertreter der herrschenden Klasse und der

Intelligenz zu einer Analyse gesellschaftlicher Vorgänge, die nicht mehr nur auf die obersten Stufen der hierarchischen Stufenleiter beschränkt sein konnte. Dse-Tschans Interesse an den Meinungen, die in den »Dorfschulen« geäußert wurden, war symptomatisch. Denn rein personelle Abhängigkeitsbeziehungen, wie sie in den Dorfgemeinschaften und in ihrem Verhältnis zu den kleineren und größeren Landesherren einst bestanden, waren in den Konzentrationsbestrebungen der späten »Frühling- und Herbst«-Periode kaum mehr möglich. Das Volk, zunächst die größeren Privateigentümer nichtadeliger Abstammung, mußte mit anderen Mitteln als nur den »Riten« und einem an die Person des Herrn und Herrschers gebundenen Loyalitätsbegriff regiert werden. Der Autor von *Dso's Kommentar* hat offenbar zwei Seelen in seiner Brust, wenn er von den »Riten« und »Loyalität« spricht, wobei der Begriff »Riten« (Li) für ihn sich bereits zu einer kaum mehr definierbaren »Norm« erweitert hat. Mit einer spürbaren Wehmut sieht er die »Loyalität« früherer Zeiten dahinschwinden, und zögernd schließt er sich der neuen Auffassung von einer »Loyalität« als Hingabe an eine nicht mehr nur personengebundene Autorität an, als Verantwortungsgefühl für die lediglich noch durch die Person des Herrn und Herrschers repräsentierte größere politische Einheit.

Als ein »negatives Exempel« und zugleich als Beispiel des an der Unbedingtheit der »Loyalität« zweifelnden und schließlich als reflektierendes Subjekt an diesem Problem verzweifelnden Menschen wollen wir Ausschnitte aus einer Passage über das monströse Verhalten eines Dschin-Herzogs wiedergeben:

Herzog Ling von Dschin war seines Titels unwürdig. Er hob unmäßig hohe Steuern ein, um seinen Palast auszuschmücken. Von der Terrasse aus schoß er mit einer Schleuder auf die Vorübergehenden und ergötzte sich daran, wie sie den Kugeln zu entrinnen suchten. Sein Koch hatte Bärentatzen nicht weich genug für ihn gesotten. Er ließ ihn töten, den Leichnam in einen Korb tun und befahl den Hofdamen, ihn durch den Palast hinauszutragen. Dschau Dun und Shih Dschi sahen die Hand des Getöteten (hervorlugen) *und fragten nach dem Grund* (der Bestrafung). *Bestürzt darüber, wollten sie dem Herzog*

Vorhaltungen machen ... Der Herzog sieht scheinbar seinen Fehler ein, ändert jedoch sein übles Treiben nicht. Nach erneuten Ermahnungen von seiten des Dschau Dun beauftragte er Tschu Mi, einen kräftigen Gefolgsmann, den unliebsamen Minister zu erschlagen. Tschu Mi begibt sich früh am Morgen in das Haus Dschau Dun's. *Die Tür des Schlafgemachs stand offen. Der Minister hatte sich in Erwartung der Morgenaudienz bereits in sein Hofornat gekleidet. Da es noch zu früh war, schlummerte er im Sitzen. Tschu Mi zog sich zurück und sagte seufzend: ›Wer Würde und Respekt nicht vergißt, ist* (ein wahrer) *Herr des Volkes. Einen* (wahren) *Herrn des Volkes zu erschlagen ist nicht loyal. Den Auftrag seines Fürsten zu mißachten zeugt von Unzuverlässigkeit. Es ist besser zu sterben als eine dieser beiden Verbrechen auf sich zu nehmen.‹ Er rannte mit dem Kopf gegen eine Akazie und starb.* (Herzog Hsuan, 2tes Jahr – 608 v.Chr.)

»Negative Exempel« dieser und noch schlimmerer Art machen einen nicht unbeträchtlichen Teil des gesamten Textes aus. Willkür, Brutalität und Verworfenheit der Fürsten und Höflinge werden sachlich nüchtern und mit scheinbarer Objektivität geschildert, was die Wirkung auf den Leser nur noch verstärkt, das Bild nur noch drastischer, noch erschreckender hervortreten läßt. Interessant und trotz des offensichtlich fiktiven Monologs überzeugend und literarisch wirksam ist das Dilemma des Gefolgsmanns Tschu Mi, eines einfachen Menschen, der an einem unlösbaren Gewissenskonflikt zugrunde geht. »Loyalität« und »Herr des Volkes« sind Begriffe, die sich nicht mehr aneinanderfügen lassen, sondern bei der Konfrontation mit der Realität auseinanderfallen – zumindest nach den herkömmlichen und ehemals unzweideutigen, daher nicht anzweifelbaren Vorstellungen. Eine nicht minder starke Wirkung erzielt der Autor von *Dso's Kommentar* mit scharf pointierten Episoden der folgenden Art:

Die Di fielen im Staat We ein. Herzog I von We hatte eine besondere Vorliebe für Kraniche. Selbst auf den Wagen der hohen Würdenträger saßen Kraniche. Als vor der Schlacht die Krieger ihre Rüstungen erhielten, riefen sie: ›Soll er doch die Kraniche in den Kampf schicken.

In Wirklichkeit sind es doch sie, die gute Pfründen und hohe Positionen (da sie wohlgenährt auf den Wagen der Würdenträger hockten) *haben. Was können da schon wir im Kampf ausrichten?«* (Herzog Min, 2tes Jahr – 661 v.Chr.)

Leider ist es unmöglich, die nahezu unglaubliche Sparsamkeit im Wortgebrauch und die Prägnanz des Stils dem Original auch nur annähernd adäquat in Deutsch wiederzugeben. Der Stil dieses Werks übte eine überaus starke Wirkung auf alle späteren Historiographen Chinas aus; aber in seiner ursprünglichen Frische, seiner Originalität und Ausdruckskraft blieb *Dso's Kommentar* ein unerreichbares Vorbild. Der Historiker und Kritiker der Tang-Zeit Lju Dschih-dschi schrieb über den vermeintlichen Autor (Dso Tschju-ming): *»Ein Mensch von solcher Begabung gleicht in seinem Werk der Schöpferkraft des Himmels, in seinen Gedanken den machtvollen Geistern. Von einer solchen Darstellung hat man kaum wieder gehört. Seit alters gilt sie als überragend.«*[12]

Andere Kommentare zu den »Frühling- und Herbst-Annalen«

Während *Dso's Kommentar* offenbar ein selbständiges Werk war, das (wenn überhaupt) nur in einem losen Zusammenhang mit den *Frühling- und Herbst-Annalen* gestanden haben konnte, so handelt es sich bei den anderen gleichfalls zu den »Dreizehn Klassischen Schriften« zählenden Kommentaren – *Gung Yang's Kommentar* und *Gu Liang's Kommentar* – um zwei von Anfang an als Erläuterungen zu den *Frühling- und Herbst-Annalen* gedachte Werke. Von diesen beiden Kommentaren scheint der letztere kaum früher als im zweiten Jahrhundert v.Chr. verfaßt worden zu sein, indes der erstere sicher älter ist, da sich Zitate aus *Gung Yang's Kommentar* bereits in den philosophischen Schriften der Periode der Kämpfenden Staaten (403-221 v.Chr.) nachweisen lassen. Wer die Verfasser waren, wissen wir nicht, d.h., was wir über sie wissen, kann kaum Anspruch auf

Glaubwürdigkeit erheben – so z.B., daß sie beide Schüler des Dse-Hsja (507-?v.Chr.), eines der Schüler aus dem engeren Kreise des Konfuzius, waren. Vielmehr scheint die Annahme berechtigt zu sein, daß *Gung Yang's Kommentar* das kollektive Werk einer Schule von Exegeten war, zu denen auch Gung Yang zählte. Im Text erscheint sein Name (Gung Yang Dse: Meister Gung Yang) neben den Namen anderer Exegeten wie Si-ma Dse (Dse bedeutet hier »Meister«), Schen Dse, Lu Dse usw. Warum gerade Meister Gung Yang zum alleinigen Autor des Kommentars deklariert wurde, ist unbekannt. Doch daß man in der Han-Zeit nach einer Persönlichkeit und Autorität in möglichst enger Beziehung zu Konfuzius als dem vermeintlichen und vorgeblichen Autor »klassischer« Texte suchte, lag damals bekanntlich im Interesse der offiziellen Gelehrtenschaft, der »Lehrstuhl«-Inhaber an den kaiserlichen Instituten zur Heranbildung von Staatsbeamten. Der berühmte Han-Ideologe Dung Dschung-schu (197-104 v.Chr.) stützte sich in seiner Exegese der *Frühling- und Herbst-Annalen* auf *Gung Yang's Kommentar*. Für *Gu Liang's Kommentar* wurde erst 51 v.Chr. ein Lehrstuhl eingerichtet. In diesem sind überdies Einflüsse des Wunder- und Vorzeichenglaubens der Han-Zeit verdachtserregend deutlich spürbar.

In *Dso's Kommentar* gibt es eine Reihe von Passagen, die stereotyp den Text der *Frühling- und Herbst-Annalen* ganz oder nahezu gleichlautend wiederholen und dann einen kurzen »kommentatorischen« Nachsatz hinzufügen. Eben diese Passagen sind zweifellos als Interpolationen im Prozeß der »Textangleichung« – des Zurechtschneidens des Originals nach den Chronik-Rubriken der *Annalen* – zu betrachten. Wir wollen hier eine solche Stelle mit sämtlichen »Kommentaren« als Textprobe wiedergeben:

FRÜHLING- UND HERBST-ANNALEN (Herzog Hsjang, 19tes Jahr – 555 v.Chr.): *Schih Gai von Dschin führte die Armee bei einem Einfall in Tschi. Als er Gu erreichte, hörte er vom Tod des Herzogs von Tschi. Darauf kehrte er zurück.* DSO'S KOMMENTAR: *Schih Gai von Dschin fiel in Tschi ein. Als er nach Gu kam, hörte er vom Trauerfall und kehrte zurück. Das entsprach den Riten.* GUNG YANG'S KOMMENTAR: *Was bedeutet* (hier) ›*zurückkehren*‹? *Gut-*

heißen des Aufgebens (des Kriegsunternehmens). *Warum es gutheißen? Es wird* (damit) *hervorgehoben, daß ein Staat in Trauer nicht bekriegt wurde. Hier wurde auf Befehl des Fürsten ein Kriegszug gegen Tschi unternommen. Warum dann hervorheben, daß gegen einen Staat in Trauer kein Kriegszug unternommen wurde? Ein hoher Würdenträger zieht ins Feld auf Befehl des Fürsten. Vormarsch und Rückmarsch sind Sache des hohen Würdenträgers* (als Feldherr).

GU LIANG'S KOMMENTAR: *Zurückkehren ist* (hier) *ein Ausdruck für eine Angelegenheit, die nicht vollendet wurde. Bei der Entgegennahme des Befehls* (zum Kriegszug) *handelt es sich um die Tötung von Lebenden. An Toten kann man seinen Zorn nicht auslassen. Daß kein Kriegszug gegen einen Staat in Trauer unternommen wurde, wird gutgeheißen. Wenn es gutgeheißen wird, warum wird* (dann die Angelegenheit) *als unvollendet angesehen? Der Fürst regelt nicht persönlich kleine Angelegenheiten; ein Untertan beansprucht keinen großen Ruhm für sich. Bei Gutem rechnet er es dem Fürsten an, bei Fehlern sich selbst. So lernt das Volk Uneigennützigkeit* (einander nachzugeben). *Schih Gai beanspruchte* (Entscheidungsgewalt über) *den Befehl des Fürsten. Das wird ihm zur Last gelegt. Wie hätte sich also Schih Gai in dieser Lage verhalten müssen? Richtiges Verhalten wäre gewesen: Einen Altar und ein* (Ritual-)*Zelt zu errichten und einen Boten* (mit der Bitte) *um den Befehl* (des Fürsten) *zurückzuschicken* (da dann der ›große Ruhm‹ nicht Schih Gai, sondern seinem Fürsten zugefallen wäre).

In dieser Passage bietet auch *Dso's Kommentar* nichts literarisch Interessantes. Aber, wie wir bereits sagten, haben wir es hier vermutlich mit einer Interpolation zu tun. Die beiden anderen Kommentare zeigen in ihrer ethisch-rituellen Deutung der *Annalen* nicht nur formal, sondern auch inhaltlich die Charakteristika eines Katechismus. Hier ist das didaktische Moment nicht subtil eingewoben, sondern liegt offen und aufdringlich zutage. Dennoch finden wir vereinzelt Passagen eingestreut, die, wo immer sie auch herstammen mögen, unverkennbar die Hand eines Meisters verraten.

畫中但言丞相未未明何人疑秦李斯之屬

第二石止

10

Politik – zwischen Kampf und Diskurs

Die »Diskurse der Staaten« (Guo-Yü)

Als um das Jahr 700 n.Chr. der Tang-Historiker Lju Dschih-dschi die Geschichtswerke Chinas einer Analyse unterzog und ihre Besonderheiten zu erfassen suchte, stellte er sechs Grundformen der chinesischen Historiographie fest; repräsentiert durch die folgenden Werke: Das *Buch der Urkunden*, die *Frühling- und Herbst-Annalen*, *Dso's Kommentar*, die *Diskurse der Staaten*, die *Historischen Aufzeichnungen* Si-ma Tschjän's und die *Geschichte der Früheren Han-Dynastie*[1]. Die beiden Letztgenannten bieten als jeweilige Eigenart ihrer Gattung eine enzyklopädische Darstellung des gesamten historischen Geschehens von den ältesten Zeiten bis zur Gegenwart beziehungsweise die umfassende Darstellung der Geschichte einer (der Früheren Han-)Dynastie, wobei in beiden Fällen das Regierungssystem mit seinen Institutionen und kulturellen Errungenschaften mit einbezogen wurde. Über die Eigenarten des *Buchs der Urkunden* und der anderen zwei Werke haben wir schon ausführlich gesprochen. Worin lag also das Neue in den *Diskursen der Staaten*, das diesem Werk nach der Meinung Lju Dschih-dschi's den Status eines besonderen historiographischen Genres gab?

Schon der Titel deutet an, daß es sich hier um »Diskurse« – hauptsächlich Gespräche zwischen Fürsten und ihren Ratgebern, oft strenggenommen Monologe – handelt, die zum Unterschied von *Dso's Kommentar* nicht chronologisch, sondern regional – nach »Staaten« geordnet sind. Außer dem Königshaus der Dschou finden wir die Staaten Lu, Tschi, Dschin, Dscheng, Tschu, Wu und Yüe – also insgesamt acht, von welchen dem Staat Dschin der proportional größte Raum – die Kapitel sieben bis fünfzehn von den einundzwanzig Kapiteln des gesamten Werkes – gewidmet ist. Trotz dieser offensichtlichen Bevorzugung des Staates Dschin wird die Autorschaft der *Diskurse der Staaten* traditionell einem »edlen Menschen aus Lu«, den wir bereits als angeblichen Verfasser von *Dso's Kommentar* kennen, zugeschrieben. Si-ma Tschjän erwähnt in seinen *Historischen Aufzeichnungen* zweimal Dso Tschju-(ming) als Autor der *Diskurse der Staaten*, so auch im letzten Kapitel, seiner »Autobiographie«, in welcher er das ihm als schmählich erscheinende Überleben nach der von Kaiser Wu grausam und ungerecht über ihn verhängten Strafe der Kastration zu rechtfertigen sucht. Denn vor ihm hatten auch andere bedeutende Männer ihre Schmach ertragen und überlebt, um ein großes Werk zu schaffen, so *»Dso Tschju, der sein Augenlicht verlor* (geblendet wurde), *wonach die ›Diskurse der Staaten‹ entstanden.«* Der Philosoph Wang Tschung (27-97 n.Chr.) und nach ihm der Kommentator der *Diskurse der Staaten* We Dschau vertraten die Meinung, *»Dso war bei der Kommentierung der Schrift* (›Frühling- und Herbst-Annalen‹) *im Ausdruck zu karg gewesen, darum schrieb er in Auswahl Worte der ›Diskurse der Staaten‹ nieder, um* (die Lücken) *aufzufüllen ...«*[2] Die *Diskurse der Staaten* waren damit ein Ergänzungsband zu *Dso's Kommentar* geworden.

Gegen diese traditionelle Ansicht spricht zunächst, daß sich *Dso's Kommentar* und die *Diskurse der Staaten* zeitlich nicht ganz decken: der Zeitraum in dem letzteren Werk ist um mehr als zwei Jahrhunderte vorverschoben und endet etwa dreißig Jahre später als in dem ersteren. Die *Diskurse der Staaten* beginnen mit dem Dschou-König Mu; das erste datierbare Ereignis fällt etwa in die Mitte des zehnten Jahrhunderts v.Chr., das letzte in das Jahr 451 v.Chr. Trotzdem liegt der Schwerpunkt eindeutig auf der »Frühling- und Herbst«- Periode, also eben jenem Zeitabschnitt, der in *Dso's Kommentar* behandelt wird. Schon in dem ersten »Diskurs«, die Ermahnung eines Würdenträgers am Dschou-Hof, der König Mu von einem gefährlichen Feldzug gegen die Tschüan-Rung abzuhalten sucht, wird der unaufhaltsame Verfall des Königshauses der Dschou als zwangsläufiges Resultat von Verstößen gegen die Ritualnormen angedeutet. Die Ohnmacht des Dschou-Hauses bleibt der mehr oder minder deutliche Hintergrund aller folgenden »Diskurse«. Aber eben die Aufzeichnungen über Verstöße gegen die rituellen Vorschriften, meist didaktisch und trocken in ihrer Diktion, geben uns die Möglichkeit, den geistigen Habitus der Menschen jenes Zeitalters besser verstehen zu können. Erst durch dieses Wissen gewinnt manche sonst dürr und unbedeutend erscheinende Episode des chinesischen Altertums Bedeutung für uns. Wir werden deshalb im folgenden auch einige Ausschnitte aus Texten wiedergeben, die weniger literarischen als informativen Wert besitzen.

Wir sagten eingangs, daß die Gliederung des Textes nach Staaten, also nicht chronologisch, sondern regional, ein Charakteristikum der *Diskurse der Staaten* sei. Doch trotz dieser Gliederung finden wir zumindest in den ersten drei Kapiteln über das Königshaus der Dschou und in den Kapiteln über den Dschin-Staat noch Überreste des Chronik-Stils. So heißt es dort z.B.: *»Im 32sten Jahr des Königs Hsüan, im Frühjahr ...«*, *»Im 2ten Jahr des Königs Yo ...«*, *»Im 17ten Jahr* (des Herzogs) von Dschin), *im Winter ...«* usw. In den Kapiteln über andere Staaten sind solche chronistische Züge, die sehr an die *Frühling- und Herbst-Annalen* erinnern, kaum zu finden. Ein Vergleich mit *Dso's Kommentar* zeigt, daß manche Passagen – so die Geschichte des von Li Dschi heimtückisch zum Verderben des Kronprinzen inszenierten Vergiftungsversuchs an dem Herzog Hsjän von Dschin – nicht nur inhaltlich, sondern zum Teil auch Wort für Wort übereinstimmen. Andererseits finden wir nicht wenige Passagen, die in Inhalt und Darstellung eines in beiden Werken vorkommenden historischen Ereignisses weit voneinander abweichen. Auch dort, wo wir eine mehr oder minder deutliche Übereinstimmung vorfinden, ist die Diktion von *Dso's Kommentar* wesentlich karger, sparsamer, gedrängter als die der *Diskurse der Staaten*. Das historisch-deskriptive Element ist in diesem Werk nur von sekundärer Bedeutung; in anderen Worten: es dient eher als Unterbau oder Gerüst für die vorherrschend »diskursive« Darstellungsweise, welche die *Diskurse der Staaten* gleichsam zu einem Handbuch für die rhetorische Schulung des Höflings macht. Auch hier werden wie in *Dso's Kommentar* positive und negative Exempel einander gegenübergestellt. Hört der Fürst auf den Rat, der ihm gegeben wird, so ist ein positives Resultat zu erwarten, andernfalls stürzt er sich und seinen Staat ins Verderben. Wir spüren darin deutlich das Selbstgefühl der »Schih«, den sich anhand historischer oder oft auch nur legendärer Beispiele selbst beweisenden Einfluß einer besonderen Gruppe von Wissensträgern, die das Recht, ethische und politische Werturteile zu fällen, für sich beanspruchte. Außer traditonalistischem konfuzianischem Gedankengut stoßen wir auch auf dauistische Einflüsse, wie z.b. in den Gesprächen Fan Li's mit dem König von Yüe im einundzwanzigsten Kapitel. In dem Kapitel, das den Namen des Staates Dscheng trägt (das 16te), finden wir wiederum eine Art genealogische Abhandlung, die den Verlust des »Mana« (des »De«) im Königshaus der Dschou und die Gründe des Erstarkens der Staaten Tschin, Dschin, Tschi und Tschu beweisen soll. Hier wird offensichtlich retrospektiv ein historischer Entwicklungsprozeß nach ethischen und zugleich magischen Normen »analysiert«. Und eben solche retrospektiven »Analysen« oder Interpretationen geschichtlicher Vorgänge geben uns einen tiefen Einblick in verschiedene Bereiche der Ideenwelt Chinas in der zweiten Hälfte des ersten Jahrtausends v.Chr.

Wie in der Geschichtsschreibung eines Herodot oder Thukydides in Europa sind auch im alten China »Diskurse« dokumentarisch keineswegs ernstzunehmen – nicht etwa deshalb, weil sie als Fälschungen gemeint waren, sondern weil der Historiker nach den damaligen Anschauungen nicht Wissenschaftler in unserem Sinn sein konnte. Der »Diskurs« bot eine ausgezeichnete Möglichkeit, durch den Mund einer glaubwürdigen historischen Persönlichkeit, eine Botschaft zu übermitteln. Der Wunsch nach Objektivität – wie selten hält sich auch unsere moderne Geschichtsschreibung daran! – stand hinter dem Eintreten für einen bestimmten Standpunkt, eine bestimmte Weltsicht weit zurück. In China gebührte dem ethisch-didaktischen Element der Vorrang; und diesem Anliegen hatte sich der spröde Stoff äußerer Geschehnisse zu beugen. Dem »Historiographen« oblag vor allem die Beobachtung und das Verzeichnen sozialer und kosmischer (terrestrischer sowie astraler Erscheinungen); die Darstellung des zeitweiligen harmonischen Sichineinanderfügens beziehungsweise Auseinanderstrebens dieser untrennbar miteinander verbundenen Sphären. In der Chronik konnte das Material noch verhältnismäßig objektiv verwertet werden; im »Diskurs« hingegen zwang das Anliegen, die Normen zu unterstreichen, zu einer fiktiven Gestaltung oder Umgestaltung des Stoffs, zu einer Darstellung »möglicher« Verhaltensweisen im Sinne der vorgegebenen Normen. Und schließlich war der »Historiograph« zugleich auch Sterndeuter, Wahrsager und Magier – also subjektiv mit Vorstellungen behaftet, für die unser Begriff von »Historiographie« kein adäquater Maßstab sein kann. Die Auswertung der »*Diskurse*« für den modernen Wissenschaftler erfordert daher ein sehr subtiles Herangehen an das vorliegende Material.

Wir wollen bei der Auswahl der Textproben sowohl die literarisch-stilistischen wie auch die geistesgeschichtlichen Merkmale der *Diskurse der Staaten* dem Leser verständlich zu machen suchen. Im Kapitel I – den *Diskursen des Staates Dschou* (der königlichen Domäne, die hier zwar an erster Stelle, aber doch immerhin als einer unter mehreren Staaten, also nicht mehr als das »Königshaus« katexochen erscheint) findet sich folgende für die Darstellungsweise dieses Werkes typische Passage:

König Li (von Dschou; 857-842 v.Chr.) schenkte seine Gunst dem Herzog I von Rung. Ein Würdenträger am Dschou-Hof namens Rue Ljang-fu bemerkte dazu: ›Geht das Königshaus nicht dem Verfall entgegen? Dem Herzog I von Rung ist daran gelegen, den gesamten Ertrag allein zu beanspruchen, ohne die großen Schwierigkeiten zu verstehen (die daraus entstehen müssen). *Denn die Erträgnisse erwachsen aus allen Dingen; sie werden vom Himmel und von der Erde hervorgebracht, und sollte sie einer für sich allein beanspruchen, so verursacht er damit zahlreiche Schäden. Die vielen Dinge, die Himmel und Erde gedeihen lassen, sind für den Gebrauch aller bestimmt. Wie darf sie da einer für sich allein beanspruchen? So wird ein gewaltiger Unwille hervorgerufen und nichts getan, um Vorsorge für die* (kommenden) *großen Schwierigkeiten zu treffen. Wenn man dem König solche Maßnahmen empfiehlt, wie könnte er da noch lange König bleiben? Denn wer als König über Menschen herrscht, muß die Erträgnisse zu fördern und sie an alle in den höheren und niederen Regionen* (den Geistern und Menschen) *zu verteilen wissen. Und selbst wenn Geister und Menschen und alle übrigen Dinge das ihnen zukommende Maß erhalten haben, so lebt er doch täglich in Sorge und Angst, daß er Mißbilligung erregen könnte ... Nun lernt der König, die Erträgnisse für sich allein zu beanspruchen. Kann so etwas gebilligt werden? Wenn ein Gemeiner Erträgnisse an sich zu reißen sucht, so wird er Räuber genannt. Tut dies ein König, so wird es wenige geben, die ihm zu folgen bereit sind. Sollte Herzog I von Rung mit den Regierungsgeschäften betraut werden, so muß das Haus Dschou zugrunde gehen.‹ Herzog I von Rung wurde schließlich doch Kanzler. Die Fürsten verweigerten den Tribut, und der König* (starb) *im Exil in Dschih.*[3]

Allgemein läßt sich dazu zunächst sagen, daß die handelnden Personen – das Geschichtliche – in dieser Geschichte eine untergeordnete Rolle spielen. Sie könnten durch irgendwelche andere Namen ersetzt werden. Wesentlich ist der »Diskurs« – die didaktische Abhandlung des Themas, daß ein idealer König den »Ertrag« zu »fördern« und gerecht zu »verteilen« habe. Die handelnden Personen spielen nur insofern eine Rolle, als sie durch das »negative Exempel« – und hier wird das Historische ins Didaktische überhöht – die Allgemeingültigkeit einer Verhaltensnorm bestätigen und beweisen. Ähnliches haben wir bereits in *Dso's Kommentar* gesehen, nur daß in den *Diskursen der Staaten* der didaktische Charakter der Darstellung noch viel deutlicher in den Vordergrund tritt. Das Ideal des Königstypus, der hier gezeichnet wird, trägt noch unverkennbar Züge des Stammeshäuptlings, der außer realen politisch-ökonomischen Funktionen auch noch die magische Aufgabe der »Förderung« des Wachstums aller Dinge und der Regelung eines harmonischen Verhältnisses der Geister- und Menschenwelt – des Großen Stammes, des Universums – zu erfüllen hat. Die retrospektive Behandlung eines geschichtlichen Ereignisses ist hier »interpretativ«: das glaubwürdige, weil bekannte, historische Faktum – die Empörung gegen König Li als Folge verstärkter Ausbeutung in einer Zeit der allgemeinen Not – dient als Rahmen für eine politisch-ethische Lektion, als historische Grundlage für den »Diskurs«, der nach unseren Begriffen fiktiv, also eine Falsifikation ist, nach den Vorstellungen des »Historiographen« jener fernen Zeiten aber »wirklicher« als die Wirklichkeit gewesen sein mochte. Denn in ihm nutzt er, von einem normativen Ideal ausgehend, die potentiellen Momente einer historischen Gegebenheit für das konkrete Ziel der Gestaltung einer besseren Gegenwart und Zukunft. Im dritten und letzten Kapitel der *Diskurse des Staates Dschou* rät ein Würdenträger des Dschou-Hofs dem König Dsching (544-521 v.Chr.) vom Guß kostspieliger Glocken ab. In diesem sehr langen »Diskurs« über die Bedeutung der Musik und der einzelnen Töne im Ritual finden wir folgende interessante Passagen:

... So sind die Ohren und Augen die Triebkräfte des Herzens. Darum muß man harmonischen Klängen lauschen und rechtschaffene Dinge betrachten. Lauscht man Harmonischem, so wird das Gehör fein; betrachtet man Rechtschaffenes, so wird der Blick klar. Dem feinen Gehör werden (gute) *Worte vernehmbar; dem klaren Blick erhellt sich die Tugend* (Virtus). *Wer* (gute) *Worte vernimmt und die Tugend* (Virtus) *erhellt, der vermag reine und feste Gedanken zu fassen. Wenn er so dem Volk die Tugend* (Virtus) *verkündet und das Volk ihn als Tugendhaften anerkennt, so wird es ihm folgen ... Wird das rechte Maß verletzt und das Gut* (des Volkes) *vergeudet, so wirkt man* (dem wahren Sinn) *der Musik entgegen ... Denn ist der Klang der Musik harmonisch und friedvoll, so vermehrt sich das Gut* (des Volkes) *... Werden der Tugend Töne nicht gestört, verbinden sich Geister und Menschen in Eintracht. Die Geister werden dadurch friedlich gestimmt und das Volk lernt zu gehorchen ...*[4]

Der König befolgte den Rat nicht und starb schließlich nach mehreren Morden und inmitten verhängnisvoller Verwicklungen hinsichtlich der Erbfolge an einer Herzkrankheit.
Auch hier ist die historische Konstellation offensichtlich nicht viel mehr als der Rahmen für einen »Diskurs« über Wert und Sinn der Musik als soziales und kosmisches Regulativ. Interessant ist besonders, wie sich in diesen Gedankengängen Reales und Irreales in scheinbarer Logik verknüpfen, um einem durchaus pragmatischen Zweck zu dienen: der Wahrung eines stabilen und allen zugute kommenden Staatswesens. Tugend (ein, wie bereits erwähnt, recht

vielschichtiger Begriff), Musik, gute Regierung und Gehorsam aller Schichten der Bevölkerung fügen sich in einer harmonischen Abstimmung von Geister- und Menschenwelt in der Totalität eines vermeintlich erkennbaren, deutbaren und lenkbaren Universums zusammen.
In demselben (dritten) Kapitel der *Diskurse des Staates Dschou* lesen wir von den mit der ritualistisch-hierarchischen Ideenwelt eng zusammenhängenden Auffassungen von der Persönlichkeit und ihren Verhaltensweisen als quasi schicksalsbestimmender Faktor.

Bei einer Konferenz mehrerer Fürsten in Ko-Ling (575 v.Chr.) bemerkte ein Würdenträger des Dschou-Königs, Herzog Hsjang von Dan, als er den Herzog Li von Dschin sah, daß dieser, den Blick in die Ferne gerichtet, stolz einherschritt; als er Hsi Tschi (dieser und die beiden folgenden Personen – die »drei Hsi« – waren Verwandte, die alle hohe Ämter im Staat Dschin bekleideten) *sah, bemerkte er, daß dieser herausfordernde Worte gebrauchte; als er Hsi Tschou sah, bemerkte er, daß dieser weitschweifig und übertrieben sprach; als er Hsi Tschi sah, bemerkte er, daß dessenWorte voller Prahlsucht waren. Als er dann dem Herzog von Lu begegnete, erzählte ihm dieser von den Schwierigkeiten, die ihm der Staat Dschin bereite und daß Hsi Tschou* (einer der eben erwähnten Hsi) *ihn verleumdet habe* (der Herzog von Lu war bei einem gemeinsamen Feldzug gegen den Staat Dscheng mit seinen Truppen zu spät erschienen und wurde deshalb einer abwertenden Haltung bezichtigt). *Herzog Hsjang von Dan erwiderte darauf: ›Was habt Ihr von Dschin denn schon zu befürchten! In Dschin werden alsbald Wirrnisse ausbrechen. Der Herzog* (von Dschin) *und die drei Hsi werden darunter zu leiden haben.‹ Der Fürst von Lu sagte: ›Ich fürchte, daß ich der Rache des Herzogs von Dschin nicht entgehen werde. Nun meint Ihr, Dschin werde von Wirrnissen heimgesucht werden. Darf ich fragen, ob Ihr den Grund hierfür in einer Fügung des Himmels oder vielmehr in menschlichen Irrungen seht?‹ Der Herzog von Dan erwiderte: ›Ich bin kein Blinder* (d.h. Musikmeister, der aus den Tönen gute oder schlechte Vorzeichen zu erkennen vermag) *noch ein Historiograph* (der zugleich Astrologe und Wahrsager ist). *Wie sollte ich etwas von den Fügungen des Himmels (des himmlischen Dau) verstehen! Ich beobachtete nur das Gehaben des Fürsten von Dschin und lauschte den Gesprächen der drei Hsi. Sie werden sicher von Unheil befallen werden. Denn ein edler Mensch regelt die Bewegungen seines Körpers mit dem Auge und sein Fuß regelt danach den Schritt. So kann man aus der Beobachtung des Gehabens das Herz eines Menschen erkennen ... Nun merkte ich, daß der Herzog von Dschin seinen Blick in die Ferne richtete und stolz einherschritt. Sein Auge war nicht auf die Bewegungen seines Körpers bedacht und sein Fuß schritt nicht aus nach dem regelnden Maß des Auges. So hegt er bestimmt andere Gedanken im Herzen. Wenn Auge und Körperbewegungen nicht miteinander übereinstimmen, so kann ein unheilvolles Ende nicht lange ausbleiben. Eine Konferenz der Fürsten ist ein Ereignis von großer Bedeutung für die Völker, das Gelegenheit bietet, ihr Schicksal (Gedeihen oder Untergang) zu erkennen. So muß der Fürst eines Staates, dem kein Unheil droht, in seinem Gang, seinen Worten, seinem Blick und der Art, wie er zuhört, eine Haltung zu wahren wissen, an der nichts zu tadeln wäre. Daraus läßt sich seine Tugend ermessen. Wer den Blick in die Ferne gerichtet hält, büßt täglich an Rechtschaffenheit ein; wer stolz einherschreitet* (die Füße übermäßig hoch hebt beim Gehen), *wirft täglich etwas von seiner Tugend weg; wer doppelzüngig in seinen Worten ist, verstößt täglich gegen das Vertrauen; wer auf zweifelhafte Worte hört, entfernt sich täglich weiter von den Namen* (der hierarchischen Ordnung, den Rangstufen und den damit verbundenen rituellen Vorschriften) *... Im 11ten Jahr des Königs Dschjän von Dschou* (575 v.Chr.) *trafen sich die Fürsten bei der Konferenz von Ko-Ling. Im 12ten Jahr wurden die drei Hsi von Dschin getötet. Im 13ten Jahr wurde Herzog Li von Dschin ermordet ...*[5]

In einer auf Befolgung des Rituals und auf hierarchischer Stufung basierenden Gesellschaft, deren Bestand von einer den Normen entsprechenden Wirkungsweise der sozial-kosmischen Interrelationen abzuhängen schien, mußte auch das »Gehaben« der führenden Persönlichkeiten eine besondere Bedeutung gewinnen. Ihre »Tugend« (ihr Mana – ihre Virtus) fand darin ihren sichtbaren »exemplarischen«

Ausdruck, aus dem man das »Schicksal« des ihnen anvertrauten Staates zu erkennen meinte. Dieser Gedanke leitete sich zweifellos ursprünglich von den rituellen Funktionen des Stammesoberhaupts und Priesters ab. Die Konfuzianer übernahmen diese latent weiterwirkende Vorstellung und bauten sie zu einem »Reglement« für die Verhaltensweise des »edlen Menschen« aus mit der offensichtlichen Absicht, die ritualistischen Aspekte zu verinnerlichen. Zugleich gewann die Physiognomik und eine »behavioristische« Betrachtungsweise der Persönlichkeit den Rang einer »Wissenschaft« in der diplomatischen Praxis und bei der Auswahl »fähiger« Leute im Staatsdienst. In diesem vagen Konzept, das teils auf realen Beobachtungen teils auf magisch-mystischen Vorstellungen beruhte, ist die Norm das primäre – das Kriterium, nach dem die Persönlichkeit beurteilt wird. Mit Verschiebungen innerhalb der normativen Begriffe, wie in den wirren Zeiten der Reichsspaltung im 3ten bis 6ten Jahrhundert n.Chr., verschoben sich auch die Maßstäbe für die Beurteilung des persönlichen Verhaltens. In der *Sammlung neuer Anekdoten aus den höheren Ständen* des Lju I-tsching (403-444 n.Chr.) wird ein freieres, oft anti-ritualistisches Verhalten, das der damaligen Vorliebe für dauistische Lehren entsprach, mit offenkundiger Sympathie dargestellt. Doch im großen und ganzen erhielten sich die Normen für die Einschätzung der Persönlichkeit des »edlen Menschen«, wie wir sie in *Dso's Kommentar* und den *Diskursen der Staaten* finden, über die Jahrtausende hinweg bis nahezu in die Gegenwart.

In den *Diskursen des Staates Lu* (Kapitel 5 und 6) wird viel weniger an Material über diesen Staat geboten als in *Dso's Kommentar*. Hingegen tritt uns hier an einigen Stellen Konfuzius als Polyhistor entgegen, der auch über Geister und übernatürliche Dinge Auskunft gibt, die bekanntlich nach den *Gesprächen* (Lunyü VII, 21) von ihm geflissentlich übergangen wurden. Denn der Meister *»sprach nicht über das Übernatürliche, über Gewalt, Wirrnis und Geister«*. Wahrscheinlich wurden solche Stellen erst hinzugefügt, als Konfuzius den Rang eines »allwissenden« Übermenschen erhalten hatte – also frühestens im 2ten Jahrhundert v.Chr. Eine andere interessante Gestalt in den *Diskursen des Staates Lu* ist die »Mutter des Gung-Fu Wen-bo«, eines hohen Würdenträgers, die als leuchtendes Beispiel eines schlichten Lebens (trotz des hohen Rangs ihres Sohnes) und als Verteidigerin eines den Riten entsprechenden Verhaltens in mehreren Passagen als Hauptfigur auftritt.

In den *Diskursen des Staates Tschi* wird dargelegt, wie Herzog Huan mit Hilfe seines Ratgebers Guan Dschung (Guan Dse) Hegemoniarch wurde. Guan Dschung setzt dem Herzog die innen- und außenpolitischen, ethischen und militärischen Maßnahmen auseinander, die den Staat Tschi festigen und schließlich zur Vormachtstellung im Dschou-Reich führen sollten. Herzog Huan nimmt diese Ratschläge an und wird damit zu einem »positiven Exempel«, indem er die Fürsten der anderen Staaten *»durch Vorteile für sich gewann, durch Vertrauenswürdigkeit an sich band und durch seine militärische Macht beeindruckte«*, so daß die *»großen Staaten sich schämten* (ethisch und politisch nicht an Tschi heranzureichen), *und die kleinen sich willig fügten. Doch nur weil* (Herzog Huan von Tschi) *sich auf Männer wie Guan Dschung, Ning Tschi ... stützte, konnte er das Werk eines Hegemoniarchen vollbringen.«* Ähnliches ist uns bereits aus der Geschichte vom Aufstieg des Herzogs Wen von Dschin zur Stellung des Hegemoniarchen in *Dso's Kommentar* bekannt. Das Werk Guan Dschung's und des Herzogs Huan von Tschi wird noch viel ausführlicher in mehreren Kapiteln des Buchs *Guan Dse* behandelt, deren Autor wohl aus der gleichen Quelle schöpfte.

In den *Diskursen des Staates Dschin* finden wir all das wieder, was wir bereits aus *Dso's Kommentar* über Li Dschi, die Gemahlin des Herzogs Hsjän, kennen, allerdings um weitere Intrigen bereichert, die zum Selbstmord des Kronprinzen, zu zahlreichen Morden und inneren Zerwürfnissen führen, bis schließlich Tschung-Er als Herzog Wen an die Macht gelangt und Hegemoniarch wird. Als eine geradezu dämonische Figur tritt hier ein Mann namens Schih, Possenreißer des Herzogs Hsjän und heimlicher Geliebter der Li Dschi, auf.

Der Possenreißer Schih veranlaßte Li Dschi dem Herzog nachts weinend und schluchzend zu sagen: ›Ich habe gehört, Schen-Scheng sei sehr gütig und ritterlich, sehr großmütig und mitleidsvoll dem Volk gegenüber, und all dies nur deshalb, weil er etwas im Schilde führt. Nun heißt es, Ihr werdet das Land in Wirrnisse stürzen, weil

Ihr durch mich verblendet seid. Könnte es nicht sein, daß er des Staates wegen etwas gegen Euch unternehmen wird? Ihr seid immer noch Herr im Land und noch lange nicht tot. Was wollt Ihr dagegen tun? Warum laßt Ihr mich nicht einfach töten? Ihr dürft doch nicht eines Weibes wegen das Land ins Unglück stürzen!‹ Der Herzog erwiderte: ›Wie könnte er, wenn er das Volk liebt, nicht auch seinen Vater lieben!‹ Li Dschi sagte: ›Ich habe auch meine Befürchtungen. Ich hörte sagen: Güte und Sorge um den Staat sind verschiedene Dinge. Der Gütige schlechthin liebt seine Eltern. Wer sich aber um den Staat sorgt, der sieht in der Vorsorge für den Staat die (wahre) *Güte. Ein Mann, der für das Volk sorgt, hat keine Eltern; für ihn sind seine Eltern das Volk ... Das Volk möchte, daß man Nützliches tut für sein Dasein. Wenn die Ermordung des Fürsten ihm reichen Nutzen bringt, wer würde dagegen sein!‹ ... Der Herzog fragte, von Angst gepackt: ›Was soll ich denn tun?‹ Li Dschi erwiderte: ‹Warum schützt Ihr nicht Altersschwäche vor und überlaßt ihm die Regierung? Wenn er die Macht erhält und tut, was ihm beliebt, sich nimmt, wonach er sucht, so wird er Euch in Ruhe lassen ...‹ Der Herzog entgegnete: ›Ich kann ihm die Regierung nicht übertragen ... Überlasse ich ihm die Regierungsgeschäfte, so werden die Fürsten sicher ihre Beziehungen zu mir abbrechen, und haben sie erst die Beziehungen zu mir abgebrochen, so wird mir sicher Böses angetan werden. Ich kann es nicht dulden, die Macht zu verlieren und dem Staat damit Schaden zu bringen. Macht Euch nur keine Sorgen. Ich werde schon etwas unternehmen ...‹.*

Darauf überredet Li Dschi den Herzog, den Kronprinzen auf einen Feldzug gegen einen Barbarenstamm auszuschicken, der die Landesgrenzen beunruhigte. Der Herzog befolgt ihren Rat, läßt jedoch dem Kronprinzen vor seinem Auszug ein Schlachtgewand, dessen Mittelnaht am Rücken absichtlich seitwärts verschoben ist, und eine halbkreisförmige Gürtelschnalle (oder ein Gehänge) aus Metall (nicht aus Jade, wie es sich gehörte) übersenden. Durch diesen symbolhaften Verstoß gegen rituelle Gepflogenheiten deutet der Herzog an, daß er seinem ältesten Sohn seine Gunst entzogen hat. Der Kronprinz kehrt siegreich zurück.[6] Fünf Jahre danach führt Li Dschi hartnäckig und hinterlistig ihren Plan, den Kronprinzen zu beseitigen und ihren eigenen Sohn an seine Stelle zu setzen zu Ende.

... Li Dschi sprach zum Herzog: ›Ich habe gehört, Schen-Scheng (der Kronprinz) gehe jetzt noch ernsthafter seinem Vorhaben nach. Ich habe Euch schon früher gesagt, daß er das Volk für sich gewonnen hat. Hätte er es nicht, wie wäre ihm dann auch der Sieg über die Di (den oben erwähnten Barbarenstamm) geglückt? Nun brüstet er sich damit, wie gut er es verstanden habe, das Volk gegen die Di zu führen. Sein Ehrgeiz hat also noch weiter zugenommen ... Wenn Ihr nicht bald etwas unternehmt, so steht Euch Schlimmes bevor.‹ Der Herzog erwiderte. ›Ich habe es nicht vergessen, nur habe ich noch keinen Anlaß gefunden, ihn eines Verbrechens zu bezichtigen.‹ Li Dschi teilte dem Possenreißer Schih mit: ›Der Fürst hat mir bereits zugesagt, den Kronprinzen zu töten und (meinen **Sohn**) *Hsi-Tschi zum Nachfolger zu bestimmen. Ich fürchte, daß der* (Würdenträger) *Li Ko Schwierigkeiten machen wird. Was könnten wir dagegen tun?‹ Der Possenreißer Schih sagte darauf: ›Den Li Ko bringe ich in einem Tag soweit, daß er uns nicht mehr im Wege stehen wird! Bereitet Festgerichte von dem Fleisch eines Schafs vor, und ich werde mich damit zu ihm begeben und mit ihm trinken. Ich bin ja ein Possenreißer, dem man nicht übel nimmt, was er sagt.‹ Li Dschi willigte ein. Das Mahl wurde zugerichtet, und sie sandte den Possenreißer zu Li Ko, um mit ihm zu trinken. Als der Wein schon zu wirken begann, erhob sich der Possenreißer und sagte zu Li Kos Gattin, indem er tänzelnd umherschritt: ›Gebt mir doch einen guten Bissen, edle Frau! Ich werde diesen* (Li Ko) *unterweisen, wie man seinem Fürsten in Frieden und Wohlgefallen dienen kann.‹ Darauf sang er:*

Wer kann ein frohes Los erwarten,
will er nicht wie die Vögel sein!
Die tummeln fröhlich sich im Garten.
Er sitzt auf dürrem Ast allein.

›Von welchem Garten sprecht Ihr denn?‹ fragte Li Ko lachend. Und was meint Ihr mit dem dürren Ast?‹ Der Possenreißer erwiderte:

›Wenn die Mutter Gemahlin eines Fürsten und ihr Sohn der (zukünftige) Herr ist, könnte man das nicht als einen blühenden Garten bezeichnen? Wenn die Mutter tot und der Sohn Verleumdungen ausgesetzt ist, könnte man das nicht als dürren Ast bezeichnen? Ein dürrer Ast kann überdies leicht abbrechen.‹ Der Possenreißer Schih verließ ihn sodann. Li Ko ließ die Trinkgefäße wegräumen und begab sich, ohne gespeist zu haben, in sein Schlafgemach. Um Mitternacht bat er den Possenreißer wieder zu sich und fragte ihn: ›Habt Ihr das nur zum Scherz gesagt, oder ist Euch irgend etwas zu Ohren gekommen?‹ ›So ist es‹, entgegnete der Possenreißer. ›Der Fürst hat Li Dschi versprochen, den Kronprinzen töten zu lassen und (ihren Sohn) Hsi Tschi zu seinem Nachfolger zu ernennen. Der Plan ist bereits festgelegt.‹ Li Ko sagte: ›Ich könnte es nicht ertragen, dem Wunsch des Herzogs zu willfahren und mich am Mord des Kronprinzen zu beteiligen. Andererseits wage ich es auch nicht, mit dem Kronprinzen wie früher zu verkehren. Könnte ich mich der rächenden Hand entziehen, wenn ich mich neutral verhalte?‹ ›Das könnt Ihr!‹ erwiderte der Possenreißer.
Am nächsten Morgen suchte Li Ko (den Würdenträger) Pe Dscheng auf und sagte zu ihm: ›… Der Possenreißer Schih hat mir mitgeteilt, daß der Plan des Herzogs bereits festgelegt sei. Hsi-Tschi wird Kronprinz werden.‹ ›Wie habt Ihr Euch dazu geäußert?‹ fragte Pe Dscheng. ›Ich habe ihm erwidert, daß ich mich neutral verhalten werde.‹ ›Schade‹, entgegnete Pe Dscheng. ›Es wäre besser gewesen zu sagen, Ihr glaubt die Sache nicht. Damit hättet Ihr sie schwankend gemacht … Nun habt Ihr erklärt, daß Ihr Euch neutral verhalten werdet. Das wird sie nur noch in ihrem Plan bestärken …‹ Li Ko sagte darauf: ›Ich kann nicht mehr zurücknehmen, was ich gesagt habe. Und wenn ein Mensch (gemeint ist Li Dschi) sich einmal etwas in den Kopf gesetzt hat und vor nichts mehr zurückschreckt (da sie die Gunst des Herzogs besitzt), was könnte noch den Plan zum Scheitern bringen? Wie werdet Ihr Euch verhalten?‹ Pe Dscheng erwiderte: ›Ich habe keine eigene Meinung. Denn als ein Diener meines Herrn, ist meines Herrn Meinung auch die meinige. Die Sache liegt nicht in meiner Hand.‹ Li Ko sagte: ›… Gegen mein eigenes Bestreben zu handeln, um dem Herzog willfährig zu sein, einen

Menschen (den Kronprinzen Schen Scheng) beiseitezuschaffen, weil es mir Nutzen bringen könnte, meinen Platz zu sichern, indem ich einem anderen (gemeint ist Li Dschis Sohn Hsi Tschi) den Weg zum Erfolg bahne, all das vermag ich nicht zu tun. Ich werde mich zurückziehen.‹ Am nächsten Tag erschien er unter dem Vorwand, krank zu sein, nicht bei der Audienz. Dreißig Tage danach kam es zu den unheilvollen Ereignissen ...[7]

Darauf folgt die uns bereits aus *Dso's Kommentar* bekannte Geschichte von dem von Li Dschi inszenierten angeblichen Vergiftungsversuch des Kronprinzen an seinem Vater (dem Herzog Hsjän), als dessen Folge der Kronprinz Selbstmord begeht und die Prinzen Wu-I und Tschung-Er (der spätere Herzog Wen) die Flucht ergreifen.

Im Vergleich zu *Dso's Kommentar* gewinnt die Aufzeichnung dieser dramatischen Ereignisse schon allein durch die zusammenhängende Form der Darstellung. Allerdings war wahrscheinlich auch in *Dso's Kommentar* vor seiner »Anpassung« als »Kommentar« zu den *Frühling- und Herbst-Annalen* die Geschichte im Zusammenhang dargestellt gewesen. Doch während in den meisten anderen Passagen der *Diskurse der Staaten* der »diskursive« Charakter so offensichtlich didaktischen Zwecken dient, daß man bestenfalls die rhetorische Eindringlichkeit, kaum aber literarische Qualitäten darin bewundern könnte, trägt die Form der Wechselrede in diesen Passagen sehr zur Wirksamkeit des Dargestellten bei. Denn hier handelt es sich nicht um die mehr oder minder erkünstelte Einflechtung eines Fragestellers, um den darauf folgenden Monolog glaubhafter zu machen, sondern um psychologisch interessante und durchaus »mögliche« Reaktionen der agierenden Personen, dargestellt im Gesprächston und »diskursiv« sowohl im Inhalt wie in der Form. Die Hinterlist und Hartnäckigkeit der Li Dschi, die mephistophelische Frechheit und Durchtriebenheit des mit allen Wassern gewaschenen Possenreißers Schih, die Angst, Ohnmacht und die mit schäbigen Restbeständen »ethischer« Prinzipien bemäntelte Selbstrechtfertigung der beiden Würdenträger Li Ko und Pe Tscheng, die Ängstlichkeit des senilen Herzogs Hsjän, seine Hörigkeit der Favoritin gegenüber und seine mühsam und mit unmenschlichen Zugeständnissen erkauften Selbstbehauptungsversuche

– all das findet in dieser Form von »Diskursen« einen doch recht adäquaten Ausdruck. Aber auch in den »*Diskursen der Staaten*« sind Spuren der Hand eines Kompilators deutlich erkennbar. Das zeigt sich in der Redundanz mancher Stellen, wie zum Beispiel in der mehrfachen Erwähnung, wie Herzog Hsjän die verführerische Li Dschi bei einem Feldzug gegen die Li-Rung erbeutete und zu seiner Favoritin machte.

Wir sehen uns also wieder mit der Frage konfrontiert: wer schrieb oder kompilierte die *Diskurse der Staaten?* In der *Geschichte der Früheren Han-Dynastie* werden im Abschnitt über Literatur (30tes Kapitel) *Diskurse der Staaten* mit einundzwanzig Kapiteln (wie der uns überlieferte Text: der Tang-Kommentator Yän Schih-gu nennt Dso Tschju-ming als Autor) und *Neue Diskurse der Staaten* mit vierundfünfzig Kapiteln (nach Yän Schih-gu: die von Lju Hsjang geteilten *Diskurse der Staaten*) erwähnt. Der chinesische Gelehrte Kang Yo-we (1858-1927) kommt zu folgendem Schluß: »*Die (›Neuen Diskurse der Staaten‹ in der) Ausgabe von vierundfünfzig Kapiteln waren der ursprüngliche Text des Dso Tschju-ming. Nachdem Liu Hsin* (starb 23 n.Chr.) *den größeren Teil davon, insgesamt etwa dreißig Kapitel, losgetrennt hatte, um daraus den ›Kommentar zu den Frühling- und Herbst-Annalen‹ zu machen, verwendete er, was übriggeblieben war, entnahm Stellen aus anderen Büchern und kompilierte mit weiteren Hinzufügungen die ›Diskurse der Staaten‹ wie sie in der jetzigen Ausgabe vorliegen. Daher bestehen sie nur mehr aus einundzwanzig Kapiteln.*« Kang Yo-we, der als politischer Reformer gegen Ende der Tsching-Zeit auftrat, war in seiner Grundhaltung tendenziös. Denn um seine Reformmaßnahmen »historisch« begründen zu können, mußte er auch eine Reihe traditioneller Vorstellungen »reformieren«. So konzentrierte sich sein Haß auf Lju Hsin, dem er ungeheuerliche Verfälschungen zuschrieb. Aber Kang Yo-we's Ansicht, die zwar sehr plausibel klingt, läßt die Tatsache außer acht, daß die *Diskurse der Staaten* trotz vieler stilistischer Ähnlichkeiten und sogar Übereinstimmungen mit *Dso's Kommentar* ihrem Charakter nach eben den »Diskurs« in den Mittelpunkt stellen. Demnach hätten Lju Hsin's »Hinzufügungen« in den einundzwanzig Kapiteln der *Diskurse der Staaten* auch die Anlage (regionale Gliederung) und die charakteristische Form der Aussage (Diskurse) in dem von Kang Yo-we als ursprünglich einheitlich betrachteten Werke Dso Tschju-ming's in vierundfünfzig Kapiteln wesentlich verändern müssen, was im Grunde genommen einer Neuschöpfung gleichkommt. Wäre nicht viel eher anzunehmen, daß beide – der Autor von *Dso's Kommentar* und der Autor (oder die Autoren) der *Diskurse der Staaten* – aus den gleichen Quellen schöpften und jeder nach seiner Art und seinem Zweck entsprechend sie verwertete und umgestaltete. Von den *Neuen Diskursen der Staaten* in vierundfünfzig Kapiteln, deren Trennung in *Dso's Kommentar* und die *Diskurse der Staaten* nach Kang Yo-we's Behauptung Lju Hsin vorgenommen haben soll, wissen wir nichts als den Namen. Nach der Han-Zeit wird dieses Werk auch nie wieder erwähnt. Wahrscheinlich ging es wie so viele andere Bücher, deren Titel wir aus dem Katalog der *Geschichte der Früheren Han-Dynastie* kennen, in den Kriegswirren der späten Han-Zeit verloren. Nach einem verlorengegangenen Werk kann man keine Behauptungen aufstellen, bestenfalls nur Vermutungen äußern. Doch die bereits erwähnten Redundanzen, die in den letzten zwei Kapiteln (*Diskurse* der Staaten Wu und Yüe; Kap. 20 und 21) sogar zu divergierenden Aussagen über mehrere Personen führen, legen die Vermutung nahe, daß die *Diskurse der Staaten* kaum als ein einheitliches Werk von einem bestimmten Autor verfaßt, sondern vielmehr aus älteren Quellen kompiliert wurden. Diese wurden redaktionell »diskursiv« bearbeitet, was die mehr oder minder wortwörtliche Wiedergabe der einen oder anderen Stelle aus älteren Texten (wie z.B. die Geschichte von dem vorgetäuschten Vergiftungsversuch an Herzog Hsjän von Dschin, die sowohl in *Dso's Kommentar* wie auch in den *Diskursen der Staaten* ohne wesentliche Textveränderung erscheint) keineswegs ausschließt. Sie mußte nur in den Rahmen passen. Die redundanten, divergierenden und sogar widersprüchlichen Stellen würden nur die Annahme der Kompilation und zugleich Redaktion im Sinne einer Verwertung und Umarbeitung älterer Texte zu »Diskursen« bestätigen. Der Schwerpunkt der redaktionellen Konzeption lag ja auf dem »Diskurs«. Die älteren Texte mußten nach diesem zentralen Anliegen zurechtgeschnitten oder umgestaltet werden, was bei unterschiedlichen Überlieferungen nicht nur zur Redundanz, sondern auch zu Divergenzen führen konnte. Denn der oder die Verfasser waren ja nicht »Historiker«, sondern »Historiographen« einer ganz bestimmten Prägung, die ihre Aufgabe nicht in wissenschaftlicher Exaktheit sahen, sondern in der Übermittlung einer Botschaft, der Übermittlung von dem »Weg des Himmels« gemäßen Verhaltensweisen anhand von »positiven« und »negativen« Exempeln.

Wir wollen dieses Kapitel mit vier weiteren Textproben schließen.

In den *Diskursen des Staates Tschu* stellt der Tschu-König Dschau dem Hofbeamten Guan I-fu eine diffizile Frage, deren Beantwortung uns Einblick in die Begriffsvorstellungen einer kosmischen Ordnung und ihrer Störungsfaktoren gibt, die nur allzu deutlich Pendelschwingungen im Kraftfeld der mit sakral-magischen Funktionen umwobenen königlichen Macht widerspiegeln:

König Dschau (519-484 v.Chr.) fragte Guan I-fu: ›Was bedeutet die Stelle im Buch von Dschou, wo es heißt, Dschung und Li hätten die Verbindung zwischen Himmel und Erde unterbrochen? Wenn sie das nicht getan hätten, könnte das Volk dann zum Himmel emporsteigen?‹ Guan I-fu erwiderte: ›Nicht das ist damit gemeint. In alten Zeiten vermischten sich das Volk und die Geister nicht untereinander. Diejenigen Menschen, die hellen Sinnes und nicht zwiespältig waren, ehrfürchtig und maßvoll zu sein vermochten, in ihrer Weisheit den Pflichten in den oberen und unteren Regionen gerecht werden, mit ihrem Geist erhellend Fernliegendes durchdringen konnten, mit ihrem klaren Blick erleuchten, mit ihrem feinen Gehör erlauschen konnten – zu Menschen dieser Art stiegen die hehren Geister herab. Waren es Männer, so nannte man sie Hsi (Schamane), *waren es Frauen, so nannte man sie Wu* (Schamanin). *Sie bestimmten die Rangordnung der Geister und die Reihenfolge der Opferhandlungen ... So kam es, daß für Himmel, Erde, die Geister- und Menschenwelt sowie alle anderen Lebewesen Beamte sorgten, die man die Fünf Beamten nannte. Jeder wirkte ordnend in seinem Bereich, und nichts geriet in Verwirrung. Daher vermochten die Menschen Treue und Verläßlichkeit und die Geister ihre hehre Tugend* (Virtus – Mana; im Original: De) *zu wahren. Das Volk ging seinen Pflichten nach, die sich von jenen der Geister unterschieden, verhielt sich ehrfurchtsvoll und verletzte nicht* (die Normen). *Deshalb sandten die Geister reiche Ernten herab. Das Volk brachte ihnen Opfer dar. Es gab keine Naturkatastrophen. Es fehlte nichts von dem, was man brauchte. Als dann aber unter dem* (legendären) *Herrscher Schau Hau die Ordnung verfiel und die Neun Li* (Stämme oder Unholde) *die Tugendkräfte* (De) *störten, vermischten sich Volk und Geist miteinander und die verschiedenen Wesen konnten nicht mehr den ihnen angemessenen Platz finden. Nun brachte ein jeder Opfer dar, jede Familie hatte ihre eigenen Schamaninnen und Zauberer...*

Volk und Geister standen auf gleicher Stufe. Das Volk verstieß gegen seine Gelöbnisse, und es gab weder Ehrfurcht noch Scheu. Die Geister biederten sich den Gewohnheiten der Menschen an, und ihr Wirken verlor seine Reinheit. Reiche Ernten wurden nicht mehr herabgesandt. Es fehlte an Gaben für die Opfer. Naturkatastrophen befielen das Land in immer größerem Ausmaß. Und keiner konnte mehr seine Lebensspanne zu Ende leben.
Als der (legendäre Herrscher) *Dschuan-Hsü das Mandat empfing* (den Thron bestieg), *befahl er dem Vorstand des Südens* (Nan-Dscheng) *Tschung, für die himmlischen Regionen zu sorgen und die Ordnung unter den Geistern zu wahren. Dem Vorstand des Feuers Li befahl er, für die irdischen Regionen zu sorgen und die Ordnung unter den Menschen zu wahren. So wurden die alten Normen wiederhergestellt, und die wechselweisen Übergriffe und Verstöße hörten auf. Das ist es, was gemeint ist mit Unterbrechung zwischen Himmel und Erde‹ ...*[8]

Darauf folgt wieder eine Periode des Verfalls und der Regeneration und die Passage endet schließlich mit einem pessimistischen Ausklang, der den unaufhaltsamen Niedergang der alten Ordnung unter den Dschou-Königen andeutet.
Dieser »Diskurs« ist deshalb besonders interessant, weil darin im Rahmen eines zyklisch gedachten Weltgeschehens das ordnende Prinzip in der Einheit von politischer und sakraler Macht postuliert wird. Die Geister (ursprünglich der Ahnen – vermischt mit totemi-

stischen Vorstellungen) sind in ihrem positiven (reiche Ernten usw.) und negativen (Naturkatastrophen, früher Tod usw.) Wirken von der »Tugend« des Menschen (ursprünglich des Schamanen, dann des Herrschers) abhängig, der die Ordnung in den »oberen und unteren Regionen« durch eine positionelle Verteilung und Stufung mit wechselseitigen Verpflichtungen zu gewährleisten hat. Die Machtfunktionen können delegiert werden (die Fünf Beamten; Tschung und Li); aber ohne die sie zusammenhaltende funktionelle Einheit, verkörpert in der »Tugend« (Virtus – Mana: De) des Schamanen oder Herrschers, ist die makro-mikrokosmische Ordnung Gefahren ausgesetzt. Der Überbegriff des Individuellen (die Neun Li; die Ausübung sakraler Funktionen durch Schamanen in den einzelnen Familien) stört die für eine universale Ordnung erforderliche Norm. Interessanterweise wird in den Schlußsätzen dieser Passage der Verfall der Königsmacht der Dschou mit Übergriffen der Nachkommen Tschung's und Li's in Verbindung gebracht. Hier spiegeln sich offenbar Widersprüche innerhalb der sakral-politischen Struktur der Königsmacht wider, die man »historisch« zu rationalisieren und zu erklären suchte.

In den *Diskursen* der Staaten Wu und Yüe wird der Kampf dieser beiden südlichen Staaten um die Vorherrschaft geschildert. Zunächst siegte Fu Tscha, König von Wu, über Go Dschjän, König von Yüe, der sich auf Anraten des Würdenträgers Wen Dschung vor dem Sieger in äußerster Demut erniedrigt. So gewinnt er eine Atempause, die er für den moralischen und wirtschaftlich-militärischen Wiederaufbau seines Landes benutzt. Der Gegenspieler Wen Dschung's am Hof des Wu-Königs, ein Würdenträger namens Wu Dse-hsü, bemüht sich vergeblich, seinen König zur völligen Vernichtung des Staates Yüe zu bewegen. Er hat die wahren Gründe der äußerlichen Unterwürfigkeit des Königs von Yüe durchschaut. Doch König Fu Tscha von Wu hat andere Pläne. Er will unbedingt Hegemoniarch werden und unternimmt einen Feldzug gegen den Staat Tschi im Norden, von dem er siegreich heimkehrt. In seiner Überheblichkeit macht er seinem treuen Ratgeber Wu Dse-hsü bissige Vorwürfe.

Als der König von Wu (Fu Tscha) *von seinem Feldzug gegen Tschi zurückkam, stellte er Wu Dse-hsü zur Rede: ›Mein erlauchter Vater, der verstorbene König (Ho Lü), besaß Tugend und Weisheit, die ihn an den Himmel heranreichen ließen. Man könnte sagen, daß Ihr ihm bei seinem Werk halft wie ein Landmann dem anderen, wenn sie im Zwiegespann den Pflug ziehen. So wurde das Unkraut ringsum ausgemerzt und im Sieg über den Tschu-Staat der Name* (unseres Landes) *mit Ruhm gekrönt. Dies verdanken wir wohl Euren Anstrengungen. Doch heute seid Ihr alt, und anstatt Euch in Frieden der Muße zu erfreuen, sinnt Ihr daheim auf nichts Gutes und stachelt, wo Ihr erscheint, mein Volk zu Verbrechen an. Die Dekrete und Gesetze bringt Ihr in Verwirrung und stiftet Unheil im Staate Wu. Nun hat der Himmel Glück auf unser Land herabgesandt. Die Armeen von Tschi haben sich ergeben. Wie dürfte ich es wagen, mich dieser Verdienste wegen zu brüsten? Die Glocken und Trommeln* (Ritualgegenstände) *meines erlauchten Vaters, des verstorbenen Königs, waren es, die mir zaubermächtig beistanden. Das erlaube ich mir, Euch zu sagen.‹*

Wu Dse-hsü legte sein Schwert ab und erwiderte: ›In früheren Tagen hatten unsere erlauchten Könige Würdenträger, die ihnen beratend zur Seite standen, so daß sie in schwierigen Fragen Entscheidungen fällen und allem Übel mit klugen Plänen entgegenwirken konnten. Darum wurde das Land auch nie von einem großen Mißgeschick befallen. Nun stößt Eure Majestät die alten Ratgeber beiseite und umgibt sich mit Grünschnäbeln bei der Beratung wichtiger Pläne, und das unter der Bedingung: Niemand darf sich dem widersetzen, was ich befehle. Aber eben dieses Sich-Nicht-Widersetzen ist ein Widersetzen (gegen die Normen). *Denn wo Widersetzen nicht geduldet wird, baut man die Stufen zum Untergang. Wen der Himmel verwirft, den läßt er sicher unversehens eines kleinen Glücks teilhaftig werden, so daß ihm das große Unglück, das auf ihn lauert, fern erscheint. Hättet Ihr Euren Ehrgeiz im Kampf mit Tschi nicht durchgesetzt, und wäre Euer Herz dadurch nicht aufgerüttelt worden, könnte der Staat Wu noch weiterbestehen. Der erlauchte König, Euer verstorbener Vater, verdankte, was ihm gelang, der Art und Weise, wie er ans Werk ging. Und was nun zugrunde geht, hängt auch von der Art und Weise ab, wie man es zunichte macht. Euer Vater vermochte bis zu seinem Tode Blüte und Reichtum des Landes zu wahren, und tauchten Gefahren auf, wußte er, rechtzeitig Abhilfe zu schaffen. Doch Eure Majestät ermangelt der Art und Weise* (hier impliziert: Tugend – Virtus: De), *die zum Gelingen führt, und doch überhäuft Euch der Himmel mit Erfolgen. So ist der Staat Wu dem baldigen Untergang geweiht* (Entzug des Mandats des Himmels). *Ich bringe es nicht über mich, Krankheit vorzuschützen, mich* (in Muße von den Staatsangelegenheiten) *fernzuhalten und untätig zuzusehen, wie Eure Majestät persönlich als Gefangener in die Hände des Königs von Yüe gerät. Ich bitte darum, sterben zu dürfen!‹ Und er tötete sich selbst. Vor seinem Tod sagte Wu Dse-hsü: ›Befestigt meine Augen am Osttor* (der Hauptstadt), *damit sie sehen können, wie die Armeen von Yüe heranrücken und Wu vernichten!‹ Als der König davon erfuhr, packte ihn die Wut. ›Ich dulde es nicht, daß er das sieht!‹ rief er. Und er befahl, Wu Dse-hsü's Leichnam in einen Ledersack zu stecken und in den Strom zu werfen.*[9]

Es ist unschwer zu erraten, daß nach dem Ethos der *Diskurse der Staaten* und der »historischen« Literatur des alten China überhaupt nach einer solchen Mißachtung eines guten Rates König Fu Tscha ein böses Ende nahm. Seine »Tugend« hatte sich erschöpft. Interessant ist die Implikation einer gewissen Hinterlist des »Himmels«, der erst ein »kleines Glück« herabsendet, damit das seine »Tugend« verlierende Opfer um so blinder in das »große Unglück« rennt. Die *Diskurse der Staaten* bieten gelegentlich auch Episoden, die trotz der didaktischen Grundhaltung Sinn für Humor verraten.

Herzog Ping (von Dschin) *schoß auf eine Wachtel. Der Pfeil tötete sie nicht. Der Page Hsjang wurde ausgeschickt, sie zu suchen. Er konnte sie nicht finden. Der Herzog ließ in seinem Zorn den Pagen festnehmen und wollte ihn hinrichten lassen.*
(Der Würdenträger) Schu Hsjang hatte bereits davon gehört, als ihm der Herzog bei der Abendaudienz die Sache erzählte. ›Ihr müßt den Pagen unbedingt töten lassen!‹ sagte Schu Hsjang. ›In alten Zeiten hat Euer erlauchter Ahnherr Tang Schu (der erste Fürst von Dschin) *mit einem einzigen Pfeil ein Rhinozeros erlegt, aus dessen Haut er sich einen Panzer anfertigen ließ. Für diese Tat wurde er mit Dschin*

belehnt. Nun habt Ihr, ein Nachfahr Eures erlauchten Ahnherrn Tang Schu, bei der Jagd auf eine Wachtel diese mit Eurem Pfeil nicht zur Strecke gebracht, und aufgefunden wurde sie auch nicht. Das könnte Euch zur Schande gereichen. Laßt den Pagen nur schleunigst töten, damit nichts von der Sache ruchbar wird.‹ Der Herzog, tief beschämt, begnadigte sogleich den Pagen.[10]

Dung Schu wollte eine Tochter des Hauses Fan zur Frau nehmen. Schu Hsjang sagte zu ihm: ›Sie ist aus zu reichem Haus. Warum läßt du die Sache nicht lieber fallen?‹ ›Ich möchte gern die Bindung eingehen, um hochzukommen‹, erwiderte Dung Schu. Nach der Eheschließung geschah es, daß eines Tages Fan Dschi (Dung Schu's Frau) *ihrem Bruder Fan Hsjän Dse heimlich mitteilte, ihr Mann behandle sie nicht mit gebührendem Respekt. Fan Hsiän Dse ließ ihn ergreifen und an eine Esche im Hof binden. Schu Hsjang kam eben vorbei.* ›*Legt doch ein gutes Wort für mich ein!‹ bat Dung Schu.* ›*Warum?‹ erwiderte jener.* ›*Du wolltest die Bindung und hochkommen wolltest du auch. Nun hast du beides. Was willst du noch mehr!‹*[11]

Hier weicht der schulmeisterhaft »diskursive« Charakter, der für dieses Werk typisch ist, der Lust am Erzählen, die Langatmigkeit der Prägnanz, der Ernst dem Humor – so bitter er auch sein mag. Aber, wie gesagt, solche mit Verve erzählten Episoden sind Ausnahmen, nicht die Regel in den »Diskursen der Staaten«.
Der Wert dieses Werks für uns liegt ja auch nicht so sehr in seinen literarischen Qualitäten als vielmehr in den Möglichkeiten, die es uns bietet, dem Weltbild, dem Lebensgefühl, der Daseinsweise einer fernen und fremden Welt ein wenig näher zu kommen und sie begreifen zu lernen.

Die »Strategeme der kämpfenden Staaten« – Dschan-Guo-Tse

Das Bewußtsein eines kontinuierlichen Verfallsprozesses wurde den Menschen der späten Dschou-Zeit durch eine unaufhörliche Abfolge nicht zu übersehender und sowohl für die Hauptleidtragenden, die Bauern und Krieger, wie auch für die Hauptverantwortlichen, die Fürsten und ihre Ratgeber – die *Schih*, am eigenen Leib deutlich spürbarer Ereignisse immer tiefer eingeprägt. Alles, was einst als unumstößliche Grundsätze der menschlichen Existenz gegolten hatte, schien den Menschen dieses Zeitalters ebenso gefährdet wie ihre Dörfer und Städte, die jederzeit der Brandschatzung, der Vernichtungswut plötzlich einfallender Armeen ausgesetzt waren. Doch eben diese alltägliche Gefährdung und scheinbare Auswegslosigkeit des Lebens schuf die Voraussetzung für eine neue, ungeahnt kühne Geisteshaltung, deren Beweggrund Lau Dse im 74sten Kapitel des *Daudedsching* aufdeckt:

Wenn das Volk den Tod nicht mehr fürchtet/ wie wollt ihr es mit dem Tode schrecken?/ Solange es den Tod fürchtet,/ mögt ihr die Störenfriede packen und töten –/ wer hätte noch Mut zu verzweifeltem Wagnis?

Verzweiflung gebiert in bestimmten historischen Situationen eben jene Kühnheit des Geistes, die alles zu wagen bereit ist, um in der Auswegslosigkeit des Daseins Spuren eines sinnführenden Lebens zu entdecken. So kam es, daß die Intelligenz jenes Zeitalters – die *Schih* – nicht selten todesmutig vor mächtige Fürsten traten, um kühn erdachte Pläne der Auswegsuche in einer bestimmten Lage oder politische Lösungsvorschläge mit großangelegten Perspektiven darzulegen. Ihre unmittelbare Intention mag persönlicher Natur gewesen sein, Ehrsucht oder bloße Gier nach entsprechender Entlohnung; aber selbst hinter solchen menschlich-allzumenschlichen Ansprüchen spüren wir noch als Triebkraft, den Wunsch nach einer Veränderung des Bestehenden, nach einem besseren, vernünftigeren Dasein, und oft nicht nur für die eigene Person. In diesem Sinne gleicht der *Schih* des Zeitalters der »Kämpfenden Staaten« so manchem Renaissancemenschen in der Verfallsperiode der mittelalterlichen Macht der katholischen Kirche in unserer Geschichte. Auch die *Schih* wären jederzeit bereit gewesen, vor einen Reichstag und einen allmächtigen Kaiser zu treten, um ihren Aspirationen und Idealvorstellungen zum Durchbruch zu verhelfen; ebenso aber hätten sie sicher nicht gezögert, Leben und Gut von aufrührerischen Bauern hinzuopfern, die die Konsequenzen ihrer Gedanken ernstgenommen hatten, oder Andersgläubige einem bösen Schicksal preiszugeben, um der abergläubischen Mißgunst und Vorurteilsbesessenheit einer noch zu gewinnenden Anhängerschaft entgegenzukommen.

Sehen wir uns noch einmal die allgemeine Lage in der Periode der »Kämpfenden Staaten« an: Die kleineren Staaten fristeten ein kümmerliches und ewig bedrängtes Dasein zwischen den großen und größeren. Diese wieder nutzten die Abwesenheit einer das Reich einigenden Zentralmacht, wie sie einst das Königshaus der Dschou darstellte, um in fortwährenden Kämpfen um die Vormachtstellung gewaltige ökonomische und militärische Reserven anzuhäufen. Doch dieses Potential kam zu keiner nutzbringenden Anwendung; es wurde verausgabt, ehe es noch zu entscheidender Wirksamkeit gelangen konnte – in brutalen Raubkriegen, deren eigentliche, oft nur erahnte oder unbewußte Zielsetzung in der Errichtung einer neuen und innerhalb des alten Ritualgefüges nicht mehr zu verwirklichenden Zentralmacht lag. Was den Machthabern und ihren Beratern vor Augen schwebte war offenbar ein Kompositum von historischer Notwendigkeit, politischem »Ideal« und persönlichem Ehrgeiz. Allein in den Jahren von 476 bis 221 v.Chr. wurden über 220 Schlachten geschlagen. Und zu welchen Ausmaßen physischer Vernichtung solche Schlachten führten, zeigen Angaben über die Hingeschlachteten in dem Krieg des Staates Tschin gegen We im Jahre 274 v.Chr. – 150.000 – und gegen Dschau im Jahre 260 v.Chr. – 450.000 Mann. Eine ethische Rechtfertigung für solche Metzeleien ließ sich aus den alten Verhaltensnormen nicht mehr ableiten. Nur ein Niccolo Machiavelli hätte hier noch eine Begründung finden können:

Eine gut angebrachte Grausamkeit kann man die nennen (wenn es erlaubt ist, das Schlechte gutzuheißen), die einmal nur aus Sicherheitsgründen geschieht und die man dann möglichst zum Wohl der Untertanen wendet[1].

Anscheinend waren die Herrscher und Heerführer jenes Staates, der schließlich als Sieger aus den kriegerischen Auseinandersetzungen der Kämpfenden Staaten hervorgehen sollten – des Staates Tschin – zur Überzeugung gelangt, daß man auch das wichtigste Potential der Hauptwidersacher vernichten müsse – die wehrfähige Bevölkerung. Die Bezeichnung »Periode der Kämpfenden Staaten« ist mehr oder minder willkürlicher Natur – ein Produkt des verständlichen Hangs zur Einordnung historischer Ereignisse. Sie beginnt traditionell mit der Aufteilung des Staates Dschin durch drei seiner mächtigsten Familien in die Staaten Han, We und Dschau im Jahre 403 v.Chr. und endet mit der Reichseinigung unter Tschin Schi-Huang-Di, dem Ersten Kaiser der Tschin-Dynastie, im Jahre 221 v.Chr. In den *Strategemen der Kämpfenden Staaten* werden allerdings auch Ereignisse behandelt, die bis zum Jahr 475 v.Chr. zurückreichen. In diesem Werk, das wie die *Diskurse der Staaten* regional gegliedert ist, wird das im wesentlichen ebenfalls »diskursive« Material chronologisch, aber nicht chronistisch in dreiunddreißig Kapiteln unter insgesamt zwölf Staaten zusammengefaßt, von welchen einige unbedeutend waren und schon vor Ende der Periode der Kämpfenden Staaten zugrunde gingen. Aus Pietät steht das Königshaus der Dschou an der Spitze – allerdings gleich in doppelter Ausgabe, Ost-Dschou und West-Dschou, denn schon in der zweiten Hälfte des 5ten Jahrhunderts v.Chr. waren die Dschou-Könige zu Vasallen ihrer Vasallen herabgesunken, nachdem es nach einigen Königsmorden zu einer Aufteilung der königlichen Domäne unter verschiedenen Angehörigen der Dschou-Familie gekommen war. Im Jahre 256 v.Chr. wurde das Königshaus schließlich mitsamt der königlichen Domäne vom Staat Tschin liquidiert. Politische Bedeutung kam vor allem den Staaten Tschin, Tschi, Tschu und den Nachfolgestaaten des ehemaligen Dschin-Staates Dschau, We, Han sowie dem im Nordosten (in der Gegend des heutigen Be-Dsching gelegenen) Staates Yän zu. Bezeichnenderweise steht nach den beiden Dschou-Domänen Tschin an zweiter Stelle, denn eben dieser Staat vollbrachte das Werk der Reichseinigung, das die Periode der Kämpfenden Staaten abschloß und damit der Herausbildung des zentralistischen Beamtenstaates, der fortan für die Entwicklung Chinas von eminenter Bedeutung sein sollte, den Weg bahnte.

Während wir über die Entstehung oder Zusammenstellung von *Dso's Kommentar* und der *Diskurse der Staaten* lediglich Vermutungen aufstellen können, haben wir zuverlässige Anhaltspunkte, wie es zu der Kompilation und Redaktion der *Strategeme der Kämpfenden Staaten* kam. Der »Redakteur«, nicht der eigentliche Autor, ist uns bekannt. Es war der Vater Lju Hsins, der berühmte Han-Gelehrte und kaiserliche Bibliothekar Lju Hsjang (79-8 v.Chr.). In seinem Vorwort zu den *Strategeme der Kämpfenden Staaten* schreibt er:

Die übriggebliebenen Rollen, die ich bei der Korrektur der ›Strategeme der Kämpfenden Staaten‹ in der kaiserlichen Bibliothek bearbeitete, befanden sich in einem wirren Zustand und sind durcheinandergeraten. Überdies fanden sich acht Bündel Bambustäfelchen mit Aufzeichnungen, die nach verschiedenen Staaten gegliedert waren, sich jedoch als mangelhaft und unvollständig erwiesen. Nach diesen nach Staaten gegliederten Aufzeichnungen ordnete ich das Material im großen und ganzen entsprechend der zeitlichen Aufeinanderfolge, sonderte was in der Reihenfolge nicht stimmte aus und fügte es anderswo ergänzend hinzu; auch eliminierte ich redundante Passagen. So erhielt ich einunddreißig Kapitel ... Die Werke in der kaiserlichen Bibliothek trugen Titel wie: ›Strategeme der Staaten‹, ›Angelegenheiten der Staaten‹, ›Schlechte und gute Ratschläge‹, ›Buch der guten Ratschläge‹, ›Buch der vorteilhaften Ratschläge‹. Ich bin der Meinung, daß die wandernden Gelehrten (Schih) *der Periode der Kämpfenden Staaten Pläne zur Hilfe für jene Staaten machten, in deren Dienst sie standen, und daß daher der Titel ›Strategeme der Kämpfenden Staaten‹ der geeignetste sei. Die darin erfaßten Ereignisse setzen die ›Frühling- und Herbst‹-Periode fort und umspannen den Zeitabschnitt von 245 Jahren bis zu den Kämpfen zwischen Tschu und Han (die mit dem Sieg des ersten Han-Kaisers* und der Errichtung der Han-Dynastie – 206 v.Chr. – endeten) ... *In der Zeit der Kämpfenden Staaten besaßen die Fürsten nur sehr geringe Tugenden. Jene, die für sie Pläne machten, mußten sich den Verhältnissen anpassen und den Zeiten entsprechend durch ihre Ratschläge Abhilfe in Bedrängnissen schaffen und die Stürzenden vor dem Fall zu bewahren suchen. So trafen sie Notmaßnahmen in allen Eventualitäten, die, wenn man sie auch nicht als erzieherische Maximen für eine gute Regierung bewerten kann, so doch immerhin als Hilfsmittel zur Überwindung kriegerischer Wirren zu betrachten sind. Alle diese Gelehrten* (Schih) *waren Männer von bedeutendem Talent, die mit geschickten Ratschlägen und ungewöhnlicher Klugheit hervortraten und wohl zu ermessen wußten, inwieweit die Fürsten ihren Ratschlägen gemäß zu handeln fähig waren. Sie wandten Gefahren ab und trugen zur Befriedung bei, retteten dem Verderben Preisgegebene vor dem Untergang. Auch das ist begrüßens- und beachtenswert ...«*[2]

Diese Aussagen helfen zwar in keiner Weise, uns eine klare Vorstellung von der Entstehung der von Lju Hsiang redigierten Werke und deren Autoren zu machen. Aber immerhin wird uns eines deutlich gezeigt: Die *Strategeme der Kämpfenden Staaten* sind eine Kompilation aus mehreren Werken – offizielle Aufzeichnungen von »Historiographen« oder Ratgebern verschiedener Fürstenhöfe der Periode von etwa 470-220 v.Chr. Oder handelte es sich um Aufzeichnungen privater Natur, post festum niedergeschriebene »vermutliche« Reden berühmter Staatsmänner, die als rhetorisches Manual dienen sollten? Oder um die Anfänge eines literarisch-historisch ausgerichteten Schrifttums im Dienste gewisser Schulen? Lju Hsjang als Kompilator oder Redakteur hatte bei seiner Arbeit offensichtlich zwei Ziele vor Augen: die Bewahrung primärer Quellen – so fiktiv sie auch im Detail erscheinen mögen – aus einer sonst infolge des Bücher-Autodafés Tschin Schi-Huang-Di's nur nach mündlichen Überlieferungen und Erinnerungen bekannten Zeit – die Wahrung eines historisch belegbaren Kontinuums, das die »Frühling- und Herbst«-Periode fortsetzt und zu seiner eigenen Zeit, der Han-Dynastie, überleitet; und das Interesse an dem pragmatisch-literarischen Wert pointierter politischer »Diskurse«, die für den Höfling und Beamten im zentralistischen Beamtenstaat seiner Zeit als Muster für eine gut aufgebaute Eingabe an den Thron oder den unmittelbaren Vorgesetzten immer noch praktischen Wert besaßen. Dazu kommt noch die archivalische Begeisterung der beiden Ljus, Vater und Sohn, und überhaupt das Bestreben, den noch verfügbaren Buchbestand zu erhalten, zu redigieren und katalogisieren bzw. den Erfordernissen der Zeit entsprechend zu überarbeiten.

Wir erwähnten bereits, daß die alten Verhaltensnormen der frühen hierarchisch-ritualistisch ausgerichteten Dschou-Gesellschaft, die noch in der »Frühling- und Herbst«-Periode eine zumindest ideelle Gültigkeit bewahren konnten, mit dem völligen Verschwinden der »gedachten Einheit« für diese Epoche der chinesischen Geschichte vorübergehend so gut wie aufgehoben erschienen. Der feudalpartikularistische Adel war im Niedergang. Sein Grundbesitz ging vielfach in die Hände neuer Eigentümer, darunter auch der an Bedeutung zusehends gewinnenden Kaufleute über. Der erbitterte Kampf um mehr – oder auch weniger – als bloß eine temporäre Vormachtstellung – oft nur noch um die nackte Existenz der noch bestehenden Großstaaten – und schließlich um die bereits zur Notwendigkeit für eine erträglichere Zukunft gewordene Einigung des Reichs erforderte Konzentration der Macht in den Händen der um diese Einigung ringenden Fürsten. Die alten Begriffe von Loyalität paßten nicht mehr in eine Zeit, die über die herkömmlichen feudalpartikularistischen Bindungen hinausgewachsen war. Die wandernden Gelehrten oder Politiker – die Schih – waren im Grunde genommen Heimatlose – allerdings heimatlos im Sinne des *uomo universale*, der sich eine größere Heimat ersehnt, weil ihm die alte zu klein geworden ist und ihm überlebt erscheint. Es ist daher keineswegs erstaunlich, daß ein bedeutender Mann jener Zeiten, Tschen Dschen, zugleich dem König von Tschin und dem von Tschu und zu einem anderen Zeitpunkt auch noch dem von We diente, was übrigens durchaus kein Einzelfall war. Abgesehen von vielen persönlichen Momenten, von Angst, Ehrgeiz und gekränkter Eitelkeit finden wir in dieser Suche nach einem »Principe« etwas von den »Idealen« wieder, die auch Machiavelli trotz seiner kalt und brutal erscheinenden politischen Maximen in seinen Gedanken und Emotionen leiteten: der Wunsch nach einer einigermaßen stabilen politischen Struktur in dem sich immer wieder verschiebenden und verzerrenden Kräfteparallelogramm der »Kämpfenden Staaten«. Der klug eingefädelte und vorbereitete Gewaltstreich schien der einzige Ausweg aus dem Zustand permanenter Zerrissenheit und Gewalttätigkeit.

Nehmen wir das Beispiel eines bedeutenden Mannes jener Zeit – Fan Sue –, der aus dem Staat We stammte und seine Dienste dem König Dschau von Tschin (306-251 v.Chr.) anbot. Nach den *Stratagemen der Kämpfenden Staaten* soll ihn der Tschin-König dreimal fußfällig um Belehrung ersucht haben, ehe er eine Antwort erhielt, und in dieser Antwort finden wir folgende bezeichnenden Stellen:

... Nun ist Euer Untertan ein Mensch auf Wanderschaft und ohne nähere Bindung an Euch. Doch was ich darzulegen beabsichtige, sind alles Angelegenheiten, die das Verhältnis von Herrscher und Untertan berichtigen. Ich befinde mich in einer Lage, eingeklemmt zwischen Euch sehr nahestehenden Personen (die Königin-Mutter und den mächtigen Minister Rang Hou). *Ich möchte Euch meine demutsvolle Treue beweisen, weiß jedoch nicht, was Ihr im Herzen hegt. Das ist der Grund, warum ich auf Eure dreimalige Frage nicht antwortete. Es war nicht aus Angst, daß Euer Untertan nicht zu sprechen wagte. Er weiß wohl, daß man heute vor seinem Fürsten spricht und morgen schon dem Henker ausgeliefert sein kann. Und dennoch würde Euer Untertan keine Angst empfinden ... Dem Tod kann kein Mensch entgehen. Er ist jedem gewiß. Der größte Wunsch Eures Untertans ist es, daß er dem Staat Tschin zu helfen vermöge, und wäre seine Hilfe auch noch so gering. Wovor sollte er sich da noch fürchten! ... Wenn Euer Untertan auch sterben müßte, solange nur der Staat Tschin* (dadurch) *zu Ordnung* (innerer und äußerer politischer Macht) *gelangt, so erachtete er den Tod für wertvoller als sein Leben ...*[3]

Wenn wir von allem rhetorischen Beiwerk absehen, so scheint dennoch Reden dieser Art eine Vorstellung zugrunde zu liegen, die den Loyalitätsbegriff von der Person des Herrschers auf ein überpersönliches Ziel zu übertragen beginnt: die potentielle Schaffung einer Übermacht – die Konzentration politischer und wirtschaftlicher Macht in der Hand eines Potentaten, eines Staates –, die der Zerrissenheit und Selbstzerfleischung der »Kämpfenden Staaten« Einhalt gebieten und die »gedachte Einheit« wiederherstellen könnte. Dabei müssen wir uns allerdings vor Augen halten, daß diese Rede Fan Sue's – wie auch die meisten anderen »diskursiven« Abhandlungen offensichtlich fiktiver Natur sind: »mögliche« Äußerungen eines Typs, eines Repräsentanten einer gewissen zeitbedingten Tendenz in einer bestimmten Situation. Daß die Rede Fan Sue's kaum wirklich in diesem Wortlaut gehalten, geschweige denn von einem »Historiographen« aufgezeichnet worden sein konnte, geht schon aus der einleitenden Bemerkung hervor:

Der König von Tschin befahl seinen Höflingen, sich zurückzuziehen. Die Palasthalle lag wie ausgestorben da; kein Mensch (außer dem König und Fan Sue) *war zugegen ...*

Wer also hätte die Rede niederschreiben sollen: der König oder Fan Sue? Dem Inhalt nach handelte es sich um Dinge, die nicht für andere Ohren bestimmt waren. Was unser Interesse erwecken sollte, ist die grundlegende Tendenz solcher Reden, die die geistige Haltung des Schih als Typ, nicht als einer bestimmten Person veranschaulicht. Bestimmt war vielmehr die Situation und die Reaktion auf sie durch einen typischen Repräsentanten der damaligen geistigen Elite. So können wir verallgemeinernd feststellen, daß, abgesehen von der Bezogenheit dieser Reden auf historisch authentische Geschehnisse, die eigentliche »Historizität« dieser oft langatmigen und in der Entwicklung der Gedankengänge komplizierten Darlegungen vor allem in der Grundhaltung des Redenden als Dokumente einer bestimmten Denkweise in einer bestimmten historischen Situation zu suchen ist. Ihre Analyse würde sich zweifellos als sehr ergiebig für ein tieferes Verständnis der Entfaltung des politischen Gedankens in China erweisen. Denn obzwar die *Strategeme der Kämpfenden Staaten* in den Jahrhunderten, die auf die Han-Zeit folgten, von der offiziellen konfuzianischen Doktrin zu den ›gefährlichen‹ Büchern gezählt wurden[4], übte dieses Buch direkt oder indirekt – durch ausgiebige Benutzung in Si-ma Tschjän's »*Historischen Aufzeichnungen*« und anderen historischen Werken – eine nachhaltige und tiefgreifende Wirkung auf die »Strategeme« künftiger chinesischer Politiker bis in unser Jahrhundert aus.

Äußerlich lassen sich zunächst gewisse Ähnlichkeiten zwischen den *Diskursen der Staaten* und den *Strategemen der Kämpfenden Staaten* konstatieren. In beiden Werken ist das Material regional geordnet, ebenso ist auch in beiden der »Diskurs« das eigentliche Medium der »historischen« Darstellung. Doch während in den *Diskursen der Staaten* in letzter Konsequenz jedes politische Motiv auf eine noch als potentiell wirksam gedachte ethisch-ritualistische Norm zurückgeführt oder an ihr gemessen wird, spielen in den *Strategemen der Kämpfenden Staaten* Ethos und ritualistisches Denken im herkömmlichen Sinn kaum noch eine Rolle; Zweck und Nutzen sind die Maßstäbe für die Beurteilung politischer Handlungen. Das erklärt die scheinbare Abscheu der späteren, sich offiziell zum Konfuzianismus bekennenden Herrscher und ihrer Beamtenschaft vor diesem Werk, zugleich aber auch das heimliche Interesse an seinem Studium – vor allem in Zeiten, in welchen es wieder »Kämpfende Staaten« gab – im staatlichen oder fraktionellen Sinn.

Das Gitterwerk, in dem sich als gedankliches Modell die »*Strategeme*« in wechselnden politischen Situationen bewegen, bleibt im Grunde genommen konstant. Variabel sind die politischen Machtfaktoren, die von den »Diskutierenden« wie Kugeln auf einem Rechenbrett hin- und hergeschoben werden. Die für *Dso's Kommentar* und die *Diskurse der Staaten* typischen Erwägungen menschlicher, psychologischer und ethischer Natur (also qualitative Momente), werden hier vorwiegend durch quantitative Einschätzungen bestimmter Größen im Wechselspiel der Kräfte ersetzt. Das Gegeneinander-Ausspielen dieser Größen zur Selbsterhaltung oder Stärkung der eigenen Existenz oder Macht bleibt Sinn, Inhalt und Ziel nahezu aller »Strategeme«. Ein Beispiel mag dies recht deutlich demonstrieren:

Als (der Staat We die Stadt) *Nan-Ljang* (des Staates Han) *angriff, wandte sich der Fürst von Han mit der Bitte um Hilfe an Tschi. Tjän*

Hou (von Tschi) berief die höchsten Würdenträger zu einer Beratung zusammen und stellte die Frage: ›Was wäre vorteilhafter, bald zu helfen oder die Hilfe hinauszuschieben?‹ Dschang Gai erwiderte: ›Sollten wir die Hilfe verzögern, würde Han Gebiete an We abtreten müssen. Darum wäre es besser, bald zur Hilfe zu eilen.‹ Tjän Tschen-si warf dagegen ein: ›Das dürfen wir nicht. Denn sollten wir Hilfe leisten, ehe sich die Armeen von Han und We gegenseitig aufgerieben haben, so würden wir anstelle von Han den Ansturm der We-Soldaten auf uns nehmen und (auf diese Weise geschwächt) *fortan in Abhängigkeit von Han geraten. Überdies hat We den festen Willen, Han zu zerschlagen. Wenn Han sieht, daß es dem Untergang geweiht ist, muß es sich an uns wenden. Wenn wir insgeheim ein Freundschaftsbündnis mit Han schließen, aber erst spät den Kampf mit den bereits erschöpften Truppen von We aufnehmen, so gewinnt unser Staat dadurch Gewicht, Nutzen und Ansehen.‹ Tjän Hou hieß diesen Rat gut. Darauf wurden die Gesandten von Han mit dem Versprechen eines Geheimabkommens entlassen. Vertrauend auf die Zusage von Tschi, lieferte Han dem Angreifer fünf Schlachten, die es allesamt verlor. Auf ein erneutes Ansuchen von Han an Tschi, rückten die Armeen von Tschi aus und griffen das Heer von We an, das sie bei Ma-Ling vernichtend schlugen. So war We geschlagen und Han geschwächt. Die Fürsten von Han und We erschienen daher mit dem Gesicht nach Norden* (als Zeichen der Vasallenschaft) *am Hof des* (Tschi-Königs) *Tjän Hou* (d.h. sie erkannten ihn als Oberherren an)«.[5]

Diese Textprobe zeigt ein noch relativ einfaches »Strategem«. Oft werden so viele Größen und Faktoren gegeneinander abgewogen und ausgespielt, daß der Leser sich des Eindrucks nicht erwehren kann, es handle sich dabei nicht um ein ernsthaftes politisches Problem, sondern lediglich um eine Art Gedankenakrobatik, um ein Rechenexempel, dessen unwahrscheinlich komplizierte Lösung die immensen geistigen Kapazitäten des Schih als Meister seiner Zunft demonstrieren soll.
Berühmt sind die Reden der zwei politischen Widersacher Dschang I und Su Tschin, von welchen der eine die sogenannte »Horizontale (West-Ost) Allianz« im Interesse des Staates Tschin und der andere

die »Vertikale (Nord-Süd) Allianz« der übrigen Staaten gegen Tschin vertrat. Auch hier haben wir es augenscheinlich mit fiktiven Reden zu tun, schriftliche Aufzeichnungen eines Autors oder einer bestimmten Gruppe von Autoren, die in nur allzu auffallender Weise die Argumente und Gegenargumente der beiden Redner nach bestimmten Modellen aufeinander abstimmten, wobei sich nichtsdestoweniger auch Widersprüche einschlichen[6].

Su Tschin, der übrigens seine ersten politischen Versuche am Tschin-Hof unternahm, wird Dschang I offenbar als »positives Exempel« gegenübergestellt. Hier finden wir Nachklänge einer ethischen Beurteilung der Persönlichkeit, wie wir sie aus *Dso's Kommentar* und den *Diskursen der Staaten* kennen. Die Sympathie, die der Person Su Tschin's entgegengebracht wird, erklärt sich aus der zum Teil romantisierten Selbstdarstellung des Schih als Typ in der Gestalt eines nach anfänglichen Schwierigkeiten sehr erfolgreichen Repräsentanten dieser Klasse. Überdies zeigt sich in der Gestaltung der Persönlichkeit des Su Tschin sowohl in den diskursiven wie auch deskriptiven Passagen eine Parteinahme gegen Tschin, die die Stimmung breiterer Massen der Bevölkerung widerzuspiegeln scheint. Wir wollen hier nur einige auch vom literarischen Standpunkt interessante Passagen in Übersetzung wiedergeben:

(Nach einem mißglückten Versuch Su Tschin's, König Hue-Wen von Tschin (337-311 v.Chr.) bei einer Audienz zur Bildung einer »Horizontalen Allianz« zu bewegen, richtete er *»zehn schriftliche Eingaben an den König von Tschin, doch seine Vorschläge fanden kein Gehör. Sein schwarzer Zobelpelz war bereits abgenutzt, die hundert Unzen Gold, die er mitgebracht hatte, verausgabt, und seine Mittel waren erschöpft. So verließ er Tschin und machte sich zu Fuß auf den Heimweg, in Strohsandalen, die Waden mit Gamaschen umwickelt, die Bücher auf den Rücken geschnallt und seine Habseligkeiten in einem Korb tragend. Ausgemergelt, das Antlitz von Wind und Wetter gebräunt, kam er mit beschämter Miene zu Hause an. Seine Frau rührte sich nicht vom Webstuhl weg; seine Schwägerin kochte ihm nichts zu essen; seine Eltern würdigten ihn keines Wortes. Seufzend sagte er sich: Meine Frau betrachtet mich nicht mehr als* *ihren Mann, meine Schwägerin nicht als Schwager und meine Eltern nicht als Sohn. Und Schuld an allem trägt (der König von) Tschin.* Darauf schlug er nachts seine Bücher auf, breitete Dutzende von Rollen vor sich aus und fand darunter die Pläne Tai Gung's (Ehrentitel des berühmten Ratgebers der Dschou-Könige Wen und Wu, 12. Jahrhundert v.Chr., Tai Gung Wang) *dargelegt in dem Werk ›Geheime Entsprechungen‹* (Yin-Fu). *In diese Pläne vertiefte er sich und lernte sie auswendig, wobei er das Wesentliche aussonderte und für den zukünftigen Gebrauch einstudierte. Überfiel ihn beim Studium die Müdigkeit, so stach er sich mit einem Pfriem in den Schenkel, daß ihm das Blut auf die Füße herabträufelte. Und insgeheim sagte er sich: Wie sollte denn einer, der Fürsten zu überzeugen versteht, nicht Gold und Jade, Brokat und Seide erlangen und zu den Würden eines Kanzlers oder Ministers emporkommen können! Als er nach einem Jahr seine Studien für den Gebrauch in allen Situationen vollendet zu haben meinte, sagte er zu sich: Damit kann ich fürwahr die Fürsten unsrer Zeit überzeugen! Sodann überstieg er den Yän-Wu-Dschi-Paß und wurde in Audienz vom König von Dschau empfangen, den er zu überzeugen suchte. Lebhaft gestikulierend unterhielt er sich mit dem König in dessen prächtiger Halle. Der König von Dschau war hocherfreut über seine Vorschläge. Er verlieh ihm den Titel eines Lehensherrn von Wu-An und übergab ihm das Siegel des Kanzlers in seinem Staat. Mit einem Troß von hundert Streitwagen, mit tausend Ballen Brokat und Seide, mit hundert Paar Scheiben aus weißem Jade und zehntausend I* (eine Maßeinheit: ein I entspricht etwa 20 Ljang, 1 Ljang etwa 16 Gramm) *Gold zog er aus, vereinigte die Staaten in einer ›Vertikalen Allianz‹, zersprengte die ›Horizontale Allianz‹ und zwang dadurch das mächtige Tschin nieder. So brachte es Su Tschin als Kanzler von Dschau soweit, daß die anderen Staaten ihre Grenzen gegen Tschin sperrten... Zu jener Zeit suchte das ganze Reich in all seiner Größe, die zahllosen Scharen der Völker, die Könige und Fürsten in all ihrer Macht und deren Ratgeber in allen ihren Erwägungen die Entscheidung für alles in den Plänen Su Tschin's. Und ohne ein Maß an Kriegsproviant zu verschwenden, einen Soldaten zu bemühen, einen Offizier in den Kampf zu schicken, eine Bogensehne zum Zerreißen oder einen Pfeil*

zum Zerbrechen zu bringen, fanden die Fürsten in Eintracht zusammen und verhielten sich besser noch als Brüder zueinander. So braucht es nur eines tüchtigen Mannes, und das ganze Reich beugt sich; ein solcher Mann an die richtige Stelle (von dem Herrscher in einer entscheidenden Position verwendet) *gesetzt, und das ganze Reich folgt ihm ... Und Su Tschin stammte doch nur aus einem ärmlichen Gäßchen, war ein armer Gelehrter, dessen Zuhause eine Lehmhütte mit einem Loch als Eingang und einer Tür aus geflochtenen Maulbeerzweigen war. Und dennoch vermochte er, an das Stützbrett seines Wagens gelehnt, die Zügel in der Hand, die Geschicke des Reichs zu lenken, die Ersten unter den Fürsten in ihren Palästen zu überzeugen und alle Widersacher zum Schweigen zu bringen, so daß niemand im ganzen Reich sich ihm widersetzen konnte.*
Als er auf dem Weg nach Tschu, dessen König er zu überzeugen gedachte, an (seinem Heimatort) *Lo-Yang vorbeikam, brachten seine Eltern, als sie davon erfuhren, eilends das Haus in Ordnung und säuberten den Weg, bereiteten ein Festessen mit Musik vor und reisten ihm zum Empfang dreißig Li entgegen. Seine Frau begegnete ihm mit ängstlichem Blick und lauschte demutsvoll seinen Worten. Seine Schwägerin kroch förmlich vor ihm, verbeugte sich viermal und bat ihn kniefällig um Verzeihung. Als Su Tschin sie fragte: ›Schwägerin, warum wart Ihr damals so stolz und seid jetzt so demütig?‹ erwiderte sie: ›Weil Ihr einen hohen Posten einnehmt und viel Gold besitzt.‹ Da sagte Su Tschin: ›Ach, wenn man arm ist, wollen einen nicht einmal die Eltern als Sohn anerkennen. Kommt man zu Reichtum und Ehren, fürchtet einen die ganze Verwandtschaft. Darf da ein Mensch, in so eine Welt geboren, Macht und Reichtum verachten!*[7]

Hier haben wir die typische – nicht wirklich historische, sondern aus den Erfahrungen und Erlebnissen vieler hypostasierte Biographie eines prominenten Vertreters der »wandernden Gelehrten« und Ratgeber – der Schih – vor uns. Was Su Tschin »zu sich sagte«, konnte nur er selbst wissen. Und daß wir es hier mit einer Autobiographie zu tun haben, ist unwahrscheinlich. Also kann es sich bei diesen Selbstgesprächen nur um ein bewußtes Hinzutun stilistisch oder didaktisch wirksamer Ausdrucksmittel eines »Literaten« handeln.

Obzwar auch in diesen Passagen über Su Tschin der »diskursive« Teil im Gesamttext den größeren Platz einnimmt, finden wir in den oben übersetzten Stellen etwas, das literarischen Geschmack und Geschmack am Literarischen verrät und die Lektüre der *Strategeme der Kämpfenden Staaten* gelegentlich über die monotone Aufzählung gegeneinander auszuspielender oder ausgespielter Kräfte hinaushebt und interessant macht. Aber was sagen uns diese »biographischen« Aufzeichnungen eigentlich? Das Ziel des Schih, der wie in diesem Fall, meist – nicht immer – aus ärmlichen Verhältnissen stammt, ist politische Einflußnahme auf das Zeitgeschehen. Die Mittel, die ihm hierfür zur Verfügung stehen, sind nicht – oder nur selten – materieller, sondern intellektueller Art. Mit einem Wort: Wissen ist zwar noch nicht Macht, aber zumindest die Voraussetzung, um sie zu erlangen.

Aus den zahlreichen Reden in den *Strategemen der Kämpfenden Staaten* entnehmen wir, daß die Schih über grundlegende Kenntnisse auf dem Gebiet der Geschichte, Geographie, der Strategie und der regionalen und »internationalen« ökonomischen Bedingungen und Verhältnisse besaßen. Fragen des Rituals lagen ihnen – zum Unterschied von den Schih früherer Zeiten – fern. Aber in einem Zeitalter der »Kämpfenden Staaten«, miteinander und untereinander kämpfender wirtschaftlicher und politischer Interessen, gab es zugleich auch sich einander bekämpfende ideologische Richtungen – die *Hundert Schulen*. Das Medium, das Wissen in Macht umwandeln konnte, war demnach der »Diskurs« – die Fähigkeit, dialektisch zu denken und die Dialektik des Gedankens in einer entsprechenden und ansprechenden Form zur Geltung zu bringen. Wissen ohne Rhetorik war nutzlos. Daher die gründliche Vorbereitung Su Tschin's in seinen »Studien für den Gebrauch in allen Situationen«. Neben Breite des Wissens lag ihm vor allem an dem Verständnis »geheimer Entsprechungen«, an einem systematischen Denken in »Plänen« mit einem Blick für das »Wesentliche«. Für den Schih seines Typs war Wissen auf die Praxis abgestimmt und für sie bestimmt. Es entbehrte ganz offensichtlich des numinosen Charakters, der dem Begriff »Wissen« noch in den *Diskursen der Staaten* zukommt. Trotzdem hat sich in diesen »biographischen« Notizen über Su Tschin eine Rückerinnerung an die alte Vorstellung vom »De« – der Tugend, dem Mana der großen Persönlichkeit erhalten. Denn nur so läßt sich die hyperbolisch dargestellte Wirksamkeit seiner Person als »eines tüchtigen Mannes«, dem sich »das ganze Reich beugt« erklären. Zugleich wird er und seine Umwelt als durchaus menschlich – wenn nicht allzumenschlich – geschildert. Und auch in diesen Schilderungen – der Verachtung, die ihm seine Frau, seine Schwägerin, ja, sogar seine Eltern als armen und erfolglosen Menschen entgegenbringen, sowie in dem plötzlichen Umschwung dieser Verachtung in Hochachtung, nachdem er Reichtum und Macht erlangt hatte – auch darin bestätigt sich die »Historizität« der *Strategeme der Kämpfenden Staaten*. Denn gerade in dieser Epoche hatte die Warenwirtschaft und damit der Kaufmannsstand an Bedeutung gewonnen. Die alten Wertmaßstäbe der feudalpartikularistischen Gesellschaft, die auf Abstammung, ritualistisch verankerter »Tugend«, auf Lehensrechten und Privilegien u.ä. beruhten, hatten sich sichtlich verschoben. »Brokat«, »Seide«, »Gold«, »Wagen« und andere als Waren gesuchte Objekte verliehen dem Subjekt ein Prestige, das auch ohne traditionelle – »aristokratisch« begründete Voraussetzungen in kurzer Zeit, ja, oft in einem spektakulär schnellen Aufstieg errungen werden konnte. Im Ganzen betrachtet, zeigen diese Passagen die Suche des Schih nach einem »Principe«, nach politischer Einflußnahme, nach Macht und Reichtum als Waren, durch deren Besitz der Wert des Subjekts objektiv meßbar wird; und im Gegensatz dazu und zur Grundhaltung des Schih als Typ überhaupt ein schmerzliches Bedauern über den Verfall der alten Werte – des Familiensinns, der Sippengemeinschaft und der patriarchalischen »Tugenden«, deren Überwindung letztlich eines der wichtigsten Ziele seines Kampfes – die Umgestaltung der feudalpartikularistischen Verhältnisse – sein mußte.

Während die *Strategeme* in den Reden Su Tschin's und seines politischen Widersachers Dschang I in ihrem Aufbau und in ihrer Diktion große Ähnlichkeiten aufweisen – was auf die Hand eines gemeinsamen Autors (oder Autoren) schließen läßt – wird die Person des Dschang I in einer düsteren Beleuchtung gezeigt. Überdies haftet seinen »*Strategemen*«, außer dem Nimbus des menschlich Verwerflichen, auch noch ein Beigeschmack des Leichtsinns an, der oft zur Fehleinschätzung einer gegebenen Situation führt. Der Grundzug seiner Politik ist die brutale, menschenverachtende Intrige, der skrupellose Kampf um persönliche Macht.

Als Dschang I (den Halbbruder des Tschin-Königs) Tschu Li-dschi beseitigen wollte, bewirkte er, daß dieser mit einem wichtigen Auftrag an den Hof des Königs von Tschu gesandt wurde. Zugleich veranlaßte er, daß der König von Tschu sich um die Ernennung Tschu Li-dschi's zum Kanzler in Tschin bemühte. Sodann verleumdete er ihn beim König von Tschin, indem er sagte: ›Ihr habt Tschu Li-dschi einen wichtigen Auftrag erteilt und ihn als Gesandten nach Tschu geschickt, um Staatsverhandlungen zu führen. Jetzt ist er dort, und der König von Tschu bittet Euch, ihn zum Kanzler in Tschin zu ernennen. Wie ich gehört habe, soll er dem König von Tschu gesagt haben: Ihr wollt doch, daß Dschang I in Tschin zu Fall kommt. Ich bitte darum, Euch dabei helfen zu dürfen. Der König von Tschu nahm das Angebot an und ersuchte Euch auch deshalb, Tschu Li-dschi zum Kanzler zu ernennen. Wenn Ihr nun wirklich darauf eingehen solltet, so würde Tschu Li-dschi sicher Euren Staat dem König von Tschu dienstbar machen.‹ Der König von Tschin war sehr erzürnt darüber. Und Tschu Li-dschi ging ins Exil[8].

Intrigen dieser Art sind keineswegs auf die Person Dschang I's beschränkt. Der an einer anderen Stelle als »positive« Gestalt dargestellte Dso Dschi von Tschi bediente sich eines nicht weniger anrüchigen »*Strategems*«, um sich einen ihm unliebsamen Würdenträger vom Halse zu schaffen.

Als der Marquis von Tscheng, Dso Dschi, Kanzler in Tschi war, faßte er einen Widerwillen gegen Tjän Dschi, der als General diente. Gung Sun-han sagte heimlich zu Dso Dschi: ›Warum gebt Ihr nicht unserem König den Rat, einen Feldzug gegen We zu unternehmen? Sollte er siegreich ausgehen, so war es ja Euer Plan, und Ihr habt Euch damit Verdienste erworben. Und werden wir geschlagen, so wird Tjän Dschi, wenn er nicht in der Schlacht fällt, für seine Schuld an der Niederlage hingerichtet.‹ Dso Dschi hieß diesen Plan gut. Daraufhin überredete er den König zu dem Feldzug, und Tjän Dschi erhielt den Befehl, gegen We zu marschieren. Er schlug drei Schlach-

ten, die er alle gewann. *Dso Dschi wandte sich wieder an Gung Sun-han, der ihm den Rat gab, einen seiner Leute mit zehn Unzen Gold auf den Markt zu schicken und einem der Wahrsager die folgende Frage zu stellen: Ich bin ein Mann Tjän Dschi's. Wir haben drei Schlachten geschlagen und alle gewonnen. Das ganze Reich zittert vor unserem kriegerischen Ruhm. Nun wollen wir einen Umsturz machen. Sagt mir, ob die Sache für uns günstig ausfallen wird oder nicht? Der Wahrsager machte sich davon. Er wurde verhaftet und bezeugte vor dem König die Worte des Fragestellers. Tjän Dschi ergriff die Flucht.*[9]

Es klingt nun recht seltsam, daß ebenderselbe Dso Dschi, der zu einem so niederträchtigen Mittel griff, um sich eines ihm unliebsamen, aber sehr verdienstvollen Mannes zu entledigen, seinem König und Staat zu einem beispielgebenden sittlichen Aufschwung verhilft.

Dso Dschi war mehr als acht Fuß hoch und besaß neben seiner stattlichen Erscheinung auch noch ein anziehendes Gesicht. Als er sich eines Morgens, prächtig gekleidet und die Kappe auf dem Kopf, im Spiegel betrachtete, fragte er seine Frau: ›Wer, denkst du, sieht besser aus, der Junker Hsü von der Nordstadt oder ich?‹ ›Bei weitem schöner bist du!‹ rief die Frau. ›Der Junker Hsü kann sich gar nicht mit dir messen!‹ Und dabei war jener Hsü bekannt als einer der schönsten Männer im Staat Tschi.

Dso Dschi war sich dessen nicht so ganz sicher. Darum fragte er auch seine Konkubine. ›Aber der Junker Hsü kann sich doch gar nicht mit dir vergleichen!‹ erwiderte diese.

Am nächsten Morgen kam ein Gast auf Besuch. Während er mit ihm plauderte, fielen ihm seine gestrigen Zweifel wieder ein. ›Wer ist schöner, ich oder der Junker Hsü?‹ fragte er den Gast. ›Der Junker Hsü reicht nicht an Euch heran, edler Herr!‹ erwiderte der Gast.

Den Tag darauf kam Junker Hsü selbst. Dso Dschi betrachtete ihn aufs genaueste und fand, daß er sich mit ihm nicht messen könne; und als er hernach sein Bild im Spiegel studierte, stellte er eindeutig fest, daß er bei weitem nicht an Junker Hsü heranreiche.

Abends in seinem Bett dachte er lange darüber nach. ›Daß meine Frau mich schöner als ihn findet‹, sagte er sich im stillen, ›kommt wohl daher, weil sie mir sehr zugetan ist. Meine Konkubine erklärt mich für den schöneren, weil sie Angst vor mir hat. Und für den Gast wieder bin ich sicher nur so schön, weil er etwas von mir haben will.‹

Sodann bat er um eine Audienz bei König We und sprach zu ihm: ›Euer Untertan weiß sehr wohl, daß er sich mit Junker Hsü an Schönheit nicht messen kann. Doch haben mich drei, die ich fragte, für den schöneren erklärt: Meine Frau, weil sie mir zugetan ist; meine Konkubine, weil sie mich fürchtet; mein Gast, weil er etwas von mir haben möchte. Tschi ist ein Land von Tausend Li, in dem es hundertundzwanzig Städte gibt. An Eurer Seite wimmelt es von Höflingen und Palastdamen, die allesamt Euch angehören. Unter den hohen Beamten am Hof, gibt es keinen, der Euch nicht fürchtet. Unter den zahllosen Menschen in Eurem Land gibt es keinen, der nicht etwas von Euch haben möchte. Um wieviel größer muß daher die Täuschung sein, der ein König ausgesetzt ist!‹

›Da habt Ihr recht!‹ rief der König.

Darauf wurde folgendes Dekret kundgetan:

›Jeder in unserem Land, ob aus der Beamtenschaft oder aus dem gemeinen Volk, der es vermag, Uns ins Gesicht die Fehler vorzuwerfen, die Wir begangen haben, wird mit den höchsten Auszeichnungen belohnt. Wer es vermag, Uns schriftlich zu ermahnen, erhält Auszeichnungen mittleren Grades. Wer es vermag, auf den Märkten gerüchtweise Nachrichten über Unsere Fehler in Umlauf zu bringen, so daß sie auch uns zu Ohren kommen, erhält Auszeichnungen niederen Ranges.‹

In der ersten Zeit nach der Kundgabe des Dekrets drängte sich ein solcher Haufen von Beamten und Leuten aus dem Volk vor den Palasttoren, als ob der Markt dorthin verlegt worden wäre. Nach ein paar Monaten wurde es allmählich stiller und stiller. Nach einem Jahr war es schließlich dazu gekommen, daß niemand mehr bei bestem Willen noch etwas zu bekritteln fand. Als man in den Staaten Yän, Dschau, Han und We davon erfuhr, kamen deren Fürsten allesamt wie Vasallen zur Audienz nach Tschi, was man als einen Sieg bezeichnen könnte, der nicht auf dem Schlachtfeld, sondern am Hof eines Königs errungen wurde[10].

Hier und auch in anderen Passagen tritt wieder jenes didaktische Element in den Vordergrund, das der Historiographie Chinas seit ihren Anfängen eigen ist, in den *Strategemen der Kämpfenden Staaten* jedoch zumeist vor dem pragmatischen Interesse am *Strategem* selbst zurücktritt. Die Gründe hierfür sind uns bereits bekannt: In jener Epoche großer Umwälzungen, die der Reichseinigung vorausging, wurden die »ewigen« Werte der Vergangenheit von der praktischen Notwendigkeit, Probleme der Gegenwart zu lösen, verdrängt oder überdeckt. Doch haben wir es in diesem Werk, wie uns Lju Hsiang in seiner Einleitung mitteilt, mit einer Kompilation (und auch Redaktion) verschiedener und ihrer Natur und Herkunft nach offenbar heterogener Texte zu tun, woraus sich sowohl die Unterschiede in der Darstellungsweise wie auch in der Stellungnahme der Autoren und ihrer Einschätzung der agierenden Personen erklären. Dso Dschi's Bild wird uns in den beiden oben wiedergegebenen Texten unter so verschiedenen Blickwinkeln gezeigt, daß wir daraus wohl auch auf verschiedene Überlieferungen, Auffassungen und Autoren schließen müssen. Im ersten Text ist das *Strategem* die Hauptsache. Der Autor beschränkt sich auf das rein Deskriptive; er enthält sich eines direkten Werturteils. Vermerkt wird nur das Gelingen eines klug ausgedachten Plans, und zwar eines niederträchtigen – und das nicht ohne den unguten Beigeschmack einer heimlichen Billigung. Im zweiten Text ist die Fabel dem didaktischen Anliegen untergeordnet, ja, sie mag eben dieses Anliegens wegen um einen historischen Kristallisationspunkt formiert oder vielleicht sogar mehr oder minder frei erdichtet worden sein. Noch viel deutlicher finden wir dieses vor allem der konfuzianischen Schule besonders teure Sittenprinzip in der »historischen« Darstellung in einer Passage, die in ihrem Tenor an das *Buch Meng Dse* (Menzius) erinnert:

Der König von Tschi schickte einen Gesandten zur Königin We von Dschau, um sich nach ihrem Befinden zu erkundigen. Ehe die Königin den Brief des Königs von Tschi noch geöffnet hatte, fragte sie den Gesandten: ›War die Ernte gut? Geht es Eurem Volk gut? Und befindet sich auch der König wohl?‹
Der Gesandte, ungehalten darüber, erwiderte: ›Ich komme im Auftrag

meines Königs zu Euch, um mich nach Eurem Befinden zu erkundigen. Ihr aber fragt nicht zuerst, wie es unserem König geht, sondern erkundigt Euch nach der Ernte und dem Volk. Gebt Ihr denn dem Niedrigen Vorrang vor dem Erhabenen?‹ ›So ist das nicht!‹ entgegnete die Königin. ›Wovon würde das Volk leben ohne Ernte? und wovon der König ohne Volk? Wäre es da recht, das Wichtigere zu überspringen und zuerst nach dem weniger Wichtigen zu fragen?‹ ... (Die Königin erkundigt sich geflissentlich weiter nach zwei gütigen und verdienstvollen Männern und eine durch ihre Tugend und Pietät bekannt gewordene Frau in Tschi und fährt sodann fort) *›Wie kann der König von Tschi ein König für seinen Staat und ein Vater seinem Volke sein, wenn er zwei solche Männer nicht im öffentlichen Dienst zum Guten wirken läßt und einer so tugendhaften Frau nicht Ehrentitel verleiht und sie in Audienz empfängt? Lebt übrigens Dse Dschung von Wu-Ling noch? Ein schlechter Untertan ist er seinem König, ein schlechtes Oberhaupt seiner Familie, und schlechte Dienste leistet er seinem Staat im Verkehr mit den anderen Fürsten. Das ist einer, der dem Volk nur zum Schaden gereicht. Und warum hat man ihn bis heute noch nicht hingerichtet?‹*[11]

Hier ist nichts von einem »Strategem« zu finden. Die Königin dient lediglich als Sprachrohr für den konfuzianischen Didaktiker. Und als Seitenhieb gegen die Legalisten, die das Prinzip der »Belohnung und Bestrafung« vor allem nach militärischen Verdiensten anwendeten, werden hier bewußt ethische Wertmaßstäbe (Güte, Tugend, Pietät bzw. deren Gegenteil) hervorgehoben. Solche Passagen unterscheiden sich nicht wesentlich von den »Diskursen«, wie wir sie aus den *Diskursen der Staaten* und auch aus *Dso's Kommentar* kennen. Nur hat sich eine spürbare Wandlung im Stil vollzogen, der hier nicht mehr karg und knapp ist, sondern flüssiger, geschmeidiger und auch pointierter.

Außer dem Einfluß der Legalisten und der Schulen der *Vertikalen und Horizontalen Allianzen* in den eigentlichen *Strategemen* sowie dem Einfluß der Konfuzianer in den eben besprochenen Textstellen finden wir gelegentlich auch dauistische Gedanken eingestreut, so vor allem in dem Gespräch zwischen dem König Hsüan von Tschi

und einem gewissen Yän Tschu, der sogar – vielleicht eine Interpolation späteren Datums – *Lau Dse* zitiert.[12]
Wir können das Kapitel nicht abschließen, ohne auch noch eine andere Seite dieses Werkes zu erwähnen – die scharfe Waffe des Witzes, gewetzt an der scharfen Dialektik des *Stratagems*, an den harten Auseinandersetzungen der *Hundert Schulen*, deren Hintergrund noch härtere Auseinandersetzungen mit noch schärferen Waffen bildeten: die blutigen Schlachten der *Kämpfenden Staaten*. In dieser Atmosphäre trägt der Humor grimmige Züge und bewegt sich oft am Rande des Todes inmitten einer Welt voller List, Trug und Täuschung.

Jemand wollte dem König von Dsching (ein anderer Name für Tschu) *ein Elixier der Unsterblichkeit darbringen. Als er mit dem Elixier in die Palasthalle eintrat, fragte ihn ein Bogenschütze der Garde: ›Kann ich das schlucken?‹ ›Das kannst du wohl!‹ erwiderte jener. Darauf riß es ihm der Bogenschütze aus der Hand und schluckte es hinunter. Der König war außer sich vor Wut und befahl, den Bogenschützen hinzurichten. Dieser ließ dem König sagen: ›Euer Untertan erhielt von dem Überbringer des Wundermittels auf die Frage, ob er es schlucken könne, die Antwort, daß er es schlucken kann. Demnach trifft die Schuld nicht Euren Untertan, sondern den Mann mit dem Elixier. Und er wollte Euch ja ein Elixier der Unsterblichkeit darreichen! Da Euer Untertan es verschluckt hat, der König ihn aber hinrichten läßt, kann es wohl nur ein Elixier fürs Sterben sein. Der König läßt also einen Unschuldigen hinrichten und müßte sich doch darüber im klaren sein, daß man ihn betrügen wollte.‹ Darauf nahm der König den Befehl zur Hinrichtung zurück.*[13]

Diese Anekdote handelt nicht von einem Thema der hohen Politik, sondern zeigt nur aus der Sicht des Schih die Dummheit und Leichtgläubigkeit jener, die für die hohe Politik verantwortlich sind und von deren Launen letztlich auch sein Schicksal abhängt. Der König wird neben dem Bogenschützen zu einer lächerlichen Figur. Aber auch darin finden wir einen der Wesenszüge jener Denkart, die solche »Stratageme« zu gefährlichen Waffen machte: die Macht des kritischen Geistes, der das morsche Geflecht aus herkömmlichen Anschauungen, Betrug, Aberglauben und Klassendünkel zu zerreißen beginnt. Erkenntnisse des kritischen Geistes, gepaart mit Mißbrauch des Erkannten, führen zu einer zynischen Verwertung des höheren Wissens. Ein typisches Beispiel für diese Art des *Strategems* finden wir in der folgenden Geschichte:

Der Staat Dschau entriß (Ost-)Dschou *das Gebiet von Dschi. Der König von (Ost-)Dschou war sehr besorgt darüber und wandte sich an Dscheng Tschau, der ihm sagte: ›Herr, macht Euch keine Sorgen. Euer Untertan erbittet von Euch dreißig Unzen* (chinesisch: Dschin – das genaue Gewicht ist unbestimmt) *Gold, womit er Euch das verlorene Gebiet zurückerlangen wird.‹ Der König von Dschou gab ihm das Geld, das Dscheng Tschau dem Hofwahrsager von Dschau überreichte, wobei er ihm zugleich die Angelegenheit des Gebiets von Dschi ans Herz legte. Als der König von Dschau krank wurde, ließ er über den Grund seiner Krankheit das Orakel befragen. Der Hofwahrsager teilte ihm darauf vorwurfsvoll mit, daß das annektierte Gebiet von Dschi sich bösartig auf seinen Gesundheitszustand auswirke. Darauf gab der König von Dschau prompt das Gebiet an* (Ost-)Dschou *zurück*[14]

In *Dso's Kommentar* und auch noch in den *Diskursen der Staaten* wäre ein so flagranter Mißbrauch eines geheiligten Mittels in der Kommunikation mit den Geistern der Ahnen und anderen unsichtbaren Mächten undenkbar – eine Blasphemie, die katastrophale Folgen nach sich ziehen mußte. Hier hingegen wird der Aberglaube zweifach überwunden: durch Erkenntnis seiner Unsinnigkeit und zugleich seiner »Brauchbarkeit«. Das *Strategem* schreitet kühn über alles hinweg, das einmal als unantastbare Schranke galt. Diese Kühnheit in den Gedanken der agierenden Personen – so destruktiv ihre *Strategeme* auch oft sein mögen – verleiht sehr vielen Passagen in diesem Werk einen besonderen Reiz. Und dieser Reiz liegt nicht nur in den Episoden und Anekdoten selbst, sondern auch in der Plastizität der Darstellung, der Charakterisierung der einzelnen Personen, wie z.B. Su Tschin oder Dso Dschi, und dem Aufbau der

Fabel, die oft mit ihrem pointierten Schluß den Leser zum Überdenken und Weiterdenken zwingt. Viele der Episoden, Gestalten und Geschehnisse in den *Strategemen der Kämpfenden Staaten* wurden unmittelbar durch dieses Werk selbst oder auf dem Umweg über die *Historischen Aufzeichnungen* Si-ma Tschjän's, der aus den zu seiner Zeit noch nicht zu einem Buch kompilierten Werken reichlich schöpfte, zum geistigen Gemeingut Chinas. Immer wieder begegnen wir ihnen in der chinesischen Literatur, als klassisches Zitat im Brief, in den Erzählungen der Geschichtenerzähler; und nicht zuletzt wirkten sich diese *Strategeme* auch auf die Politik, Diplomatie und sogar auf die Verhaltensweise in zwischenmenschlichen Beziehungen in China über zwei Jahrtausende aus. Die Dynamik jener Epoche schuf dynamische Persönlichkeiten, deren Erfolg erfolgversprechend, deren Klugheit nachahmenswert und deren Mißerfolg oder Niedertracht dem Leser späterer Zeiten als abschreckendes und warnendes Beispiel vor Augen schwebte.

11

Geistiges Erbe in Chinas Gegenwart
Konfuzianismus, Dauismus, Legalismus und die »Große Proletarische Kulturrevolution«

Ohne etwas über die unter dem Namen »Hundert Schulen« bekannten philosophischen Lehrmeinungen der späten Dschou-Zeit, zumindest über die wichtigsten unter ihnen, gesagt zu haben, bleibt eine Geistesgeschichte des alten China in unverzeihlicher Weise unvollständig. Denn eben die großen Denker und Lehrer des 6. bis 3. Jahrhunderts v.Chr. waren es, deren Gedankenmuster sich für die folgenden zwei Jahrtausende so tief und so form- und farbgebend in das chinesische Weltbild eingewoben haben, daß es ohne sie karg und dürftig erscheinen müßte. Ein so gewaltiges Thema aber adäquat zu behandeln, würde sowohl den Umfang dieses Buchs wie auch im gegenwärtigen Augenblick die Kräfte des Autors übersteigen. Darum sollen die großen Denker des alten China in absehbarer Zeit in einem eigenen Band ausführlich zu Worte kommen. Dennoch wird in diesem Kapitel der Versuch unternommen, wenigstens die Lehren der drei bedeutendsten der »Hundert Schulen« (»Hundert« steht hier für »viele«; etwa ein Dutzend Schulen sind geistesgeschichtlich bedeutsam) dem Leser in ihren Grundzügen verständlich zu machen, und zwar im Zusammenhang mit einem Exkurs in die jüngste Geschichte Chinas. Dieser Versuch erscheint vor allem deshalb gerechtfertigt, weil aus der darin dargelegten Vermengung von geistigem Erbgut mit politischen Ambitionen und Emotionen in drastischer Weise hervorgeht, wie seinsmächtig die Vergangenheit eines Volkes sein kann, wie sehr es sich also lohnt, sie zu kennen, und wie wichtig es

ist, die in ihr schlummernden Kräfte rechtzeitig in Bahnen zu lenken, die sich für das eigene Volk und die Menschheit nicht unheilvoll, sondern nach Möglichkeit segenbringend auswirken.

Eine der interessantesten Erscheinungen in der Geschichte der Menschheit, auch in unserem Jahrhundert, ist das unvermutete Wiederaufleben totgeglaubten Gedankenguts aus fernen Zeiten, das Wiederaufleben scheinbar entmachteter Geister der Vergangenheit. Ein erstaunliches Beispiel bietet die sogenannte »Große Proletarische Kulturrevolution«, die China in dem Jahrzehnt von 1966 bis 1976 erschütterte und das Land sowohl materiell wie auch geistig an den Rand des Abgrunds brachte.

Mit einer unverzeihlichen Leichtfertigkeit – die sich freilich auch anderswo leicht nachweisen ließe – behauptete man in China nicht lange nach der Gründung der Volksrepublik, die feudalistische Mentalität des chinesischen Volkes von Grund auf verändert zu haben. So wurde die »kapitalistische Ideologie« zum Hauptfeind erklärt. Der bekannte chinesische Dichter Schau Yän-hsjang schrieb dazu in einem Artikel in der Ren-Min Er-Bau (Volkszeitung) vom 4. September 1986: »*Bedauerlich ist, daß wir viele Jahre hindurch bei der Kritik des Kapitalismus einfach Waffen aus dem Arsenal des Feudalismus gebrauchten, daß wir zwar einen Trennungsstrich zwischen uns und dem sogenannten Kapitalismus, nicht aber dem Feudalismus zogen.*« Und an anderer Stelle stellte Schau Yän-hsjang fest: »*Das gesamte Ritualsystem und die gesamte Ethik des Feudalzeitalters läuft schließlich darauf hinaus, Menschen zu sklavischem Gehorsam zu erziehen.*« Man versuchte also im Sinn einer Erziehung zu Hörigkeitsverhältnissen, zu blindem Gehorsam, eine angeblich bourgeoise Einstellung gewisser Schichten der Bevölkerung Chinas anzuprangern und auszumerzen. In Wirklichkeit handelte es sich aber eher um eine Verdummungspolitik, die unter marxistisch-leninistischen Losungen einen Typ von Menschen heranbilden sollte, der bedingungslos jeden Befehl der Zentrale befolgte. Als Richtlinie galt damals: »*Es ist das höchste Ideal eines Kommunisten, ein gefügiges Instrument der Partei zu sein.*« Der Mensch sollte als Schräubchen im Gesamtgefüge einer riesigen Maschine dienen, die von einer quasi übermenschlichen, einer höheren Macht gelenkt wird, manifestiert in der Person des

»großen Steuermanns«, Mau Dse-dung. Doch was hier geschah, war durchaus nicht so neu wie es damals manchen Idealisten in China, aber auch in Europa, schien. Der »neue Mensch«, der als Idealbild der Zukunft des Menschengeschlechts geschaffen werden sollte, hatte in Wirklichkeit seine Wurzeln tief in der Vergangenheit, bezog doch das ideologische Arsenal der Ultralinken einen großen Teil seiner geistigen Waffen aus uraltem, vermeintlich längst überwundenem Gedankengut.

Freilich verfügten die Teenager und die sie anpeitschenden Funktionäre niederen Ranges, die das militante Exekutivorgan der »Kulturrevolution«, die »Roten Garden«, bildeten, über keine oder nur sehr geringe Kenntnisse der älteren Geschichte, geschweige denn der klassischen Philosophie ihres Landes. Die treibende geistige Kraft hinter ihnen, hinter den Massenbewegungen, die das chinesische Volk permanent in äußerster Spannung, in einem Zustand der »permanenten Revolution« hielt, jedoch war ein Mann, der in allem, was die Vergangenheit Chinas betraf, sehr gründliche Kenntnisse besaß, gründlicher vermutlich als sein Verständnis der Lehre, die er offiziell vertrat und verkörperte. Die von Mau Dse-dung verfolgte marxistisch-leninistische Linie fußte in vielen praktischen Fragen auf Traditionen, die der fremdländischen politischen Lehre aus dem fernen Europa ein altvertrautes vaterländisches Gesicht verliehen. Das war verständlich und zeigte auch in der Praxis bedeutende Erfolge. Die Atmosphäre, die Mau Dse-dung in Partei und Armee zu schaffen verstand, beruhte auf alten rebellischen Traditionen der Bauernbünde. Vieles erinnerte an Ideale, an Idealgestalten, an die Romantik und den Heroismus, an eine handfeste greifbare Vorstellungswelt, die den Massen der Bauern und Handwerker, ja allen Schichten des chinesischen Volkes aus alten volkstümlichen Novellen vertraut war. Selbst Analphabeten kannten die Heldengestalten und Heldentaten in diesen Novellen aus dem Munde der Geschichtenerzähler und von der Bühne, von volkstümlichen Theateraufführungen her. Die Lebensnähe dieser Romanwelt für den chinesischen Menschen glich in ihrer Bedeutung vermutlich dem Empfinden des mittelalterlichen Menschen in Europa für die Gestalten der christlichen Heilsgeschichte. Auf dieses Potential

traditioneller Provenienz konnte sich Mau Dse-dung vertrauensvoll stützen. Aber das geistige Arsenal, geschaffen in der viertausendjährigen Geschichte Chinas, das Mau Dse-dung offenstand, verfügte über noch viel schlagkräftigere Waffen. So benutzte Mau Dse-dung mit großem Geschick, ja Genialität in den Werken eines Sun Dse (um 500 v.Chr.) oder Wu Dse (um 430-381 v.Chr.) dargelegte militärische Grundsätze erfolgreich im Partisanenkrieg wie auch in den Feldschlachten, die zur Vernichtung der zahlenmäßig oft weit überlegenen Heeresverbände der Guo-Min-Dang führten. In organisatorischen Fragen der Armee und der Partei, in der Auseinandersetzung mit »Abweichlern«, in seinem Verhalten in personalpolitischen und diplomatischen Fragen verließ er sich offensichtlich immer mehr auf Musterbeispiele, die ihm seine gründlichen Kenntnisse der Dynastischen Geschichtswerke und der ihm wohlvertrauten klassischen chinesischen Literatur boten. So dürfte sich Mau Dsedung, insbesondere nach den erstaunlichen Erfolgen im Kampf gegen die japanischen Aggressoren und die von den USA mit Geld und Waffen reichlich versorgten Guo-Min-Dang-Armeen, als geradezu allmächtiger Sieger in einer der gewaltigsten Befreiungskämpfe der Weltgeschichte gefühlt haben. Ihm galt der Ruhm der Erretter des volkreichsten und kulturell ältesten Landes der Welt von einer fast hundertjährigen Verknechtung und Ausbeutung durch aggressive imperialistische Mächte zu sein. Warum sollte sich ein so erfolgreicher, vielgerühmter und mächtiger Mann auf ein so halsbrecherisches, ein so augenscheinlich äußerst riskantes Abenteuer wie die »Große Proletarische Kulturrevolution« einlassen?
Mau Dse-dung's Ideen waren 1945 auf dem VII. Parteitag der Kommunistischen Partei Chinas als gleichwertig mit den Gedanken von Marx und Lenin und richtungsweisend für alle Aktivitäten der Partei ins Parteiprogramm geschrieben worden; 1956 aber, beim VIII. Parteitag, wurden sie infolge ernster Fehleinschätzungen Mau's in Fragen des wirtschaftlichen Aufbaus wieder gestrichen. Mau's Ressentiments waren subjektiv sehr wahrscheinlich nicht unwesentliche Triebfedern für das aus heutiger Sicht geradezu grotesk anmutende Wagnis des »Großen Sprungs vorwärts« von 1958/1959 und das noch gewagtere Unternehmen der »Kulturrevolution«. Doch persönliche

Ressentiments allein hätten so gewaltige Bewegungen niemals ins Leben rufen können. Die Gründe dafür lagen tiefer.

Es ist eine Ironie des Schicksals, daß es der altgediente Revolutionär Lju Schau-tschi war, ein Mann, den die Ultralinken – und damit auch Mau – während der »Kulturrevolution« liquidierten, der 1945 beim VII. Parteitag der KP Chinas am eifrigsten die Gleichstellung von Mau mit Marx und Lenin betrieben hatte. Er sagte damals: *»Mau's Denken ... ist die größte Leistung und der größte Stolz unserer Partei und des chinesischen Volkes in seinem langen Kampf und wird unserer Nation über Generationen hin Segen bringen ... Das Denken Mau Dse-dung's ist die Weiterentwicklung des Marxismus-Leninismus in der national-demokratischen Revolution eines kolonialen, halbkolonialen und halbfeudalen Landes ... Niemand außer unserem Genossen Mau Dse-dung hat so erfolgreich und so hervorragend die außerordentlich schwierige Aufgabe gelöst, den Marxismus an China anzupassen ... Unser Genosse Mau Dse-dung ist nicht nur der größte Revolutionär und Staatsmann der chinesischen Geschichte, sondern auch ihr größter Theoretiker und Wissenschaftler ...«*

In den elf Jahren bis zum VIII. Parteitag im Jahr 1956 nahm die Gestalt Mau's in den Augen des chinesischen Volkes zusehends übermenschliche Dimensionen an. Wenn ihm auch zweifellos entscheidende Verdienste im Befreiungskampf Chinas gebührten, so war er nach der Errichtung der Volksrepublik China den nun anstehenden wirtschaftlichen und weltpolitischen Aufgaben doch nicht mehr gewachsen. Dafür brauchte man Leute mit anderen Bildungsvoraussetzungen. Die ersten Folgen seiner Fehleinschätzungen in der Landwirtschafts- und Kulturpolitik sowie in anderen Bereichen konnten den Augen sachkundiger Genossen nicht entgehen. Mau's Selbstbewußtsein und autokratischer Führungsanspruch aber wuchs von Tag zu Tag. Darum wurde beim VIII. Parteitag 1956 dieser Entwicklung entgegengetreten. Ins Parteistatut wurden folgende Sätze aufgenommen: *»Die Partei verabscheut die Vergöttlichung des Individuums ... Das Zentralkomitee war immer gegen ... eine übertriebene Darstellung der Rolle führender Persönlichkeiten in literarischen Werken ... Es ist unsere Aufgabe, auch weiterhin den Widerstand des ZK hinsichtlich der Erhöhung und Glorifizierung des Individuums treu-*

lich zu beherzigen ...«. Unter jenen, die diesen Passus in das Parteistatut einbrachten, war sicher auch Lju Schau-tschi, der als gewissenhafter Vorkämpfer für die Sache der Partei einst in der Überhöhung Mau Dse-dung's eine propagandistische Notwendigkeit gesehen hatte, nun aber in der Vergöttlichung Mau's bedrohliche Tendenzen für die Zukunft sah.

Der Bannstrahl des in seinem Ansehen gefährdeten Mächtigsten im Staat mußte also, sobald sich die Gelegenheit bot, unfehlbar den Zweitmächtigsten, nämlich Lju Schau-tschi, treffen, der es gewagt hatte, mehr Loyalität für die Interessen der Partei als für die Person ihres ruhmreichen Führers zu zeigen. Während der »Kulturrevolution« wurde Lju Schau-tschi zunächst unter der merkwürdigen Chiffre »Chrustschow Chinas« bekämpft. In einem Artikel in der Wen-Hue-Zeitung vom 23. August 1967 findet sich die folgende Stellungnahme, die für den weiteren Verlauf der »Kulturrevolution« typisch ist: *»Chinas Chrustschow erklärte offen: Eine Fabrik muß Geld machen ... Das ist einfach jener berüchtigte ›materielle Anreiz‹ ... Gemäß den Ansichten von Chinas Chrustschow kann man sich beim wirtschaftlichen Aufbau nur auf ein paar ›Experten‹ verlassen, auf Direktoren, Ingenieure und Techniker, die Befehle erteilen, indes die revolutionären Massen lediglich ›Menschenmaterial‹ und ›unwissendes Gesindel‹ sind ... Der Kampf zwischen zwei Linien im wirtschaftlichen Aufbau ist daher ein Kampf zwischen zwei politischen Linien, zwischen zwei Wegen und zwei verschiedenen Arten von Schicksal für China ...«* Aus diesen Passagen läßt sich entnehmen, daß die von Mau vertretene Linie der Partei nicht allein durch Ressentiments bedingt wurde, sondern daß sich dahinter auch bestimmte Idealvorstellungen verbargen, die wenn näher untersucht, bestimmte historische und soziologische Grundlagen erkennen lassen.

In den Jahren von der Gründung der Volksrepublik Chinas bis zu Mau's Tod gab es, nach Berechnungen chinesischer Historiker, nur drei Jahre, die ohne »Kampagnen« abliefen. Diese Kampagnen, von oben dekretierte und nur scheinbar spontan sich selbst formierende und organisierende Massenbewegungen, wurden unter verschiedenen Losungen durchgeführt. Doch den meisten von ihnen scheint ein bestimmter Antagonismus gemeinsam gewesen zu sein: die sich verschärfende Konfliktsituation zwischen den alten Kadern und den neuen Fachleuten, den sich heranbildenden »Experten« im wirtschaftlichen Aufbau Chinas.

Die Errichtung der Volksrepublik erforderte verläßliche Kader. Was von der Guo-Min-Dang an Beamten zurückgeblieben war, konnte nur unter straffer Führung im Dienst belassen werden; denn die Korruption in Dschjang Dschje-shih's Regime hatte in kaum glaublichem Ausmaß den gesamten Staatsapparat durchsetzt und unterhöhlt. Die Partei mußte sich also bei der Besetzung aller höheren und wichtigeren Posten, darunter auch in Betrieben mit komplizierten Strukturen, auf politisch geschulte Genossen, vor allem auf die absolut zuverlässigen, aber relativ ungebildeten Partisanenkommandeure aller Ränge der Bürgerkriegsjahre stützen. Diese Kader hatten infolge konstanter Überbelastung mit allerlei Tagesaufgaben auch keine Zeit, sich weiterzubilden. So wurde sehr bald ein Gegensatz manifest zwischen den alten, in den schwersten Zeiten der Revolution verdienstvollen, politisch gut geschulten und als Organisatoren unter kriegskommunistischen Bedingungen erprobten Kadern und den im Prozeß des Wiederaufbaus und der Modernisierung der Wirtschaft Chinas sich herausbildenden, in all ihren Bestrebungen mehr auf praktische Resultate als auf politisch-ideologische Belange orientierten neuen Kadern, den »Experten«. Bei den zahllosen als »Kampagnen« geführten Umschulungen wurden als Motive angegeben die »Wahrung der Reinheit« der Parteiideologie, der Kampf gegen korrumpierende bürgerliche Einflüsse, die Änderung der herkömmlichen Sitten und Gebräuche – kurzum: die Schaffung eines »neuen Menschen«. Der sogenannte »Große Sprung vorwärts« von 1958 sollte durch eine totale Politisierung der Bevölkerung die psychischen Voraussetzungen schaffen, um in wenigen Jahren durch eine gemeinsame, gesamtnationale Willensanstrengung auch unter materiell völlig unzulänglichen Bedingungen China in ein vollentwickeltes kommunistisches Paradies zu verwandeln. Als dieser Versuch katastrophal fehlschlug, erlangten in den Jahren von 1960 bis 1965 die praxisorientierten Persönlichkeiten in der Führungsspitze die Oberhand. Gegen diese Personen sowie gegen die von ihnen geförderten »Experten«, gegen die Parteiintelligenz und die Intellektuellen im allgemeinen, richtete sich die ganze Wucht und Wut der zweifellos von Mau persönlich inspirierten »Großen Proletarischen Kulturrevolution«, die im August 1966 wie eine Sturmflut losbrach und im Nu ganz China überschwemmte. Paradoxerweise waren es Schüler und Studenten, das heißt: die Nachwuchsintelligenz, die – zumindest anfangs – mit ehrlicher Begeisterung gegen die Bürokratisierung, die »Verbürgerlichung« in den Kampf zog.

Die »Kulturrevolution« war also ihrem Wesen nach der Kampf eines Teils der alten Kader unter Führung Mau's gegen die neuen Kader, die durch den Aufbau- und Modernisierungsprozeß der chinesischen Wirtschaft und des gesamten chinesischen Staatswesens entstanden waren, gegen die »bourgeoise Intelligenz«, die Anspruch auf Anerkennung ihrer Leistungen erhob und deren Lebensweise und Erfordernisse von den Normen kollektiver kriegskommunistischer Lebenshaltung abwich. Die Angehörigen dieser neuen geistigen Elite wollten als Subjekt anerkannt werden, als Menschen mit individuellen Ansprüchen. Die Hektik der Kampagnen zur »Beseitigung bourgeoiser Elemente« und schließlich die Paroxismen der »Kulturrevolution« erklären sich aus der wachsenden Zuspitzung dieses gesellschaftlichen Widerspruchs.

Kaum war in einer Periode des Aufbaus eine Spezialistengruppe in führende Positionen aufgestiegen, wurde sofort damit begonnen, sie »umzuerziehen«, d.h. ihre geistige Welt auf das Niveau der armen Bauern zurückzuführen – und das mit immer gewaltsameren Methoden, in der »Kulturrevolution« schließlich mit nacktem Terror.

Diese »Große Proletarische Kulturrevolution« brachte allerdings wenig Neues. In dem vermeintlichen Kampf gegen Vertreter des »kapitalistischen Weges«, zu denen bewährte Genossen wie Lju Schautschi und die nach Mau's Tod imposanteste Führungspersönlichkeit Chinas, Deng Hsiau-ping, zählten, kamen Gedankenmodelle und Methoden zutage, deren Wurzeln weit zurück in das geistige Erbe Chinas reichen. Vor allem drei Gedankenrichtungen, die bereits überwunden und vergessen zu sein schienen, gelangten nun teils bewußt, teils unbewußt zu neuem Leben: der Konfuzianismus, der Dauismus und der Legalismus.

Die »Kulturrevolution« der Jahre 1966 bis 1976 wurde zwar vermut-

lich von Mau Dse-dung ins Leben gerufen, läßt sich aber dennoch nicht lediglich als Willensäußerung einer einzigen mächtigen Person erklären. Ein altes chinesisches Sprichwort lautet: Helden schaffen ihre Zeit; die Zeit aber schafft ihre Helden. Außer den alten Kadern der Kriegsjahre gab es für diese heftigste aller Kampagnen seit 1949 eine Massenbasis unter der Jugend, vor allem der intellektuellen, die dem bürokratischen Kastenwesen, das sich schnell herausgebildet hatte, feindlich gesinnt war. Sie stellte sich mit Mau's Aufmunterung energisch und begeistert in die erste Reihe des Kampfes gegen die »Bourgeoisie«, die auf »höchste Weisung« hin zunächst in jenen Kadern lokalisiert wurde, die, wie es hieß, »den kapitalistischen Weg gehen«. Der Begriff »kapitalistischer Weg« war dehnbar. Alles Unliebsame konnte darunter subsumiert werden. So weiteten sich Verfolgungen und Repressalien auch auf Personen aus, die ursprünglich selbst Interesse an dem Gelingen der Kampagne gehabt hatten, auf Kader aller Ränge. Daß dabei hohe Funktionäre zu Schaden kamen, die jahrelang eng und erfolgreich mit Mau zusammengearbeitet hatten, mochte wohl seine persönlichen Gründe gehabt haben, geschah aber zum Teil auch aus der Eigendynamik solcher Bewegungen, die leicht außer Kontrolle geraten. Und Mau war ja für die »permanente Revolution«. Erst als ein totales Chaos auszubrechen drohte, rief er die Armee zur Hilfe – sehr zu seinem Schaden. Denn damit gab er seinem ehrgeizigen offiziellen Nachfolger Lin Bjau, seinem »engsten Kampfgefährten«, wie er alsbald genannt wurde, eine bedrohliche Machtstellung. Lin Bjau's offener Konflikt mit Mau entlarvte 1971 schließlich vor der ganzen Nation sowohl die Unglaubwürdigkeit der Ideale, die man ihr seit über einem Jahrzehnt vorgeheuchelt hatte, wie auch die Unredlichkeit der Akteure auf der politischen Bühne der ultralinken Machthaber.
Was aber haben die rezenten, »modernen« Geschehnisse in China mit den philosophischen Schulen im vorchristlichen China zu tun, wird man fragen? Der Zusammenhang wird sich alsbald von selbst erhellen.
Rekapitulieren wir inzwischen die Grundzüge des klassischen chinesischen Weltbilds.
Schon im Altertum – etwa um 500 v.Chr. – findet sich in den

schriftlichen Quellen Chinas nichts, das an einen Gottesbegriff im biblischen Sinn erinnert. Man glaubte zwar an die spirituelle Macht der Verstorbenen, der Ahnen, doch ein persönlicher allmächtiger Gott war unbekannt. Die Welt wurde von einer ihr eigenen Ordnung, einem Ordnungsprinzip eher unpersönlicher Natur beherrscht: dem DAU. Um die Entstehung der Welt, besser: deren Erschaffung, kümmerten sich die Chinesen wenig. Sie brauchten anscheinend keinen Schöpfergott. Das Dau wirkte durch eine Kraft, die man TSCHI – Atem oder Pneuma – nannte, ein Begriff, in den offensichtlich Vorstellungen aus einem noch animistisch gefärbten Weltbild früherer Zeiten eingegangen waren. Diese Kraft wirkte durch das Zusammenspiel von zwei Komponenten, die sich gegenseitig ergänzen und zugleich bekämpfen, also in einem immer wieder zur Harmonie tendierenden permanenten gegenseitigen Widerspruch stehen: das YIN – das weibliche, dunkle, passive, weiche – und das YANG – das männliche, helle, aktive, harte Prinzip. Diese beiden Prinzipien oder Wirkkräfte sind in der kosmischen Sphäre am deutlichsten sichtbar in den Manifestationen von Sonne und Mond, in der irdischen Sphäre in Mann und Frau.

Die »zahllosen Dinge« des Universums, also auch der Mensch, erhalten ihre Eigenart, ihre Wesenheit, ihr DE, durch die ihnen eignende Mischung von Yin und Yang, die äußerlich ihre Gestalt, innerlich ihre Qualitäten bestimmt, welche beim Menschen durch eine entsprechende Lebensführung und Geisteshaltung verfeinert und vervollkommnet werden können. So schließt dieses DE sowohl den Begriff der Gattungs- und Individualeigenart wie auch den einer numinosen Eigenschaft in sich, die wir mit Mana bezeichnen könnten. Darüber hinaus besitzt der Begriff DE ethische Qualitäten. Heute wird De nur mehr in diesem Sinn, im Sinn von Tugend gebraucht. Das gesamte Universum wurde als eine Art »große Familie« betrachtet – eine Projektion der Familie, der Sippe, des Stammes in kosmische Sphären. Alles in diesem gewaltigen Raum wirkte gegenseitig aufeinander ein. Daher glaubte man auch, daß ein Fehler im Ritual oder nach den bestehenden Normen verdammenswerte Handlungen kosmische Folgen nach sich ziehen müssen – vor allem, wenn sie von hochgestellten Personen, also von Menschen mit einem größeren

Anteil an kosmischen Kräften, an Mana, an DE verübt wurden. Schlechte Ernten, Dürre, Überschwemmungen, Erdbeben und andere unheilvolle Naturerscheinungen wurden daher auch als böse Omen gedeutet, die in einem bestimmten Zusammenhang mit dem Gebaren der Mächtigen standen.

Der Begriff des DAU, dieser das gesamte Universum beherrschenden Ordnungsmacht, findet sich in allen philosophischen Schulen Chinas – bald ins Kosmische, Natürliche oder Politische tendierend, in Bereiche universal oder sozial wirksamer Gesetzmäßigkeiten, bald wieder als unsichtbar im Herzen der Menschen wirkendes Gesetz, das sich in den Normen gesellschaftlicher Beziehungen manifestiert. Eine der großen philosophischen Schulen Chinas nannte sich sogar nach diesem Ordnungsprinzip *Dau-Dschja*-Schule des Dau.

Unter den »Hundert Schulen« der Dschou-Zeit ragen zwei hervor, deren Lehren, in ähnlicher Weise wie das Christentum in Europa, tief in das Wesen des chinesischen Menschen eingedrungen sind: der Konfuzianismus und der Dauismus. Die dritte philosophische Schule, die zu großer Bedeutung gelangte, fand auf einem anderen Weg Eingang in die Geschichte Chinas. Sie wurde über zweitausend Jahre lang dem Namen nach verfemt und verurteilt, ihre Grundsätze aber wurden von allen Dynastien übernommen und heimlich in das imperiale chinesische Staatswesen eingebaut. Diese Schule ist unter dem Namen Legalismus bekannt und verdankt ihren einmaligen offiziellen Sieg dem Gründer der ersten kaiserlichen Dynastie, Schih-Huang-Di, der im Jahr 221 v.Chr. das damals seit Jahrhunderten in viele Fürstentümer aufgespaltene Dschou-Reich wieder einigte.

Die Konfuzianische Schule

Ihr Gründer, Kung Tschju, von seinen Schülern und allen späteren Generationen meist ehrfurchtsvoll Kung Fu-dse, Meister Kung genannt (von europäischen Missionaren zu Konfuzius latinisiert), lebte von 551 bis 479 v.Chr. Nach den Lehren der konfuzianischen Schule ist der Herrscher – allerdings nur solange er die Riten und Normen einhält, das heißt, ein guter Herrscher ist – der irdische Vertreter des Dau – des höchsten Ordnungsprinzips. Die Herrschaft steht ihm zu durch das »Mandat des Himmels«, was im negativen Sinn bedeutet, daß der vor ihm regierende Herrscher und mit ihm dessen Dynastie dem Dau nicht mehr entsprach, also abgelöst werden mußte; und im positiven Sinn, daß eben er als neuer »Himmelssohn« genug De besaß, um an die Stelle des Abzusetzenden zu treten. Erwiesen sich die Nachkommen eines solchen Himmelssohns als würdig, blieb ihnen – das heißt der Dynastie – das Mandat des Himmels erhalten. Die Akklammtion durch das Volk, die *vox populi*, galt als irdische Bestätigung des himmlischen »Mandats«.

Wie der Herrscher als »Himmelssohn« seinen Ahnen, insbesondere aber seinem gleichsam außerirdischen Vater, dem Himmel – in dem sich ja auch die Gesamtheit seiner Ahnen befand – als Sohn zu dienen hat, so müssen alle Menschen ihren Vätern dienen; und so müssen auch alle Menschen den ihnen Vorgesetzten, den Würdenträgern und Beamten des Staates dienen. Die gesamte Gesellschaft wird als eine Art Pyramide gedacht, die sich stufenweise aus Schichten von Vätern und Söhnen, aus Gemeinen und Beamten oder Edlen, aus höheren und niedrigen Schichten gesellschaftlichen Seins aufbaut. An ihrer Spitze thront der »Himmelssohn«. Eine Passage im ersten Buch der *Gespräche des Konfuzius* läßt deutlich die politische Bedeutung erkennen, die aus den konfuzianischen Thesen über Familienbeziehungen gewonnen werden kann: *Selten geschieht es, daß einer, der seine Eltern und älteren Brüder ehrt, willentlich gegen Höhergestellte verstößt. Niemals aber ist es noch vorgekommen, daß einer, der nicht gegen Höhergestellte zu verstoßen gewillt ist, Wirrnisse verursachen möchte. Der edle Mensch bemüht sich um das Wesentliche. Ist das Wesentliche fest eingewurzelt, so erwächst daraus der Rechte Weg (Dau). Liegt nicht die Wurzel aller Menschlichkeit darin, seine Eltern und älteren Brüder zu ehren*[1].

Kindesgehorsam ist die wichtigste Pflicht eines jeden Untertans bis hinauf zum Herrscher, der wiederum seinem Vater, dem Himmel, zu dienen hat und somit nicht nur Monarch, sondern zugleich höchster Priester, Pontifex maximus, ist. Darum verschmolzen in China die weltliche und die sakrale Macht in einem System, an dessen Spitze ein »Sohn des Himmels« stand, der über seinen weltlichen Machtbereich in überirdische Sphären hinausragte. Somit genoß der Herrscher auch eine gleichsam religiöse Verehrung: er war die höchste kultische Persönlichkeit im Reich, was zwangsläufig zu einem Personenkult ihm gegenüber führte.

Konfuzius leitete aus der Verehrung des Vaters durch den Sohn ein System von Verpflichtungen ab, das auch den Vätern bestimmte Verhaltensnormen vorschrieb. Er schuf einen neuen Begriff, REN, was etwa Güte oder Menschlichkeit bedeutet. Durch Loyalität und Kindesliebe oder Kindesgehorsam waren alle niederen Mitglieder der Gesellschaft zu Dienstbarkeit den Höhergestellten gegenüber verpflichtet. REN galt für alle, insbesondere aber für die Herrschenden, für die auf der sozialen Stufenleiter jeweils höher Stehenden. Durch REN sollte in einer hierarchisch aufgebauten Gesellschaft das harmonische Zusammenwirken aller ihrer Mitglieder ermöglicht werden. So war REN gleichsam als psychische Grundlage und Voraussetzung für die erstrebte gesellschaftliche und – in numinosen Bereichen kosmische – Harmonie gedacht. Zu ihrer Verwirklichung bedurfte es nach Konfuzius einer weiteren geistigen Kraft, die er SCHU nannte, was man etwa mit »Gegenseitigem Verstehen« übersetzen könnte. SCHU, »Gegenseitiges Verstehen«, sollte nicht nur die tragende Kraft sein, um alle Abläufe gesellschaftlicher Handlungen durch gegenseitige Hilfe und Unterstützung in Einklang zu bringen. Durch SCHU sollte darüber hinaus auch ein geordnetes, harmonisches Zusammenspiel der menschlichen Gesellschaft mit den kosmischen Mächten gesichert werden. Denn der Mensch trägt nicht allein für sich und seinen eigenen Daseinsbereich, die menschliche Gesellschaft, er trägt auch für außermenschliche Bereiche Verantwortung. Mißernten, Erdbeben und andere Naturerscheinungen sind nicht einer Laune des Himmels oder einer herrischen Gottheit zuzuschreiben, sondern vielmehr rituellen oder ethischen Verstößen der Menschen, insbesondere der für den Staat in erster Linie Verantwortlichen.

Wenige Monate vor Mau's Tod im Jahr 1976 wurden die Stadt Tang-Schan und weite Gebiete Nordchinas von einem Erdbeben heimgesucht, das mehrere Hunderttausend Menschenleben forderte. Selbst in Be-Dsching wohnten die Menschen für einige Zeit in Zelten auf den Straßen, da auch dort heftige Erdstöße zu spüren waren. Im Volk sprach man von einem bösen Omen im Zusammenhang mit Mau Dse-dung, der dann auch bald danach starb.

In diesem makro-mikrokosmischen Bezugssystem der konfuzianischen Schule gab es zwar unterschiedliche Ränge, aber niemanden und nichts, das nicht Mitverantwortung trug.

Der Beamte sollte in diesem System als Koordinator dienen, als Organisator menschlicher Tätigkeiten, und zugleich als lokaler Vertreter der universalen sakralen Macht des »Himmelssohns«, in dessen Namen er kultische Handlungen verrichten konnte. Er brauchte kein Fachwissen. Außer den kanonischen Schriften mit ihren ethischen Normen und historischen Beispielen richtiger Verhaltensweisen war kein Wissensgebiet für ihn wirklich relevant. Technisches Fachwissen war Sache der Handwerker und Werkleute – wie übrigens auch im Mittelalter in Europa. Das Wirkungsfeld des Würdenträgers und Beamten war die Erziehung des Volkes zu staatsbürgerlichen Tugenden, die Koordinierung der Arbeitskräfte, die Verteilung von Aufgaben und Arbeiten sowie deren Überwachung. Meister Kung sagte: *»Der edle Mensch ist kein Gerät*[2], das heißt, er sollte in seinem Wissen, Denken und Tun nicht auf ein spezielles Gebiet, eine spezielle berufliche Ausbildung beschränkt sein. Fachwissen war nicht erwünscht, ja wurde geradezu als eines Gelehrten unwürdig betrachtet – und die Beamten des Feudalstaats rekrutierten sich für über zwei Jahrtausende hauptsächlich aus dem Gelehrtenstand! Der Beamte war also tätig im Bereich eines Arbeitsfeldes, das wir heute als Erziehungswesen und Organisierung der menschlichen und materiellen Ressourcen des Staates im Rahmen einer bestimmten Ideologie bezeichnen würden.

Das Dau, das große universale Ordnungsprinzip, bestimmte im Konfuzianismus die richtige Stufung und Koordinierung von Pflichten, die die Familien, die Sippen – und im weitesten Sinn alle Dinge zwischen Himmel und Erde – aneinander banden und innerhalb dieser Bindungen in einem harmonischen Verhältnis hielten. Ein System von Pflichten und Zuordnungen hielt das Universum im Gleichgewicht; und wenn man darin nach Rechten suchte, so gab es diese nur auf jener Ebene, die eigentlich ein Gipfelpunkt war –

nämlich in der Person des »Himmelssohns« – auf einer Ebene also, die in sakralen Bereichen verschwamm. Der Himmelssohn konnte allerdings Vorrechte, Privilegien verleihen, die aber nicht nach oben, sondern nur nach unten galten – als Mittel zur Behauptung der eigenen Position all jenen gegenüber, die auf tieferen Stufen standen. Daher gab es auch im konfuzianischen System kein Zivilrecht, sondern nur ein Strafrecht. Verstöße gegen die Norm, das Dau, wurden geahndet.

Konfuzius, der das Heil der Welt in einer hierarchischen Gesellschaftsordnung sah, legte in Anbetracht der wirren Zustände seiner Zeit großen Wert darauf, die »Namen richtigzustellen«. Das schien ihm schon deshalb ein unabdingbares Erfordernis für die Wiedergesundung der Gesellschaft, weil die Usurpation von Titeln und die damit verbundenen Machtansprüche der Fürsten und Lehensherren das gesellschaftliche Gefüge längst schon heillos durcheinandergebracht hatten. Vielleicht aber empfand Konfuzius in der betonten Anwendung des »richtigen Namens« auch noch ein numinoses Element. Denn bei aller Vorsicht, die Konfuzius in allem zeigte, was Geister und Dämonen betraf, der magische Gehalt des »richtigen Namens« mochte auch bei einem rationalen Denker wie ihm seinen Wert noch nicht ganz eingebüßt haben.

Die Dauistische Schule

Zum Unterschied von der streng gestuften Gesellschaft von Vätern und Söhnen, Edlen und Gemeinen, Oberen und Unteren der Konfuzianer, einer Gesellschaft, die von einem weisen, gütigen, dem Himmel verwandten Herrscher gelenkt wird, traten die Dauisten für eine Nivellierung der Gesellschaft ein, für die Aufhebung aller Vorrechte, für die Abkehr von jeder Art von Eigensucht und Selbstbehauptung. Sie verabscheuten die städtische Geschäftigkeit, jede Art von Luxus und Wohlleben. Sie verlangten, daß die Menschen zu einer gleichsam klassenlosen Gesellschaft, zu urgesellschaftlichen Zuständen zurückkehren sollten, geführt von einem Weisen, der, von keinerlei Ehrgeiz und Eigennutz getrieben, auch keinerlei Macht über das Volk beanspruchte. Auch der dauistische Weise hatte, wie der konfuzianische, für das Wohl des Volks und aller Dinge zu sorgen, doch ohne jede Arroganz und Besserwisserei, ohne das Selbstgefühl, einer gehobenen Kaste anzugehören, und ohne persönliche Ansprüche. Zwei Zitate aus dem *Daudedsching*, dem *Buch vom DAU und DE*, dem Werk des berühmtesten dauistischen Philosophen, Lau Dse, mögen den Unterschied zwischen den Idealen des konfuzianischen und dauistischen Weisen verständlich machen:

herrscher über alle wässer sind strom und meer
nur weil sie sich tiefer stellen
tiefer denn alle wässer sich stellen
erhebt sie fürstlich über alle wässer

so muß der weise sich erniedrigen
will er sich übers volk erheben
so muß er hintennach sich stellen
will er vor dem volk stehen

so steht der weise überm volk
und fällt dem volk nicht zur last
so steht der weise vor dem volk
und wirkt ihm nicht zum schaden

freudig drängt ihn die Welt nach vorn
und keiner murrt
da er mit keinem streitet
bleibt er unbestritten sieger[3]

Der Dauismus ist gegen jedes eigenmächtige Eingreifen in das gesellschaftliche und natürliche Geschehen. Demnach steht dem Weisen die Aufgabe zu, das »natürliche« Wirken in Natur und Gesellschaft zu verstehen, zu wahren und ohne störende Eingriffe zu fördern:

der weise läßt sie wachsen und nährt sie
läßt die dinge wachsen und besitzt sie nicht
tut und verlangt nichts für sich
behüter, nicht beherrscher
das sei genannt Süen De – das tiefste De[4]

Die Dauisten propagierten ein Leben im Dau, ein Leben, das den Gesetzen der Natur folgen sollte. Ihr Dau glich gewissermaßen einem allgemeingültigen Naturgesetz, dem sich auch die Gesellschaft und jedes Einzelwesen zu beugen hat. Sie empfahlen äußerste Einfachheit, Beschränkung auf das absolut Notwendige. Das Stadtleben betrachteten sie als sittenverderbend. Zurück zur Natur, zurück in die Geborgenheit eines kargen, aller technischen Hilfsmittel baren Dorflebens schien ihnen der Pfad zur Rettung menschlicher Werte. Jede Ablenkung von einer einfachen Lebensführung schmälert nur das Glück des Menschen, stört sein natürliches Wesen und führt zu Unruhe und Streit.

farbenpracht blendet das Auge
klangreichtum betäubt das ohr
feinschmeckerei verdirbt den Geschmack
hetzen und jagen verwirren das Herz
seltene güter führen zu verbotenem.

darum sorge der weise für den Bauch, nicht das auge
für das, nicht für dies[5]

Alle von den Konfuzianern gepriesenen Tugenden verachteten sie. Sie schienen ihnen nur Zeichen des Niedergangs des Menschengeschlechts zu sein, nur Heuchelei, nur Mittel zu weiterer Verderbnis, da sie die Natur des Menschen deformierten und ihn damit seines ureigenen Wesens beraubten:

verloren ging das große Dau –
güte und rechtschaffenheit entstand
hervortrat die klugheit –

die große heuchelei entstand
zerrissen ward die sippe –
der familiensinn entstand
in wirrnissen zerfiel der staat –
der treue minister entstand[6]

Die von den Konfuzianern gepriesenen Tugenden der Güte und Rechtschaffenheit bedeuteten für sie nur eine Abkehr vom Großen Dau, ein Schwinden und Verkümmern des Dau in der Menschenseele. Daher war Rückkehr zum Dau und nicht eine noch weitere Entfernung vom Dau geboten. Daß die Dauisten keineswegs eine Gesellschaft, die sich aus lieblosen, rohen Menschen zusammensetzte, vor Augen hatten, sondern sich in ihrer Kritik am Bestehenden vielmehr gegen die Schein-Heiligkeit und die nur auf den eigenen Vorteil bedachte »Klugheit« der Mächtigen, einschließlich der liebedienernden Hofgelehrtenschaft ihrer Zeit wandten, geht aus dem folgenden Zitat hervor:

schafft ab die heiligkeit, verwerft die klugheit –,
die menschen werden hundertfach gewinnen

schafft ab die güte, verwerft die rechtschaffenheit –
die menschen werden wieder einander lieben

schafft ab die geschicklichkeit, verwerft die gewinnsucht
keine diebe und räuber wird es mehr geben ...[7]

Die Dauisten prophezeiten den Sieg des Schwachen über das Starke, des Wassers über den Stein, des Einfachen über das Prunkvolle und Komplizierte. Sie vermittelten in ihren Lehren ein Lebensgefühl, das dem chinesischen Menschen vertraut war, das der Grundstimmung eines ackerbautreibenden, binnenländischen, seiner Wesensart nach friedlichen und genügsamen Volks entsprach. Vielleicht wäre es nicht so falsch zu behaupten, daß jeder Chinese, auch wenn er von den Schriften der Dauisten nie gehört haben sollte, im Grunde genommen ein gutes Stück Dauismus in sich trägt.

Die legalistische Schule

In den Auseinandersetzungen der großen Gedankenrichtungen der späten Dschou-Zeit blieben die Legalisten im sogenannten »Streit der Hundert Schulen« nach ihrer Anerkennung durch den »Ersten Kaiser« 221 v.Chr. vorläufig alleinige Sieger. Im Jahr 359 v.Chr. erschien der Legalist Schang Yang am Tschin-Hof und gewann Herzog Hsjau für seine Reformpläne. Da er rigoros die Privilegien der Aristokratie beseitigen wollte, nahm er zwar, wie auch die späteren großen Legalisten Han Fe Dse und Li Si ein böses Ende, doch die von ihm in Angriff genommenen legalistischen Maßnahmen leiteten erfolgreich den Aufstieg des Herzogtums Tschin ein.
Mit dem endgültigen Sieg des Staates Tschin unter dem »Ersten Kaiser«, Schih-Huang-Di, über die übrigen Feudalstaaten Chinas hatte auch die Schule der Legalisten zunächst den Sieg über alle anderen Schulen davongetragen. Was die Legalisten lehrten, läßt sich etwa so zusammenfassen:
Abgesehen von der Person des Herrschers selbst wird die soziale Position des Einzelnen nur durch seine Verdienste bestimmt. Damit werden dem Erbadel nicht nur die Privilegien, sondern auch sein politischer Einfluß genommen, indes sich hinfort für jeden »Verdienstvollen« neue Wege zu Ehren und Reichtum auftun. Verdienste werden nach Leistung berechnet: für den Landwirt nach der Höhe des Ertrags; für den Soldaten nach der Zahl der abgeschnittenen Köpfe. Jeder Soldat kann Feldherr werden, jeder Bauer ein Adeliger; nur muß der eine dafür eben entsprechend hohe Leistungen im Ackerbau, der andere im Kopfabschneiden erbringen. Damit war eine entsprechende Steigerung der persönlichen Initiative im Staate Tschin gesichert, und zwar sowohl bei den vielen Feldzügen, die zur Reichseinigung führten, also auf dem Schlachtfeld, wie auch bei der Produktion von Lebensmitteln für die Versorgung der kämpfenden Truppen.
Außer den Büchern über Staatsgesetze, Astronomie, Astrologie, Medizin und der Chronik des Staates Tschin sind alle Bücher verboten. Die Bücher der »Hundert Schulen« müssen ausgeliefert und verbrannt werden. Ebenso sind alle philosophischen Schulen verboten. Die

Staatsbeamten sind zugleich Lehrer des Volkes. Ihr Lehrstoff beschränkt sich auf Gesetzeskunde. Im Buch *Han Fe Dse* wird dies so dargelegt:
Ein kluger König benötigt keine Bücher in seinem Staat. Zur Belehrung dient das Gesetz. Auch die Worte der weisen Herrscher des Altertums braucht er nicht. Als Lehrer dienen dem Volk die Beamten. Er duldet keine schwerttragenden Raufbolde. Sie sollen ihren Mut beweisen, indem sie Staatsfeinden die Köpfe abschlagen. So werden sich im ganzen Staat die Redegewandten an die Normen des Gesetzes halten, die körperlich Arbeitenden ihre Kräfte im Ackerbau verwenden, die Kühnen ihre Kühnheit vor dem Feinde zeigen. Im Frieden wird der Staat an Wohlstand zunehmen und im Krieg eine starke Armee besitzen. Das ist der wahre Rückhalt eines Königs[8].

Von den Gesetzen sind am allerwichtigsten die Listen von Belohnungen und Strafen. Die Strafen sollen möglichst hart und grausam sein, um dadurch das Volk von Gesetzesübertretungen abzuschrecken und zur Gesetzestreue zu erziehen. Abschaffung der Gesetze durch Grausamkeit der Bestrafung wird demnach als ein »humanes« Endziel erachtet.

Mit diesen Mitteln erhofften die Legalisten einen gesellschaftlichen Zustand zu erreichen, in dem die Menschen ungestört miteinander leben können, da sie als quasi wandelnde Gesetzesverkörperung mit der Sicherheit eines Pawlowschen Reflexes immer und unfehlbar nach den gegebenen Gesetzen handeln würden.

Viele Grundsätze der legalistischen Staatsführung des »Ersten Kaisers« blieben auch nach seinem Tod bestehen, wenngleich seine Dynastie schon mit seinem Sohn zugrunde ging. Im Zeitraum von etwa 200 v.Chr. bis 100 n.Chr. bildete sich aus einer Mischung von konfuzianischen mit dauistischen, insbesondere aber legalistischen Lehren eine Staatsdoktrin heraus, die dann nahezu zwei Jahrtausende, bis zum Ende der Kaiserzeit – 1911 – im wesentlichen unverändert weiter bestehen konnte. Nach außen pochte man auf die ethischen Werte der Lehren des Konfuzius und seiner Schule; in der Praxis jedoch handelte man von Staats wegen vielfach nach legalistischen Prinzipien. Die Lehre von der staatserhaltenden Funktion des Kindesgehorsams den Vätern und Beamten, vor allem aber dem »Himmelssohn« gegenüber, blieb jedoch das Kernstück und wichtigste Agens im chinesischen Leben wie auch in der Staatsraison für die gesamte Periode des Feudalismus in China, die bis in dieses Jahrhundert hineinreichte.

Untersucht man die Geschehnisse während der »Kulturrevolution« der Jahre 1966-1976 wie auch der zu ihr führenden Periode, die mit dem »Großen Sprung vorwärts« von 1958 bis 1960 begann, im Zusammenhang mit dem geistigen Erbe der eben besprochenen Schulen des chinesischen Altertums, dann läßt sich unschwer feststellen, daß sehr viel Totgeglaubtes plötzlich – oder vielleicht doch nicht so plötzlich – wieder zum Leben erwachte. Versucht man im einzelnen herauszuarbeiten, welche der Lehren und Vorstellungen der großen philosophischen Schulen des chinesischen Altertums nach einem Zustand der Latenz zumindest vorübergehend die historische Wirklichkeit der jüngsten Vergangenheit Chinas mitbestimmten, dann läßt sich im Hinblick auf die konfuzianischen Lehren zunächst folgendes feststellen:

Offiziell wurde der Konfuzianismus im nachrevolutionären China als feindliche Ideologie angeprangert und bekämpft und in den Jahren 1973/74 sogar einer überaus heftigen Kritik unterworfen, die jedoch keineswegs wissenschaftlich, sondern vielmehr völlig unsachlich und aus rein politischen Überlegungen geführt wurde. Ein Zitat aus einem Artikel in der »Roten Fahne«, 1974, Nr. 11, mag genügen, um die tendenziös verzerrende Methodik in der damaligen »Polemik« gegen den Konfuzianismus darzulegen: *Konfuzius gründete die Schule der Ru – später Konfuzianer genannt –, um den Zusammenbruch der Sklavenhalterordnung aufzuhalten und die reaktionäre Herrschaft der aristokratischen Sklavenhalter der westlichen Dschou-Dynastie wiederherzustellen. Er strebte rücksichtslos danach, die Gesellschaft zurückzuschrauben. Wir leben derzeit im Zeitalter des Imperialismus und der proletarischen Revolution, in der Periode des Übergangs vom Kapitalismus zum Kommunismus. Das Proletariat und die breiten Massen Chinas haben unter der Führung des Vorsitzenden Mau und der Kommunistischen Partei nach langen bewaffneten Kämpfen ent-*

scheidende Siege in der neudemokratischen Revolution errungen ... Wang Ming, Lju Schau-tschi, Lin Bjau – diese Anführer der rechtsopportunistischen Linie, sind Vertreter des Imperialismus, des Sozialimperialismus und der Gutsherren und Bourgeoisie innerhalb unserer Partei. Mit allen Mitteln haben sie versucht, die chinesische Revolution zu erledigen, alle Kräfte haben sie angewandt, um den Kapitalismus wieder herzustellen ... Darum verehren sie Konfuzius und himmeln ihn an, benutzen sie die konfuzianische Ideologie als geistige Waffe in ihren konterrevolutionären Machenschaften, was auch ganz selbstverständlich ist ...

In Wirklichkeit hatte wohl keiner der namentlich Erwähnten die konfuzianischen Schriften so gründlich studiert wie Mau Dse-dung. Wenn er auch sicher nicht selbst willentlich darauf hinzielte, so erlebte doch der Konfuzianismus in dieser Periode der jüngsten Geschichte Chinas eben durch Mau eine merkwürdige Renaissance. Die Verstiegenheit des Personenkults etwa, der mit Mau getrieben wurde und der in der »Kulturrevolution« seinen Kulminationspunkt erreichte, leitet sich zweifellos her aus der feudalistischen Verehrung des »Himmelssohnes« im konfuzianischen Ritual. Mau's »allerhöchste Weisungen« erschienen für mehrere Jahre bis zu seinem Tod in besonders fettgedruckten Schriftzeichen im oberen rechten Eck auf der ersten Seite der chinesischen Zeitungen. Diese Weisungen wurden als nahezu göttlich inspirierte Offenbarungen erachtet, eifrig studiert und minuziös befolgt. Mau's Wort hatte somit Gesetzescharakter, wie einst die Dekrete und Erlasse des »Himmelssohns«. Die Litanei der »epitheta ornantia«, die man bei der Erwähnung des Namens von Mau herunterleiern mußte, die kultische Verehrung aller seiner Äußerungen, seiner Schriften, aller Orte, die mit seiner Person irgendeinen Zusammenhang hatten – all das sind Erscheinungen, die sich auf die Verehrung des »Himmelssohns«, auf die Heiligung der Person des Kaisers zurückführen lassen.

Die von den Konfuzianern als oberstes Gebot gepredigte Lehre vom absoluten Kindesgehorsam wurde von der Person des Vaters auf die ins Übermenschliche gesteigerte Vaterfigur Mau's – im weiteren Sinn auf jeden von Mau gutgeheißenen Vorgesetzten, vor allem auf den jeweilig als »revolutionär« angesehenen Parteifunktionär übertragen. Der blinde Gehorsam, den der Konfuzianer dem Vater schuldete, wurde aus der familiären Bindung herausgehoben und mit all seiner historisch gewachsenen emotionalen Intensität auf den »Großen Steuermann« und seine Repräsentanten hingelenkt. Die Familie und Sippe wurde zwar nach Möglichkeit in ihrem Bindungscharakter gelöst, ihre Funktion jedoch in das jeweilige Kollektiv verlegt, das dem Individuum die Familie ersetzen sollte. In diesem Lebensraum wurde die Persönlichkeit ebenso abgetötet wie ehemals in der patriarchalischen Sippe oder Großfamilie, die oft vom Sippenältesten oder den Familienvätern tyrannisch beherrscht worden war. In den Zeitungen wurden mit allen Mitteln Gestalten propagiert, die sich bis zu ihrem Opfertod täglich selbstquälerisch um ein Leben nach und in Mau abmühten, Gestalten wie Le Feng, die ihre Vorbilder in der Hagiographie der Konfuzianer haben. Die Wiederherstellung des subjektiven Bewußtseins, der persönlichen Identität, war daher in den ersten Jahren nach der »Kulturrevolution« ein vielfach besprochenes Anliegen der Partei, des Staatsapparates und weiter Kreise der Bevölkerung Chinas. Insbesondere im Schriftstellerverband der Volksrepublik China wurden Fragen dieser Art eifrig diskutiert. Das änderte sich wieder nach 1989.

Das konfuzianische Konzept des idealen Beamten als eines Mannes, der als Lehrer ethischer Normen und als Koordinator kollektiver Arbeitsvorhaben – wie etwa Flußregulierungen – die »Allerhöchsten Weisungen« eines »Himmelssohns« ausführte, aber selbst kein Fachwissen zu haben brauchte, findet sich während der »Kulturrevolution« und in der zu ihr führenden Periode in der damaligen Auffassung von einem guten Parteifunktionär wieder. Der Widerspruch zwischen »Rot« – für politisches Bewußtsein – und »Experte« – für Fachwissen – wurde eindeutig zugunsten von »Rot« entschieden. Das politische Bekenntnis zählte weitaus mehr als jede fachliche Leistung. Im Gegenteil: Fachkräfte waren a priori verdächtig.

Fragt man nach einer vergleichbaren Übernahme und Umwertung dauistischer Lehren während der »Kulturrevolution«, ergibt sich folgendes Bild: In der Epoche, als die Kommunistische Partei Chinas noch relativ schwach war, wurden gleichsam gezwungenermaßen einige Lehren des Dauismus übernommen, die den letztendlichen

Sieg des Schwachen über das Starke verkünden. Sehr viel in den militärischen Schriften Mau Dse-dung's ist – wenn auch auf Umwegen (zum Beispiel die Lehren der von dauistischen Gedanken inspirierten Militärphilosophen der späten Dschou-Zeit) – dauistischem Gedankengut entlehnt. Mau's wiederholt geäußerte Ansicht, daß im nationalen Maßstab das »Dorf« die »Stadt« erobern werde, das heißt, daß der Partisanenkrieg, von den ländlichen Gebieten aus unternommen, von der Bauernschaft unterstützt, zur Umzingelung und schließlich zur Einnahme der Städte führen werde, entstammt ebenfalls dauistischen Konzepten. Das Schlichte soll das Prunkvolle, das Einfache das Komplizierte überwinden.

Der Gedanke von der Eroberung der »Stadt« durch das »Dorf« wurde mit der »Kulturrevolution« auf die gesamte Weltpolitik ausgeweitet. In Mau Dse-dung's sogenannter »Dreiweltentheorie« waren die zwei Supermächte die Erste Welt; die Zweite Welt waren die industriell hochentwickelten Staaten; die Dritte Welt die Entwicklungsländer. Nach dieser »Dreiweltentheorie« würde es zu einer Eroberung der »Weltstadt« – also der Ersten und Zweiten Welt – durch das »Weltdorf« – die Dritte Welt – kommen.

Das von den Dauisten propagierte Konzept von der Rückkehr zu einfachen, dörflichen, von jeder Art von Bildung unbelasteten Lebensformen wurde während der »Kulturrevolution« zu geradezu kultischen Dimensionen überhöht. Der Einwirkung der Schlichtheit und Einfachheit der Bauern, insbesondere der armen Bauern, sowie den Entbehrungen und der harten Arbeit des Landlebens wurden in den Umerziehungskampagnen gleichsam magisch-therapeutische Kräfte zugeschrieben. Die Intellektuellen sollten aufs Land gehen, sich an den einfachen Landarbeiten beteiligen und von den armen Bauern eine richtige »proletarische« Lebensführung erlernen. Mit der antistädtischen Einstellung der Dauisten übernahmen die »Kulturrevolutionäre« – die Ultralinken – auch eine anti-intellektuelle Haltung. Mau sah in der Rückkehr zu dörflicher Primitivität ein Mittel zur Reinigung von den Schlacken »bourgeoiser« Verdorbenheit, die, wie es scheint, seiner Meinung nach den Intellektuellen besonders hartnäckig anhafteten.

Im allgemeinen zeigt die Geschichte, daß jede Persönlichkeit oder jede Gruppe von Personen, die an der Macht ist, eine doppelte Einstellung den von ihr Regierten gegenüber hat: sie wünscht sich einerseits eine gewisse Leichtgläubigkeit, also eine mehr oder minder kritiklose Billigung ihres Machtanspruchs und ihrer Regierungsmethoden seitens der Regierten, erhofft sich andererseits aber auch ein Maximum an Tüchtigkeit von ihnen – was Intelligenz und damit Kritikfähigkeit einschließt – in allen für Macht und Reichtum des Staates nötigen Tätigkeiten. Lau Dse überspitzte offenbar mit Absicht im *Buch vom Dau und De* seine Antwort auf diese Frage, vielleicht auch nur, um die Scheinheiligkeit der Antworten, die andere Schulen darauf gaben, zu entlarven:

die alten meister im gebrauch des Dau
erhellten nicht den sinn des volkes
es zu verdummen brauchten sie das Dau
ein volk an wissen reich
ist schwer in zucht zu halten[9]

Bei der von den »Roten Garden«, wie sich die Sturmtruppe der »Kulturrevolutionäre« nannten, praktizierten Behandlung der Bevölkerung Chinas im allgemeinen und der Intellektuellen im besonderen könnte man meinen, jemand hätte sie ernstlich dazu angehalten, diese Sätze Lau Dse's – allerdings mit völlig undauistischer Brutalität – in die Praxis umzusetzen. So wurde ein sehr großer Teil des Intelligenzpotentials Chinas jahrelang unter überaus harten Bedingungen zur manuellen Arbeit auf dem Lande gezwungen und damit seinem eigentlichen Arbeitsbereich entzogen und entfremdet. Die Führung Chinas stand nach der »Kulturrevolution« während fast einem Jahrzehnt vor der schwierigen Aufgabe, diesen Verlust wiedergutzumachen.

Die von den Dauisten verlangte Nivellierung der Gesellschaft lag auch Mau am Herzen. Eine der letzten von Mau erlassenen »Allerhöchsten Weisungen« sah eine weitere Reduzierung der Gehaltsstufen in China auf insgesamt acht vor. Und noch weitere Reduzierungen waren, wie es hieß, geplant. Der physisch und psychisch mit aller Kraft und allen Mitteln vorangetriebene Nivellierungsvorgang trug zu einer bedenklichen Zerstörung der Persönlichkeit bei.

Die Übernahme legalistischen Gedankengutes schließlich wurde von den Ultralinken offen zugegeben. Sie verherrlichten sogar enthusiastisch die Gewaltsamkeit der legalistischen Staatslehre. In so manchem Artikel wurde Mau Dse-dung unmißverständlich mit dem in der chinesischen Historiographie bisher meist als Inbegriff unmenschlicher Staatsführung verdammten »Ersten Kaiser«, dem Erbauer der Großen Mauer, verglichen. In einem Artikel in der »Roten Fahne« hieß es 1974: *Seit jeher ist der Staatsapparat ein Instrument der Unterdrückung einer Klasse durch die andere. ›Die Verbrennung der Bücher und das Begraben bei lebendigem Leib der Gelehrten‹ (durch den »Ersten Kaiser«) war eine notwendige Maßnahme der Gutsherrenklasse für die Festigung ihrer damals errichteten Staatsmacht ... Wenn der Erste Kaiser auch von den reaktionären alten und neueren Autoren im In- und Ausland, einschließlich der sowjetischen Revisionisten, verflucht wurde, so hat er doch selbstverständlich seine historischen Verdienste. Er war ein Experte in der Beachtung des Gegenwärtigen und der Mißachtung des Vergangenen, ein gründlicher und erfolgreicher Vollstrecker der Gedanken der legalistischen Schule, der Errichter und Beschützer des geeinten China unter der politischen Macht der Gutsherrenklasse. Das ist das Urteil der Geschichte.*

Im weiteren Verlauf der »Kulturrevolution« wurde eine völlig unwissenschaftliche und willkürliche Zweiteilung in der Einschätzung historischer Geschehnisse und Persönlichkeiten vorgenommen: Alle als »progressiv« eingestuften Maßnahmen und Persönlichkeiten der Vergangenheit wurden als »legalistisch« erklärt, alle reaktionären als konfuzianisch – auch wenn die als »Konfuzianer« Eingestuften niemals die Werke des Konfuzius gelesen hatten. Bis in die eigene Gegenwart spürte man den sogenannten »Konfuzianern« nach: Lju Schau-tschi, Lin Bjau, der bis vor kurzem noch als Mau's »engster Kampfgefährte« umjubelt worden war, selbst Dschou En-lai wurden offen oder versteckt konfuzianischer Neigungen bezichtigt. Somit erhob man Mau Dse-dung – ob mit oder ohne Zustimmung seinerseits ist unklar – zum späten Nachfolger des »Ersten Kaisers«, zum großen »Legalisten« seiner Zeit.

Nach dem Sturz der »Viererbande« hielt der ultralinke Kurs noch fast zwei Jahre weiter an, wenn auch in viel milderen Formen. Die ersten Rehabilitierungen der während der Schreckensjahre Verfolgten erweckten neue Hoffnungen unter den Intellektuellen und jenen Kadern, die als den »kapitalistischen Weg gehend« verfemt worden waren. Im Mai 1978 wurde auf Initiative Deng Hsjau-ping's eine die gesamte Nation umfassende Diskussion in Gang gebracht, die das voluntaristische und utopistische Denken verdrängen helfen sollte, das seit etwa 1957 in die Köpfe des chinesischen Volkes hineingehämmert worden war. Die These, die Deng Hsjau-ping in die Diskussion einbrachte, war zwar nicht neu, doch zu jenem Zeitpunkt von entscheidender Bedeutung: *Das einzige Kriterium der Wahrheit ist die Praxis.* Nach dem Sturz Hua Guo-feng's, der auf Fortführung der politischen Linie Mau's bestand, trat die neue Staats- und Parteiführung ein schweres Erbe an: Wiederherstellung der arg zerrütteten Wirtschaft; Wiederbelebung des humanistischen Gedankenguts der sozialistischen Weltsicht der frühen Fünfzigerjahre; Kampf gegen die während der »Kulturrevolution« wieder aufgekommenen Denk- und Verhaltensweisen feudalistischer, vor allem aber legalistischer Provenienz; Kampf gegen Voluntarismus, Formalismus und Bürokratismus, die unter dem Mantel des Marxismus und trotz vergeblicher Säuberungen für über zwanzig Jahre in China dominiert hatten. Nach dem damals festgelegten und in den folgenden Jahren weitgehend durchgeführten Kurs sollte China aus der ihm von den Ultralinken aufgezwungenen Isolierung herausgeführt werden: also »Öffnung nach außen«. Die Bürokratisierung der Produktion sollte durch Reformen, durch eine wachsende Selbständigkeit der Betriebe und die Lösung ihrer Bindung an Parteidirektiven beseitigt werden. Die Eigeninitiative in der gesamten Produktion Chinas, insbesondere in der Landwirtschaft und in den von der Landbevölkerung selbst zu gründenden Unternehmen aller Art sollte durch einen hohen Grad an Reprivatisierung unter Wahrnehmung sozialistischer Besitzverhältnisse mit allen Mitteln gefördert werden. Nutzungsrechte und Eigentumsrechte wurden dadurch getrennt. Das Preisgesetz wurde wieder anerkannt – als Regulierungsfaktor und als Ansporn für den Produzenten. Und schließlich sollte eine Trennung der Befugnisse von Partei und Staatsapparat, beschlossen auf dem XIII. Parteitag,

hemmende Einmengungen von seiten der Partei verhindern, die unter den Ultralinken alles beherrscht hatte.
Zweifellos hat China unter dieser neuen Parteilinie enorme Fortschritte gemacht – und dazu noch in sehr kurzer Zeit – in nicht viel mehr als einem Jahrzehnt. Nur waren »Öffnung«, »Reformen«, die »Vier Modernisierungen« und andere hauptsächlich ökonomisch ausgerichtete Programmpunkte, so richtig und sachgerecht sie auch sein mögen, zu nüchtern, zu »prosaisch«, um als begeisterndes Ideal zu dienen, waren also nicht vergleichbar mit den heldisch klingenden, packenden, jedoch in der Praxis wertlosen, ja sogar destruktiven Losungen der Zeiten des »Großen Sprungs vorwärts« und der »Kulturrevolution«, Losungen, die unbewußt totgeglaubtes Gedankengut wieder belebten oder das geistige Erbe eklektizistisch mißbrauchten. An die Stelle von Appellen an das politische Bewußtsein, wie bisher üblich, traten in den letzten Jahren angesichts des wachsenden Wohlstands und infolge der relativen Laissez-fair-Politik der chinesischen Regierung und Parteiführung »Ideale« die sich von den im Westen gängigen kaum mehr unterscheiden: Warenfetischismus und das Bestreben, möglichst schnell wohlhabend, wenn nicht gar reich zu werden. Dennoch üben die im Bewußtsein des chinesischen Volkes latent weiterexistierenden Tugenden und Idealvorstellungen des Feudalzeitalters immer noch einen zügelnden, mildernden, mäßigenden Einfluß aus. Außer in Intellektuellen- und Unternehmerkreisen ist das seelische Gleichgewicht der Bevölkerung Chinas derzeit im Vergleich zu anderen Völkern offenbar noch relativ unbelastet von den Miseren des »Zeitgeists« unseres zu Ende gehenden Jahrhunderts.
Zu Anfang dieses Kapitels wurde darauf hingewiesen, daß die chinesische Führung bald nach der Errichtung der Volksrepublik behauptete, den Feudalismus im Lande beseitigt zu haben und sich nunmehr mit aller Intensität der Bekämpfung »bourgeoiser« Einflüsse zuwandte. Das war einmal so. Heute würde man in China eher eine gewisse Wiederbelebung feudaler Tugenden gar nicht so ungern sehen. Nur läßt sich eine kompetitive freie Marktwirtschaft – und auf dieses Ziel steuert China derzeit unmißverständlich hin, denn die Stärkung der Wirtschaft des Landes hat absolute Priorität – mit der retrospektiv vielleicht als »Idylle« empfundenen Welt der feudalisti-

schen Vergangenheit in keiner Weise vereinbaren. Der Feudalismus aber hat in China eine so lange, eine so wichtige form- und farbgebende Rolle gespielt, so bedeutende Gedanken und Werke geschaffen, daß wir seine absolute Verneinung und Verteufelung, wie sie bis zum Ende der »Kulturrevolution« *en vogue* war, nur als naive oder böswillige Mißachtung der Lehren der Geschichte betrachten können. Eben der Wichtigkeit des Feudalzeitalters für das Verständnis Chinas wegen wollen wir dieses Kapitel mit einer gerafften Rückschau auf die Geschichte des Feudalismus in China schließen, auch wenn dabei der für dieses Buch vorgesehene Zeitraum überschritten wird. Zunächst aber soll ein chinesischer Gelehrter der Gegenwart zu Wort kommen.

In einer Rezension zu dem ausgezeichneten Buch *Untersuchungen über das Wesentliche in den Strukturen des chinesischen Feudalismus* von Li Gue-hai in der Ren-Min Er-Bau *(Volkszeitung) vom 10. Juni 1988 schrieb Tjän Dschü-dschjän: Nachdem die chinesische Nation nach zehn Jahren des Unheils* (gemeint ist die »Kulturrevolution«) *in eine neue Epoche der Reformen und der Öffnung nach außen eingetreten ist … beginnt sie allseitig und durch wiederholte Bemühungen die Einflüsse des Feudalismus auszumerzen. Da sich aber die feudalistische Kultur in mehr als zwei Jahrtausenden im traditionellen Bewußtsein Chinas festgesetzt hat und im Wechsel der Generationen beständig einen unmerklichen Einfluß ausübt, können weder die führenden Persönlichkeiten, die den Gang der Ereignisse bestimmen, noch das einfache Volk, das mit ihnen im selben Boot sitzt, weder die Koryphäen der Gelehrsamkeit noch die des Lesens und Schreibens unkundigen Fischer und Holzfäller in den ländlichen Gegenden sich ihrem tiefgreifenden Einfluß entziehen … So manifestiert sich das Gift feudalistischer Einflüsse im Wirtschaftsleben Chinas in der auf Rechtschaffenheit und nicht auf Profit bedachten Herabsetzung des Kaufmannsstandes; in der selbstgewählten Einengung und Abkapselung im Geschäftsgebaren; in den sich einfach auf administrative Maßnahmen stützenden Kontrollmethoden; in den auf Nivellierung hinzielenden Prinzipien bei der Güterverteilung; in dem Verlangen nach Ausgewogenheit und der Angst vor Unruhen; in der konservativen Scheu vor jedem Konkurrenzkampf usw. Im politischen*

Leben zeigt sich dies in der Abgötterei des Personenkults und dem Festhalten an patriarchalischen Gepflogenheiten; in einer Mentalität, die hierarchische Stufungen und Hörigkeitsverhältnisse in den zwischenmenschlichen Beziehungen vorschreibt; in der Verherrlichung der Macht und der Verachtung der Gesetze; in der Tradition der persönlichen Machtausübung, bei der das Wort des Mächtigen mehr gilt als das Gesetz; im Gebrauch der Macht für persönliche Zwecke; in der üblen Gewohnheit, Bestechung und Korruption zu dulden; in der Geringschätzung des Fachwissens und der Unterdrückung des Talents; in der Schwäche des Demokratieverständnisses und im Fehlen des Willens zur Beteiligung am politischen Leben ...
Soweit diese allerdings sehr pessimistisch klingende Einschätzung der noch existenten Einflüsse oder Nachwirkungen der Feudalzeit in der Gegenwart Chinas.

Blicken wir zum Abschluß dieses letzten Kapitels kurz rekapitulierend und diachron zusammenfassend noch einmal auf die Geschichte des Feudalismus in China zurück:
Der chinesische Feudalismus trägt insofern eigene, von den Feudalstrukturen in Europa verschiedene Züge, als er in seiner etwa dreitausendjährigen Geschichte zwei deutlich voneinander unterscheidbare Etappen erkennen läßt. Vom Beginn des ersten Jahrtausends – oder schon früher – bis ungefähr 300 v.Chr. herrschte in China ein Lehenssystem vor, das sich auf blutsverwandtschaftliche Bande gründete. Etwa vom zweiten Jahrhundert v.Chr. bis in das erste Jahrzehnt des 20. Jahrhunderts wurde das Land unter der Macht des Hofs und im Namen des Kaisers, des »Himmelssohns«, von einer Beamtenschaft verwaltet und regiert, die sich durch das kaiserliche Prüfungssystem immer wieder neu rekrutieren konnte und dem Großbesitz verpflichtet war.
Die erste Phase könnte man für China als die des aristokratischen Feudalismus bezeichnen. Die Grundrente in der Form von Frondiensten oder naturalwirtschaftlichen Abgaben lieferte das Mehrprodukt für die herrschende Feudalaristokratie – von den *Shih*, den niedrigen Adelsfamilien, bis zu den *Gung* (Herzögen) und *Da-Fu* (hohe Würdenträger bei Hof) der Hocharistokratie und ihrem höchsten Oberhaupt, dem König. Den magisch-ethischen und zugleich ökonomi-

schen Nexus zwischen den einzelnen Gliedern und Schichten der Feudalstruktur erklärt sehr deutlich eine Passage aus *Dso's Kommentar zu den Frühling- und Herbst-Annalen:*

Zehn Stufen gibt es unter den Menschen, so daß die Niederen den Höheren dienen und die Höheren den Geistern Opfer darbringen können.(Herzog Dschu, 7tes Jahr)

Der materielle außerökonomische Zwang fand also im Bewußtseinsbereich eine magisch-ethisch ungemein wirksame Stütze in der auf tiefverwurzelten traditionellen Vorstellungen beruhenden Normierung oder Ritualisierung bestimmter Handlungen und Verhaltensweisen im Sinne eines gleichsam religiös getönten Abhängigkeitsbewußtseins. Mit den zentrifugalen Tendenzen feudalpartikularistischer Bestrebungen untergrub der ahnenstolze Stammesadel zugleich mit seinen politisch-sozialen und ökonomischen Kontrollfunktionen auch die ursprünglich durch die sakral-politische Oberhoheit des »Himmelssohns« gesicherte Grundlage seiner magisch-ethischen Befugnisse. Die großen Fürstentümer sanken zu bloßen Machteinheiten herab, die sich untereinander prinzipienlos auf Kosten anderer zu bereichern und territorial zu vergrößern suchten. In einer materiell zerrütteten, politisch zerrissenen und geistig orientierungslos gewordenen Welt erlangte das Bedürfnis nach politischer Einheit und geistiger »Gerichtetheit« eine unwiderstehliche Kraft.

In der nächsten Phase der Entwicklung Chinas – im zentralistischen Beamtenstaat – wurde mit der Herausbildung der Zentralmacht auch die ethisch-magische Herrschaftsfunktion wieder – und diesmal permanent – für zwei Jahrtausende – an die Spitze der Feudalpyramide in die Person des Kaisers verlegt. Der Durchbruch zu einer flexiblen, in ihrem Herrschaftsbereich sich in bestimmtem Maße immer wieder von unten her regenerierenden und regulierenden, im wesentlichen nichtaristokratischen Form feudalistischer Produktionsverhältnisse war gelungen. Und diese neue Form feudalistischer Produktionsverhältnisse zeigte eben wegen ihrer internen Flexibilität und der Absenz wirksamer externer Stimuli, wie sie im mediterranen Raum bestanden, eine in der gesamten Menschheitsgeschichte seltene relative Entwicklungsträgheit und Beharrlichkeit. Die Beamtenschaft im vollentfalteten chinesischen Feudalstaat hatte sich – wie bereits erwähnt – durch Kenntnisse in Literatur und Ethik – in den Schriften der alten Weisen auszuzeichnen, nicht aber durch Fachwissen. Unter der Führung dieser das geistige Leben Chinas bestimmenden Schicht von Beamten-Literaten wurde vom chinesischen Volk der größte Teil dessen geschaffen, was wir als Errungenschaften der chinesischen Kultur bewundern. Doch wie in der Geschichte der gesamten Menschheit, so überlebt sich naturgemäß jedes, selbst das großartigste Staatssystem und Gedankengebäude, ebenso wie auch die verdienstvollsten Persönlichkeiten an einem bestimmten Punkt der Entwicklung zurücktreten müssen – oder sollten. Was bleibt, sind Gedanken von einer Erhöhung des Menschen über sich und seine Zeit hinaus in eine bessere Zukunft – mag sie auch manchmal in der Vergangenheit zu liegen scheinen.

象畫冕
衣裳帶
題云帝
堯放勳
其仁如
天其知
如神就
之如日
望之如
雲四句
見史記

Anhang

Zeittafel der Dynastien Chinas

HSJA-KÖNIGE (etwa 21.–16. Jahrhundert v. Chr.)

1. Yü —— 2. Tschi ┐ 3. Tai-Kang
               └ 4. Dschung-Kang —— 5. Hsjang —— 6. Schau-Kang ┐

| 7. Yü —— 8. Huai —— 9. Mang ┐
| 10. Hsje ┐ 11. Bu-Dschjang —— 14. Kung-Dschja —— 15. Gau ┐
| └ 12. Dschjung —— 13. Tschin
| 16. Fa —— 17. Dschje (Lü-Gue)

SCHANG-DYNASTIE (etwa 16.–11. Jahrhundert v. Chr.)

Frühe Fürsten:

1. Hsje —— 2. Dschau-Ming —— 3. Hsjang-Tu —— 4. Tschang-Ro ┐

| 5. Tsau-Yü —— 6. Ming ┐ 7. Wang-Hai ┐
| └ 8. Wang-Heng
| 9. Schang-Dschja-We —— 10. Bau-I —— 11. Bau-Bing ┐
| 12. Bau-Ding —— 13. Schih-Ren —— 14. Schih-Gue ┐
| 15. Tang, der Vollender

Könige:

1. Tang, der Vollender —— 2. Tai-Ding ——— 5. Tai-Dschja
   (starb vor Thronbesteigung)
   3. Wai-Bing
   4. Dschung-Ren

6. Wo-Ding
7. Tai-Geng —— 8. Hsjau-Dschja
9. Yung-Dschi
10. Tai-Wu —— 11. Dschung-Ding
12. Wai-Ren
13. Ho-Dan-Dschja

14. Dsu-I —— 15. Dsu-Hsin —— 17. Dsu-Ding
16. Wo-Dschja —— 18. Nan-Geng

19. Yang-Dschja
20. Pan-Geng
21. Hsjau-Hsin
22. Hsjau-I —— 23. Wu-Ding —— 24. Dsu-Geng
   (Gau-Dsu)   25. Dsu-Dschja

26. Lin-Hsin
27. Geng-Ding —— 28. Wu-I —— 29. Tai-Ding

30. Di-I —— 31. Di-Hsin (Dschou)

DSCHOU-DYNASTIE (12. Jahrhundert (1122?) – 249 v. Chr.)

Frühe Fürsten:

1. Tschi (Ho-Dschi – Fürst Hirse) —— 2. Bu-Ku —— 3. Dschü
4. Gung-Lju —— 5. Tsching-Dschje —— 6. Huang-Pu —— 7. …
13. Gu-Gung Dan-Fu —— 14. Dschi-Li —— 15. Wen Wang —— 16. Wu Wang

Könige der Westlichen Dschou-Dynastie

1. Wu Wang (Fa) —— 2. Tscheng Wang —— 3. Kang Wang
4. Dschau Wang —— 5. Mu Wang —— 6. Gung Wang
                                    8. Hsjau Wang
7. I Wang —— 9. Yi Wang —— 10. Li Wang
11. Hsüan Wang —— 12. Yo Wang

Glossar

Personennamen, Werke, Termini technici: bei unterschiedlicher Schreibweise ist die derzeit in China gebäuchliche Umschrift in Klammern hinzugefügt.

Ahn Feuerbringer: Sue-Ren-Schih (Suirenshi): ein legendärer Herrscher der Vorzeit, der »als erster durch Bohren von Holz Feuer gewann und die Menschen lehrte, rohe Speisen zu kochen, so daß sie sich nicht mehr den Magen verdarben und sich fortan von den Tieren unterschieden ...« (Tai-Ping Yü-Lan, Kap. 78; Dschung-Guo Schen-Hua Tschuan-Schuo Tse-Djän: Wörterbuch der Mythen und Legenden Chinas: WMLC S. 152).

Ahn Nestmacher: Yo-Tschau-Schih (Youchaoshi): ein legendärer Herrscher der Vorzeit. »In uralten Zeiten wohnten die Menschen in Höhlen. Dann kam ein Weiser, der sie lehrte, in Nestern auf den Bäumen zu wohnen. Er ward genannt Ahn Nestmacher« (Tai-Ping Yü-Lan, Kap. 78; WMLC S. 440).

Ba Hegemoniarch: Titel des Mächtigsten und Angesehensten unter den Fürsten in der *Frühling- und Herbst-Periode.* Nach der traditionellen chinesischen Geschichtsdarstellung gelten die folgenden fünf Herzöge als *Ba:* Huan von Tschi, Hsjang von Sung, Wen von Dschin, Mu von Tschin und Dschuang von Tschu.

Ba-Gua die »Acht Trigramme«; der Überlieferung nach von Pau Hsi (s.d.; auch Fu-Hsi genannt) erfundene Symbole für Himmel, Erde, Donner usw.; sie bestehen aus je drei geraden Strichen, die in der Mitte unterbrochen (Yin) bzw. nicht-unterbrochen (Yang) sind, z.B.: ☰ Wind; s. Kapitel 5, »Buch der Wandlungen«.

Ba oder *Han-Ba, Han-Mu (Mutter Dürre):* Dämon der Dürre. Nach dem Schen-I-Dsching (Buch von Geistern und Wundersamen Erscheinungen) soll der Geist der Dürre nur ein, zwei Fuß groß sein und nackt erscheinen. Er läuft schnell wie der Wind. Wo immer er auftaucht, vertrocknet alles. Wird er jedoch ergriffen und in einen Abort geworfen, hört die Dürre sofort auf (s. WMLC, S. 197).

Bai Li Hsi: stammte aus armem Haus; wurde von Herzog Mu von Tschin (659-621 v.Chr.), der von seiner Tüchtigkeit erfahren hatte, für »fünf Stück Ziegenfell« freigekauft und alsbald zum Kanzler in Tschin ernannt. Binnen sieben Jahren soll er Herzog Mu zur Vormachtstellung (s. *Ba*) unter den Fürsten verholfen haben.

Bambus-Annalen – Gu-Ben Dschu-Schu Dschi-Njän (Guben zhushujinian); Chronik des Staates We, die 281 n.Chr. in einem Grab in Ho-Nan

gefunden wurde. Da der Text auf Bambusplättchen aufgezeichnet war, Bambus-Annalen genannt. Der ursprüngliche Text ging später verloren und wurde aus Zitaten in anderen Werken bruchstückhaft wieder zusammengesetzt. Zeitlich reichen die Aufzeichnungen bis zur Hsja-Dynastie zurück und enden mit dem Jahr 299 v.Chr.
Bau-Si (Bao-Si): Favouritin des Dschou-Königs Yo (781-771 v.Chr.). Da König Yo seine rechtmäßige Gemahlin, die Prinzessin von Schen, und den Thronfolger zugunsten von Bau-Si und deren Sohn verstieß, verbündete sich der Marquis von Schen mit den fremdstämmigen Tschüan-Rung und tötete König Yo in der Schlacht am Li-Berg, unweit Hsi-An.
Baron von Dschi – Dschi Dse (Jizi): Onkel des letzten Königs der Schang-Dynastie, Di Hsin (Dschou), den er vergeblich ermahnte, von seinen Missetaten abzulassen. Aus Furcht vor Bestrafung spielte er den Wahnsinnigen und wurde eingekerkert. Nach dem Sieg des Dschou-Königs Wu über Di Hsin wurde er befreit und errichtete danach angeblich ein Fürstentum im heutigen Korea. Er soll der Verfasser des Kapitels »Der Große Plan« im »Buch der Urkunden« gewesen sein, was, wie vieles in der Biographie Dschi Dse's, als legendär zu betrachten ist.
Bi Gan: Onkel des letzten Schang-Königs Dschou, den er durch die Heftigkeit seiner Ermahnungen so erzürnte, daß ihm der König das Herz herausschneiden ließ, um »herauszufinden, ob die Fama, die Herzen von Weisen hätten »sieben Öffnungen«, zurecht bestünde«.
Buch der Berge und Meere – Schan-Hai-Dsching (Shanhaijing): eine Sammlung von Aufzeichnungen über mythische Völker, Länder, Personen, Tiere, Begebenheiten etc., vermutlich kompiliert zwischen dem 5. und 1. Jahrhundert v.Chr. in den südlichen Gebieten des damaligen chinesischen Kulturkreises.
Buch Han Fe Dse (Han Feizi – 280?-233 v.Chr.): Han Fe Dse stammte aus dem Königshaus des Staates Han, wurde, als Han von dem mächtigen Tschin überrannt zu werden drohte, nach Tschin entsandt, konnte seine Mission jedoch nicht erfüllen und beging, von Rivalen am Tschin-Hof verleumdet, im Gefängnis Selbstmord. Sein Werk besteht aus 55 Essays, die wahrscheinlich nicht alle von ihm selbst geschrieben wurden. Sein Stil zeichnet sich durch Prägnanz, Einfallsreichtum und scharfsinnige Argumentation aus.
Buch Dschuang Dse (Zhuangzi): Dschuang Dse lebte etwa zwischen 370 und 280 v.Chr.: neben Lau Dse der bedeutendste Repräsentant der älteren dauistischen Schule. Seine Biographie trägt offensichtlich legendäre Züge. Von den 33 Kapiteln seines Werks wurden vermutlich nur die ersten sieben, die sogenannten »Inneren Kapitel«, von ihm selbst verfaßt, der Rest von Dauisten des 3. Jahrhunderts v.Chr. in Nachahmung seines Stils und seiner Gedankenwelt. Dschuang Dse's phantasievoll

bildhafte Darstellungsweise blieb eine Quelle der Inspiration für chinesische Literaten aller Zeiten.
Buch der Kindesliebe – Hsjau-Dsching (Xiaojing): zählt den »Dreizehn Kanonischen Schriften« (Schih-San-Dsching) der Konfuzianer. In diesem Büchlein von geringem Umfang, das früher die Jugend auswendig lernen mußte, werden Beispiele kindlicher Pietät als Verhaltensmuster empfohlen.
Buch der Lieder – Schih-Dsching (Shijing): eine Sammlung von rund 300 Liedern, die hauptsächlich aus dem ersten Drittel des ersten Jahrtausends v.Chr. stammen. S. Kapitel 6.
Buch der Riten – Li Dschi (Liji): Sammlung von Texten über Fragen des Rituals, redigiert unter dem Han-Kaiser Hsüan (73-49 v.Chr.). Einige Texte stammen aus der späten Dschou-Zeit oder sind noch älteren Datums.
Buch Schih Dse (Shizi): Shih Dse oder Schih Dschjau (etwa 390-330 v.Chr.) wirkte unter Schang Yang (s.d.), dessen Lehrer er gewesen sein soll, als dieser Kanzler in Tschin war. Schih Dse zählt zu den frühen Legalisten, obzwar er zweifellos von dauistischen Gedanken beeinflußt war. Von seinem Werk sind nur spärliche Überreste erhalten geblieben.
Buch der Urkunden – Shu-Dsching (Shujing): kompiliert in der ersten Hälfte des 1. Jahrtausends v.Chr., eines der kanonischen Bücher der Konfuzianer; behandelt in 58 Kapiteln, von welchen nur 28 authentisch sind, den Zeitraum von den legendären Urkaisern (etwa 2200 v.Chr.) bis zum Jahr 626 v.Chr. S. Kap. 8.

(Herzog) *Dan von Dschou – Dschou-Gung Dan (Zhougongdan* – 11. Jahrhundert v.Chr.): Bruder des ersten Dschou-Königs Wu Wang, dem und dessen Sohn und Thronfolger, Tscheng Wang, er bei der Errichtung und Festigung der Macht des Königshauses der Dschou als Feldherr und Ratgeber zur Seite stand. Die politischen Neuerungen und das Ritualsystem der Dschou-Dynastie werden auf sein Wirken zurückgeführt.
Dau (Dao): In der klassischen Weltsicht Chinas der Urgrund aller Dinge und zugleich das Ordnungsprinzip des gesamten Universums, der menschlichen Gesellschaft, des natürlichen Ablaufs aller Vorgänge im All, von den kreisenden Bahnen der Gestirne bis zu den Jahreszeiten, dem Wechsel von Tag und Nacht, Geburt und Tod usw. S. Kap. 1.
Dau-De-Dsching (Daodejing): das wichtigste Werk der Dauisten; Lau Dse (wörtlich: Alter Meister) zugeschrieben, der im 4. Jahrhundert v.Chr. gelebt haben soll. Wahrscheinlich um diese Zeit von Vertretern der dauistischen Schule nach mündlich überlieferten Lehren des Meisters oder mehrerer Meister dieser Schule als Kompendium zusammengestellt. Der Text ist in 81 Kapitel gegliedert und besteht aus rund 5000 Schriftzeichen.

De: in klassischen philosophisch-religiösen Texten Chinas im Sinn von Virtus oder Mana (dem Menschen und allen Dingen innewohnende Gestaltungskraft oder Wesenheit) gebraucht, später – bis heute begrifflich auf »Tugend«, »Moral« eingeengt. S. Kap. 1.

Deng Hsjau-ping (Deng Xiaoping): geboren 1904; nach Mau Dse-dung's Tod (1976) und dem Sturz seines linksextremen Nachfolgers Hua Guofeng (1978) die unumstritten bedeutendste Führerpersönlichkeit in China. Deng trat 1989 von seinen offiziellen Ämtern zugunsten jüngerer Kader zurück, wirkt aber immer noch entscheidend auf die Modernisierungspolitik Chinas ein, die er seit Ende der Siebzigerjahre erfolgreich durchsetzt.

Di-Hsin (Dixin): Dynastischer Name des letzten Schang-Königs Dschou; Dschou ist sein postumer Name; seiner Grausamkeit wegen gilt Dschou zusammen mit Dschje, dem letzten Herrscher der Hsja-Dynastie, in der chinesischen Historiographie quasi als Inbegriff tyrannischer Mißherrschaft und menschlicher Verworfenheit.

Di-I (Diyi): vorletzter König der Schang-Dynastie; Vater des Di-Hsin (s.d.).

Di-Ku (Diku): legendärer Urherrscher; Urenkel des Gelben Kaisers; soll 70 Jahre regiert haben. Seine erste Gemahlin, Dschjang-Yüan, gilt als Urmutter des Dschou-Volks, seine zweite Gemahlin, Dschjän-Di, als Urmutter des Schang-Volks. S. Kap. 3.

Di-Stämme: im Altertum allgemeine Bezeichnung für fremdstämmige Völkerschaften im Norden des chinesischen Kulturkreises, die als »Barbaren« empfunden wurden.

Di-Dschün (Dijun): legendärer Urherrscher in der mythischen Überlieferung von Stämmen im Osten des chinesischen Kulturkreises; seine beiden Gattinnen sollen Hsi-Ho (s.d.), die Sonnengöttin, und Tschang-Ho (s.d.), die Mondgöttin, gewesen sein.

Di-Dschih (Dizhi): Sohn und Thronfolger des Urkaisers Di-Ku; wurde wegen Sittenlosigkeit und Vernachlässigung der Regierungsgeschäfte nach neun Jahren von den Fürsten entthront.

Dscha (Zha): Winteropfer für alle Wesen und Dinge der Natur und der menschlichen Umwelt; ein Opfer, das noch deutlich animistische Züge trägt.

Dschang Hua (Zhang Hua): Dichter und Gelehrter; bekleidete unter den Königen Wu und Hue der Westlichen Dschin-Dynastie (265- 314 n.Chr.) hohe Ämter. Verfasser des Buchs *Bo-Wu-Dschih*, eine Sammlung von Notizen über seltsame Erscheinungen und Begebenheiten, unter welchen sich auch wertvolles mythisches Erbgut Chinas befindet. Das Werk ging früh verloren, konnte jedoch später aus verschiedenen Quellen, wenn auch unvollständig, wieder zusammengestückt werden.

Dschang I (Zhang Yi; ? *-310 v.Chr.):* Kanzler des Tschin-Königs Hue-Wen (337-310 v.Chr.), für den er die sogenannte »horizontale Allianz« zur Verteidigung und Stärkung des Staates Tschin gegen die »vertikale Allianz« seiner Gegner zustande brachte.
Dschau Hu (Zhao Hu): General unter dem Dschou-König Hsüan (827-782 v.Chr.).
Dschau Wang (Zhao Wang): König von Tschu (515-489 v.Chr.).
Dscheng Hsju (Zheng Xiu): Favoritin des Tschu-Königs Huai (328-299 v.Chr.; s.d.).
Dschi Fa (Jifa): Sippenname (Dschi) und persönlicher Name (Fa) des ersten Dschou-Königs Wu Wang (11. Jahrhundert v.Chr.).
Dschi-Fu (Jifu): persönlicher Name des Feldherrn Yin Dschi-Fu, der unter dem Dschou-König Hsüan (827-782 v.Chr.) diente.
Dschin Schang (Jin Shang): Widersacher des Dichters *Tschü Yüan* (s.d.) am Hof des Tschu Königs Huai von Tschu (s.d.).
Dschin Dschung (Jin Zhong): General des Dschou-Königs Hsüan (827-782 v.Chr.).
Dsching Di (Jingdi): fünfter Kaiser der Früheren Han-Dynastie; herrschte von 156-141 v.Chr.
Dschjang Dschje-schih (Jiang Jieshih; früher nach der kantonesischen Aussprache meist *Dschiang* – oder *Tschiang-kai-shek* geschrieben), 1887-1975; wurde vom Gründer der Republik China, Dr. Sun Dschung-schan (in Europa unter der Schreibung Sun Yat-sen bekannt) nach Moskau entsandt; gründete mit Dr. Sun Dschung-schan, seinem Schwager, 1924 die nach dem Muster der Kommunistischen Partei der Sowjet-Union organisierte nationalistische Guo-Min-Dang; unterdrückte 1927 blutig einen Volksaufstand unter linker Führung in Schanghai und herrschte bis zum Sieg der Kommunisten in China im Jahr 1949 als »Generalissimus« d.h. Diktator in Nanking; danach bis zu seinem Tod Präsident der Republik China in Tai-Wan.
Dschjän-Di (Jiandi): zweite Gemahlin des Urherrschers Di-Ku; gebar auf mirakulöse Weise Hsje, den Ahnherrn der Schang-Könige, nachdem sie ein Schwalbenei geschluckt hatte. S. Hsje.
Dschje (Jie): letzter König der Hsja-Dynastie; s. *Di- Hsin.*
Dschi Dscha (Jizha): jüngerer Sohn des Königs Schou-Meng von Wu (585-561 v.Chr.); galt als einer der gebildetsten Leute seiner Zeit; trotz mehrmaliger Angebote verzichtete er auf den Thron.
Dsching-Di (Jingdi): Dschou-König (544-520 v.Chr.).
Dschou (Zhou): s. Di-Hsin.
Dschou En-lai (Zhou Enlai): 1898-1976; gehörte seit den Zwanzigerjahren zum innersten Führungskreis der Kommunistischen Partei Chinas; zuletzt Ministerpräsident bis zu seinem Tod.

Dschou Gung Dan (Zhougong Dan): s. Dan von Dschou.
Dse-Lan (Zilan): jüngster Sohn des Tschu-Königs Huai (328-296 v.Chr.).
Dschu Hsi (Zhu Xi), 1130-1200: wichtigster Vertreter der neokonfuzianischen Schule der Sung-Zeit; faßte die Lehren von Dschou Dun-i, Schau Yung und anderen Neokonfuzianern in einem System zusammen, das dem Konfuzianismus der Ming- und Tsching-Dynastie seine allgemeingültige Form gab. Schrieb ausführliche Kommentare zu den kanonischen Schriften der Konfuzianer.
Dschu-Lung (Zhulong): ein drachengestaltigesWesen mit menschlichem Antlitz, das weder der Speise noch des Schlafes bedarf; öffnet es die Augen, so wird es Tag, schließt es sie, wird es Nacht.
Dschu Rung (Zhurong): Urenkel des Gelben Kaisers, nach anderen Quellen des Flammenden Kaisers (Yän-Di); Feuergott.
Dschuan-Hsü (Zhuan Xü): Legendärer Herrscher der Vorzeit; Urenkel des Gelben Kaisers.
Dschuang Wang (Zhuang Wang): König von Tschu (613-591 v.Chr.); der fünfte der Hegemoniarchen der Frühling- und Herbst-Periode; s. Ba.
Dschuang Dse (Zhuang Zi): etwa 350-250 v.Chr.); s. Buch Dschuang Dse.
Dschung-Kang (Zhong Kang): Vierter König der Hsja-Dynastie; Sohn des Königs Tai-Kang.
Dschung Schan Fu (Zhong Shanfu): Feldherr und Würdenträger am Hof des Dschou-Königs Hsüan (827-782 v.Chr.).
Dsu I (Zu Yi): vierzehnter König der Schang-Dynastie.
Dung Dschung-schu (Dong Zhongshu): 197-104 v.Chr.; verhalf mit seinen Petitionen an den Han-Kaiser Wu und seinem Werk Tschun-Tschju Fan-Lu (Umfassende Exegese der ›Frühling- und Herbst- Annalen‹) dem Konfuzianismus in einer dem zentralistischen Beamtenstaat angepaßten Form zum Sieg über alle anderen Schulen. Dung Dschung-schu's Synthese konfuzianischer und anderer Lehren – eine Mischung von Ethik, Geschichtsphilosophie, Kosmologie und Magie – diente, von einigen Modifikationen abgesehen, – auch allen späteren Dynastien als geistiges Grundgerüst ihres Herrschaftssystems.

Fa: persönlicher Name des Königs Wu von Dschou; s. Dschi Fa.
Fan Sue (Fan Sui): ?-255 v.Chr.; stammte aus dem Staat We; wurde fälschlich des Verrats angeklagt und fast zu Tode geprügelt; diente danach dem König Dschau von Tschin (306-251) als Kanzler; setzte Reformen in Tschin durch; berühmt wurde sein außenpolitischer Grundsatz: Allianz mit ferngelegenen, Angriffe auf benachbarte Staaten.
Fang Schu (Fang Shu): Würdenträger und Feldherr unter dem Dschou-König Hsüan (827-782 v.Chr.).

Fe-Lung (Feilong): geflügelter Drache; nach einer anderen Überlieferung Musikmeister des Urherrschers Dschuan-Hsü (s.d.).
Feng-Lung (Fenglong): Wolkengeist; auch Feng-Schih – Wolkenmeister genannt.
Fiore: s. Joachim von Fiore.
Frühling- und Herbst-Periode – Tschun-Tschju (Chunqiu): die Periode von 771 (Jahr der Verlagerung der Dschou-Hauptstadt ostwärts nach Lo-Yang) bis 481 in der Geschichte der Dschou-Dynastie; oder 722 bis 481, eine Zeiteinteilung, die sich auf den in den Annalen des Staates Lu, dessen Fürstengeschlecht dem Königshaus der Dschou besonders nahestand, umfaßten Zeitabschnitt gründete. Nach einer anderen Zeiteinteilung: die Periode von 770 bis 476. Tschun-Qiu bedeutet, wörtlich übersetzt: Frühling- und Herbst, ein Binom, das dem Sinn nach für Jahr steht und später die Bedeutung »Annalen« annahm.
Frühling und Herbst des Lü Bu-we – Lü-Schih Tschun-Tschju (Lushi chunqiu): ein Sammelwerk, bestehend aus Abhandlungen über politische, militärische, ritualistische, wirtschaftliche und andere Themen, das von einer Gruppe von Gelehrten unter der Schirmherrschaft von Lü Bu-we um 240 v.Chr. im Staat Tschin verfaßt wurde. Lü Bu-we war ein reicher Kaufmann, der unter König Dscheng von Tschin (der 221 v.Chr. als *Erster Kaiser* das Reich einigte) eine bedeutende politische Stellung einnahm, später in Ungnade fiel und sich 233 v.Chr. der Verbannung durch Selbstmord entzog.
Fu Hsi (Fuxi): s. Pau Hsi
Fu-Sang: in der Mythenwelt Chinas ein »mehrere Tausend Klafter hoher Baum«, der im Osten aus dem Meere ragt und an dem die Sonne morgens emporklettert.
Fu Scheng (Fu Sheng): ein Gelehrter der Tschin-Zeit, der nach der Bücherverbrennung (213 v.Chr.; unter dem Ersten Kaiser der Tschin-Dynastie) auf Wunsch des Han-Kaisers Wen (179-163 v.Chr.) im Alter von mehr als neunzig Jahren 28 Kapitel des verlorengegangenen *Buchs der Urkunden* aus dem Kopf rezitierte und damit dieses Werk für die Nachwelt erhielt.
Fu Tscha (Fu Zha), 496-473 v.Chr.: König von Wu; erweiterte den Staat Wu gegen den mittleren Yang-Dse zu. Beim Fürstentreffen von Huang-Tschih erlangte er den Rang eines Hegemoniarchen, wurde aber alsbald von König Go-Dschjän von Yüe (s.d. sowie Wu Dse-hsü) geschlagen und beging Selbstmord.
Fu Yüe (Fu Yue): Kanzler des Schang-Königs Wu-Ding (Gau-Dsung), dem er im Traum erschienen war. Fu Yüe war zu jenem Zeitpunkt als Strafgefangener bei der Wiederherstellung einer vom Wildbach am Fu-Fels zerstörten Straße eingesetzt worden. König Gau-Dsung ließ den

ihm im Traum Erschienenen überall suchen. Als er vor das Angesicht des Königs gebracht wurde, erkannte dieser sogleich, daß er ein Weiser sei und verlieh ihm nach dem Ort, wo man ihn aufgefunden hatte, den Familiennamen Fu.
Fünf Elemente – Wu-Hsing (wuxing): die »Fünf Elemente« werden in China zum Unterschied von der europäischen Auffassung von den »Vier Elementen« nicht statisch, sondern dynamisch gedacht, als »Wirkstoffe«, die sich gegenseitig ablösen, einander bedingen und zugleich bekämpfen und ineinander übergehen. Die Reihenfolge variiert; die gebräuchlichste in China ist: Wasser, Feuer, Metall, Holz, Erde.

Gan Bau (Gan Bao): lebte zur Zeit der östlichen Dschin-Dynastie (317-420), genaue Lebensdaten unbekannt; Historiograph; kompilierte das Sammelwerk *So-Schen-Dschi*, in dem er Geschichten von seltsamen Erscheinungen und Begebnissen literarisch verarbeitete.
Gau-Hsin-Schih (Gaoxinshi): Beiname des Urherrschers Di-Ku (s.d.); Gau-Hsin war ursprünglich eine Ortsbezeichnung.
Garten der Diskurse – Schuo-Yüan (Shuoyuan): eine von Lju Hsjang (s.d.) der Han-Dynastie verfaßte Sammlung von Anekdoten mit einer im konfuzianischen Sinne deutlich didaktischen Tendenz.
Gelber Kaiser – Huang-Di: Urherrscher und Kulturheroe, der dem Volk nahezu alle großen Errungenschaften des Menschengeschlechts gebracht haben soll; als mythischer Urahn des chinesischen Volkes verehrt. Er wird auch Herrscher des Bärenlands genannt, was auf Zugehörigkeit zu einem Stamm mit dem Bär als Totem schließen läßt. Im Kampf mit dem dämonischen Fürsten Tschih-Yo (s.d.; nach anderen Überlieferungen im Kampf mit den San-Mjau oder Dschju-Li – wilde Stämme) befreite er das Volk von der Tyrannei eines Bösewichts und einte das Reich.
Ge-Tjän (Getian): ein Legendärer Urherrscher, unter dessen Herrschaft das Volk in unbefleckter Glückseligkeit gelebt haben soll.
Geschichte der Han-Dynastie – Han-Schu (Hanshu): von dem Historiker Ban Bjau als Fortsetzung der *Historischen Aufzeichnungen* (s.d.) Si-ma Tschjäns gedacht, wurde dieses Werk von seinem Sohn Ban Gu fortgesetzt und nach dessen Tod auf Kaiser Ho-Di's (89-105 n.Chr.) Befehl von Ban Gu's Schwester Ban Dschau vollendet. Die Hauptarbeit leistete allerdings Ban Gu, so daß er als eigentlicher Autor gilt.
Gespräche des Meisters Kung – Lun-Yü (Lunyu): Sammlung von Aussprüchen des Kung Fu-dse – Konfuzius, nach dem Tod des Meisters zusammengestellt von dessen Schülern. Galt nach dem Jahr 135 v.Chr., dem Jahr der Erhebung des Konfuzianismus zur Staatsdoktrin, gleichsam als »Buch der Bücher« im chinesischen Kulturkreis.

Go-Dschjän (Goujian), 496-465 v.Chr.: König des südchinesischen Staates Yüe; zunächst von König Fu-Tscha von Wu (s.d.) besiegt, eroberte er schließlich dessen Herrschaftsgebiet, eben als Fu-Tscha im Norden Triumphe feierte (s. Fu-Tscha).

Graf Ho von Gung – Gung-Bo Ho (Gongbo He): regierte nach dem Sturz des tyrannischen Königs Li von 841 bis 828 über das Dschou-Reich.

»Große Proletarische Kulturrevolution«: eine vom linksextremen Flügel der Kommunistischen Partei Chinas unter Führung von Mau Dse-dung im August 1966 eingeleitete politische Kampagne zur Zerschlagung der angeblich »den kapitalistischen Weg gehenden« Elemente in der Partei und im Staatsapparat. Die Folgen waren verheerend für die Wirtschaft und das Kulturleben Chinas. Sie endete erst nach dem Tod Mau Dsedung's 1976.

Der »Große Sprung vorwärts«: eine politische Kampagne in China von 1958 bis 1960, die unter dem Motto geführt wurde, »mit nackten Händen« (das heißt: aus eigenen Kräften, möglichst ohne Importe von Maschinen und technischem Know-how aus dem Ausland) die westlichen Industriestaaten in kurzer Zeit wirtschaftlich zu überflügeln und in China eine kommunistische Gesellschaft aufzubauen.

Gu-Gung Dan-Fu (Gugong Danfu): der Urgroßvater des Gründers der Dschou-Dynastie, der postum den Titel Tai-Wang – Erhabener König – erhielt. Er wanderte unter dem Druck der Di-Stämme mit seinem Volk von dem ursprünglichen Siedlungsgebiet in Bin zum Berg Tschi (in der heutigen Provinz Schen-Hsi) aus, wo er unter dem Namen Dschou ein neues Fürstentum gründete.

Gu-sou: Vater des Urherrschers Schun (s.d.), der seinen Sohn zu töten suchte, obzwar ihm dieser unentwegt mit kindlicher Ehrfurcht begegnete. Daher wahrscheinlich auch der Name: denn Gu-sou bedeutet der Blinde – blind für die Tugenden des Sohnes.

Guan Dschung – (Guan Zhong): Kanzler des Fürsten Huan von Tschi, des ersten in der Reihe der Hegemoniarchen der Frühling- und Herbstperiode. Guan Dschung gilt als Musterbild eines klugen und tüchtigen Staatsmanns. Das ihm zugeschriebene Buch *Guan Dse* (Meister Guan) in 81 Kapiteln, das eine pragmatische, dem Legalismus zuneigende Geisteshaltung vertritt, ist offensichtlich eine Kompilation späteren Datums.

Guan-I Fu (Guan Yifu): Würdenträger am Hofe des Tschu-Königs Schau (515-488 v.Chr.), der zu seiner Zeit »internationales« Ansehen als weiser und tüchtiger Minister genoß.

Guan Schu (Guanshu): Onkel des zweiten Dschou-Königs Tscheng. S. Huo Schu.

Gun: Vater des Urherrschers und Begründers der Hsja-Dynastie Yü; soll die ihm aufgetragene Aufgabe der Bekämpfung einer Sintflut falsch und erfolglos, nämlich mit der dem *Wesen des Wassers zuwiderlaufenden Methode* der Eindämmung statt Ableitung, zu lösen versucht haben und deswegen von Kaiser Schun (s.d.) durch Dschu Rung (s.d.) am Federberg hingerichtet worden sein. Nach einer anderen Überlieferung wurde er hingerichtet, weil er für die Eindämmung der Flüsse dem Himmelsherrn die »sich selbst regenerierende Erde« Hsi-Rang entwendet hatte.

Gung-Gung (Gonggong): ein dämonisches Wesen mit menschlichem Antlitz, zinnoberrotem Haar und einem Schlangenleib; offenbar ein Wassergeist, der nach der mythischen Überlieferung, als Antagonist der Linie des Gelben Kaisers, mit dem Feuergeist in ewiger Feindschaft steht.

Gung-Lju (Gongliu): der vierte in der illustren Ahnenreihe der »früheren Dschou-Fürsten«, er übersiedelte nach Bin; mit ihm soll der Aufstieg des Hauses Dschou begonnen haben, weshalb er bei den Ahnenopfern der Dschou-Könige auch einen besonderen Platz einnahm.

Guo-Min-Dang (Nationale Volkspartei; Guomindang): die anfangs schwache Guo-Min-Dang wurde 1924 nach sowjetischem Muster zu einer zentralistischen Partei umorganisiert und durch die Einrichtung einer mit sowjetischer Hilfe aufgebauten Militärakademie in Kanton für die Übernahme der Macht in ganz China vorbereitet. Sie schloß zunächst eine Einheitsfront mit den Kommunisten und vereinigte unter der Führung Dschjang Dschje-shih's (s.d.) ganz China. Dieser aber strebte eine Rechtsdiktatur an, unterdrückte in einer spontanen Aktion 1927 blutig die linksrevolutionären Kräfte und errichtete in Nanking ein sich auf westliche Hilfe stützendes, von der Guo-Min-Dang beherrschtes Regime. 1949 von den Kommunisten unter Mau Dse-dung gestürzt, floh Dschjang Dschje-shih nach Tai-Wan und setzt dort die Guo-Min-Dang-Herrschaft fort.

Han-Dschuo (Han-zhuo): gilt als exemplarisch negative Gestalt eines hohen Würdenträgers in der chinesischen Mythologie und Geschichtsschreibung; gewann durch Schmeichelei das Vertrauen des Usurpators Hou-I, beseitigte dann aber diesen und machte sich selbst zum König der Hsja. Seiner grausamen Herrschaft wurde durch den loyal gebliebenen Feldherrn Mi ein Ende bereitet, und der rechtmäßige Thronfolger der Hsja, König Schau-Kang bestieg wieder den Thron.

Han Fe-dse, eigentlich: *Han-Fe (Han Feizi, Han Fei):* 280?-233 v.Chr.; stammte aus dem Königsgeschlecht des Staates Han. Versuchte vergeblich durch Eingaben seine politischen Ansichten am Han-Hof durchzusetzen. Als Han von dem mächtigen Nachbarstaat Tschin überrannt zu werden drohte, wurde Han Fe an den Tschin-Hof entsandt, konnte seine Mission jedoch nicht erfüllen und beging, von Neidern am Tschin-Hof dazu gezwungen, Selbstmord. Das Buch »Han Fe-Dse« besteht aus 55 Essays, die wahrscheinlich nicht alle von ihm selbst verfaßt wurden. Sein Stil zeichnet sich durch Prägnanz, Einfallsreichtum und scharfsinnige Argumentation aus.

He-Dan-Dschja (Hedanjia): dreizehnter König der Schang-Dynastie.

Heiliger Ackermann – Schen-Lung (Shenlong): ein legendärer Herrscher der Urzeit; mit Yän-Di, dem Flammenden Kaiser, identifiziert; gilt als Erfinder des Ackergeräts; er soll auch durch Erproben von Kräutern für Heilzwecke die Grundlagen der chinesischen Heilkunde geschaffen haben.

Heng-E auch *Tschang-E (Change)* genannt: Gemahlin des I (s.d.); entwendete ihrem Gemahl das Elixier der Unsterblichkeit, das er von der Königlichen Mutter des Westens (Hsi-Wang-Mu; s.d.) erhalten hatte, und entfloh auf den Mond, wo sie seither einsam in ewiger Verbannung weilt.

Historische Aufzeichnungen – Schih-Dschi (Shiji): von dem Hofhistoriographen Si-ma Tschjän (s.d.) unter Kaiser Wu der Han-Dynastie (140-86 v.Chr.) verfaßte Universalgeschichte Chinas von der Epoche des Gelben Kaisers bis zu seiner Zeit. Si-ma Tschjän's Gliederung des Stoffes in Geschichte der Dynastien mit Herrscherbiographien, chronologische Übersichtstafeln der wichtigsten Ereignisse, Traktate über Riten, Musik, Astronomie, Wirtschaft usw., Geschichte der einzelnen Feudalstaaten (Erbfürstentümer) und Biographien bedeutender Persönlichkeiten war eine in der chinesischen Historiographie umwälzende originelle Schöpfung und blieb beispielgebend für spätere dynastische Geschichtswerke.

Ho-Bo (Hebo): wörtlich: Fluß-Graf; Gott des Gelben Flusses (Huang-Ho), dem zur Besänftigung – Verhütung von gefährlichen Überschwemmungen – wahrscheinlich bis zur Han-Zeit jährlich junge Mädchen als »Bräute« oder »Konkubinen« »angetraut« – d.h. in feierlichen Hochzeitszeremonien geopfert – ertränkt wurden.

Hsi-Ho (Xihe): eine Sonnengottheit; soll als eine der beiden Gemahlinnen (s. auch Tschang-Hsi) des Urherrschers Di-Dschün (s.d.), diesem zehn Sonnen geboren haben, von welchen neun, als alle zehn auf einmal schienen und die Erde zu verdorren drohte, von *I* (s.d.) herabgeschossen wurden. Nach einer anderen Überlieferung: Lenker des Sonnenwagens.

Hsi-Tse (Xici): ein dem Konfuzius zugeschriebener Kommentar des *Buchs der Wandlungen*, der den tieferen Sinn der von König Wen von Dschou entworfenen 64 Hexagramme erläutern soll. S. Kap. 5.

Hsi-Tschi (Xiqi): Sohn der Favoritin Li Dschi des Herzogs Hsiän von Dschin (677-652 v.Chr.), für den Li Dschi die Herzogswürde zu erlangen trachtete; mit diesem Ziel im Auge gebrauchte sie die ruchlosesten

Mittel, um den rechtmäßigen Thronfolger, Schen-Scheng (s.d.), aus dem Wege zu schaffen.
Hsi-Wang-Mu (Xiwangmu): wörtlich Königliche Mutter des Westens; eine sehr unterschiedlich dargestellte mythische Gestalt; anfänglich eine Megäre mit Pantherschweif und Tigerzahn oder ein Ungetüm mit menschlichem Antlitz und Tigerleib, später eine schöne und feinsinnige Fee, die sich mit dem bei ihr auf Besuch weilenden Dschou-König Mu in poetischer Sprache verständigt (s. König Mu).
Hsing-Tjän (Xingtian): ein Würdenträger des Flammenden Kaisers; soll im Kampf mit dem Himmelsherrn um die »Göttlichkeit« von diesem geköpft worden sein, worauf er seine Brustwarzen zu Augen und den Nabel zum Mund machte. Er wird mit dem Schild in der Linken und einer Streitaxt in der Rechten dargestellt.
Hsjang (Xiang): Bruder des Urkaisers Schun, der ihm, ehe er den Thron bestieg, zusammen mit seinem Vater Gu-So (s.d.) nach dem Leben trachtete, von Schun dann aber großzügig behandelt und mit einem Lehen bedacht wurde.
Hsjang von Dan – Dan Hsjang (Dan Xiang): Würdenträger am Hof des Dschou-Königs Dschjän (585-572 v.Chr.).
Hsjang-Tu (Xiang Tu): der dritte der »Frühen Fürsten« des Hauses Schang, der, nach den Inschriften auf Orakelknochen zu schließen, besondere Verehrung unter den Ahnen des Königshauses genoß.
Hsjau – Hsjau Gung (Xiaogong): Herzog Hsjau von Tschin (361-338 v.Chr.).
Hsje (Xie): Sohn der Urmutter der Schang-Könige Dschjän-Di (s.d.); Ahnherr der Schang.
Hsjung-I (Xiongyi): diente unter König Tscheng der Dschou- Dynastie (11. Jahrhundert v.Chr.); Urahn des Königsgeschlechts von Tschu.
Hsüan Wang (Xuan wang): König Hsüan von Dschou (827-782 v.Chr.).
Hsüan-Yüan (Xuanyuan): persönlicher Name des Gelben Kaisers (s.d.).
Hsün Dse – Hsün Kuang (Xün Zi):(etwa 313-238 v.Chr.); einer der originellsten Denker der konfuzianischen Schule, der jedoch bereits die Verschmelzung von konfuzianischen mit legalistischen Gedanken deutlich erkennen läßt; begann als Fünfzigjähriger eine Karriere als Lehrer und Beamter, die ihn durch mehrere Staaten führte. Das Buch *Hsün Dse* enthält Abhandlungen über Staatskunst, Ritual, Ethik, Musik, militärische Angelegenheiten sowie kritische Bemerkungen über andere Schulen. Im Gegensatz zu den orthodoxen Konfuzianern wie Menzius hielt er das Wesen des Menschen von Natur aus für »schlecht«, d.h. selbstsüchtig, und nur durch den Zwang und die Einwirkung der Riten, die damit gleichsam Gesetzescharakter annehmen, für korrigierbar und im Sinne des »Guten« erziehbar.

Hua Guo-Feng: der führende Mann im Partei- und Staatsapparat Chinas unmittelbar nach Mau Dse-dung's Tod; setzte trotz Beseitigung der sogenannten Vierer-Bande die linksextremistische Linie noch etwa zwei Jahre fort, bis diesem Kurs durch Deng Hsjau-ping (s.d.) im Dezember 1978 ein Ende gesetzt wurde.
Huai Wang: König Huai von Tschu (328-296 v.Chr.).
Huai-Nan-Dse (Huainanzi): Huai-Nan war der Name des Lehensgebiets von Lju An, einem Han-Prinzen von kaiserlichem Geblüt, König von Huai-Nan (179-122 v.Chr.). Er kompilierte an seinem Provinzialhof mit Hilfe einer Gruppe von Gelehrten das Sammelwerk *Huai-Nan-Dse*, das wie *Frühling und Herbst des Lü Bu-we* (s.d.) eklektisch die Lehren und das Wissen verschiedener Schulen zusammenzufassen sucht, jedoch im Unterschied zu dem vorgenannten Werk eindeutig pro-dauistische Tendenzen erkennen läßt.
Huan von Tschi – Tschi Huan Gung (Qi Huangong): 685-643 v.Chr.; der erste der fünf Hegemoniarchen der Frühling- und Herbst-Periode.
Huang-Di: s. Gelber Kaiser.
Huang-Di Ne-Dsching (Huangdi neijing), eigentlich: *Huang-Di Su-Wen Ne-Dsching*; wörtlich: *Kanon von des Gelben Kaisers lauteren Fragen zur inneren Heilung:* kompiliert etwa um 200 v.Chr.; ist das älteste uns erhalten gebliebene medizinische Werk Chinas, in dem Theorien der Yin-Yang-Schule mit klinischen Erfahrungen zu einem therapeutischen System verarbeitet wurden, das den Grund für Gesundheit oder Krankheiten in der Ordnung bzw. in der »Unordnung« ganzheitlicher – makro-mikrokosmischer Interrelationen sieht.
Hue-Wen Wang (Huiwen wang): 337-311 v.Chr.; König von Tschin.
Hundert Schulen – Bai-Dschja (Baijia): die in der chinesischen Geschichtsschreibung übliche Bezeichnung für die Gesamtheit aller philosophischen Schulen der späten Dschou-Zeit; in Wirklichkeit erlangte nur etwa ein Dutzend von ihnen Bedeutung.
Huo-Schu (Huoshu): Onkel des zweiten Königs der Dschou-Dynastie, Tscheng Wang, der zusammen mit zwei weiteren Onkeln, Guan Schu und Tsai Schu, sowie dem Sohn des besiegten letzten Königs der Schang während der Minderjährigkeit des Königs eine Rebellion anzettelte; alle drei Onkel wurden von Herzog Dan von Dschou (s.d.), dem Vormund des jungen Herrschers, besiegt und bestraft.

I (Yi): Himmlischer Bogenschütze, der im Auftrag des Himmelsherrn neun der zehn die Erde ausdörrenden Sonnen herabschoß und so den Urherrscher Yau und sein Volk vor einer verheerenden Dürre rettete. Die Gestalt des Bogenschützen I verflicht sich nach einer anderen Überlieferung mit der des Usurpators I von You-Yung, ebenfalls ein

großer Bogenschütze, der den Hsja-König Dschung-Kang absetzte.
I (Yi): Herzog I von Rung: Kanzler des zehnten Dschou-Königs Li (854-841), der wegen seiner Unbarmherzigkeit 841 verjagt wurde.
Ibn-Chaldun: 1332-1406; arabischer Historiker, der in den Einleitungen zu seinen Geschichtswerken bedeutsame Theorien über Gesetzmäßigkeiten in der Weltgeschichte entwickelte.
I-Dschih (Yizhi): Schamane – Hoherpriester am Hofe des zehnten Schang-Königs Tai-Wu, der ihn »rechtlich« dem Rang des Königs gleichstellte, indem er ihn seines Untertanenstatus entband.
I-Tschi (Yiqi): Name eines legendären Urherrschers, der von manchen Kommentatoren dem Heiligen Ackermann (Schen-Lung), von anderen dem Urkaiser Yau gleichgesetzt wurde.
I-Yin (Yiyin): Kanzler des ersten Königs der Schang-Dynastie, Tang, der Vollender; scheint Tang an Macht ebenbürtig gewesen zu sein und mit ihm die Herrschaft geteilt zu haben; I-Yin verkörperte offenbar die sakrale Macht im Stammesgebiet der Schang.

Joachim von Fiore: etwa 1135-1202; schuf ein »evolutionäres« Weltbild im christlichen Sinn, das in drei Stufen – Zeitalter des Vaters, des Sohnes und des Heiligen Geistes – den Fortschritt von einer Welt der Autorität und des Zwanges zu einer Welt der allgemeinen Liebe und Harmonie predigte; vom Vatikan bald als häretisch betrachtet.

Kaiserliche Enzyklopädie aus der Regierungsperiode Tai-Ping – Tai-Ping Yü-Lan: ein enzyklopädisches Werk in 1000 Kapiteln, das auf Befehl des Sung-Kaisers Tai-Dsung (976-1022) in der Regierungsepoche Tai-Ping (976-984) von Li Fang und anderen Gelehrten kompiliert wurde.
Kaiser Wu – Han Wu-Di: 140-86 v.Chr.; der sechste Kaiser der Früheren Han-Dynastie, unter dem das Han-Reich durch Feldzüge nach Zentralasien (Seidenstraße), Südchina, Vietnam, Korea und in die Mongolei wesentlich erweitert wurde; erhob 135 v.Chr. den Konfuzianismus zur Staatsdoktrin. S. Dung Dschung-Schu.
Kämpfende Staaten: s. Periode der Kämpfenden Staaten.
König Kang – Kang Wang: der dritte König der Westlichen Dschou-Dynastie: 11. Jahrhundert v.Chr.
König Li – Li Wang: 854-841 v.Chr.; der zehnte König der östlichen Dschou-Dynastie, der durch rücksichtslose Ausbeutung des Volks einen Aufstand heraufbeschwor und 841 v.Chr. verjagt wurde; er starb 828 im Exil.
König Mu – Mu Wang: etwa 1000-951 v.Chr.; unternahm Feldzüge im Westen des Reichs, die zu der Legende vom Besuch des Königs bei der Fee Hsi-Wang-Mu (Königliche Mutter des Westens; s. Hsi-Wang-Mu)

führte. Eine Niederschrift dieser Legende in sechs Kapiteln, mit dem Titel »Nachrichten über den Himmelssohn Mu«, wurde 280 n.Chr. bei einem Grabraub als Grabbeigabe wiederentdeckt. Vgl. auch Vertrauliche Nachrichten über Kaiser Wu der Han-Dynastie.
König Wen – Wen Wang: 12. Jahrhundert v.Chr.; schuf die materielle und politische Basis für den Sturz der Schang-Dynastie, der nach seinem Tod unter seinem Sohn Wu Wang erfolgte.
König Wu – Wu Wang: 12. Jahrhundert v.Chr.; führte die Pläne seines Vaters, König Wen – Wen Wang, zu Ende und besiegte in der Schlacht von Mu-Ye den letzten Schang-König.
Königin We von Dschau – We Dschau Ho (Wei Zhaohou): Gattin des Herzogs Hue-Wen von Dschau (298-245 v.Chr.).
Konfuzianismus – chin.: Ru-Dschjau (rujiao): von Konfuzius begründete Schule, deren Lehren für das Geistesleben und die staatsdoktrinären Auffassungen der gesamten Feudalperiode Chinas vom Ende des 2. Jahrhunderts n.Chr. allzu bestimmend blieben (s. Kap. 11). Der Konfuzianismus absorbierte nach dem Tod des Meisters, vor allem aber seit der Han-Zeit Gedankengut anderer Schulen, insbesondere der Yin-Yang-Schule und der Legalisten.
Konfuzius – chin.: Kung Fu-dse (Meister Kung; Kong Fuzi), eigentlich: *Kung Tschju (Kong Qiu):* 551-479 v.Chr.; Begründer der Konfuzianischen Schule (Ru-Dschja; s. Konfuzianismus) bemühte sich vergeblich, die Fürsten seiner Zeit von seinen ethischen Grundsätzen zu überzeugen. In seiner politischen Laufbahn hatte er wenig Glück. Doch gelang es ihm, eine große Zahl von Schülern um sich zu scharen, die seine Lehren weitergaben und weiterführten. Die *Gespräche des Konfuzius* (Lun-Yü) wurden nach des Meisters Tod von seinen Schülern niedergeschrieben. Sie bilden die verläßlichste Quelle für seine Gedankenwelt, die Persönlichkeit des Meisters und seine Lebensgeschichte.
Kung Fu-dse: s. Konfuzius und Konfuzianismus.

Lau Dse (Lauzi): wörtlich der »Alte Meister«; auch Lau Dan genannt; wahrscheinlich 4. Jahrhundert v.Chr.; soll Autor des Buches *Daudedsching* (s.d.) gewesen sein. Es gibt kaum authentische Nachrichten über ihn; seine »Biographie« in den *Historischen Aufzeichnungen* Si-ma Tschjäns beruht offensichtlich auf legendären Überlieferungen. Im religiösen Dauismus wurde er als zentrale Gestalt vergöttlicht.
Le-Dsu (Leizu): Gemahlin des Gelben Kaisers, die zuerst Seidenraupen gezüchtet und Seide hergestellt haben soll.
Legalismus: eine pragmatische staatsphilosophische Schule der späten Dschou-Zeit, die eine auf Gesetzen – hauptsächlich einem System von Belohnungen und Strafen – beruhende Regierungsform anstrebte. Da

Verdienst nach Leistung belohnt werden sollte, wurde damit das aristokratische Staatsgefüge mit seinen ererbten Rängen in Frage gestellt und die Grundlage für den späteren feudalen Beamtenstaat geschaffen (s. Kap. 11).
Li: Riten; das Ritualsystem der feudalistischen Gesellschaft, das sowohl das Opferzeremonial wie auch die Vorschriften und Gepflogenheiten für alle den gesellschaftlichen Rängen entsprechenden Verhaltensweisen einschloß (s. Kap. 1).
Li Wang; s. König Li von Dschou.
Li Dschi (Liji): s. Buch der Riten.
Li Dschi (Li Ji): Favoritin des Herzogs Hsjän von Dschin (677-652 v.Chr.).
Li Ko: Würdenträger am Hof des Herzogs Hsiän von Dschin (677-652 v.Chr.).
Lin Bjau (Lin Biao): 1907-1971; General der Roten Armee der Kommunistischen Partei Chinas, der bei dem Sieg über die Guo-Min-Dang eine entscheidende Rolle spielte; während der »Großen Proletarischen Kulturrevolution« von Mau Dse-dung zu seinem Nachfolger ernannt, zettelte er 1971 eine Palastrevolution an und starb auf der Flucht; sein Flugzeug soll über der Mongolei abgeschossen worden sein.
Lin-Fen: vermutlich eine in der Tschu-Mythologie als Seherin verehrte Schamanin.
Ling Wang: König von Tschu (540-529 v.Chr.).
Li-Sau (Lisao): das bedeutendste Werk des Dichters Tschü Yüan aus Tschu (s. Kap. 7).
Li Si: gemeinsam mit Han Fe-dse (s.d.) Schüler des Philosophen Hsün Dse; Kanzler des Ersten Kaisers (Tschin Schih-Huang-Di, s.d.); auf sein Anraten wurde das Verbot aller philosophischen Schulen, die Verbrennung ihrer Bücher und die Hinrichtung von über 400 Gelehrten dekretiert; zwang nach dem Tod des Ersten Kaisers in einem Komplott mit dem mächtigen Eunuchen Gau Dschau den Thronfolger zum Selbstmord, wurde darauf von Gau Dschau selbst der Verschwörung bezichtigt und durch »Lendenschnitt« 208 v.Chr. öffentlich hingerichtet.
Li Tai-bo – eigentlich: *Li Bai:* 701-762 n.Chr.; einer der bedeutendsten, vor allem aber originellsten und phantasievollsten Dichter Chinas; verbrachte einen großen Teil seines Lebens auf Wanderschaft; mit 40 Jahren als Hofdichter in die Hauptstadt der Tang-Dynastie Tschang-An berufen, machte er sich alsbald so unbeliebt, daß er den Hof wieder verlassen mußte; schloß sich den Truppen eines jüngeren Bruders des regierenden Kaisers an, der eine Rebellion niederzuzwingen suchte, jedoch selbst heimlicher Usurpationsbestrebungen verdächtigt wurde; Li Tai-bo wurde deshalb ins Gefängnis geworfen; bald wieder begnadigt, entschloß er

sich mit 61 Jahren, in die Armee des Generals Li Guang-bi einzutreten; erkrankte und starb auf dem Weg ins Militärlager.
Lju An (Liu An): s. Huai-Nan-Dse.
Lju Dschih-dschi (Liu Zhiji): 661-721; Historiograph; wirkte maßgeblich bei der Kompilation dynastischer Geschichtswerke am Tang-Hof mit; berühmt durch sein Bemühen um eine objektive Geschichtsschreibung; sein Motto: »Trotz Zuneigung das Böse erkennen; trotz Abneigung das Gute erfassen«; sein kritisches Hauptwerk *Schih-Tung* (Überblick über die Geschichte), in dem er die bisherigen Geschichtsauffassungen und -darstellungen einer eingehenden Kritik unterzieht, ist bis heute von wissenschaftlichem Wert.
Lju Hsjang (Liu Xiang): 77-6 v.Chr.; bekleidete das Amt des Hofbibliothekars und andere hohe Ämter am Han-Hof; bekannt durch die von ihm kompilierten Sammelwerke »Biographien hervorragender Frauen«, »Biographien unsterblicher Persönlichkeiten« u.a.
Lju Hsin (Liu Xin): etwa 53 v.Chr. – 23 n.Chr.; Sohn des Lju Hsjang (s.d.); diente zusammen mit seinem Vater als Bibliothekar am Han-Hof; von ihm stammt der erste Katalogisierungsversuch – die Einteilung des gesamten Schrifttums Chinas in sieben Abteilungen (Tschi-Lüe).
Lju Hsün (Liu Xun): 1881-1936; bedeutender Schriftsteller; schrieb zahlreiche Novellen und Essays in der Umgangssprache (Bai-Hua), die erst nach dem Sturz der Mandschu-Dynastie 1911 im literarischen Leben Chinas allgemein in Gebrauch kam; viele seiner Werke wie »Biographie des A-Q« wurden ins Deutsche und andere Sprachen übersetzt.
Lju I-Tsching (Liu Yiqing): 403-444; hoher Würdenträger am Hof der Südlichen-Sung-Dynastie (420-479); selbst ein bedeutender Literat, pflegte er Umgang mit den großen Gelehrten und Dichtern seiner Zeit; schrieb eine bis heute gewürdigte Anekdotensammlung für den Zeitraum von etwa 200 bis 400 n.Chr.
Lju Schau-tschi (Liu Shaoqi): 1898-1969; gehörte seit den Zwanzigerjahren zum inneren Führungskreis der Kommunistischen Partei Chinas; bei der »Versammlung von Dsun-I« 1935 entschiedener Befürworter der Führungsrolle Mau Dse-dung's in der Partei; seit dem VIII. Parteitag 1956 führendes Mitglied im Zentralkommitee, dann Präsident der Volksrepublik China; während der »Großen Proletarischen Kulturrevolution« als »Chruschtschow Chinas« heftig verfolgt und in den Tod getrieben.
Lun-Yü: s. Gespräche des Meisters Kung.

Ma Su: 1621-1673: bedeutender Historiker; beschäftigte sich hauptsächlich mit der Geschichte der ersten drei Dynastien Chinas – Hsja, Schang, Dschou; daher sein Bei- oder Spitzname »Ma, der Drei-Dynastiker«; sammelte in dem Sammelwerk *I-Schih* in 160 Kapiteln aus den verschiedensten Quellen Material für den Zeitraum von der vorgeschichtlich-mythischen Zeit bis etwa 210 v.Chr.

Mau Dse-dung (Mao Zedong): 1893-1976; bedeutendste Führerpersönlichkeit der Kommunistischen Partei Chinas; entwickelte in den Endzwanzigerjahren die Theorie, daß der Sieg des Kommunismus in China nur durch die Umzingelung und Eroberung der Städte vom Land her möglich sei; rettete die Rote Armee Chinas vor dem Untergang durch den »Langen Marsch« 1934/35. Seit 1935 unumstrittener Führer der Partei; nach dem Sieg der Kommunistischen Partei über die Guo-Min-Dang 1949 Vorsitzender der neugegründeten Zentralregierung der Volksrepublik China; im Alter verantwortlich für die katastrophalen Fehler des sogenannten »Großen Sprung vorwärts« und der »Großen Proletarischen Kulturrevolution«.

Mau Heng (Mao Heng): Lebensdaten unbekannt, etwa 2. Jahrhundert v.Chr.; gilt als Überlieferer und erster Kommentator des *Buchs der Lieder* in der Fassung, die uns heute vorliegt.

Meng Dse (Mengzi): 372-289 v.Chr.; neben Konfuzius der gefeiertste Lehrer der konfuzianischen Schule. Das Buch *Meng Dse* wurde vermutlich von Meng Dse's Schülern niedergeschrieben. Meng Dse's unerschütterlicher Glaube an die angeborene Güte des Menschen, von dem dritten großen Konfuzianer der ausgehenden Dschou-Zeit, Hsün Dse, kategorisch verneint, wirkte zusammen mit anderen Lehren Meng Dse's nachhaltig weiter in den philosophischen Schulen späterer Zeiten.

Mi-Fe (Mifei): Göttin des Lo-Flusses; sie soll eine Tochter des legendären Herrschers Fu-Hsi (Pau-Hsi; s.d.) gewesen sein, die im Fluß Lo ertrank und später als Göttin verehrt wurde.

Ming: der sechste der Frühen Fürsten des Schang-Volks; soll Beamter für Flußregulierungen zur Zeit der Hsja-Dynastie gewesen sein; ertrank im Dienst und wurde danach als Flußgott verehrt.

Mo Dse (Mozi): (468?-376?): Gründer einer Schule, die zur Zeit der »Kämpfenden Staaten« nicht nur starke geistige Impulse ausstrahlte, sondern trotz ihrer pazifistischen Grundhaltung als organisierte Bruderschaft mit strenger Disziplin und einem Großmeister an der Spitze zu Unrecht Angegriffenen zur Hilfe eilte. Mo Dse predigte »universale Liebe« (im Gegensatz zu dem nach Rangstufen gegliederten feudalen Ritualsystem), Genügsamkeit, eine ausgleichende überirdische Gerechtigkeit und das Vermeiden aggressiver Handlungen in den zwischenstaatlichen und zwischenmenschlichen Beziehungen.

Mohisten: Anhänger der Schule des Mo Dse (s.d.).

Mu Wang: König Mu; fünfter König der Westlichen Dschou-Dynastie (s. Hsi-Wang-Mu).

Ning Tschi (Ningqi): ein von Herzog Huan von Tschi (685-643), als dieser nachts vor das Stadttor trat, durch Zufall entdecktes Talent; der Herzog hörte aus Ning-Tschi's Gesang, daß er ungewöhnliche Gaben besitzen müsse, und berief ihn als Würdenträger an seinen Hof.
Nü-Wa: gilt als Urmutter des Menschengeschlechts, die aus Lehm die ersten Menschen formte; nach einer anderen Überlieferung rettete sie die Welt, nachdem der Himmel eingebrochen war, indem sie ihn mit bunten Steinen und den abgehauenen Pfoten einer Riesenschildkröte stützte; auch sollen sie und ihr Bruder Fu-Hsi (s. Fu-Hsi und Pau-Hsi) nach einer Sintflut die einzigen überlebenden Menschen gewesen sein und deshalb ungeachtet der Unerlaubtheit der inzestiösen Verbindung doch geheiratet haben, um das Menschengeschlecht zu erhalten.

Pan-Geng: zwanzigster Herrscher der Schang-Dynastie, der nach harten Auseinandersetzungen mit den Eupatriden des Schang-Volks die Hauptstadt nach Yin verlegte; seit Pan-Geng wird das Schang-Volk und die Schang-Dynastie nach der neuen Hauptstadt auch Yin oder Schang-Yin genannt.
Pan-Gu: ein gleichsam »passiver« Weltschöpfer in der Mythologie Chinas, aus dessen »Atem nach seinem Tod die Winde und Wolken entstanden, aus dessen Stimme der Donner, aus dessen linkem Auge die Sonne, aus dem rechten der Mond hervorgingen...« S. WMLC S. 358.
Pan Hu: die Gestalt eines offenbar in der Mythologie von Stämmen der südwestlichen Randgebiete Chinas überlieferten wunderbaren Hundes, der als Stammvater der Tschüan-Rung (Hunde-Krieger) gilt. S. WMLC S. 358/9; Kap. 3).
Pau-Hsi (Paoxi) oder *Fu-Hsi (Fuxi):* soll der Erfinder der Trigramme (Ba-Gua; s.d.) und des Fischernetzes gewesen sein. Er und seine Schwester Nü-Gua (s.d.) nehmen in der Mythologie Chinas einen prominenten Platz ein. Sie sollen sich trotz des Inzestverbots entschlossen haben, zu heiraten und Kinder zu zeugen, da sie nach einer Sintflut das letzte überlebende Menschenpaar waren. S. Nü-Wa.
Peng-Hsjän (Pengxian): soll ein tugendhafter Minister im Staate Tschu gewesen sein, der – wie Tschü-Yüan – vergeblich versuchte, seinen Herrscher zur Behebung von Mißständen zu ermahnen und in seiner Verzweiflung schließlich in den Fluten den Tod suchte. Diese Erklärung ist kaum ernstzunehmen; wahrscheinlich handelt es sich hier um einen Unsterblichen aus der Tschu-Mythologie, über den wir nichts außer den Namen wissen.
Periode der Kämpfenden Staaten: in der traditionellen chinesischen Geschichtsschreibung der Zeitraum von 476 bis 221 v.Chr., in dem hauptsächlich sieben größere Staaten um die Vormachtstellung im chi-

nesischen Kulturkreis kämpften. Das Endziel der erbitterten Kämpfe war die Wiedervereinigung des zerfallenden Dschou-Reichs und die Errichtung einer Zentralmacht. Das Anfangsjahr dieser Periode wird unterschiedlich angegeben: als das Jahr 453 v.Chr., in dem der Staat Dschin dreigeteilt wurde; da die offizielle Anerkennung der durch diese Teilung hervorgegangenen Staaten (Han, We und Dschau) von seiten des nominellen Oberherrn, des Dschou-Königs, aber erst 403 erfolgte, erachten andere Autoren dieses Jahr als Anfangsdatum.

Pe Tscheng (Pei Cheng): Würdenträger am Hof des Herzogs Hsiän von Dschin (677-652 v.Chr.).

Piän-Wen: eine literarische Stilrichtung, die eine parallelistische bzw. antithetische Anordnung der Schriftzeichen in je zwei Zeilen anstrebt, z.B.: Tau schwer Flug mühsam vorwärtskommen; Wind viel Laut leicht fallen. Tau – Wind; schwer – viel; Flug – Laut; mühsam – leicht; vorwärtskommen – fallen: diese Wörter stehen sich in den beiden Zeilen parallelistisch-antithetisch gegenüber, und zwar sowohl nach der Wortgattung – Hauptwort, Zeitwort etc. – wie auch nach der Wortbedeutung: mühsam – leicht usw. Der Sinn dieser oben wörtlich übertragenen zwei Zeilen aus einem Gedicht Lo Bin-wang's (640-684) ist: (Es handelt sich hier um Zikaden) Fällt viel Tau, so kommen sie im Fliegen schwer voran; weht starker Wind, so werden ihre zirpenden Laute leicht verweht. Der Piän-Wen-Stil war im Zeitraum von etwa 400 bis 600 n.Chr. geradezu allbeherrschend in der Literatur – bis in die Amtssprache. Doch parallelistisch-antithetische Wortanordnungen finden sich sehr häufig in der chinesischen Literatur aller Zeitalter – bis in die Gegenwart.

Ping Wang: König Ping von Dschou (770-720 v.Chr.).

Reine Gespräche – Tsching-Tan (qingtan): Name für die in Gelehrtenkreisen mit Ho Yän (190-249) und Wang Bi (226-249) beginnende Einrichtung von Diskussionszirkeln, in welchen nicht über Sachfragen, sondern über philosophische Begriffe diskutiert wurde. Im Mittelpunkt standen die Lehren des Lau Dse (s.d.) vom Dau oder vom Nicht-Seienden als Ursprung alles Seienden sowie der Versuch einer gedanklichen Annäherung konfuzianischer an dauistische Lehren. Die »Reinen Gespräche« entstanden in einer Zeit, in der jede Zufallsbemerkung als *Laesio maiestatis* ausgelegt und mit dem Tode bestraft werden konnte. Sie kamen etwa Hundert Jahre später allmählich aus der Mode, als die Angst vor der Zensur nachzulassen begann.

Ru: die in China übliche Bezeichnung für die konfuzianische Schule.

Rue Ljang-Fu (Rui Liangfu): Würdenträger am Hof des Dschou-Königs Li (854-841 v.Chr.).

Rung I-Gung (Rong yigong): Herzog I von Rung; Berater des Dschou-

Königs Li (abgesetzt 841 v.Chr.), den er zu übermäßiger Ausbeutung des Volkes verleitete und damit einen Aufstand heraufbeschwor.
Schang-Dynastie: etwa 16-11. Jahrhundert v.Chr.; s. Kap. 5.
Schang Dschja-we (Shangjiawe): neunter der Frühen Fürsten des Schang-Volks.
Schang Yang (Shang Yang): 390?-338; neben Han Fe-dse bedeutendster Vertreter der legalistischen Schule; führte unter Herzog Hsjau von Tschin (361-358 v.Chr.) eine Reihe von Reformen im legalistischen Sinn durch, die einen schnellen wirtschaftlichen Aufschwung und eine wesentliche Stärkung der Militärmacht des Tschin-Staates bewirkten, aber mit solcher Härte vorangetrieben wurden, daß Schang Yang nach dem Tod des Herzogs Hsjau von der aufgebrachten Hofaristokratie, deren Privilegien er zu beschneiden suchte, aus Rache hingerichtet wurde.
Schau Hu (Shao Hu): Feldherr unter König Hsüan von Dschou (827-782 v.Chr.).
Schau-Kang (Shao Kang): der sechste König der Hsja-Dynastie.
Schau Wang (Shao Wang): vierter König der Westlichen Dschou-Dynastie.
Schen Fu (Shen Fu): Feldherr unter König Hsüan der Westlichen Dschou-Dynastie (827-782).
Schen-Lung – Yän-Di (Shenlong – Yän-Di): s. Heiliger Ackermann.
Schen-Scheng (Shen-sheng): ältester Sohn und rechtmäßiger Thronfolger des Herzogs Hsjän von Dschin (677-652 v.Chr.), der einem Komplott der Favoritin des Herzogs, Li Dschi, und ihres heimlichen Geliebten, des Possenreißers Schih, zum Opfer fiel. Li Dschi wollte durch die Beseitigung Schen-Schen's ihrem Sohn Hsi-Tschi zur Thronfolge verhelfen.
Schih (shi): Bezeichnung für Adelige niederen Ranges; später für Gelehrte und sich durch besondere Fähigkeiten und Kenntnisse auszeichnende Menschen.
Schih (Shi): Possenreißer am Hof des Herzogs Hsiän von Dschin; heimlicher Geliebter der Favouritin des Herzogs (s. Li Dschi und Schen-Scheng).
Schih-Huang-Di – Tschin-Schih-Huang (Shihuangdi – Qinshihuang); 259-210 v.Chr.; Erster Kaiser der Tschin-Dynastie; unter seiner Regierung nahm die Periode der »Kämpfenden Staaten« ein Ende, nachdem nacheinander die übrigen sechs größeren Staaten niedergezwungen und dem Tschin-Staat einverleibt worden waren. Von 221 v.Chr. an herrschte Schih-Huang-Di allein über das gesamte chinesische Territorium; mit Hilfe legalistischer Ratgeber wie Li Si (s.d.) wurden einschneidende Reformen im Sinne der legalistischen Staatsphilosophie (s. Legalismus) unternommen, unter Benutzung schon bestehender Schutzanlagen wurde

die Große Mauer erbaut, ein Straßennetz angelegt, Maße und Gewichte vereinheitlicht und eine Schriftreform durchgeführt.
Schu (Shu): ein von Konfuzius in seinem ethisch-philosophischen System häufig gebrauchter Terminus, der etwa »gegenseitiges Verstehen«, »gegenseitiges Aufeinandereingehen«, »gegenseitige Rücksichtnahme« bedeutet.
Schu Hsjang (Shu Xiang): Würdenträger am Hof des Herzogs Ping von Dschin (558-533 v.Chr.).
Schun (Shun): Legendärer Herrscher der Vorzeit; als Jüngling von seinem Vater Gu-Sou (s.d.) und seinem Bruder Hsjang (s.d.) verfolgt und mit dem Tode bedroht, zeigte er nahezu übermenschlichen Großmut; wegen seiner Tugenden und Fähigkeiten von Yau (s.d.) zum Nachfolger auf dem Thron bestimmt; ließ Gun (s.d.) wegen Fehler bei der Bekämpfung einer Sintflut hinrichten und überantwortete die Aufgabe der Ableitung der Fluten dem Sohn Gun's, Yü (s.d.), den er auch zu seinem Nachfolger auf dem Thron bestimmte.
Schuo-Wen – Schuo-Wen-Dschje-Dse (Shuowen jiezi): von Hsü Schen (etwa 58-147 n.Chr.) kompiliertes Wörterbuch chinesischer Schriftzeichen.
Sechs Künste – Lju-I (liuyi): die für die Erziehung des Aristokraten, des »edlen Menschen«, obligaten Bildungsgegenstände: Riten, Musik, Bogenschießen, Wagenlenken, Schreiben und Rechnen.
Si-ma Tschjän (Sima Qian): etwa 145-90 v.Chr.; folgte 108 v.Chr. seinem Vater im Amt als Hofhistoriograph unter Kaiser Wu (Wu-Di: 140-87 v.Chr.) der Han-Dynastie; unternahm in seinen »Historischen Aufzeichnungen – (Schih-Dschi;Shiji) den Versuch, die Geschichte der gesamten damals bekannten Welt von der legendären Vorzeit bis in seine Epoche in einer systematischen und oft auch kritischen Darstellung zusammenzufassen (s. »Historische Aufzeichnungen«). Si-ma Tschjän trat Kaiser Wu gegenüber für seinen zu Unrecht verdammten Freund, den General Li Ling, ein und verärgerte damit den Kaiser, der ihn zu der schmählichen Strafe der Kastration verurteilte.
Sun Dse (Sunzi): um 500 v.Chr.; nach Si-ma Tschjän's (s.d.) »Biographien der Strategen Sun Wu und Sun Bin« könnte jeder der beiden Strategen Autor des Buches *Sun Dse* sein. Wahrscheinlich ist dieses Werk eine Sammlung von Texten verschiedener Militärexperten aus der Periode der »Kämpfenden Staaten« (unter ihnen auch Sun Wu und Sun Bin), die zwischen 400 und etwa 320 v.Chr. kompiliert wurde.
Sun Schu Au (Sun Shuao): Feldherr und Kanzler unter König Dschuang von Tschu (613-591 v.Chr.); besiegte in der Schlacht von Bi 598 v.Chr. das Heer des mächtigen Staates Dschin und verhalf damit König Dschuang zum Rang des Hegemoniarchen (s. Ba) im Dschou-Reich.

Su Tschin (Su Qin): suchte zunächst vergeblich die Gunst des Königs Hue-Wen von Tschin (337-311 v.Chr.) zu erlangen; brachte dann durch sein diplomatisches Geschick eine Allianz der Staaten Yän, Dschau, Han, We, Tschi und Tschu – die sogenannte »Horizontale Allianz« – gegen Tschin zustande; nachdem diese Allianz durch die sogenannte »Vertikale Allianz« des Diplomaten Dschang I (s.d.) im Sinne des Staates Tschin zerschlagen wurde, zog sich Su Tschin nach Tschi zurück und fiel dort einem Meuchelmord zum Opfer.

Tai Dschja (Taijia): fünfter Herrscher der Schang-Dynastie, wurde von dem Schamanen und Kanzler I-Yin verbannt und, nachdem er seine Verfehlungen bereut hatte, nach drei Jahren wieder auf den Thron gesetzt.
Tai-Gung Wang – eigentlich: *Lü Schang* oder *Dschjang Schang (Taigong Wang – Lü Shang, Jiang Shang):* soll erst im hohen Alter dem König Wen von Dschou begegnet und von diesem gewürdigt worden sein; diente ihm und später seinem Sohn, König Wu, als Berater und Feldherr; Tai-Gung Wang heißt wörtlich: Großvater Hoffnung; König Wen soll diesen Ausruf getan haben, als er Lü Schang's Talente entdeckte. Lü Schang verhalf König Wu zum Sieg über den letzten Schang-König Di-Hsin; zum Lohn wurde er mit dem Herzogtum Tschi belehnt.
Tai-Kang: dritter Herrscher der Hsja-Dynastie.
Tsai-Schu: Onkel des zweiten Dschou-Königs Tscheng. S. Huo Schu.
Tai-Wu: zehnter Schang-König.
Tang, der Vollender: besiegte den letzten König der Hsja-Dynastie Dschje und gründete die Schang-Dynastie.
Tsang Hsje (Cang Xie): nach der Legende ein hoher Würdenträger am Hofe des Gelben Kaisers, der vier Augen besessen haben soll; ihm wird die Erfindung der chinesischen Schriftzeichen zugeschrieben.
Tschang (Chang): persönlicher Name des Dschou-Königs Wen.
Tschang-E (Chang-e): s. Heng-E.
Tschang-Hsi (Changhsi): Mondgöttin; eine der beiden Gemahlinnen des Urherrschers Di-Dschün (s.d. und s. Hsi-Ho).
Tschen Dschen (Chen Zhen): Ratgeber des Chu-Königs Huai (328-296 v.Chr.) und des Tschin-Königs Hue-Wen (337-311 v.Chr.).
Tscheng Wang (Cheng Wang): König Tscheng; Sohn des Königs Wu; zweiter König der Dschou-Dynastie.
Tschi (qi): wörtlich: Hauch, Atem; Krafthauch, Pneuma; in der chinesischen Philosophie: Motiv-Substanz; Grundsubstanz mit dynamischen Qualitäten. S. Kap. 1.
Tschi (Qi): wörtlich: der Verstoßene; Name des Ahnherrn des Hauses Dschou; sein dynastischer Titel im Tempelritual und als Schutzgott des Ackerbaus: Hou Dschi – Fürst Hirse.

Tschi (Qi): Sohn des Urherrschers Yü; erster König der Hsja-Dynastie.
Tschih-You (Chiyou): Widersacher des Gelben Kaisers, der ihn in der Schlacht von Ban-Tschüan besiegte; Tschih-You soll ein Nachkomme des Flammenden Kaisers (s. Heiliger Ackermann) gewesen sein; er und seine 81 (oder 72) Brüder werden unterschiedlich dargestellt: so »mit kupfernem Kopf und eherner Stirn« oder »mit menschlichem Körper und Rinderhufen, vier Augen und sechs Händen, mit Haaren wie Schwerter und Spieße an den Schläfen« (s. WMLC S. 339/40); Tschih You scheint auch ein Kriegsgott gewesen zu sein.
Tschin-Schih-Huang (Qinshihuang); s. Schih-Huang-Di.
Tsching-Hsjau (Qingxiao): König von Tschu (298-263).
Tschü Yüan (Qu Yuan): etwa 340-278 v.Chr., Angehöriger der Königssippe von Tschu; anfangs hoher Würdenträger und Berater am Hof des Tschu-Königs Huai; mußte, von Höflingen verleumdet, den Rest seines Lebens in der Verbannung zubringen und beging nach der Einnahme der Hauptstadt Ying des Tschu-Staats durch den Erbfeind Tschin Selbstmord; im Volk hat sich die Verehrung für Tschü Yüan im Drachenbootfest (5. Tag des 5. Monats im Lunarkalender) bis heute erhalten; seine Werke, insbesondere Li-Sau – »Trennungsschmerz« – übten für über zwei Jahrtausende großen Einfluß auf die Literatur Chinas aus.
Tschung-Er (Chonger): persönlicher Name des Herzogs Wen von Dschin (637-629 v.Chr.).

Vertrauliche Nachrichten über Kaiser Wu der Han-Dynastie – Han-Wu-Di Ne-Dschuan (Han Wudi neizhuan): ursprünglich dem Han-Historiographen Ban Gu (s. *Geschichte der Han-Dynastie*) zugeschriebene novellenartige Aufzeichnungen über eine imaginäre Reise des Han-Kaisers Wu (140-87 v.Chr.) ins Reich der Königlichen Mutter des Westens (Hsi-Wang-Mu: s.d.); offensichtlich in Anlehnung an die legendäre Reise des Dschou- Königs Mu ins Reich der königlichen Mutter des Westens etwa um 500 n.Chr. von unbekannten Autoren verfaßt.
Vier Modernisierungen – Si-Hua: Modernisierung der Industrie, des Ackerbaus, der Technik und des Militärwesens; die für die künftige Entwicklung der Wirtschaft Chinas bestimmende Parole, herausgegeben unter der Führung Deng Hsjau-pings (s.d.) nach dem Sturz Hua Guofeng's (s.d.).

Wang-Hai: siebenter der Frühen Fürsten des Königshauses der Schang, der sein Volk den Gebrauch des Ochsen als Lasttier gelehrt haben soll; er genoß im königlichen Ritual der Schang offenbar eine besondere Verehrung.
Wang Tschung (Wang Chong): 27-107 n.Chr.; kam aus einer armen

südchinesischen Familie und brachte es nie zu einem höheren Beamtenposten; zog sich im Alter in seinen Heimatort zurück und verfaßte zahlreiche Schriften, von welchen nur die *Kritischen Erwägungen (Lun-Heng)* erhalten geblieben sind – ein umfangreiches Werk, in dem er mit zwingender Logik den gesamte Ideenbestand seiner Zeit einer kühnen Kritik unterzog; die von ihm vertretene »unorthodoxe« skeptisch-kritische Tendenz wurde in den folgenden zwei Jahrtausenden als Gegenströmung zur herrschenden konfuzianischen Ideologie immer wieder aufgenommen und fortgesetzt.

We Dschau-Ho: s. Königin We von Dschau

Wen Di: 179-157 v.Chr.; Sohn des Gründers der Han Dynastie Gau-Dsu; während seiner Regierungszeit begannen sich die Lehren des religiösen Dauismus auszubreiten.

Wen Gung (Wengong): Herzog Wen von Dschin; der dynastische Namen des Tschung-er (s.d.).

Wen Wang; – König Wen von Dschou; Vater des Gründers der Dynastie Wu Wang, König Wu; der Königstitel wurde Wen Wang postum verliehen.

Wu Di: Han-Kaiser 140-87 v.Chr., erweiterte das Territorium des chinesischen Reiches wesentlich nach Westen (Seidenstraße), nach Südwesten (Yün-Nan, Vietnam), Osten (Korea) und schlug im Norden Einfälle der Hunnen zurück; unter seiner Herrschaft wurde 135 v.Chr. der Konfuzianismus zur Staatsdoktrin erhoben.

Wu-Ding: der dreiundzwanzigste König der Schang-Dynastie, brachte mit Hilfe des Fu Yüe, den er im Traum geschaut und danach auch gefunden hatte, als Kanzler das Schang-Reich zu einer neuen Blüte.

Wu Dse (Wuzi): um 430-381; Feldherr, Staatsmann und Militärtheoretiker; das Buch *Wu Dse* wird ihm zugeschrieben; stärkte als Kanzler von Tschu unter König Dau (401-381) erheblich die wirtschaftliche und militärische Macht dieses Staates, kam aber durch seine Reformen mit den Interessen der Hocharistokratie in Konflikt und wurde unmittelbar nach dem Tod des Königs Dau ermordet.

Wu Dse-Hsü (Wu Zixu): ?-484; Würdenträger am Hof des Königs Fu-Tscha von Wu, der nach dem Sieg über den Nachbarstaat Yüe mit dem König Go-Dschjän von Yüe Frieden schloß. Wu Dse-hsü sah voraus, daß Yüe eine ernste Gefahr für Wu darstellte und ermahnte daher König Fu-Tscha immer wieder, Yüe zu vernichten. Wu De-hsü machte sich damit am Hof unbeliebt und fiel schließlich den Intrigen neidischer Höflinge zum Opfer; König Fu Tscha schenkte ihm ein Schwert mit dem Befehl, sich umzubringen. Wu Dse-hsü's Prophezeiung erfüllt sich: 473 v.Chr. wurde der Staat Wu durch den König von Yüe vernichtet und König Fu-Tscha nahm sich das Leben.

Wu-Gang: der chinesische »Mann im Mond« und zugleich »Sisyphus«; er soll als Adept der Unsterblichen gesündigt haben und zur Strafe dafür auf den Mond verbannt worden sein, wo er einen riesigen Lorbeerbaum zu fällen verdammt ist, dessen Holz nach jedem Beilschlag immer wieder zusammenwächst.

Wu-Geng: Sohn des letzten Schang-Königs Di-Hsin (Dschou), der von König Wu von Dschou mit dem Fürstentum Yin belehnt worden war, sich aber nach dessen Tod zusammen mit drei Onkeln des Thronfolgers, König Tscheng, und den I-Stämmen erhob und vom Reichsverweser für den jungen König, dem Herzog Dan von Dschou, geschlagen und getötet wurde. S. *Huo-schu.*

Wu-Hsian (Wuxian): eine legendäre Schamanengestalt, die bald dem Zeitalter des Gelben Kaisers, bald der Zeit des zehnten Schang-Königs Tai-Wu zugeordnet wird.

Wu-Hsiän (Wuxian): Schamane; angeblich Sohn des Wu Hsian (s.d.); soll dem vierzehnten Schang-König Dsu-I erfolgreich als Kanzler gedient haben.

Wu Wang: König Wu von Dschou; *Wu* bedeutet der *Kriegerische*; erster König der Dschou-Dynastie.

Wu We (Wuwei): Schamane *(Wu),* der aus dem Fürstentum *We* stammte und unter dem zehnten König der Dschou-Dynastie, Li Wang, diesem geholfen haben soll, »Verleumdungen« des Königs nachzuspüren und der *Laesio maiestatis* Beschuldigte hinzurichten« …

Yang: das männliche, aktive, helle, trockene, warme Prinzip in der Weltsicht der klassischen chinesischen Philosophie, das, dem weiblichen Yin-Prinzip (s.d.) entgegengesetzt, mit diesem eine dynamisch wechselwirkende Einheit und damit die Grundlage alles Seienden bildet (s. Kap. 1).

Yän-Di (Yandi): der »Flammende Kaiser«; s. Heiliger Ackermann (Schen-Lung).

Yau (Yao): der erste der drei legendären Urherrscher Yau, Schun, Yü, die bestrebt waren, die Herrschaft nicht ihrer Familie zuzusichern, sondern dem Tüchtigsten und Tugendhaftesten im Reich zu überlassen; von den Konfuzianern zusammen mit Schun und Yü als Musterbeispiele idealer Herrschergestalten gepriesen und verehrt.

Yin: das weibliche, passive dunkle, feuchte, kalte Prinzip, das, dem männlichen Yang-Prinzip (s.d.) entgegengesetzt, mit diesem eine dynamische wechselwirkende Einheit und damit die Grundlage alles Seienden bildet.

Yin Dschi Fu (Yin Jifu): Feldherr und Würdenträger am Hof des Dschou-Königs Hsüan (827-782 v.Chr.); warf die von Norden her die

Hauptstadt der Dschou bedrohenden Hsjän-Yün zurück und unterwarf die Huai-I-Stämme im Süden.

Yin-Dynastie: ein anderer Name für die Schang-Dynastie, der in Gebrauch kam, nachdem König Pan-Geng (s.d.) die Hauptstadt nach Yin verlegt hatte; daher oft auch mit dem Doppelnamen Schang-Yin-Dynastie bezeichnet.

Ying-Lung (Yinglong): ein geflügelter Drache, der dem Urherrscher Yü im Kampf gegen die Sintflut mit seinem Schwanz die Richtung für die Ableitung der Fluten angezeigt haben soll; nach einer anderen Überlieferung half dieser Drache dem Gelben Kaiser im Kampf gegen Tschih-You.

Yo-Wang: (781-771); soll durch die äffische Liebe für seine Favoritin Bau-Si (s.d.) und die Zurücksetzung des rechtmäßigen Thronfolgers zugunsten des von Bau-Si geborenen Sohnes einen Umsturz in seinem Reich und einen Einfall der Tschüan-Rung heraufbeschworen haben, der ihm Thron und Leben kostete.

Yü: der Dritte der von den Konfuzianern idealisierten Urherrscher; s. Yau und Schun; Bezwinger der Sintflut unter dem Urherrscher Schun, der ihn zu seinem Nachfolger machte; Sohn des Gun (s.d.) und Vater des ersten Königs der Hsja-Dynastie Tschi (s.d.).

Yü-Ping Li-Dai Tung-Dschjän Dschi-Lan (Yüpi lidaitongjian jilan): »Von Ihro Majestät (Kaiser Tschjän-Lung der Tsching-Dynastie: 1735-1795) durchgesehener Überblick über die gesamte Geschichte«; ein auf Befehl des Kaisers Tschjän-Lung (1769) kompiliertes Kompendium der Geschichte Chinas; als Grundlage diente eine zur Zeit des Ming-Kaisers Wu-Dsung nach 1505 kompilierte Geschichte Chinas; der in diesem Werk in 163 Kapitel umfaßte Zeitraum erstreckt sich von dem legendären Herrscher Fu-Hsi (s.d.) bis in die Ming-Zeit.

Zehn Himmlischen Stämme – Tjän-Gan (tiangan): in der klassischen chinesischen Kalenderrechnung wird ein Sexagesimalsystem verwendet, nach dem Tages- und Jahresangaben durch die Kombination zweier besonderer kalendarischer Zeichen erfolgen: den *Zehn Himmlischen Stämmen* und den *Zwölf Irdischen Zweigen.* Wird an das erste Zeichen (Dschja) der *Zehn Himmlischen Stämme* das erste Zeichen (Dse) der *Zwölf Irdischen Zweige* angefügt, so bleiben nach der zehnten Nebeneinandersetzung zwei Zeichen der *Zwölf Irdischen Stämme* übrig, die nun wieder neben die Zehn Himmlischen Stämme gesetzt werden. Auf diese Weise der Reihe nach fortfahrend erhält man einen sexagesimalen Zyklus: nach sechzig Aneinanderreihungen ist ein Zyklus zu Ende und der nächste kann wieder mit den Zeichen *Dschja* und *Dse* begonnen werden. Deshalb wird dieses Rechensystem auch *Dschja-Dse* genannt.

Zwölf Irdischen Zweige: s. Zehn Himmlische Stämme.

Bibliographie

Aleksejew, K.W., Pläne der Kämpfenden Staaten, Moskau 1968
Ban Gu, Tschin-Ding Tschjän-Han-Schih, Schanghai 1884
Burckhardt, J., Weltgeschichtliche Betrachtungen, Leipzig 1985
Drioton, E., Die Religionen der Völker, Aschaffenburg 1963
Dschjang Ljang-Fu, Tschü Yüan Dschjau-Dschu, Be-Dsching 1957
Dschjän Bo-dsan, Hsjän-Tschin-Schih, Be-Dsching 1990
Dschuang Han-Hsin und Guo Dschü-yüan, Dschung-Guo Ming-Ren Da-Tse-Djän (Wörterbuch berühmter Persönlichkeiten Chinas), Be-Dsching 1991
Dschu-Dse Dschi Tscheng, Schanghai 1954
Dschu Min-tsche u.a., Schih-Dsching I-Dschu, Gan-Su Ren-Min Tschu-Ban Sche 1984
Dschung Tschin, Dschuang Dse Fa-We, Schanghai 1988
Durkheim, E., On the Normality of Crime, in: Theories of Society, Foundation of Modern Sociological Theories, New York 1965
Dung Dschung-Schu, Tschun-Tschju Fan-Lu, Si-Bu Tsung-Kan 004
Fan Ye, Tschin-Ding Hou-Han-Schu, Schanghai 1884
Fang Schih-ming und Wang Hsju-ling, Gu-Ben Dschu-Schu-Dschi-Njän Dschi-Dscheng, Schanghai 1981
Frazer, J.G., The Golden Bough, abridged ed. London 1960
Gang-Dschjän I-Dschih-Lu, Schanghai 1904
Gernet, J., Die chinesische Welt, deutsch, Frankfurt am Main 1983
Granet, M., Fêtes et chansons anciennes de la Chine, Paris 1919
Grimal, P., Mythen der Völker, Frankfurt am Main 1967
Gu-Ben Dschu-Schu-Dschi-Njän, Schanghai 1981; s. o. Fang Schih-ming
Hansen, Ch., A Daoist Theory of Chinese Thought, A Philosophical Interpretation, New York - Oxford 1992
He Dschjän-Dschang, Dschan-Guo-Tse Dschu-Schih, Be-Dsching 1992
Hegel, G.W.F., Vorlesungen zur Geschichte der Philosophie, Leipzig 1961
Herder, J.G., Zur Philosophie der Geschichte, Berlin 1952
Hsja Tseng-you, Dschung-Guo Gu-Dai-Schih, Be-Dsching 1955
Hsjän-Tschin Wen-Hsüe Tsan-Kau Dse-Ljau, Be-Dsching 1962
Lü Dschen-yü, Dschjän-Ming Dschung-Guo Tung-Schih, Be-Dsching 1955
Lü Si-mjän, Hsjän-Tschin-Schih, Schanghai 1982
Mallory, W.N., China, Land of Famine, New York 1926
Maspero, H., La Chine antique, Paris 1927
Melissantes, Gemüths vergnügendes Historisches Hand-Buch für Bürger

und Bauern in welchem in Form eines kurtz gefaßten Historischen Lexici von allerley Ständen, Künsten Handwercken und Wissenschafften, deren Urhebern und Erfindungen kurtze Nachricht erteilt wird. Franckfurth und Leipzig 1744

Needham, J., Science and Civilisation in China, Cambridge 1954

Pfitzmaier, A., Das Lisao und die Neun Gesänge, Denkschrift der kaiserlichen Akademie der Wissenschaften, phil.-hist. Klasse, Wien 1852, S. 159 ff.

Roetz, H., Die chinesische Ethik der Achsenzeit, Frankfurt am Main 1992

Sandross, E.R., Geschichte der Philosophie, München 1989

Schan-Hai-Dsching (Buch der Berge und Meere), Si-Bu Tsung-Kan 027

Schang Yüe, Dschung-Guo Li-Schih Gang-Yau, Be-Dsching 1954

Schih-San-Dsching Dschu-Schu (Shisanjing zhushu), Be-Dsching 1987

Schih-Dsching, Si-Schu Wu-Dsching, Schanghai 1935

Schindler, B., Priestertum im alten China, Leipzig 1918

Schwarz, E., Chrysanthemen im Spiegel, Berlin 1969

Schwarz, E., Konfuzius, Gespräche des Meisters Kung, München 1992

Schwarz, E., Lau Dse, Daudedsching, München 1980

Schwarz, E., Norm und »Gesetz« im Weltbild des alten China, EAZ Ethnogr.-Archäol.Z. 16, 1975, 637-657

Schwarz, E., So sprach der Weise, Berlin 1981

Schwarz, E., Ruf der Phönixflöte, Berlin 1985

Si-ma Tschjän, Schih-Dschi (Historische Aufzeichnungen), Be-Dsching 1959

Si-Schu Wu-Dsching, Schanghai 1936

Schtschutski, J.K., Kitaiskaja Klassitscheskaja Kniga Peremen, Moskau 1960

Tai-Ping Yü-Lan, Schanghai 1941

Tan Dschja-de, Dschou-I Tschjän-Schuo, Dschjang-Su Gu-Dschin Tschu-Ban-Sche 1991

Thomson, G., Aischylos und Athen, eine Untersuchung der gesellschaftlichen Ursprünge des Dramas, deutsch, Berlin 1957

Thomson, G., Die ersten Philosophen, deutsch, Berlin 1961

Tokarjew, S.A., Religija w Istorij Narodow Mira, Moskau 1964

Tsau Yü-dschang, Hsjän-Tschin Ren-Wu, Schanghai 1991

Tschen Dse-dschan, Tschu-Tse Dschih-Dschje, Dschjang-Su Gu-Dschi Tschu-Ban-Sche 1990

Tschernyschewski, N.G., Die ästhetischen Beziehungen der Kunst zur Wirklichkeit, Leipzig 1963

Tschin-Ding Tschjän-Han-Schu, Schanghai 1884

Waley, A., The Nine Songs, London 1955
Wang I, Tschu-Tse Wang I-Dschu, Schanghai 1919
Wang Dschi-min, Guo-Yü I-Dschu, Schanghai 1990
Wang Min-en, Dschan-Guo-Tse Bai-Hua Dschu-Dschje, Schanghai 1924
Wang Ming-ge, Hsjän-Tschin-Schih, He-Lung-Dschjang Ren-Min Tschu-Ban-Sche 1983
Watson, B., Ssu-ma Ch'ien, Grand Historian of China, New York 1958
Weber, M., Wirtschaftsgeschichte, Berlin 1922
Wieger, L., Histoire des Croyances Religieuses et des Opinions Philosophiques en Chine depuis l'origine jusqu'à nos jours. Hsienhsien 1917
Wu Hau-kun und Pan Yo, Dschung-Guo Dschja-Gu-Hsüe-Schih, Schanghai 1991
Yang Kuan, Dschung-Guo Dschan-Guo-Schih Dau-Lun, Schanghai 1956
Yüan Ko, Dschung-Guo Schen-Hua Tschuan-Schuo Tse-Djän (Wörterbuch der Mythen und Legenden Chinas), Schanghai 1985
Zottoli, P.A., Cursus Literaturae Sinicae, Schanghai 1909

Anmerkungen

1 Das klassische chinesische Weltbild

1 Hegel, G.W.F., Vorlesungen über die Geschichte der Philosophie, S. 227
2 Ebd. S. 228
3 Ebd. S. 227/228
4 Needham, J., Science and Civilisation in China, Bd. II, S. 582
5 Ebd. S. 574/575
6 Melissantes, Handbuch für Bürger und Bauern, S. 527
7 Durkheim, Emile, On the Normality of Crime, in Theories of Society
8 Schwarz, E., Konfuzius, Gespräche des Meisters Kung, II, 3, S. 40
9 Schwarz, E., Lau-Dse, Daudedsching, Kap. 38, S. 88
10 Guo-Yü, Dschou-Yü I.
11 Dschu-Dse Dschi-Tscheng, Bd. II, S. 104
12 Meng-Dse, Schih-San-Dsching Dschu-Schu, S. 2658
13 Dschu-Dse Dschi-Tscheng, Bd. III, S. 321
14 Ebd. S. 205
15 Si-Schu Wu-Dsching, Bd. I, S. 58
16 Ebd. S. 4
17 Schih-San-Dsching Dschu-Schu, Bd. I, S. 248
18 Guo-Yü, Tschu-Yü II; Wang Dschi-min, II; Gou-Yü I-Dschu, S. 350 ff
19 Dschu-Dse Dschi-Tscheng, Bd. III Dschuang-Dse, S. 57
20 Schwarz, E., Lau Dse, Daudedsching, Kap. 17, S. 67
21 Huang-Di Ne-Dsching Su-Wen Dschjau-I, Inneres Buch des Gelben Kaisers, S. 17
22 Schuo-Wen Da-Tse-Djän, Kap. II, S. 85
23 Schih-San-Dsching Dschu-Schu, Bd. I, S. 621
24 Si-Schu Wu-Dsching, Schu-Dsching, Kap. IV, S. 66
25 Schwarz, E., Konfuzius, Gespräche des Meisters Kung, VII 22, S. 64
26 Ebd. V 12, S. 53
27 Ebd. IV 8, S. 49
28 Schwarz, E., Lau Dse, Daudedsching, Kap. 1, S. 51
29 Ebd. Kap. 25, S. 75
30 Ebd. Kap. 51, S. 101
31 Dschu-Dse Dschi-Tscheng, Bd. III, Dschuang-Dse, S. 40
32 Schih-San-Dsching Dschu-Schu, Bd. I, S. 83
33 Schwarz, E., Konfuzius, Gespräche des Meisters Kung, XIV 30, S. 102
34 Dschu-Dse Dschi-Tscheng, Bd. II, s. 156
35 Si-ma Tschjän, Schih-Dschi (Historische Aufzeichnungen), Bd. I, S. 91
36 Dschu-Dse Dschi-Tscheng, Bd. II, S. 233
37 Schih-San-Dsching Dschu-Schu, Bd. I, 1394
38 Dschu-Dse Dschi-Tscheng, Bd. II, S. 115
39 Ebd. S. 236
40 Schih-San-Dsching Dschu-Schu, Bd. II, S. 1813

41 Ebd. S. 1529
42 Schwarz, E., Lau Dse, Daudedsching Kap. 4, S. 54
43 Dschu-Dse Dschi-Tscheng, Bd. VI, Lü-Schi Tschun-Tschju, Kap. XIII, S. 127
44 Ebd. Bd. VI, Kap. XI, S. 111
45 Schwarz, E., Lau Dse, Daudedsching, Kap. 40, S. 90
46 Weber, M., Wirtschaftsgeschichte, S. 51

2 Von der Magie zur Utopie

1 Dschu-Dse Dschi-Tscheng, Lü-Schih Tschun-Tschiu, Bd. VI, S. 51
2 Thomson, G., Aischylos und Athen, Eine Untersuchung der gesellschaftlichen Ursprünge des Dramas
3 Schih-San-Dsching Dschu-Schu, Bd. II, S. 1454
4 Dschu-Dse Dschi-Tscheng, Kap. VI, S. 86
5 Schwarz, E., Konfuzius, Gespräche des Meisters Kung, VIII 19, S. 69
6 Si-ma Tschjän, Schih-Dschi (Historische Aufzeichnungen), Bd. I, S. 15
7 Dschu-Dse Dschi-Tscheng, Hsün Dse, Bd. II, S. 103/104
8 Gang-Dschjan I-Dschih-Lu Bd. I
9 Si-Ma Tschjän, Schih-Dschi (Historische Aufzeichnungen), Bd. I, S. 119
10 Frühling- und Herbst-Periode, Tschun-Tschiu: 771-481 v.u.Z.
11 Gang-Dschian I-Dschih-Lu, Bd. I, S. 2a
12 Schih-San-Dsching Dschu-Schu, Bd. II, 2755
13 Schwarz, E., Lau Dse, Daudedsching, Kap. 18, S. 68
14 Schih-San-Dsching Dschu-Schu, Bd. I, S. 160
15 Ebd. S. 179
16 Si-Ma Tschjän, Schih-Dschi (Historische Aufzeichnungen), Bd. I, S. 3
17 Schwarz, E., Lau Dse, Daudedsching, Kap. 72, S. 122
18 Dschu-Dse Dschi-Tscheng, Dschuang-Dse Dschi-Dschje, Bd. III, S. 429
19 Schih-San-Dsching Dschu-Schu, Bd. II, S. 1416
20 Ebd. S. 1413 ff; Schwarz, E., So sprach der Weise, S. 338/339
21 Dschu-Dse Dschi-Tscheng, Dschuang Dse Dschi-Dschje, Bd. III, S. 57/58

3 Mythos und Geschichte

1 Nach dem Werk der frühen Han-Zeit Schih-Ben (»Wurzeln der Generationen«, das nur mehr in Bruchstücken erhalten ist; 1957 herausgegeben in dem Sammelwerk »Acht Fassungen des Buchs ›Wurzeln der Generationen‹ – Schi-Ben Ba-Dschung) gebar die dritte Gemahlin des Di-Ku namens Dsching-Du aus der Sippe Tschen-Yän den späteren Kaiser Yau (Kapitel »Genealogien der Kaiser«). Di-Ku soll nach dem Buch Di-Wang Schih-Dschi (»Aufzeichnungen über die Geschlechter der Kaiser und Könige« des Huang-Fu Schi aus der Dschin-Zeit; ebenfalls nur in Bruchstücken erhalten) gleich nach seiner Geburt seinen eigenen Namen genannt haben, was auch in Si-ma Tschjän's »Historischen Aufzeichnungen« erwähnt wird, und zwar als Dschün. Di-Dschün war aber nach den Orakelinschriften der Urahn der Schang-Könige und wurde mit Kaiser Schun zu einer Person verwoben. Diesem Schun gab Kaiser Yau seine beiden Töchter als Gemahlinnen.

2 Über Hsje's mysteriöse Empfängnis durch ein Schwalbenei wird noch in Zusammenhang mit Di-Ku's anderen Gemahlinnen Näheres gesagt werden. Nach dem Buch »Wurzeln der Generationen« war der persönliche Name des Sohnes des Gelben Kaisers Shau-Hau ebenfalls Hsje, und da Shau-Hau eine enge Bindung mit dem Schwalbentotem aufweist – er gab auch seinen Ministern als offizielle Titel Vogelnamen – kam der berühmte Gelehrte Guo Mo-ruo zu der Auffassung, Shau-Hau und Hsje müßten eine Person sein. Di-Ku wäre dann der Enkel eben dieses Shau-Hau gewesen (Kompendium des Spiegels historischer Ereignisse I).

3 In dem »Thesaurus der Prosaliteratur, kompiliert in der Regierungsperiode Tai-Ping« (976-984) wird im Abschnitt 203 in einer Passage aus dem Feng-Su-Tung-I (»Gründliche Darstellung der Volksbräuche«) erwähnt, daß zur Zeit des Kaisers Schun das Volk Hsi-Wang-Mu (genau so geschrieben wie die »Königliche Mutter des Westens«) Flöten aus weißem Jade an den Hof als Tribut ablieferte. Das legt den Gedanken nahe, die Königliche Mutter des Westens könnte eine Personifizierung dieses fremden und fernen Stammes oder Volkes aus kaum bekannten Regionen des Westens gewesen sein. Fremde Orts- oder Eigennamen werden im Chinesischen, das keine Lautschrift kennt, mittels Ideogrammen, also Zeichen, die eine Eigenbedeutung haben, wiedergegeben. So wird das Wort »Deutsch« mit den drei Zeichen De-I-Dschih transliteriert. Diese drei Zeichen haben auch ihre eigene Bedeutung, die bei häufigem Gebrauch vom chinesischen Leser oder Sprecher nicht mehr als solche wahrgenommen wird. De-I-Dschih bedeutet: Tugend-Sinn-Wille. In ähnlicher Weise könnte aus dem Namen eines fremden Volkes durch Lautähnlichkeit ein neuer Begriff entstehen. Hsi-Wang-Mu – Westen-König-Mutter – mag aus dem Eigenwert der drei Schriftzeichen, die ursprünglich vielleicht nur ein fremdes Wort lautlich wiedergaben, zur Vorstellung einer zunächst barbarischen Mutterkönigin des Westens und schließlich zu einer Feengestalt geführt haben. Im »Buch der Berge und Meere« (Hsi-Tse-San-Dsching und Da-Huang-Hsi-Dsching) ist die Königliche Mutter des Westens noch eine Hexe, in einer Passage wird sie sogar als Tiger mit Menschenantlitz gezeichnet.

4 In den »Reisen des Königs Mu« parliert die Königliche Mutter des Westens mit dem Dschou-König in gefälliger poetischer Sprache. Darin klingt ein gleichsam elegischer Ton an: »Ich kam in dieses Land des Westens,/in diesen wilden Himmelsstrich,/ Tiger und Panther meine Gefährten,/ Raben und Amseln umschwirren mich ...«. In den »Vertraulichen Nachrichten über Kaiser Wu der Han-Dynastie« (Han-Wu-Di Ne-Dschuan) und »Geschichten von Kaiser Wu der Han-Dynastie« (Han-Wu Gu-Schih) wird in Nachahmung der »Reisen des Königs Mu« (der Dschou-Dynastie) ein Besuch der Königlichen Mutter des Westens am Kaiserhof konstruiert. Wu war eben ein Kaiser, der nicht mehr auf Reisen gehen mußte, um mit anderen Königen zu verkehren!

5 Lu Hsün, Dschung-Guo Hsjao-Schuo Schih-Lüe, Kap. I

6 Schu-Dsching, Buch 5, 3, Duo-Schi

7 Dschang Hua, Bo-Wu-Dschih; Gan Bau, Sou-Schen-Dschi; Wang Dschja, Schi-I-Dschi
8 Huai-Nan-Dse, Dsching-Schen-Piän
9 »Buch der Berge und Meere«, Schan-Hai-Dsching; Hai-Wai-Be-Dsching und Da-Huang-Be-Dsching
10 Aus dem verlorengegangenen Werk Hsü Dscheng's »Chronologie der Herrscher des Altertums« (San-Wu Li-Dschi), zitiert in I-Wen-Le-Dschü, Bd. I
11 In Gan Bau's »Erkundigungen über Geister« (Sou-Schen-Dschi), Kap. III
12 Ma Su, I-Schih; Ma Su zitiert im Kap. I diese Passage aus dem Wu-Yün Li-Njän-Dschi
13 Grimal, P., Mythen der Völker I, S. 105
14 Drioton, Etienne u.a., Die Religionen des Orients, S. 146/147
15 Du-I-Dschih
16 Tai-Ping Yü-Lan; im Kap. 78 wird diese Passage aus dem Feng-Su- Tung-I zitiert
17 Huai-Nan-Dse, Kap. Lan-Ming-Hsün
18 Buch der Berge und Meere; Schan-Hai-Dsching, Be-Tsi-San-Dsching
19 Si-ma Tschjän, SchihDschi (Historische Aufzeichnungen), Kap. I, s. 3
20 Si-ma Dschen, Tang-Dynastie; Autor des Kommentars So-Yin (»Suche nach dem Verborgenen«) zu Si-ma Tschjän's Historischen Aufzeichnungen
21 In dem Werk aus der Han-Zeit Lung-Yü-Ho-Tu, das nur mehr in Bruchstücken in der hundertzwanzigbändigen Textsammlung Schuo-Fu (um 1340 kompiliert) und zwei anderen Kollektaneen erhalten ist, wird Tschih-You als tiergestaltiges Monster mit Kupferkopf und Eisenstirn dargestellt. Nach diesem Werk soll er einundachtzig Brüder gehabt haben. Nach den »Aufzeichnungen über sonderbare Dinge« (Schu-I-Dschi) hingegen hatte er nur zweiundsiebzig Brüder.
22 Nach den »Aufzeichnungen über sonderbare Dinge« (Schu-I-Dschi)
23 In den Notizen und Abhandlungen des Sung-Gelehrten Schen Gua »Pinselgespräche vom Traumbach« (Meng-Hsi Bi-Tan) wird erwähnt, daß die Leute in der Präfektur Dschje-Dschou in Schan-Hsi das Wasser des Sees Yän-Dse (Salzmorast) seiner Farbe und seines Geschmacks wegen »Blut des Tschih-You« nennen. Die Schlacht von Ban-Tschan soll in der Nähe stattgefunden haben.
24 Si-ma Tschjän, (Historische Aufzeichnungen), Kap. I, 3
25 Der Name Hsja (das Schriftzeichen bedeutet Sommer) leitet sich offenbar von dem ursprünglichen Siedlungsgebiet dieser Stämme an den Ufern des Hsja-Flusses her. Als sie sich später in der Nähe des Hua-Gebirges niederließen, wurden sie auch Hua genannt. Auf diese alten Namen zurückgreifend, nannten sich nach dem Sieg des Dschou-Volks über die Schang die Stämme innerhalb des Herrschaftsgebiets der Dschou-Könige Hua-Hsja oder Dschu-Hsja (Alle Hsja). Mit dieser Bezeichnung grenzten sie sich allmählich gegen die umliegenden, auf einer tieferen Kulturstufe stehenden »Barbaren«-Völker ab.
26 Si-ma Tschjän, Schih-Dschi (Historische Aufzeichnungen), Kap. IV, S. 111/112; vgl. auch »Buch der Lieder«, Schih-Dsching, Da-Ya, Scheng-Min

27 Ebd. Kap. III, S. 91
28 »Buch der Berge und Meere«, Schan-Hai-Dsching, Hai-Ne-Be-Dsching und Da-Huang-Hsi-Dsching
29 Si-ma Tschjän, Schih-Dschi (Historische Aufzeichnungen), Kap. I, 15
30 Ebd. S. 21
31 »Buch der Berge und Meere«, Schan-Hai-Dsching, Hai-Ne-Dsching
32 Ebd. Im Kommentar Guo Pu's wird diese selbst wachsende Erde folgendermaßen erklärt: »Hsi-Rang (der chinesische Terminus für diese Wundererde) bedeutet eine Erde, die von selbst bis ins Grenzenlose zu wachsen vermag. Daher läßt sich mit ihr eine große Flut zuschütten.«
33 Der Kommentator des »Buchs der Berge und Meere« zitiert eine Passage aus dem schon zur Han-Zeit verlorengegangenen Werk Gue-Dsang (angeblich die Urfassung des »Buchs der Wandlungen«), derzufolge Gun's Körper nach seiner Hinrichtung drei Jahre lang nicht verwest sein soll.
34 »Buch der Berge und Meere«, Schan-Hai-Dsching, Hai-Ne-Dsching
35 Mallory, W.N., China, Land of Famine, S. 156
36 Nach einer in Ma Su's »I-Schih«, Kap. 12 zitierten Passage aus dem Buch »Sue-Tschau-Dse«; die hier übersetzte Passage folgt dem Text des Kommentators Yän Schih-gu zur »Biographie des Han-Kaisers Wu« in der »Geschichte der Han-Dynastie«. Yän Schi-gu führt darin eine Stelle aus einer alten Ausgabe des Buchs Huai-Nan-Dse an, die uns nicht mehr zugänglich ist.
37 Grimal, P., Mythen der Völker, S. 122
38 »Buch der Berge und Meere«, Schan-Hai-Dsching, Hai-Wai-Dung-Dsching und Da-Huang-Dung-Dsching; Tschu-Tse, Tjän-Wen (»Himmelsfragen«).
39 Ebd. ebenso in Huai-Nan-Dse
40 Nach Wang I's Kommentar zu den »Himmelsfragen« Tschü Yüan's
41 »Buch der Berge und Meere«, Schan-Hai-Dsching, Da-Huang-Hsi-Dsching
42 Huai-Nan-Dse, Lan-Ming-Hsün.
43 Der Tang-Gelehrte Duan Tscheng-Schih schreibt in seiner Sammlung merkwürdiger Begebenheiten und Dinge »You-Yang Dsa-Dsu«, der wir die Übermittlung so manchen mythischen Stoffes zu verdanken haben: »Seit alters sagt man, daß es im Mond einen Zimtbaum und eine Kröte gibt … Der Zimtbaum ist fünfhundert Dschang (ein Dschang etwa 3,30 m) hoch. Unter dem Baum ist ein Mann, der immerzu auf den Baum einhackt. Doch schließt sich sogleich jede Kerbe …«
44 Meng Dse, Kap. Li-Lou II
45 Dso-Dschuan, Hsjang-Gung 4. Jahr
46 Tschernyschewski, N.G. Die ästhetische Beziehung der Kunst zur Wirklichkeit, S. 56
47 Dschung-Guo Schen-Hua Tschuan-Schuo Tse-Djän (Wörterbuch der Mythen und Legenden Chinas) S. 179

4 Geschichte als Modell
1 Ho-Nan Yän-Schih Er-Li-Tou I-Dschi Fa-Dschüe Bau-Gau (Bericht über die Ausgrabungen in Er-Li-Tou, Provinz Ho-Nan); in »Kau-Gu« 1965, Nr. 5

2   Si-ma Tschjän, Schih-Dschi (Historische Aufzeichnungen), Bd. I, 2, S. 83
3   Dschan-Guo-Tse Bai-Hua-Dschu-Dschje, Yän-Tse, 8, S. 7b
4   Han-Fe-dse, Schuo-I, Dschu-Dse Dschi-Tscheng, Bd. V, 17, 44, S. 311
5   Si-ma Tschjän, Schih-Dschi (Historische Aufzeichnungen), Bd. I, 2, S. 51
6   Herzog Ling's Altar für den Gelben Kaiser – s. Si-ma Tschjän, Schih-Dschi, Bd. IV, 6, S. 1364; Kult der fünf Kaiser – s. Tschu-Tse (Elegien von Tschu), 4, S. 1b
7   Dschung-Guo Schen-Hua Tschuan-Schuo Tse-Djän (Wörterbuch der Mythen und Legenden Chinas), S. 347
8   Si-ma Tschjän, Schih-Dschi (Historische Aufzeichnungen), Bd. IV, 6, S. 1394
9   Ebd. S. 1396
10 Schwarz, E., Konfuzius, Gespräche des Meisters Kung, VIII, 19 und VIII, 21, S. 69
11 Li-Dschi (Buch der Riten), Si-Schu Wu-Dsching, Bd. II, 9, S. 120
12 Die wichtigsten Quellen: Schu-Dsching (Buch der Urkunden), Dso-Dschuan (Dso's Kommentar zu den Frühling- und Herbst-Annalen), Di-Wang Schih-Dschi (Genealogien der alten Herrscher), Lü-Schih Tschun-Tschju (Frühling und Herbst des Lü Bu-we), Dschu-Schu Dschi-Njän (Bambusannalen), Lju Hsiang's Hsin Hsü (Neue Reihe), Huai-Nan-Dse (Buch des Philosophen Huai-Nan-Dse) die Werke der Philosophen Han Fe-dse und Mo Dse (Mozius). Verstreut findet sich auch Material in vielen anderen Werken und Kommentaren.
13 Burckhardt, J., Weltgeschichtliche Betrachtungen – Historische Fragmente, S. 20
14 »Buch der Berge und Meere«, Schan-Hai-Dsching, Da-Huang-Hsi-Dsching
15 Mo-Dse, 32, Dschu-Dse Dschi-Tscheng, Bd. IV, S. 161
16 Huai-Nan-Dse, 8, 5b/6a, Si-Bu Be-Yau-Ausgabe
17 Ebd.
18 Si-ma Tschjän, Schih-Dschi (Historische Aufzeichnungen), Bd. I, 2, S. 86
19 Guo-Yü (Diskurse der Staaten). Dschou-Yü, 9; Wang Dschi-min u.a., Guo-Yü I-Dschu, S. 79
20 Si-ma Tschjän, Schih-Dschi (Historische Aufzeichnungen), Bd. I, 2, S. 88
21 Dschung-Guo Schen-Hua Tschuan-Schuo Tse-Djän (Wörterbuch der Mythen und Legenden Chinas), S. 259 und 320

5 *Könige und Schamanen*
Die Schang-Dynastie

1   Wu Hau-kun & Pan Yo, Dschung-Guo Dschja-Gu Hsüe-Schih
2   Dung Dso-bin, Schang-Dai Gue-Bu Dschih Tue-Tse; vgl. Dschung-Guo Dschja-Gu Hsüe-Schih, S. 63 ff.
3   Schih-San-Dsching Dschu-Schu, Bd. I, S. 220
4   Ebd. S. 622/623
5   Si-ma Tschjän, Schih-Dschi (Historische Aufzeichnungen), Bd. I, S. 91
6   Gu-Ben Dschu-Schu-Dschi-Njan, S. 11

7 Schih-San-Dsching Dschu-Schu, Bd. II, S. 2712
8 Ebd. Bd. I, S. 160
9 Ebd.
10 Si-ma Tschjän, Schih-Dschi (Historische Aufzeichnungen), Bd. I, S. 96
11 Dschung-Guo-Schen-Hua Tschuan-Schuo Tse-Djän (Wörterbuch der Mythen und Legenden Chinas), S. 162
12 Si-ma Tschjän, Schih-Dschi (Historische Aufzeichnungen), Bd. I, S. 94
13 Ebd. S. 93
14 Ebd. S. 99
15 Ebd. S. 99
16 Dschu-Schu Dschi-Njän, S. 23/24
17 Si-ma Tschjän, Schih-Dschi (Historische Aufzeichnungen), Bd. I, S. 100
18 Ebd. S. 102
19 Schih-San-Dsching Dschu-Schu, Bd. I, S. 168
20 Ebd. S. 170
21 Ebd. Bd. II, S. 1844
22 Si-ma Tschjän, Schih-Dschi (Historische Aufzeichnungen), Bd. I, S. 102
23 Ebd. S. 104
24 Ebd. S. 105

Das Buch der Wandlungen: I-Dsching
1 Aristoteles, Metaphysik, I, 5, 6
2 Hegel, G.W.F., System und Geschichte der Philosophie, S. 275
3 Schtschutski, J.K., Kitaiskaja klassitscheskaja Kniga Peremen, S. 97
4 Schih-San-Dsching Dschu-Schu, Bd. I, S. 60 Dsching, Tschu-Lio
5 Ebd. S. 41, I, Tschu-Tschju
6 Ebd. S. 71, Dschung-Fou, Lju-Yau
7 Ebd. S. 71, Dschung-Fou, Dschju-Er

6 Dichtung und Geschichte
1 Schi-San-Dsching Dschu-Schu, Bd. I, S. 528 ff.
2 Ebd. 3te Strophe
3 Ebd. 5te Strophe
4 Ebd. S. 541 ff., 1te Strophe
5 Ebd. S. 509 ff.
6 Ebd. 2te Strophe
7 Ebd. 3te Strophe
8 Ebd. 6te Strophe
9 Ebd. 9te letzte Strophe
10 Ebd. S. 585
11 Ebd. S. 519 ff., 5te Strophe
12 Ebd. 8te Strophe
13 Ebd. S. 526/527
14 Ebd. 7te Strophe
15 Si-ma Tschjän, Schih-Dschi (Historische Aufzeichnungen), Bd. I, S. 120 ff.

16 Schih-San-Dsching Dschu-Schu, Bd. I, S. 506 ff., 7te Strophe
17 Ebd. 8te, letzte Strophe
18 Si-ma Tschjän, Schih-Dschi (Historische Aufzeichnungen), Bd. I, S. 124
19 Ebd. S. 125
20 Schih-San-Dsching Dschu-Schu, Bd. I, S. 463
21 Ebd. S. 398
22 Si-ma Tschjän, Schih-Dschi (Historische Aufzeichnungen), Bd. I, S. 130
23 Schih-San-Dsching Dschu-Schu, Bd. I, S. 591
24 Si-ma Tschjän, Schih-Dschi (Historische Aufzeichnungen), Bd. I, S. 136 und S. 138
25 Schih-San-Dsching Dschu-Schu, Bd. I, S. 500
26 Si-ma Tschjän, Schih-Dschi (Historische Aufzeichnungen), Bd. I, S. 142
27 Schih-San-Dsching Dschu-Schu, Bd. I, S. 424, 4te Strophe
28 Ebd. 6te Strophe
29 Ebd. S. 576
30 Ebd. S. 425, 4te Strophe
31 Ebd. S. 573, 4te Strophe
32 Ebd. S. 568, 5te Strophe
33 Ebd. S. 569, 8te, letzte Strophe
34 Ebd. S. 579
35 Ebd. S. 342
36 Ebd. S. 577 ff.
37 Ebd. S. 441 ff.
38 Si-ma Tschjän, Schih-Dschi (Historische Aufzeichnungen), Bd. I, S. 49
39 Dso's Kommentar zu den Frühling- und Herbst-Annalen, Schih-San-Dsching Dschu-Schu, Bd. II, S. 1868
40 Schih-San-Dsching Dschu-Schu, Bd. I, S. 310
41 Si-ma Tschjän, Schih-Dschi (Historische Aufzeichnungen), Bd. VI, S. 1936
42 Schih-San-Dsching Dschu-Schu, Bd. II, S. 2006
43 Schwarz, E., Konfuzius, Gespräche des Meisters Kung, IX 14, S. 72
44 Tschin-Ding Tschjän-Han-Schu, Kp. XXX, S. 36b
45 Schih-San-Dsching Dschu-Schu, Bd. I, S. 292
46 Ebd. S. 292
47 Ebd. S. 298
48 Ebd. S. 358
49 Tschin-Ding Tschjän-Han-Schu, Kap. XXX, S. 6a
50 Ebd. Kap. XXIV, S. 5a
51 Schih-San-Dsching Dschu-Schu, Bd. II, S. 1684
52 Zitiert in Dschu Hsi's Kommentar zum Li Dschi
53 Dschu-Dse Dschi-Tscheng, Bd. II, S. 252
54 Herder, J.G., Zur Philosophie der Geschichte, S. 340
55 Schih-San-Dsching Dschu-Schu, Bd. I, S. 281
56 Ebd. S. 283
57 Dschu Min-Tsche u.a., Schih-Dsching I-Dschu
58 Schih-San-Dsching Dschu-Schu, Bd. I, S. 291

59 Ebd. S. 337
60 Ebd. S. 305
61 Ebd. S. 332
62 Ebd. S. 359

7 Dichtung und Mythologie

1 Dso Dschuan, 12tes Jahr des Herzogs Dschau
2 Si-ma Tschjän, Schih-Dschi (Historische Aufzeichnungen), Biographie des Hauses Tschu, Bd. V, S. 1691
3 Dso Dschuan, 12tes Jahr Des Herzogs Dschau: San-Fen, Wu-Djän etc. sind Titel von längst verlorengegangenen Werken, die mutmaßlich Aufzeichnungen von historischen und mythisch-sagenhaften Begebenheiten und Persönlichkeiten enthielten. S. Hu Hsjau-Schih, Tschü Yüan und die Mythen des Altertums, veröffentlicht im Journal Yü-Hua Dsa-Dschih, Januar 1957
4 Meng-Dse, Schih-San-Dsching Dschu-Schu, Bd. II, S. 2706
5 Ebd. S. 2728
6 Dso Dschuan, 27tes und 28tes Jahr des Herzogs Hsi
7 Si-ma Tschjän, Schih-Dschi (Historische Aufzeichnungen), Bd. VII, S. 2418
8 Dso Dschuan, 27tes und 28tes Jahr des Herzogs Hsi
9 Dso Dschuan, Schih-San.Dsching Dschu-Schu, Bd. II, S. 1878 und 2284
10 Han Fe-dse, Dschu-Dse Dschi-Tscheng, Bd. V, S. 21
11 Si-ma Tschjän, Schih-Dschi (Historische Aufzeichnungen), Bd. X, S. 3270
12 Ebd. Bd. VIII, S. 2481 ff.
13 Wang I, Tschu-Tse Wang-I-Dschu, Bd. 1, S. 20
14 Ebd. S. 20
15 Li-Sau, 10te Strophe (Zitate aus dem Poem Li-Sau werden fortan mit der Zahl der entsprechenden Strophe angegeben.)
16 Ebd. 36te Strophe
17 Ebd. 57te Strophe
18 Si-Me-Ren, 10te Strophe
19 Huai-Scha, 10te Strophe
20 Mo-Dse, Dschu-Dse Dschi-Tscheng, Bd. IV, S. 28
21 Wang I, Tschu-Tse Wang-I-Dschu, Bd. I, S. 17te Strophe
22 Li-Sau, 12te Strophe
23 Ebd. 13te Strophe
24 Ebd. 18te Strophe
25 Ebd. 19te Strophe
26 Ebd. 20te Strophe
27 Ebd. 35te Strophe
28 Ebd. 36te Strophe
29 Ebd. 38te Strophe
30 Ebd. 56te Strophe
31 Ebd. 74te Strophe
32 Ebd. 77te Strophe
33 Ebd. 80te Strophe

34 Ebd. 96te Strophe
35 Ebd. 106te Strophe
36 Ebd. Epilog
37 Hsi Wang-Ri, Erinnerungen an verflossene Tage, Epilog
38 Dschü-Sung, Lied vom Orangenbaum, 1ste Strophe, Tschen Dse-dschan, Tschu-Tse Dschih-Dschje, S. 228/229 und 601 ff.
39 Tjän-Wen, Himmelsfragen, 1ste Strophe, Tschen Dse-dschan, Tschu-Tse Dschih-Dschje, S. 122/123 und 508 ff; Schwarz, E., Chrysanthemen im Spiegel, S. 93
40 Wang I, Tschu-Tse Wang I-Dschu; Schwarz, E., Chrysanthemen im Spiegel, S. 101

8 Die Prosa-Literatur der Dschou-Zeit
1 Schih-San-Dsching Dschu-Schu, Bd. II, S. 2402
2 Ebd. S. 2727
3 Ebd. Bd. I, S. 182 ff.
4 Ebd. S. 187 ff.
5 Ebd. S. 221
6 Ebd. S. 195 ff.

9 Chronik und Historiographie
1 Si-ma Tschjän, Schih-Dschi (Historische Aufzeichnungen), Bd. II, S. 509
2 Ebd. S. 509/510
3 Ban Gu, Tschin-Ding Tschjän-Han-Schu (Geschichte der Früheren Han-Dynastie), Kap. XXX, S. 10b
4 Meng Dse, Kap. III/2, 9, 7/8
5 Si-ma Tschjän, Schih-Dschi (Historische Aufzeichnungen), Bd. VI, Kap. 47, S. 1943
6 Schwarz, E. Konfuzius, Gespräche des Meisters Kung, V, 24, S. 55
7 Ban Gu, Tschin-Ding Tschjän-Han-Schu (Geschichte der Früheren Han-Dynastie), Kap. XXX, S. 10b
8 Ebd. Kap. XXXVI, S. 34a/b
9 Zitiert in der Kaiserlichen Enzyklopädie der Sung-Zeit, Tai-Ping Yü-Lan, Kap. 906; aus Huan Tan's Hsin-Lun
10 Dschu-Dse Dschi-Tscheng, Bd. IV, Yän Dse Tschun-Tschju (Frühling und Herbst des Meisters Yän)
11 Buch der Urkunden, Schang-Schu, Kap. XXXVII
12 Lju Dschih-dschi (661-721); Schih-Tung Dsa-Schuo

10 Politik zwischen Kampf und Diskurs
Diskurse der Staaten
1 Der größte Teil dieses Monumentalwerks wurde von Ban Gu (32-92 n.u.Z.) verfaßt. S. Glossar
2 Wang Tschung, Lun-Heng, Kap. 82, An-Schu, Dschu-Dse Dschi-Tscheng, Bd. VII, S. 277

3 Wang Dschi-min u.a. Guo-Yü Dschih-Dschu, Bd. I, S. 7
4 Ebd. S. 69
5 Ebd. S. 53
6 Ebd. S. 161/162
7 Ebd. S. 168
8 Ebd. S. 350 ff.
9 Ebd. S. 375 ff.
10 Ebd. S. 289/290
11 Ebd. S. 308/309

Strategeme der Kämpfenden Staaten

1 Machiavelli, N., Il Principe, Kap.: »Von denen, die durch Verbrechen zur Herrschaft gelangt sind.«
2 Lju Hsjang, Dschan-Guo-Tse Hsü-Lu; Hsjän-Tschin Wen-Hsüe Tsan-Kau-Dse-Ljau, S. 421 ff.
3 Dschan-Guo-Tse Bai-Hua Dschü-Dschje, Kap. II, S. 13a, b; He Dschjän-dschang, Dschan Guo-Tse Dschu-Schih, Bd. I, S. 170 ff.
4 Aleksejew, K.W., »Pläne der Kämpfenden Staaten«; auf S. 9-10 schreibt Aleksejew: »Das Werk drohte in dieser ›Atmosphäre der Verbotenheit‹ sogar verlorenzugehen und wurde zur Zeit der Sung-Dynastie von dem Gelehrten und Schriftsteller Dseng Gung (1019-1083) aus verstreuten Texten wieder zusammengestellt und redigiert.«
5 Dschan-Guo-Tse Bai-Hua Dschü-Dschje, Kap. III, S. 10b/11a
6 Aleksejew, K.W., »Pläne der Kämpfenden Staaten«, S. 55
7 Dschan-Guo-Tse Bai-Hua Dschü-Dschje, Kap. I, S. 15b, 16a und 16b
8 He Dschjän-dschang, Dschan-Guo-Tse Dschu-Schih, Bd. I, S. 105
9 Ebd. S. 310
10 Dschan-Guo-Tse Bai-Hua Dschü-Dschje, Kap. III, S. 9b ff.
11 Ebd. Kap. IV, S. 6b/7a
12 Ebd. Kap. III, S. 14b/15a
13 Ebd. Kap. IV, S. 24b
14 He Dschjän-dschang, Dschan-Guo-Tse Dschu-Schih, Bd. I, S. 36

11 Geistiges Erbe in Chinas Gegenwart

1 Schwarz, E., Konfuzius, Gespräche des Meisters Kung, I, 2, S. 37
2 Ebd. II, 12, S. 41
3 Schwarz, E. Lau Dse, Daudedsching, Kap. 66, S. 116
4 Ebd. Kap. 10, S. 60
5 Ebd. Kap. 12, S. 62
6 Ebd. Kap. 18, S. 68
7 Ebd. Kap. 19, S. 89
8 Dschu-Dse Dschi-Tscheng, Bd. V., Han Fe-dse, Kap. XIX, S. 347
9 Schwarz, E., Lau Dse, Daudedsching, Kap. 85, S. 115

Karte Chinas aus der Zeit der Dschou-Dynastie

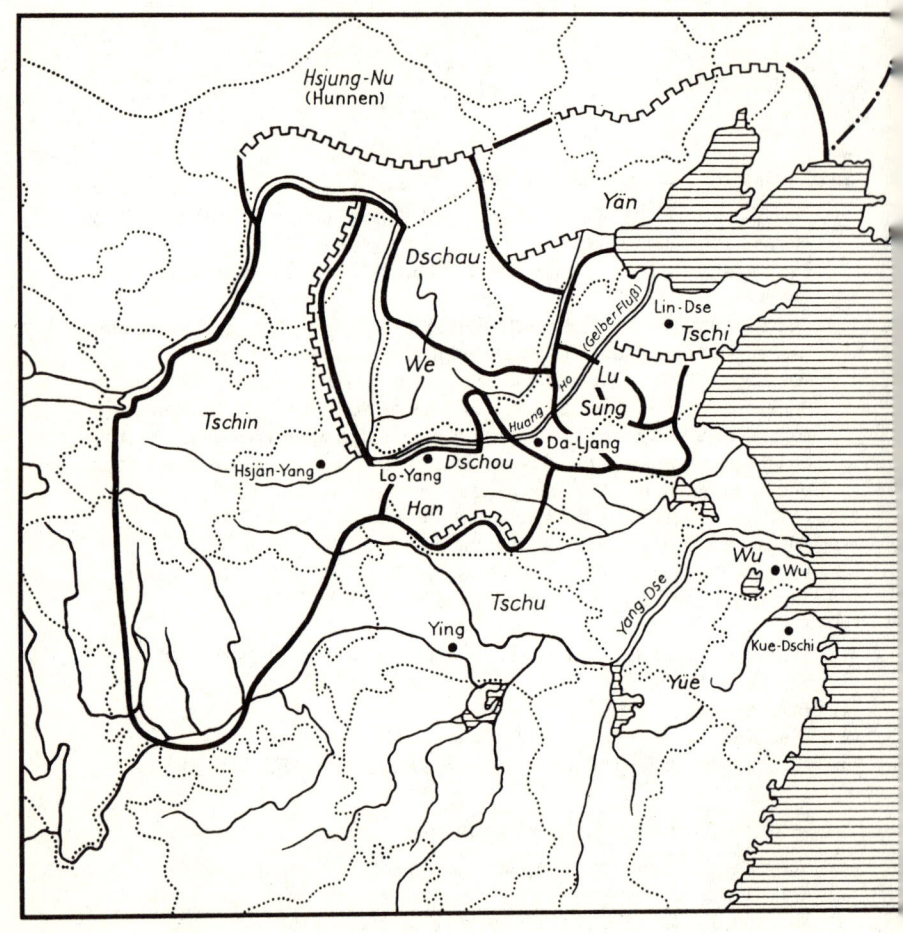

**Die drei Staaten Dschau, We und Han
bildeten bis zur Teilung im Jahre 403 v.Chr. den Staat Dschin.**